U0531054

区域国别史丛书

区域国别史丛书

新西兰史

〔新西兰〕菲利帕·梅因·史密斯 著

付有强 译

商务印书馆
The Commercial Press

This is a Simplified Chinese edition of the following title published by Cambridge University Press:

A Concise History of New Zealand
9781107402171
© Cambridge University Press 2012

This Simplified Chinese edition for the People's Republic of China (excluding Hong Kong, Macau and Taiwan) is published by arrangement with the Press Syndicate of the University of Cambridge, Cambridge, United Kingdom.

© The Commercial Press, Ltd. 2025

This Simplified Chinese edition is authorized for sale in the People's Republic of China (excluding Hong Kong, Macau and Taiwan) only. Unauthorised export of this Simplified Chinese edition is a violation of the Copyright Act. No part of this publication may be reproduced or distributed by any means, or stored in a database or retrieval system, without the prior written permission of Cambridge University Press and The Commercial Press, Ltd.

Copies of this book sold without a Cambridge University Press sticker on the cover are unauthorized and illegal.

本书封面贴有Cambridge University Press防伪标签，无标签者不得销售。

区域国别史丛书
出版说明

　　立足本土，放眼寰宇，沟通中外，启智学人，始终是我馆坚守不变的出版天职。其中的一个出版方向，即世界各国历史。二十世纪二三十年代，我馆出版了《史地小丛书》《新时代史地丛书》，系统介绍世界各国历史与地理。二十世纪六七十年代，我馆集中翻译出版了四十余种国别史图书，为学界提供了重要的参考文献。进入二十一世纪，我馆参与《世界历史文库》出版工作，广受好评。

　　当代中国正全方位融入全球发展的大潮之中，全社会认识了解世界各国各地区历史的需求更为全面、迫切。因此才有了这套《区域国别史丛书》的创设。丛书的出版宗旨可以用"兼收并蓄，权威规范"来概括。就选目而言，既收录单一国家的国别史，也收录重要政治、经济、文化地区的区域史；既收录研究性的专史，也收录通识性的简史；既收录本国人写的本国史，也收录他国人写的异国史以及中国人写的世界史。不论哪一类历史著作，都力求权威可靠，规范可读，可以信从，可供征引。希望学界同人鼎力支持，帮助我们编好这套丛书。

商务印书馆编辑部
2023 年 10 月

谨以此书纪念我的母亲
芭芭拉·安·斯塔夫，
她的经历和藏书为此书作出了贡献。

目　　录

致谢 1

序言 3

第一章　横渡汪洋大海的独木船 5
　　人类出现之前 5
　　南十字星座下的航海者 10
　　传说故事 15
　　欧洲人对起源的探寻 19
　　"未来的进食者" 21
　　创建土著文化 24

第二章　海滩跨越者（1769—1839年）............ 30
　　库克船长 33
　　法国探险家 38
　　与澳大利亚的联系 40
　　火枪战 46
　　背离"最低程度之干预"的举动 53

第三章　索要土地（1840—1860年）................ 61
　　奠基性文献 64
　　系统化的殖民 71

直辖殖民地 83

第四章　更为偏远的澳大拉西亚（1861—1890 年）............ 92
　　　新西兰战争 92
　　　数量的力量 101
　　　创建殖民国家和殖民社会 111
　　　一个澳大拉西亚联邦？ 120

第五章　应付全球化（1891—1913 年）................................. 125
　　　殖民契约 129
　　　妇女选举权 133
　　　仲裁 137
　　　毛利人土地的流失及抗议活动 140
　　　既被接纳又受到排斥的毛利人 144
　　　澳大拉西亚走向何处？ 146
　　　种族忧虑 151
　　　作为最佳移民的婴儿 155

第六章　"肉身如青草"（1914—1929 年）....................... 159
　　　在佛兰德斯战场上 167
　　　国内战线 170
　　　修复战争损耗 174
　　　帝国奶场 182
　　　经济的不安全与政治的不确定性 186
　　　毛利人的复兴 188

第七章　缔造新西兰（1930—1949 年）............................ 193
　　　萧条 193
　　　保障与复兴 198
　　　欧洲的战争 204

太平洋战争 207
　　战争前线/国内阵线 210
　　战后重建的展望 214

第八章　黄金时光（1950—1973年） 223
　　冷战和核试验场 225
　　让人们到新西兰居住 232
　　毛利人的城市化 235
　　郊区偶像 237
　　抗议运动 242
　　经济相互依存 246

第九章　最近的试验（1974—1996年） 253
　　马尔登主义 256
　　罗杰经济学 260
　　连续性 266
　　无核化的新西兰 270

第十章　条约的复苏（1973—1999年） 281
　　条约获得生机 281
　　"妇女选择的权利" 294
　　电影和绘画的多样性 298
　　"白人新西兰"的缓慢消亡 300

第十一章　摇摇欲坠的基础：剧变（2000—2011年） 308
　　从西至东 310
　　钱、道德与市场 316
　　变化的气候 319

毛利词语总汇 331

大事年表 334
资料来源 345
阅读指南 362
索引 386

插图及表格目录

图 1.1　新西兰：主要的山峰、地区和城镇 6
图 1.2　从冈瓦纳古陆到新西兰的出现 7
图 1.3　水的世界 13
图 2.1　毛利各部落（伊维）——约 1839 年 31
图 2.2　1769 年和 1770 年女王军舰"努力"号船长 J. 库克上尉访问新西兰的地图。巴黎: Saillant et Nyon，1774 年。库克制图的法文版。 34
图 2.3　海军上尉乔治·F. 达什伍德和毛利人，1832 年，悉尼。船首有人在甲板上工作：两人戴着大礼帽。而雕刻的船首体现了欧洲的影响。来源于乔治·达什伍德画册的淡水彩画。 43
图 2.4　詹姆斯·巴里、托马斯·肯德尔牧师与毛利酋长洪吉希加、怀卡托，伦敦，1820 年。洪吉站在中间。他右手握着长矛，左手拿着短棒。 45
图 2.5　乔治·F. 安加斯，莫图帕伊（莫托普希）村及汤加里罗山，1844 年。这个纳提图华雷图阿族人的村寨在 1828 年受到攻击。 52
图 3.1.1　帕图奈，《怀唐伊条约》的签署人。帕图奈握着火枪，穿着绅士服，一副武士酋长的表情，他在两个世界之间架起了桥梁。 62
图 3.1.2　塔玛蒂·瓦卡·奈奈，条约签署人，帕图奈之兄。..... 62
图 3.2　《怀唐伊条约》：毛利文本的译文，1865 年 68

图 3.3　威廉·梅因·史密斯，皮皮蒂村寨，尼科尔森港，1840 年 12 月 77

图 3.4　威廉·斯特拉特:《殖民者扑灭烟囱之火》，1855 年或 1856 年 80

图 3.5　托马斯·B. 科林斯:《霍泽之战》(*Horsey's Battle*)，1847 年。亨德森上尉、E. 斯坦利上尉、R. N. 塔玛蒂·瓦卡·奈奈、特·韦罗韦罗·波塔陶（未来的毛利王）。这是发生在旺加努伊战争中的一次小冲突，在那里，奈奈和特·韦罗韦罗陪同总督格雷"前去鼓励传教团对敌对分子采取行动"。(詹姆斯·科万:《新西兰战争》，第一卷［1854—1864 年］，惠灵顿：政府印务局，1922 年，1983 年重印，第 141 页) 89

图 4.1　P. E. jnr,《为潜水者之缘故》，《惠灵顿广告增刊》，1881 年 11 月 19 日。布莱斯正在宰割抗议者，这位抗议者头戴着特·维提信徒的白色羽毛头饰，躺在地下进行消极抵抗。背景则是特·维提的农夫、武装警察的帐篷和塔拉纳基山。 100

图 4.2　人口增长 104

图 4.3　1874 年、1891 年人口金字塔（仅指欧洲）.................. 105

图 4.4　徐肇开挖掘船采金。 109

表 4.1　人口趋势和毛利土地所有权 112

图 4.5　海伦·康农，1881 年荣誉硕士，坎特伯雷大学 116

图 5.1　克赖斯特彻奇比利街（Bealye）的房舍，可能是卡尔顿·米尔桥（Carlton Mill Bridge）附近明森一家的祖居。这幢宽敞的别墅代表了多数新西兰人所向往的城郊房屋。摄于 1897 年。为了庆祝维多利亚女王登基六十周年，房主挂起了旗帜，而中国人时尚的灯笼也在走廊上挂了起来。同时请注意自行车（一个现代的象征）、巨朱蕉（本土植物）以及波纹状的的铁栅栏。...... 132

图 5.2 《最后的高峰》,《新西兰版图与妇女杂志》,1894 年,有男子气概的妇女在自由党党员(打扮为一名律师)的帮助之下达到顶峰。攀登新的高峰已经牢牢地嵌入了新西兰的精神之中。.. 136

图 5.3 斯干兹:《我们如何看待》,《新西兰版画》,1900 年 10 月 20 日。布立吞里亚(Britannia)之女西兰狄娅(Zealandia)穿着本土的羽毛做成的披风,牵着高贵的野人。她挡开怪物一样的澳大利亚罪犯,以保护其本土的受保护者(被描绘为太平洋岛民而非毛利人),并因此而选择了一个在太平洋上的不同命运。在背景中站立的是她的帝国姐妹澳大利亚。漫画暗示,要不是因为这头怪物,西兰狄娅本可以与澳大利亚走得更近,并且可能传授给她的姐姐一些有关殖民者与本土人之间关系的知识。.. 147

图 5.4 约翰·C. 布洛姆菲尔德:《他们仍然前来了》,《自由作家》,1905 年 1 月 17 日。被描绘为苦力的华人或日本人(对惧外者来说,他们没有区别)撑竿进入了新西兰,越过了由人头税(尽管它让理查德·塞登总理感到懊恼)筑起的移民壁垒。.. 153

图 6.1 "一排接一排",利杰森托克军人公墓,比利时的第二大新西兰公墓,2004 年 6 月 6 日 168

图 6.2 A. 茹尔:《"置身英国本土",我们幻想的一件事情》...... 169

图 6.3.1 P. P. 塔希维上尉,斯林军营,1916 年 7 月 170

图 6.3.2 "青年基督教会"的 M. 米尔雷夫人和 H. S. 特里梅万上尉,斯林军营,1916 年 7 月 170

图 6.4 "饮用更多的奶",健康班,1926 年 179

图 6.5 加里福尼亚式平房,韦克菲尔德,纳尔逊 182

图 6.6 饮奶以增强臂力:铺渠工,克赖斯特彻奇,约 20 世纪 20 年代。挤牛奶做早茶。.. 185

图 7.1　失业妇女组织：1932 年克赖斯特彻奇一小群妇女领导的失业妇女五一节游行。.................................. 197

图 7.2　G. E. G. 明尼克：《行医的男人》，《新西兰先驱报》，1938 年 8 月 18 日。萨维奇需要靠自己来分发药物。...... 202

图 7.3　"得到人手"。所有的士兵都是纪念品收集者。此处，来自于二十八（毛利）营的战士为他们的澳大利亚摄像师摆造型。毛利人"以他们的刺刀冲锋在德国丘八中打通了条条通道……这一位'得到了他的人手'，也得到了一个体面的纪念品，一枚德军的铁十字勋章"，亚历山大港，1941 年 6 月 1 日 212

图 7.4　《缔造新西兰》.................................. 220

图 7.5　《不可战胜的全黑队》.................................. 221

图 8.1　内维尔·S. 洛奇：《利多电力计划》，1963 或 1964 年 231

图 8.2　《沙坑中的蹒跚学步者》，北帕默斯顿，1959 年。对被安置在新小区的新房屋里面不足五岁的孩子来说，沙坑要比在未经开发的后院中开辟一个园子要重要。...... 238

图 8.3　《有关父母对核试验的焦虑及对青少年音乐可笑的宽容的评论》，《基督城星报》，1956 年 10 月 6 日，第 7 版 240

图 8.4　艾里克·W. 希思：《"太平洋共同防卫组织"三巨头会议》，"先生们，我们不能全都支持无核区，有什么理由吗？"1974 年 2 月 27 日 245

图 8.5　G. E. G. 明尼克：《遗失的硬币反面》，《新西兰先驱报》，1966 年 2 月 3 日 249

图 9.1　贸易伙伴：全部出口流向不同市场的比例，1860—1990 年 255

图 9.2　罗伯特·马尔登与马尔科姆·弗雷泽 259

图 9.3　艾里克·W. 希思：《太平洋共同防卫组织》，1985 年 2 月 5 日 275

图 9.4	受到攻击后的"彩虹勇士"号停泊在奥克兰港中，1985 年 7 月	277
表 9.1	新西兰人想要的是什么？	278
图 10.1	"怀唐伊特种法庭"庭长爱德华·泰哈库雷·杜里法官，1981—2003 年	287
图 10.2	海伦·克拉克总理在库克山国家公园的霍奇斯德特峰，2003 年 7 月 5 日。山的分水岭上密布着向南滚动的云层。	296
图 11.1	地震前的基督堂大教堂，克赖斯特彻奇，2006 年	309
图 11.2	地震之后：基督堂大教堂，基督城，2011 年 2 月 22 日之后，前排是彼得·贝克院长	310
图 11.3	2011 年 4 月 9 日，南奥克兰豪维克的梅多兰购物中心	327
图 11.4	2011 年 3 月 18 日，威廉王子在访问克赖斯特彻奇受地震影响的海滨郊区萨姆纳时向当地人问好。	328

致　　谢

为了这部简史，我要感激很多人。我最要感谢的是我的家人：尤其是我的丈夫理查德·特里梅万，我的侄女谭雅·特里梅万（她编写了索引）和杰西卡·梅恩·史密斯（11岁），以及侄子马克·特里梅万（他担任了第十一章的摄影师），我的兄弟杰夫和阿拉斯泰尔，我已故的母亲芭芭拉——本书是献给她的。读者可能会注意到，从某种程度来说，这本书是一部家族史。

我非常感谢剑桥大学的编辑金·阿米蒂奇、伊莎贝拉·米德、丽莎·弗拉利和墨尔本的剑桥团队，以及匿名审稿人的意见。新西兰历史学家将看到本书对他们作品的依赖程度，而资料来源和进一步阅读指南则表明了我的主要义务。坎特伯雷大学历史课程的同事们提供了支持，特别是特·梅尔·陶和彼得·弗雷德。感谢加里·霍克就经济问题提供的反馈意见，感谢安·帕森森在西姆委员会方面提供的帮助，感谢艾琳·巴雷特·怀特黑德提供的怀唐伊法庭材料。特别要感谢迈克尔·贝尔格雷夫，他对毛利人历史的渊博见解和对四章草稿的详细解读使这些文本得到了进一步完善。

第二版受到了地震的影响。我从2010年9月开始艰难地进行修订，但2011年2月22日的地震将我推向了终点，具有讽刺意味的是，地震让我有时间写作，我不得不在家工作，同时进行在线教学，并在帐篷里与学生会面。这一版本是在无法获得通常的学术资源——办公室、行政支持以及在大学图书馆的书架上翻阅——的情况下写作完成的。因此，谷歌搜索替代这些资源占据了主导地位。

再次感谢新西兰皇家学会的马斯登基金，该基金为一个有关跨塔斯曼联系的项目提供了研究经费，支持了本书的部分前期研究工作。研究与教学之间的联系弥足珍贵，我要感谢我现在和以前的研究生：罗斯玛丽·贝尔德、海莉·布朗、海伦娜·狄龙、斯蒂芬·希克斯、马特·莫里斯、丽贝卡·普利斯特里、罗布·沃斯兰姆伯、加里·惠特彻和梅根·伍兹。

我很喜欢寻找插图，亚历山大·特恩布尔图书馆的玛丽安·闵森和戴维·斯莫尔的专业知识为这项工作提供了便利。邓肯·肖·布朗将图片转化为数字文件，蒂姆·诺兰和马尼·布鲁斯南准备了地图和图表，而家庭成员们则乐于提供摄影师或参考资料。我特别感谢版权所有人允许我复制资料。本杰明·皮特曼和唐娜·霍尔提供了家庭照片，已故的杰克·泰特将他父亲的《士兵》杂志借给了我。特别要感谢克莱尔·莱利，她在封面上的艺术作品《海岸》展现了海岸和海滩对新西兰人的重要意义。

菲利帕·梅因·史密斯
2011 年 4 月

序　言

　　关于新西兰，一些读者除了知道它位于南半球，坐落在邻近澳大利亚的某个地方外便别无所知。向这样一些读者介绍新西兰的历史，无疑是一件充满乐趣的事情。当人们发现新西兰和澳大利亚之间的距离竟这样远时，他们常常会感到吃惊。他们要么是从电影中，要么是从艺术作品、音乐或小说中了解这个国家的，要不然就是因为前往该国参加体育赛事、经商或者旅行而得以了解这个国家的。一些读者对安佳牌（Anchor）黄油、全黑队这样一些新西兰本土的品牌十分熟悉。

　　对于如何撰写本国历史，或者说本国的历史应该如何撰写，本国读者有着自己的想法。他们所要求的基本叙述与游客们所关心的一样重要。为了自己的学生，我写了这本简明历史，是为了让自己更好地理解新西兰的整个历史，从而向学生们阐述新西兰历史的重要意义；在写作的过程中，我同样也考虑到了一些海外朋友以及我在旅行中曾经遇到的人们的看法。书中所强调的问题体现了我自己对有关问题的见解以及我的兴趣所在；不过，它们同样也是现有各种新西兰史中存在巨大分歧的地方。某些主题，诸如文学，已经在其他地方得到了专家的探讨。本书的目的并非要提供另外一种历史，而是对已有的各种历史描述加以进一步的拓展。

　　本书也不是一部孤立的历史，其主旨在于将新西兰置于整个全球和太平洋的背景之中。这便要求进行比较，特别是将之与澳大利亚进行比较。全球化是本书的核心主题。探讨新西兰短暂历史中国内政治与全球性及地方性压力间持续的紧张关系、考察小国特性和孤立所产生影响的重要性，则是本书的一个目标。

卫生和社会问题对这个国家在过去（或现在）所享有的国际声誉来说十分重要，它们继续影响着人们对国家认同的信念。分娩是这个小国如何追随国际潮流的事例之一。人口概况问题常常为人们所忽略；而在本书中，人口、防务以及经济问题——这个依赖于出口的国家常常为经济问题所困扰——被放在一起加以讨论。毛利人—欧洲人间的互动在所有的历史书籍中都处于十分重要的地位，但就其内部动力问题而言，它在新西兰国内显得十分突出，需要通过外部对外交事务的看法来加以平衡。

我的途径便是，强调那些能够为曾发生过的一切提供解释的主题。我努力揭示新西兰历史上的关键时刻和关键事件是如何为该国的国家神话增光添彩的。这样一些事件包括《怀唐伊条约》的签署、澳新军团在加利波利登陆、"彩虹勇士"号的沉没。但本书更多是在讲述历史而非战争，性（妇女和儿童、生育）和金钱（经济史）驱动着社会的发展；更多地讲述神话的创造而非战争。外来移民很少知道澳新军团的传奇故事，他们前来此处，常常是因为听说了这样的神话，即新西兰是养育子女的好地方，是一个世外桃源和社会实验室。由于这些东西往往是市场营销活动的内容，外国人首先遇到的便是关于新西兰的这样一些神话。因此，我们需要对这些现象进行解释，至少是对它们加以考察。

第一章
横渡汪洋大海的独木船

新西兰是如何诞生，又是始于何时呢？从地质学的角度来说，新西兰群岛起源于8000万年前，在这一时期，它从冈瓦纳古陆（Gondwana）分离了出来。除了南极洲，新西兰是人类定居的最后一块陆地。毛利人是新西兰最早的定居者，是当地原住民的祖先，现在，学者们认为他们是在13世纪来到新西兰的；不过，早在1.2万年前至6万年前左右，就有人类居住在环太平洋地区的其他地方。事实上，欧洲人非常晚才来到新西兰，直到1840年，他们才有计划地在这里定居。在极为短暂的时间内，从波利尼西亚和欧洲而来的两波人潮改变了这块土地，并使这块土地上的景观发生了变化。这些关于时间和地点的简单事实说明了为什么环境与国家的文化和认同息息相关。

人类出现之前

从地理学的角度讲，新西兰是一个由众多岛屿组成的群岛，其中，这些岛屿从北到南包括克马德克群岛（Kermadec group）的拉乌尔岛（Raoul）及坎贝尔岛（Campbell）。不过，它的三个主要岛屿差不多占据了其整个陆地面积27万平方公里的99%。它的面积和英伦诸岛不相上下，在这个国家曾经盛行一时的一个历史版本中，这一点曾占有重要地位。科学家告诉我们，古新西兰曾经是南方大古陆冈瓦纳的一部分，在1亿年之前，冈瓦纳古陆的岩石形成

图 1.1 新西兰：主要的山峰、地区和城镇

图1.2 从冈瓦纳古陆到新西兰的出现

了它东部绵延的山区。后来，人们所知道的朗伊塔塔（Rangitata）板块从中分离出来，并向东漂移到太平洋中。古新西兰便独立出来了。在过去的8000万年中，植物和动物群落都没有再经由陆地扩散；5500万年前，海床的延伸和运动也停止了，这时，塔斯曼海也完全形成，并将新西兰陆地和澳大利亚的东南部隔离开来。

到6500万年前，在海水的不断侵蚀下，后来成为新西兰的地区已经变成了低矮的平原。位于低处的陆地慢慢地沉没，它的表面沼泽丛生，从地质学的角度说又颇不稳定。到大约3500万年前的渐新世（新生代第三纪），这块冈瓦纳古陆碎片上的大部分地区都已沉没到海水之中。恐龙生活在一系列仍然显露在水面上的小岛之上，这些小岛都是朗伊塔塔之上的山峰被海水淹没后的残存物，各种鳄类动物、蛙及蜥蜴也生活在这些小岛之上。从大约2500万年前开始，由于太平洋板块的大陆地壳开始与群岛下面的澳大利亚板块相碰撞，在数百万年之后，这些山峰又再次向上隆起，而新西兰的许多地区则围绕着板块构造而移动和变化。冈瓦纳的岩石是新西兰地壳中最古老的部分，它现在仅存在于从西纳尔逊（west Nelson）至峡湾区（Fiordland）的南岛西海岸地区。在东部，陆地是刚刚形成的。当南岛在造山和冰川运动中发生变化之际，北岛也从地壳挤压而导致的火山爆发中获得了自己的地貌。

新西兰的陆地继续不断地隆起。新西兰人生活在动态的环境之中，他们居住在太平洋和澳大利亚这两大板块的边缘，处于地球上隆起速度最快的山脉包围之下：南岛的高山断层带（Alpine Fault）便是澳大利亚板块和太平洋板块彼此对撞后留下的痕迹；在过去的2500万年中，该岛的这两个部分沿着山脉断裂带彼此移动了大约500公里。由于相互碰撞的板块挤压着新西兰的地壳，高山便在海岸处形成。地质学家相信，在过去的500万年中，南部高山地区的造山运动速度加快，而山脉受到的侵蚀也加快了。新西兰的最高峰是库克山（Mt Cook），它日渐以毛利人的叫法奥拉基（Aoraki，即穿云锥之意）而为人所知，路标上则将它叫作奥拉基库克山，这昭示着新西兰作为二元文化和操双语的国度这种官方立场。尚在1991年，库克山富于辨识度的顶峰便滚落到下方的塔斯曼冰川上去了。

而在20世纪60年代米制代替帝国度量标准之前，老师们还确定无疑地向学童们传授说，库克山高12349英尺（1英尺约合0.3米）。国家的主要标志、一个天然景物居然能在一次山崩中降低了10.5米，这甚至使成语"坚如磐石"也受到了当地人的质疑。场所和自我都受到震动：山峰发生了变化，而各种神圣的展望、想象和幻象也随之发生了改变。

因为发生了这一系列地震，新西兰不再是古老的冈瓦纳方舟。当然，它过去曾是冈瓦纳古陆的一块碎片。在南岛西部和南部的森林中生长着许多罗汉松属植物，恐龙可能曾在这些罗汉松属植物的原种下面栖息。然而，陆地本身便代表着一种活跃的力量，本就不坚固也不持久，在各山峰迅速隆起之前的渐新世，它已经沉没于海水之中了。当然，人们对此仍然存在着疑问。对花粉化石的研究表明，差不多所有新西兰的植物都是在当下层地面向海中漂移而独立出来后才在这里生长的。当地植物是冈瓦纳分离后回迁的结果，它们间接地表明了植物是从澳大利亚散布开来的这一模式。这些植物通过适应当地的生态和气候条件而得以扩散，后来，其中的一些植物消失了，让位给了其他的植物。植物学家发现，塔斯马尼亚岛和新西兰有200种相同的植物物种，而就南山毛榉树而言，它们起源于冈瓦纳时代，它们的扩散就可以通过长距离散布的理论来进行解释。南山毛榉树究竟出现于什么时代，这个问题仍然存在着争议。许多动物也是最近才迁徙而来的，并仍处于迁徙之中；例如，各类海鸟经常跨过塔斯曼海。

然而，古生物学家提出了自己的疑问：新西兰的动物群落是如何在孤立的状况下很好地生存了8000万年的呢，为什么它们又如此容易受到人类的影响呢？新西兰是一块鸟类群聚的土地，这里的许多鸟儿异常庞大，它们天真而又不会飞翔。其中最为著名的是鹬鸵和恐鸟。20世纪，鹬鸵曾被作为国家非正式的象征；而自19世纪40年代以来，当欧洲人初次发现各种早期恐鸟存在的证据时，恐鸟化石便让欧洲人着了迷。关于"是谁或是什么东西消灭了恐鸟"的问题，19世纪的博物学家认为是人类消灭了恐鸟。到20世纪50年代，人们普遍接受了这样的观点：在最初的人类到达之前，气候的变化导致了恐鸟及其他一些不会飞翔的鸟类的灭亡。然而，今天动物学家认为，北半球训练有素的科学家对大陆的关注已经超越了对岛屿动物群落消失的最初洞见。按照他们的观点，在人类扰乱了新西兰后冰川时代鸟类物种的生活环境之后，这些鸟类大约有半数就开始绝种了。那即是说，食肉动物——最初的人类及搭乘他们的独木船（waka）而来的鼠类——是这些鸟类灭绝的原因。在人类到来后的150年内，恐鸟就灭绝了。在捕完了大型猎物之后，人们必须改变自身的生活方式，在这一过程中，他们变成了新西兰的毛利人。

南十字星座下的航海者

唐加塔环努瓦人（tangata whenua，大地的子民，一个用以指整个太平洋中各种海上亲缘关系的概念）是一些波利尼西亚的冒险家，他们进行的伟大航行表明人类对太平洋地区的殖民进入了最后一个阶段。当欧洲人扬帆于熟悉的海岸，与相邻而居的民族做生意或对他们进行侵略之际，波利尼西亚的航海家则奋力向南北两个方向挺进，在数百万平方公里的太平洋海域中寻找新的陆地。在移居新西兰及新西兰内部迁徙的各种传说中，一代代人传诵着有关（波利尼西亚人）从故国家园哈瓦基（Hawaiki）起程的一次次充满危险的航行的故事，以及他们抵达这些南方岛屿并在此散播和定居的故事。为了确立他们在整块土地上的权威（mana whenua），移居者"带来了波利尼西亚人的知识体系和精神图谱"，他们用自己的神灵和创世故事来发展这块新土地上的宗教体系。

北岛是他们最先登陆的地方，他们将北岛称作"毛伊之鱼"（Te Ika a Maui）。在源自波利尼西亚的神话中，毛伊站立在南岛，他钓到了一条大鱼，太阳让这条大鱼变得坚硬起来。这条鱼的眼睛变成了陶波湖（Lake Taupo），它的鱼尾便是北部区（Northland）（见图1.1）。由于在西海岸湍急的河流中发现了珍贵的玉石，南岛便成为了"水或河流中的绿宝石"（Te Wai Pounamu）。艺术家将这些玉石雕琢成尖利的凿子、武器和装饰品。移居此处的人们将南岛称作"特-奥拉基之舟"（Te Waka o Aoraki），奥拉基是他们先祖的名字，也是新西兰最高峰的名称。斯图尔特岛（Stewart Islands）则被称为"雷奇欧拉"（Rakiura，意思是金碧辉煌的天堂岛），在最近对亲缘关系的再次声明中，拉奇乌拉成为这个国家第三大岛屿上国家公园的名称。

　　唐加塔环努瓦人本身也是由不同民族组成的，有着不同的文化和历史。后来，当他们和欧洲人相遇后，则被统称为毛利人。他们是一个生活在船上的民族，对于这种角色和经历，欧洲移民也能有同感。他们海上航行的技艺，他们从波利尼西亚东部前往新西兰和查塔姆群岛（the Chatham Islands）定居的事迹，促使学者围绕"最初的波利尼西亚航海家是在什么时间、以何种方式抵达这些地方，他们又是来自何处"等问题产生了持久的争论。最近西方科学中与部落谱系相对立的研究表明，这些航行是多种因素促成的，而且是经过精心准备的，它们并非是一些偶然的航行。

　　根据人类学家的推测，来自波利尼西亚的第一批航海家直到晚近才开始在新西兰定居。就他们定居的具体时间而言，存在着三种相互竞争的假设：人类在新西兰居住的时间大约已经有2000年了；人类在公元800年至1000年间首次抵达新西兰；波利尼西亚人抵达新西兰的时间很晚，约在公元1200年至1400年间。目前的看法是，毛利人的东波利尼西亚祖先是公元1250年至1300年间在新西兰登陆的。考古学家认为，没有证据表明人类在公元1250年前已经在此定居。后来，14 或 15 世纪，新西兰的波利尼西亚人迁徙到了查塔姆群岛。

第一批移居者是从一个叫作哈瓦基（Hawaiki）的地方起程的。在全波利尼西亚，哈瓦基都是故事中经常出现的一个家园。这里的哈瓦基可能是一个岛群或岛区，它可能指的是马克萨斯群岛（Marquesas Islands）或社会群岛（Society Islands），也可能指的是南库克群岛（southern Cook Islands）。第一批移居者是南岛民族（Austronesian）的后裔，而南岛民族则是4000年前从东南亚扬帆进入太平洋的。与其他东波利尼西亚人一样，第一批新西兰人更多是太平洋中部地区拉皮塔人（Lapita）的直系后裔，他们从事农业耕种和海上贸易。一个"世系演变的痕迹"可以追溯到从东南亚至新几内亚岛/近大洋洲的区域（Near Oceania）再至太平洋中部和东部群岛的广大地区。东波利尼西亚是哈瓦基的所在地，大约在2200年前便有人居住。人类大约在公元300年东进复活岛，一百年后北进夏威夷，又经历一千年后南进至新西兰四周冰冷而变幻莫测的水域，这一系列冒险活动，最终构建了对大洋洲的这一非凡的探险。

此后，人类学家为东波利尼西亚的定居提出了一个激进的新模型，该模型表明，这种远洋扩散比以前所理解的更加迅速和晚近。他们认为，复活节岛，甚至夏威夷，都是在"一次大迁移中"被殖民的，与新西兰的时间差不多。根据高精度的放射性碳年代测定，这一模型表明东波利尼西亚的殖民化分为两个阶段：第一阶段是在公元1025年至1120年左右从西波利尼西亚向社会群岛扩散；第二阶段是在一个"脉冲"中向包括新西兰在内的偏远岛屿扩散。这种较短的年表可以解释东波利尼西亚文化和语言的统一性，并通过强调岛屿环境变化的速度，迫使人们重新思考人类的影响。如果这一

图 1.3　水的世界

观点被证明是正确的，那么需要修订的将是太平洋历史，而不是新西兰历史。

晚期前往奥特亚罗瓦（Aotearoa）的原因可能有几种，但都存在争议。如果太平洋殖民是在一次"脉冲"中发生的，那么人们可能是被一场灾难所驱赶，离开自己的家园，无论是饥荒、气候变化，还是大地震或海啸等环境灾难。那些逃离的人们用他们的壮举证明了他们拥有远洋迁徙所需的技能：首先是航海技术方面的进步，具体体现为独木舟，它通过安装舷外斜木（outrigger）来实现平衡，还挂上了三角帆，从而使横跨太平洋的长距离航行成为可能。其次便是农业中利用农作物和驯养动物的专门知识的出现。无论它的驱动力是来自宗教抑或创业的愿望，还是因为荒歉的刺激，毛利人的祖先在这样一个汪洋大海中间航行，仅凭技术进步是不够的。

为了抵达西南太平洋的奥特亚罗瓦，波利尼西亚航海家必须要坚韧，并具有理解环境所提供信号的经验。在旅途中，他们跟随着在陆上活动的鸟类的迁徙路线,对洋流和"拉帕"(lapa,水下磷光现象,它以闪光或光带的形式出现在距离陆地 50—130 公里的地方)进行观察,并驶向群岛上空似乎静止的云彩(即奥特亚罗瓦,意为"长白云之乡")。他们看到的可能是火山喷发之后的火山灰。南十字星座(Southern Cross)是他们在赤道以南的向导,他们在海风有利于航行的夏季向南进发。他们在一个狭长星群的指引下泛舟海上,主要从金星那里获得方向的指引,如果南十字星座位于船的左舷,那么金星便指向奥特亚罗瓦。

最初的定居者或许并没有使用奥特亚罗瓦这一名称来指称新西兰,因为当时他们没有一个用来称呼整个国家的词语,相反,他们分别对各个岛屿进行了命名。20 世纪,这个用以称呼北岛的名称才被毛利人接受用于称呼新西兰。命名是一个政治行动;重要的是,奥特亚罗瓦已经成为新西兰在毛利语中的叫法。现在,人们对该词语出现在各种口头流传的故事中已经习以为常了,这些口头流传的故事表达了早期定居者对某个地方的情感和亲近,并为现在的生活提供了样板。

现在,学者们相信奥特拉罗亚和遥远的太平洋群岛是有意航行的结果。20 世纪 80 年代,一些汇集学者和水手于一体的独立研究小组决心批驳 20 世纪中期流行的有关偶然航行的论点,他们重新建造了一些波利尼西亚式的装有舷外斜木的独木舟。在更佳的天气条件下离开拉罗汤加岛(Rarotonga)的那个小组在仅仅两周的时间里便到达了新西兰北部。这样的航行是可能的,这增加了早期的航海者在夏天成功航行的可信性。现代的航海者断言,只有"旱鸭子"(landlubber)才能推测说,运用所掌握天文和季风知识而进行航行的早期人们会被吹离航向,因而不能航行到新西兰。毛利人的传说与这种季节性证据相符合:一年中扬帆前往奥特亚罗瓦的最佳时间是夏季，这时，新西兰的圣诞树红花桃金娘树（pohutukawa）正盛开繁花。

早期的航海者通过口述文化来传播他们的航海知识，他们将这些知识储藏于关于独木舟的各种传说之中。其中一个传说是这样的："特阿拉瓦"（Te Arawa）号独木船（特阿拉瓦族因此而得名）的航海家"懂得光之主（the lord of light）塔纳怒阿兰吉（Tane-nui-a-rangi）诸子星星的语言；他与月亮西洛丽（Hinauri）交谈；每当太阳西下之际，他便向着太阳稍稍偏左的方向航行"。那些把口述传统看作事实论据的历史学者认为，传统故事讲述了先祖库珀（Kupe）在有计划的航行之前返回波利尼西亚的航行，他回到哈瓦基，（并向族人）汇报他发现了一块只有鸟儿栖息在那里的陆地。1769年，随同詹姆斯·库克船长（Captain James Cook）航行的塔希提旅行家图佩阿（Tupaia）听到这些故事后，对这种双向航行的可能性颇为怀疑，因为唐加塔环努瓦的先祖竟然没有将他们珍爱的猪带回来。只有老鼠、狗与第一批移居的人们一起在从哈瓦基起程的海洋旅行中存活了下来；大约500年之后，库克带来了猪。

传说故事

口述传统是神话叙事，而不是历史文本，因此，对西方历史学家来说，"毛利人的口述历史不仅仅是另一种信息来源，甚至也不仅仅是观念来源"。口述历史的目的是赋予其意义，并证实一个家族对知识的要求。祖先英雄返航的故事并不是事实，而是隐喻性地将星星组成的星座比喻为划过天际的独木舟，当后人看到祖先的独木舟在自己面前划过天际时，就会向他们致意。另一方面，西方历史需要证据，而东波利尼西亚热带地区缺乏从新西兰带回的石器等考古证据，这表明回航没有成功。这可能是因为奥特亚罗亚的第一批殖民者建立了可延续的人口。最后一批移民是何时到达的,这是一个尚待回答的有趣问题。

东波利尼西亚各地的口述传统尽管在细节上各不相同,但却有着惊人的一致性,太平洋晚期的移民和定居模式或许可以解释这一点。口述历史通过故事、歌曲、谚语和家谱在整个太平洋地区传播,并以故事讲述者的直系祖先为中心。

唐加塔环努瓦人的世界由系谱(毛利人将其称为法卡帕帕[whakapapa])所主导,他们用系谱来解释他们的景观并与之进行互动。法卡帕帕以不同于欧洲的模式来组织空间和时间,并将生者和死者紧密地联系在一起,正如特·梅尔·陶(Te Maire Tau)这位纳塔胡族(Ngai Tahu)历史学家所解释的那样:

> 如果说法卡帕帕是脊柱的话,那口述传说、吟唱、咒语和其他艺术便像肉体一样依附在血统的骨架结构上。于是,大地(帕普托努库,Papatuanuku)和天空(拉奇,Raki)被理解成最初人类的双亲,而海洋、植物、动物及自然世界的其他组成部分也经由亲缘关系网络联系在一起。

口述传说以文化阐释的方式解释了(人类)与大地和自然间的密切关系。目前,特·梅尔·陶的部落面临的最大问题在于,沉浸于"旧"世界观的人们也知道传说并非是对真实历史事件不可辩驳的描绘,它们并非一成不变;同时,返回到部族的新归化者则希望传说能够确认他们所发现的土著认同。眼下的一个问题是:一个伊维(iwi,毛利部族)是应该致力于"旧"的知识体系呢,还是应该致力于"新"的知识体系?就"怎样捕捉鳝鱼和鸟类,在什么时间进行捕捉"等认知环境的问题,土著知识可以极为有效地运用于当地的环境之中。

各种瓦卡传说并非仅仅是一些关于（部族）起源的故事，它们同样勾勒了认同、所有权和亲缘网络等限定性标志。关于部族起源、定居和探险的各种故事是以波利尼西亚神话为原型的，它们提供了可资人们仿效的行为榜样。这些传说并没有将超自然物和人加以区分，也没有将最早的祖先"神"和后来的"英雄"加以区别，因为这些都以"图谱纳"（tupuna，祖先）之名留在人们的记忆之中，并常伴其左右。

波利尼西亚人的故事在他们所到之处流传着，在他们居住的每个岛屿上，他们都按照自己的系谱建立一个自己的宇宙哲学体系和社会秩序。作为整块土地上的意象图，法卡帕帕发挥着文化界标的作用，因而整块土地也成为人们的祖先。独木舟登陆之处有助于建立人们在一个地区的权威。对土地的要求是以对其进行命名为开端的，人们在整块土地上植下了"源自波利尼西亚神话的典型形象"，在这个过程中，他们也成了"唐加塔环努瓦"。传说与地标间的互动强化了他们的信念。如果神话解释了何以有这么个地标的存在，而现实中确实又存在着这样一个与从哈瓦基乘舟迁徙的故事联系在一起的地标的话，那这无疑证实了神话或传说的真实性。

讲述者将这些至少有2000年的古老故事加以改编，以使其能适应新的环境，并记录他们在迁徙途中所见到的当地地标。在波利尼西亚的各种描述中，它们都有一个相同的名字哈瓦基和一些相同的重要人物，例如，钓起陆地的航海家毛伊。当传说故事发生变化和延展以覆盖不同的地域时，这些名字便获得了新的含义。纳塔胡族人的领袖提佩内·奥瑞根爵士详细描述说："每当我们继续航行时，我们便卷起这些传说，卷起我们的法卡帕帕及我们的地名，然后将它们随身携带至一个新的地方，然后再将它们重新展开，并让它们与新的地域相符合。"

这种世界观同样也反映了祖先随着人们一起迁徙的这样一种信念。在瓦卡传说中，祖先有男也有女，这表明开拓者们所进行的航行是经过深思熟虑的，他们是为了开启新的生活。随着20世纪后期历史叙述得到了扩展，它们将女性和男性同时纳入了其范围之中，性别史学者日渐意识到，传说故事的男性叙述者——毛利人和欧裔新西兰人（Pakeha）都是如此——偏好选择具有男子气概的英雄和船长。传说故事将女性塑造为与自然世界联系在一起的伴侣，她们带来了火，并种植"库马拉"（kumara，即甘薯）。与此同时，瓦卡妇女传播了疾病，引发了战争。不过，美女和巾帼英雄往往为人们所怀念，正如特阿拉瓦故事中拯救了一艘独木舟的女英雄魏娜姬（Wairakei）一样。

阿皮拉纳·纳塔爵士是20世纪毛利人的杰出领袖，他所收集的自己所在的纳提珀柔（Ngati Porou）族人的传说故事，讲述了他们的祖先是如何将北岛从海洋中钓起，并将它命名为"毛伊之鱼"的。在北岛西部，人们将库珀作为开疆拓土的祖先而加以纪念，而在北岛东部，享有同样地位的则是托伊（Toi）。在特阿拉瓦传说中，托伊来自罗托鲁阿（Rotorua）附近，在水手塔玛-特-卡普阿（Tama Te Kapua）及他的人民航海来到新西兰之前，托伊是一位生活在哈瓦基的先祖。在其他一些传说中，托伊则生活在新西兰，和他联系在一起的便是从哈瓦基取得"库马拉"。在拉罗汤加岛，他也同样出名。

所有关于北岛东部海岸部落的伟大建族祖先裴吉阿（Paikea）的故事都有一个相同之处：他跨坐于鲸鱼之背而抵达新西兰，并在璜加拉（Whangara）登陆。在为大多数人所接受的版本中，一艘搭载着70位酋长之子的船从哈瓦基起航，结果却为最高酋长的幼子努阿塔普（Ruatapu）所骗。为了报复父亲的凌辱，他在船体上钻了个洞，试图借此来杀死他的哥哥裴吉阿（Paikea）。船翻后，只有努阿塔普和裴吉阿没有被淹死。通过乞灵他作为大海之子的权利，裴吉阿逃过了劫难。在经过了许多代人之后，他呼唤大海"将他'当作大鱼'救上岸"的隐喻却变成了背负着他破浪前进的鲸鱼。裴吉阿最终回到了家中，后来他便迁徙到了新西兰。纳塔胡人和纳提珀柔族人有着亲缘关系，他们也讲述着关于裴吉阿的类似故事。最近，在小说《鲸骑士》(*Whale Rider*) 和随后广受国际欢迎的电影中，来自东部海岸的威提·依希马埃拉（Witi Ihimaera）重新讲述了鲸鱼骑士的故事。经过几代人，类似的传说变成了历史。

欧洲人对起源的探寻

欧洲人总是将自己的框架强加到传说故事之中，这种做法问题重重。他们不仅对自然特征进行重新命名，而且还将太平洋各民族重新划分为波利尼西亚人（意思是"来自多个岛屿"）和美拉尼西亚人，并将他们按照皮肤的颜色分成高低不同的等级。依照这一种族样板，新西兰的唐加塔环努瓦人因属于（棕色的）波利尼西亚人而排位较（黑色的）美拉尼西亚人高，他们远远高于被置于阶梯底层的土著澳大利亚人。民族志学者同样发现，包括毛利人——他们的创业品质促使欧洲学者将其比作犹太人——在内的波利尼西亚人种在掌权安排方面更加清晰。欧洲人逐渐创造出了自己关于毛利人起源的神话，这些神话将不同的故事糅合在一起，使之成为适于儿童文学使用的动人传奇故事。

受"人类源于诺亚之子"这样一些圣经故事的影响，理查德·泰勒这样的传教士宣扬说，"新西兰族群"是"以色列人失落的部族之一"，这一观念为摩门教徒及毛利人的先知运动所采纳。

19世纪，当研究太平洋区域的学者力图寻找有关人类起源的线索之际，"雅利安"波利尼西亚人和当地"雅利安"毛利人的模式日益流行。19世纪后期，随着达尔文主义的兴起，"高加索毛利人"的概念取代了"闪族毛利人"这一受《圣经》影响而产生的观念。集勘探家和政府官员于一身的爱德华·崔格尔（Edward Tregear）在《雅利安毛利人》（*The Aryan Maori*，1985）一书中声称，毛利人和欧洲人有共同的雅利安起源。在优生运动蓬勃发展之际，这种观念持续存在。1938年，火奴鲁鲁主教博物馆（Bishop Museum in Honolulu）馆长特·朗吉·希罗阿（Te Rangi Hiroa，彼得·巴克爵士）出版了他那本颇受欢迎的《日出之地的维京人》（*Vikings of the Sunrise*）。巴克本身就是一名毛利人，也是一名医学硕士和职业人类学家，他通过自身的努力而跻身于国际学者之列。因此，他花费了极大的力气，将波利尼西亚航海家描绘为太平洋的维京人。

古代人类具有共同起源的观念赋予了毛利人和欧洲人极大的威望，并且有效地肯定了新西兰作为"毛利人之地"（Maoriland）这一与众不同的特性。正是测量总监S.珀西·史密斯设计出了这样一个编年史，它从印度或高加索到太平洋追溯毛利人的传说，将波利尼西亚人置于"人类的高加索族群"之中。在S.珀西·史密斯探寻（新西兰人）起源的过程中，他将传说故事收集在一起并将其简化。在许多年的时间里，学童们都学习他那个版本的毛利人历史：公元950年前后，波利尼西亚人的"海上流浪者"库珀发现了新西兰；大约在公元1350年，一支巨大的船队遵照库珀的训示而到达了这个位于遥远南方的新国家，这一非凡之举之所以能够成功，原因就在于毛利人的祖先是"英勇无畏、喜爱海洋的民族"。

现在，这种编年史已经受到了驳斥；不过，有计划迁徙的观念却再次获得了影响力，将早期定居者抵达的时间定于欧洲人到来之前的 500 年这样一种做法也同样如此。学者们现在承认毛利人的祖先是航行前来新西兰的；正如传说中描述的那样，冒险家回到故乡并汇报发现了南方这块巨大的陆地，之后，他们便组织一支或多支船队再次返回。人们很可能是乘坐着一系列的独木舟到达这里的，他们一起发挥了最初的关键作用。

"未来的进食者"

"人类的文化习性"一直都为环境主义或"自然的神圣不可侵犯"留有空间，毛利人的情况也不例外。20 世纪 80 年代，在解决伊维要求赔偿其因英国殖民化而在过去受到的损失的过程中，怀唐伊特种法庭（Waitangi Tribunal）暗示，毛利人较欧裔新西兰人更重视生态问题，而且他们因为这种观念而遭受了极大痛苦。唐加塔环努瓦人将自己视为环境的一部分，他们既不支配环境，也不征服环境；他们是环境的守护者，他们将自己所托管的资源当作后代的财富（taonga）。他们必须像对待祖先的馈赠那样守卫和保护土地、湖泊、河流和海洋。1985 年，特种法庭描述道：

> 尽管有种意见认为，毛利人在抵达奥特亚罗瓦后数代才开始充分重视环境，但似乎同样清楚的是，毛利人随身带来了关于环境的魔法-宗教世界观，这种世界观很容易让他们乐于保护地球上的自然资源。

特种法庭曾"获得"有关毛利人是如何使用海洋和陆地"法则的介绍"；它被"告知，当地部族是如何教导尊重海洋"，以至于毛利人将海洋视为农场，而欧裔新西兰人将垃圾扔进大海里面。为了生存，这里的人们不得不保护自然资源。尽管怀唐伊特种法庭也承认，很多物种在欧洲人到来之前便因为过度使用或意外事故而灭绝了，但它却断定，与1840年以来环境变化所导致的物种灭绝程度相比较而言，前此一类灭绝的程度是微不足道的。

16　　生态学家抛出了一种不同的观点。他们不是将最初的波利尼西亚移居者描绘为环境保护主义者，而是将他们描绘为充分利用丰饶大自然的典型人类；他们消灭了恐鸟这一不能飞翔的大鸟，并在加强食物生产之前，大批捕杀海洋中的动物。例如，在提姆·弗兰纳里（Tim Flannery）的澳大拉西亚生态史中，人类便是以"未来的进食者"这一角色进入该领域的。就"人类是如何劫掠自己的生存环境及其中的植物和动物，而他们最终又如何与其实现了和谐"问题来讲，后来在新西兰的定居者为此提供了一个研究案例。澳大利亚的土著居民在当地至少生活了6万年；因此，澳大利亚提供了一个对比，表明人类是如何与他们的土地和谐相处的。在此种诠释中，新西兰最初的定居者是些"优秀的劫掠者"，他们捕捉恐鸟和海豹，因为这种方式需要付出的努力最少，却可以得到最大的回报。其特征就是，人们对环境进行了劫掠。

同样，进化生物学家将欧亚大陆对全球的支配归为有利于技术进步的环境。在全球的历史中，"枪炮、细菌和钢铁"取得了胜利。在新西兰，各种环境变量决定了人们能够继续过农耕生活或"狩猎-采集"的生活，并保持尚武的习性。而其他的环境则将塑造一种不同的前途；例如，因为受寒冷天气的制约，从库克海峡迁徙至查塔姆群岛的人们则只能局限于"狩猎-采集"的生活。

古生物学家断定，"新西兰的鸟类（avifauna）因包括人在内的哺乳类掠食动物的进入而遭到大量捕杀"。"在人类抵达之后"，在冰川期—间冰川期的循环中幸存下来的生态系统消失于"地质学意义上的瞬间"。在2000年的时间里，导致当地动物群落灭绝的主要中介是新西兰生态系统中外来的 12 种食肉物种，以及将这些物种带到此地的人类。在这种理论中，产自库克群岛和社会群岛的太平洋鼠类首先来到此地，1000 年后接踵而来的是波利尼西亚迁徙者和他们的狗，其余的动物则是在库克船长到达后抵达的。虽然欧洲人带来了大多数动物捕食者，然而，在此之前，毛利人便已造成了大多数当地动物的灭绝。因此，就食肉动物是如何成为各岛屿上物种灭绝的中介问题而言，新西兰的例子便提供了一种模式。此种研究的一个有趣方面在于，太平洋老鼠只可能是通过波利尼西亚来访者的途径才到达了此地。

考古学家同意生物学家关于延迟定居的看法。但由于尚没有关于任何鸟类"灭绝记录在案"的确凿证据，他们还没有接受这样的观点：在可证实的波利尼西亚人殖民之前的 1000 年，老鼠便和早期的造访者一起登陆（新西兰）。由于没能从生物学家所用的遗址和数据中找到早于公元 1000 年的放射性碳证据，考古学者也对老鼠骨骼的年代表示怀疑。

学者们普遍同意，最初的移居者应该对恐鸟的灭绝负主要责任。在他们最初移居的 60 至 120 年中，恐鸟就因他们的过度捕杀和对栖息地的破坏而灭绝了。关于恐鸟蛋的放射性碳监测数据也强烈暗示，毛利人祖先是在大约公元 1300 年来到此地的。公元 1300 年后，人类同样在有意或无意之间焚毁了 40% 的森林植被；在欧洲人到来之前动物种群的灭绝反过来使得地理景观发生改变。与澳大利亚的情形不同，奥特亚罗瓦的森林无法抵御火灾的侵害，而天气变化同样可能导致森林面积的减少。但是蕨类植物和草丛因放火而生长茂密，因此，诸如人类恐吓恐鸟的行为造成了森林面积的减少和对森林覆盖的土地的侵蚀。这种情况在南岛东部特别严重，这里一度广袤无垠的森林已被丛生的杂草取代了。在北方，农耕者烧荒的山火改变了整个地理景观,致使蕨类植物和灌木取代了森林植被。当然,这也为收获蕨茎和种植红薯提供了更多的机会。

随着时间的流逝,气候变得越发恶劣。最初的人们将定居点局限在海岸的少数几个地区,这很可能就是大风和恶劣天气之故。考古遗址的模式表明,人们最初被吸引至北岛南部和南岛东部这样一些背风地区。这些地区地势开阔,猎物巨大,搜寻饲料也更为容易。然而,一旦人类造成的环境变化迫使人们进行适应时,定居地便开始向迎风面进行移动,17世纪更为凉爽的气温可能强化了这种变化。接下来的迁徙逆转了这种趋势,后来的迁徙主要是进入背风地带,先是进入霍克斯湾(Hawkes Bay)和怀拉拉帕(Wairarapa),接着又来到惠灵顿甚至是穿过海峡进入南岛。大约在16世纪后期,一些纳提马莫人(Ngati Mamoe)就开始在南岛定居。此后不久,纳提卡谷古努人(Ngati Kahungunu)也搬迁进入怀拉拉帕,这促使其他族的人们纷纷跨越库克海峡而前往南岛。大约在此时,这里的人们普遍感到了土地和资源所承受的压力。在经过几次迁徙之后,纳塔胡人在19世纪合并为南岛的一个部族,并借此抗击来自北方的威胁。当欧洲人到来之际,这些迁徙活动仍然在继续之中。

创建土著文化

"在遭遇欧洲前,毛利人是谁"与"在19世纪或20世纪毛利人是谁"并非同一个问题。直到在与欧洲人接触并面临被殖民的情况下,唐加塔环努瓦人才成了毛利人。与此相反,欧洲人是逐渐被称为"欧裔新西兰人"的。19世纪60年代,当普通的当地人发现欧洲人在数量上超过了自己时,为了把自己与新来者区别开来,人们才开始普遍使用"毛利"一词。历史作为一门学科所存在的问题在于,历史的发端不仅需要人类社会,而且需要书面记载支持,结果，只有口述文化的民族就成了没有历史的民族。任何转录口头传播的知识的努力都存在着风险，瓦卡传说所遇到的情形也不例外。因此，欧洲人到来之前，毛利人的历史被冻结在时间的长河之中。即使欧洲人将土著居民尊崇为武士、创业家和农学家，但学校传授的却是《历史中的毛利人》(The Maori As He Was)（民族志学者厄奥斯东·贝斯特［Elsdon Best］1934年著作的标题）一书的观点，将行将消亡的毛利族人当作博物馆中的工艺品一样加以缅怀，而不是将其描绘为具有适应能力、乐观而顽强的幸存者。

一个有历史根据的最佳猜测便是：在经过很多代人的不断摸索之后，早期的人们才了解到在季节性很强的环境中要付出何种努力才能获得最佳的收益；在气候和环境制约着园艺学发展的地方，他们还发明了各种储藏方法。他们发现，奥特亚罗瓦是波利尼西亚地区最大和最寒冷的一块陆地，它远比他们祖先居住的那些热带小岛屿要具有多样性，它的季节差异如此巨大，简直让人无法预测。这也让他们的适应能力被发挥到了极限。事实表明，奥特亚罗瓦并不适宜于种植波利尼西亚人平常的食物如椰子、面包果和香蕉。丰衣足食和缺衣少食这两种情况的周期性出现要求人们发挥创造性，令热带农业能适应温带气候。红薯在南岛东海岸的班克斯半岛（Banks Peninsula）以南便不能生长，只有在北方的经济中才占有突出的地位；相反，芋头（taro）和薯蓣（yam）在北方却仅能勉强生产。

正如在夏威夷的情况一样，红薯因技术上的改造而成了人们的主食。这种甘薯最初产自秘鲁，在引种的热带作物歉收而恐鸟和海狮等大型猎物又不见影踪的情况下，它们可能便成了人们成功定居的关键。后来称为毛利人的人们发明了储藏食物的独特方法，他们修建起隔热的地窖，将红薯储藏起来作为冬天的食物和供春天种植的薯种。为了种植红薯，他们依靠向土壤中增加砾石层的办法来增加土壤温度；为了能够让红薯吸收热量，他们将其种植在覆盖着烟灰的石块之下。他们将鱼、石莼、野菜和卡拉卡（karaka）浆果这类野果子晒干并储存起来，他们在鱼和鸟变得肥美鲜嫩之际进行捕捉，并将它们储存在油脂中，以供人们渡过丰歉的周期性季节变化。

因为面积狭小和气候多变，新西兰各地区间的差异很大。种植是一种集体活动，其中，妇女主要从事播种、除草、收割和搬运等活动，男人们则主要翻挖土地。在南方这样一些气候条件不允许大规模耕种的地方，人们将波利尼西亚其他一些地方出产、只有在饥馑时人们才吃的食物（主要是蕨类植物的根）变成了主食。通过运用太平洋地区普遍使用的长时间熬煮和浸泡的办法，即便是苦涩甚至有毒的植物都"身价猛增"，成了"美味佳肴"。南方的毛利人根据季节的变化而捕捉鸟类、鱼、海豹、老鼠，同时也采集植物及其果实、茎和根。不同的群体间进行着食物交换的活动，例如，他们用灰鹱（一种乌黑的海鸥类飞鸟）交换一种用提口卡树（Ti-kouka）的花苞及各种不同的海产品做成的食物。在整个新西兰，鱼类和贝类都是人们的主要食品，渔业也成了其经济的重要部分。在北岛，贝类和螯虾尤为重要。

成为毛利人的成员，就要用波利尼西亚的技术来开发当地的资源。妇女对当地的亚麻进行加工。她们首先挑选出一些特别的贝壳，接着用它们来刮削亚麻坚韧的叶子，之后又将这些刮下来的亚麻叶条编织成用来做衣服的粗麻布，或者是用它们来覆盖房间的地面；她们也用这些亚麻来编织篮子，为房子准备盖屋顶用的材料，搓绳并且织渔网。纤维的渔网可以达到1.5米到3米长。男人们则修房造屋及建造独木船。在这块土地上，高大的木材储藏十分丰富，例如北部地区出产的桃拓罗汉松（totara）和杉木（kauri），是挖空中间的木料以建造单体外壳独木船的理想材料。新西兰建造的独木船修长、狭窄而快捷，它们并不是为了进行具有划时代意义的海洋航行而设计的，相反，它们主要是为在河流中和跨海岸的航行而设计的。

到大约 1500 年，毛利人文化和社会的主要特征已经确立。这些文化和社会特征的核心便是，他们有明确界定的集体认同观念，血统是他们主要的纽带，一个人作为部族（伊维或哈普）成员的身份来自他是建族先祖的直系后裔这一事实。例如，纳塔胡人便是霍克斯湾的塔胡珀提基（Tahu Potiki）的后裔。随着人口的增长，不断发展的、生机勃勃的文化开始在各地区出现，从而推动了土地所有权和防御概念的出现。诸如河流、山峰、独特的岩石构造等地质特征，甚至树木等被当作边境的标志。整个新西兰和拉奇乌拉（斯图尔特岛的毛利称呼）都开始为这里的居民所了解，并得到开发，这也让他们遇到了新的环境因素，如积雪。在南岛的西海岸，探险家发现了绿玉，从此，绿玉成了一个在贸易中颇受重视的商品。

从 16 世纪早期开始，除了人口稀少并主要从事狩猎-采集的南岛低矮地区，居民定居点都集中在精心建造、工事坚固的"帕"（pa，寨子）之中，这些寨子便是战争时有发生的体现。很可能因为"帕"的修建与不断发展中的资源保护观念相联系，它成了新西兰显著的特征；由于肉类和脂肪食物的缺乏，人们越来越难于以此为食物，处于不断发展中的武士文化则越来越精通于食物储存。随着社会阶层化的不断发展，艺术特别是木雕及诸如"马拉厄"（Marae）[*]等公共建筑出现了繁荣的景象。毛利人创建了一个富于竞

---

[*] 毛利人的会堂。——译者

争性的社会。在这个社会之中，部族间彼此竞争，土地、亲缘关系和一系列的价值观念将每个居民群体团结在一起。其中，这些价值观念将对亲人的责任置于首位。

当毛利人发展出一些拥有武士阶层和武士文化的猛烈竞争的集团之际，从其中分裂出来的一个群体——莫里奥里人（Moriori）则在公元1500年前的某个时刻寻找到了从南岛前往查塔姆群岛的道路。这个东波利尼西亚人中最年轻的群体在秋天和夏天采集食物，而到了寒冷的月份，他们便将采集到的食物保存起来。恶劣的环境限制了他们的食物资源，并形成了一种简朴的物质文化。无论是欧裔新西兰人还是毛利人都误解了这种文化的有效性（一如土著澳大利亚人的物质文化）。与毛利人相反，莫里奥里人逐渐演变为非暴力性的、定居的狩猎-采集者，他们主要依靠食用海狗为生，并辅之以贝类、鱼、鸟和蕨类植物的茎。1835年，一些流离失所的塔拉纳基毛利人（Taranaki Maori）乘坐一艘从悉尼出发的欧洲双桅船来到这里，他们奴役并杀害了这些和平的居民。

尽管环境造成了如此不同的情况，早期的人民讲的还是同一种语言。虽然各地区的方言存在着细微的变异，不过，来自另一地区的人们还是能够让当地人明白自己的意思。重要的还在于，一种语言最终让欧洲人易于理解唐加塔环努瓦。

18世纪，人们居住在以"哈普"为基本单位的社群之中。就我们所知，在殖民地化的挑战迫使源自共同祖先的人们组成一个更大的群体伊维前，传统的社会动力主要集中在"哈普"之上。从18世纪开始，各个世系群体的政治前途和人口发展趋势跌宕起伏。像奥克兰以南的泰伊努伊（Tainui）和北岛中部的特阿拉瓦人则仍然居住在他们祖先的独木船靠岸的地方。在其他地方，作为对战争的应对，人们迁徙到了新的区域。通常，迁徙到别的地方的往往是次子和幼女。移居者和唐加塔环努瓦人之间彼此通婚,在通婚的过程中,往往是地位最高的男人相互交换女性。第二代人从更优秀的武士征服集团那里继承对人民的权力,并从唐加塔环努瓦人那里继承对土地的权力。婚姻的网络确保了他们对人民和土地的权力:维系平衡既需要女性,也需要男性。

第二章

海滩跨越者（1769—1839 年）

"奥特亚罗瓦"位于太平洋这一汪洋世界的深处，乃至在很长一段时间里，欧洲人除了知道它是想象中神话般的南方大陆"极光出现之地"（Terra Australis）的一部分外，便对它别无所知。为了平衡北半球陆地的重量，南太平洋就必然会存在一块大陆？事实表明，并不存在这样一块大陆。新西兰沉浸在太平洋之中，周围 2000 公里都被海洋环绕着。毛利人的瓦卡传说也反映了这一事实。直到 18 世纪后期，在经过了实地考察之后，欧洲人才开始对它的整体轮廓产生初步的印象。

1500 年，欧洲人都还未曾见到过世界上最大的海洋。当欧洲水手勇敢地进入了太平洋后，他们在这个广阔无垠的水域中的航行遇到了重重的困难。除了零星散布的岛屿和无数未知的礁石，这里没有任何的地标，有的只是变幻莫测的洋流和无法预测的大风和恶劣天气。除了从美洲的阿卡普尔科（Acapulco）前往东南亚马尼拉的西班牙舰队所经过的极为有限的纬度范围，这里没有任何可靠的海上航行路线。两个世纪中，欧洲人都沿着这一航道在太平洋中东游西荡，然而，对于那块他们认为在等着他们发现的南方大陆，他们却没能绘制出它的地图。

欧洲人的新西兰历史可以被置于帝国扩张的第二个阶段之中。在欧洲人借助对美洲的殖民而建立在大西洋地区的霸权的近三个世纪之后，新欧洲（neo-Europes）被移植到了太平洋地区。以

图 2.1　毛利各部落（伊维）——约 1839 年

通过殖民方式建立起新的国家和政治形式。大洋洲被吸纳入欧洲的版图和权力体系的滞后一事具有重要意义。西班牙人从16世纪后期便开始寻找"极光出现之地",他们航行经过了托雷斯海峡（Torres Strait）,却没有能够发现澳大利亚。他们的冒险活动引发了这样一种看法:一艘迷失航向的西班牙小帆船发现了新西兰。17世纪,荷兰探险家也开始寻找"极光出现之地"。由于在航海中所测定的经度和纬度等坐标往往不准确,许多荷兰东印度公司所属的船只在西澳大利亚海岸沿线失事了,偏离目的地巴达维亚（雅加达）很远。直到1642年,艾贝尔·塔斯曼（Abel Tasman）才从巴达维亚向东航行到了塔斯马尼亚岛,他将该岛命名为"凡·戴蒙的土地"（Van Diemen's Land）;从这里出发,他到达了新西兰。从此,新西兰得到了一个荷兰名字,而学童们也学会了背诵:1642年,艾贝尔·塔斯曼"扬帆于蔚蓝的大海",为欧洲发现了新西兰。

有一种观点认为,毛利人和太平洋的其他民族很幸运,因为他们躲过了欧洲帝国主义贪婪的初期阶段。在这个时期,欧洲人对商业更加着迷而很少再醉心于征服。但新西兰学者认为,毛利人在延缓他们自己与欧洲人的接触中发挥了积极作用。在塔斯曼的经历中,毛利人掌握着最初的交往,因此,他没有将他们描绘为"高贵的野蛮人",相反,他认为他们是残暴的,就像他在指令中将"文明"的当地人和"疯狂的野蛮人"区分开一样,塔斯曼的整个目标就是想了解"在那里是否有任何可以从中获利的东西"。他断定,答案是否定的,毛利人威胁反抗的行为表明他们是欧洲人想象中的"敌对的赤脚汉",就应该居住在澳大利亚和新西兰（Antipodes）。依靠速度和突袭,黄金湾（塔斯曼称之为"凶手海湾"）的当地居民撞沉了一艘小船并杀死了四名水手。"南岛居民"的这一驱逐行动进入了欧洲的各种传说之中,这使毛利人成了一个让欧洲人感到恐惧的民族。

库克船长

与塔斯曼不同,詹姆斯·库克确实穿越了新西兰的海滩,无论是从事实上还是从隐喻的角度来说,他都成了新西兰欧裔人故事书中的祖先。和毛伊、库珀和裴吉阿这样一些毛利人神话中的祖先一样,库克是一位伟大的航海家、探险者和至高无上的领袖。这一相似性使他成为民族构建中的楷模。然而,库克的英国特性无疑使他比塔斯曼更适合做建族祖先,而且,他为该国民族神话的构建做出了巨大的贡献。从严格的意义上讲,是詹姆斯·库克上尉(他首次抵达新西兰时的军衔)将新西兰放置到了世界地图之中,因为他首先绘制出了新西兰的完整轮廓图。

在四次停留新西兰期间,库克差不多花费了一年的时间来考察新西兰的海岸线。在关键的第一次航行中,他和他的船员停留了六个月的时间,这期间,他绘制出了著名的地图,尽管他将斯图尔特岛绘制成了半岛,而将班克斯半岛绘成了岛屿(图 2.2),但这一地图的准确性还是足以让人感到吃惊。他的地图和航海日志记录了陆地上的木材和亚麻资源以及海洋的海生资源,加快了英国人对当地殖民的进程。他和植物学家约瑟夫·班克斯(Joseph Banks)及船上的能人所收集的知识至今仍然影响着各国的学者和大众,告知他们 18 世纪的新西兰是什么样子的。

与其说是库克本人的航行还不如说是随后英国人大张旗鼓的殖民活动奠定了他作为开国祖先的地位,因为从联合王国出发的殖民活动让新西兰得以回顾 1769—1770 年"努力"号的航行,并将这次航行作为他们开国拓疆的最初篇章。仅仅是库克史诗般的探险

图 2.2 1769 年和 1770 年女王军舰"努力"号船长 J. 库克上尉访问新西兰的地图。巴黎：Saillant et Nyon，1774 年。库克制图的法文版。

活动发生的时间本身也足以使其成为一个新型英雄，一个让在 18 世纪后期进行殖民扩张和在太平洋推行帝国主义活动的欧洲人仰慕的英雄。库克是一位启蒙时代的英雄，这使他成了教室里学生们的理想榜样；他是一名出身低微的基督徒的典范。作为一个白手起家的男人，他代表了不断发展的新世界自由，因为带来了自由贸易、更多的科学知识、文明行为的信息而赢得声名。作为一名探险家和测量员，他掌握着新的技术；通过发表自己的航海日志，他为当时的人们提供了内容更为丰富的信息。作为普通人，他提升了自己朴实的品质，获得了专业知识和技能，适时地成了"自由和文明贸易的新英雄"。在同一时期，欧洲在印刷业、探险活动方面取得的各项突破，以及"一大批鼓捣机械的工匠"所取得的技术革新，创造了经济发展的"欧洲奇迹"，并缔造了大英帝国。库克则成为这些发展趋势的具体体现。他的航行确保了他不仅仅属于新西兰；他还是澳大利亚的库克；在加拿大，他是魁北克的库克；同时，他还是英属哥伦比亚海岸的库克。

流行于新西兰的有关库克作为启蒙运动产物的"人文主义神话"让海外学者感到吃惊。研究库克的一流学者都是新西兰人，其中，库克航海日志的校订者和他的传记作者 J. C. 比戈霍尔（J. C. Beaglehole）便是最推崇库克的学者。比戈霍尔笔下的库克是一位"实干家"，他对任何事情都勇于尝试。他不仅完成了自己的使命，在塔希提岛（Tahiti）观察金星的轨迹，还继续前行以发现南方大陆；如果没有能发现南方大陆，便对新西兰的塔斯曼海湾进行探测。"他是事实上的天才"，一位"相当称职的海员"，"十分专业的"探险家；不过，他首先是一名航海家，他为英国发现了这个国家并绘制了这里的地图。此外，库克还是一名人道主义者。比戈霍尔知道库克在第三次航行中有些异常，他无情，并且时不时地表现出暴躁，对此，比戈霍尔认为，这些相反的表现是身体方面的原因造成的。在地理和航行方面取得的成就便是库克的纪念品。比戈霍尔得出结论说，库克是一个伟人，毛利人对库克的记忆便证实了这种看法。

　　同样，这也与"新西兰在种族关系方面树立了榜样"的看法是一致的。在塔希提岛的"通事"（intermediary）图佩阿的帮助之下，库克和他的船员得以和毛利人进行交谈，在这个过程中，库克意识到毛利人和其他波利尼西亚人在一定程度上具有共同的血缘。在他的前两次航行中，他尽量像一个受过启蒙的人那样为人处事，毛利人似乎也像对待一个领袖那样尊重他。

　　在最初，人们将库克当作一个完美的帝国探险家来纪念，无论是在档案中还是 50 分的硬币（1967 年）上都留下了人们缅怀他的印迹，他不仅成了白人的开疆之父，而且也是支持两种文化并存的新西兰的英雄。毛利人有关最初与外界接触的故事都集中在库克身上；他们的祖先遇到了库克；他的船只将毛利人及太平洋的其他岛民和欧洲世界联系在一起，并"开启了让世界成为全球村的进程"。库克船长的故事及他所命名的地方，不仅对毛利人而且对欧裔新西兰人都具有重要意义。一个例子就是"杨格尼克角（Young Nick's Head，因尼古拉·杨格［Nicholas Young］而得名）事件"。2002 年，一名美国投资家准备出钱购买杨格尼克角，却遭到了当地伊维的反对，他们认为该地是一个具有重要民族意义的历史场所。与澳大利亚的土著居民不同，毛利人并没有将库克提供给他们的东西斥为"非常坚硬的饼干"（terrible hard biscuits）。相反，他们如饥似渴地学习库克带来的知识，正如库克和其具有探究兴趣的随行人员热切地对毛利人进行观察一样。

　　最为著名的一次相遇发生在霍雷塔·特-塔尼瓦（Horeta Te Taniwha）身上。任何一个重要的新西兰历史版本都会引用库克给予一名小男孩一颗钉子的故事，20 世纪后期的一个毛利人儿童故事集也引用了这个故事。在一个 1888 年写成的版本中记录道：

> ……那艘船上有一位至高无上的人。从他高贵而具有绅士派头的完美举止中,我们知道他是整群人的头儿。他很少说话,但一些小鬼却喳喳地说个不休……他是一个非常不错的人,他走向我们这些孩子,拍拍我们的脸,并轻轻地摸摸我们的头。

批评库克是人文主义者这一神话的人认为,仅仅因为一名传教士在事发80多年后记录下了垂暮之年的特-塔尼瓦的话,不足以说明这个一再为人们重述的故事是对现实的再现。相反,它象征着白人相对于庶民话语权的胜利。一些人类学家认为,霍雷塔·特-塔尼瓦的故事是将库克船长奉为典范的欧洲神话的具体体现;欧洲人需要库克成为一名神,因此就让波利尼西亚人将其神化。然而,这个故事也是一个协作的例子,因为故事中也有证据表明,它包含了毛利人的信息和毛利人的世界观。当然,库克是被当作一位如慈父般仁爱的人物而加以纪念的。然而,被描述为神的不是他,而是他的船"努力"号。这位"至高无上的人",被认为是一名酋长。重要的是,他的随行人员被称为小鬼。与神不同,小鬼则是可以加以戏弄的,也是能够被制服的;他们可以低于人,而非比人类的地位更高,因此是易于对付或愚弄的。

有时,库克也确实对双方接触时的怪异场面反应强烈,并对毛利人即便面临欧洲人的火力也要进行抵抗的行为感到惊慌失措。在他第一次访问期间,他的人全身而退,没有一个人被杀或受伤,但却有十名毛利人被杀,并有许多毛利人受伤。然而,在殖民过程中,启蒙的观念得到了普及。对它的发展有一个简单的解释:库克起初两次成功的航行,特别是1769—1770年的第一次航行,较其1777年第三次悲剧性的航行——在这次航行中,他们同样抛锚于夏洛特女王海峡（Queen Charlotte Sound）——更属于新西兰的历史。两年之后，因为卷入与当地人的冲突，他暴死于夏威夷。

法国探险家

法国人普遍的一种看法是，库克的横暴行为为他招致了这样的结局。如果考虑到直至1815年法国都仍然是英国的敌人，是英国在太平洋谋求帝国支配权的竞争对手的话，那么，这种看法便不足为奇了。在新西兰，法国探险家一直为人们所忽视。英国人决定了南阿尔卑斯山脉（Southern Alps）在海岸便可映入眼帘的三座最高峰的名字，依照高矮秩序，以早期欧洲探险家的名字将它们命名为库克峰、塔斯曼峰和拉贝鲁兹峰，以作区别。新西兰人对前面两个名字是熟悉的，但他们对拉贝鲁兹这个名字却不甚了解。1785年，加罗·德·拉贝鲁兹（Galaup de La Pérouse）从法国扬帆起程，前往太平洋进行一次重要的航行，其间，他收到了对位于悉尼的英国流放地进行了解的命令。1788年初，他完成了这个任务。此后，他的两艘船只便突然消失了。18世纪90年代，另外一名探险家唐特卡斯托（D'Entrecasteaux）对失踪的远征船队进行了寻找；1793年，他在新西兰的北部进行了短暂的停留，但仍然一无所获。拉贝鲁兹这个名称间接地表明，法国人最美好的记忆是一次空手而归的行动。如果用不那么像冷嘲热讽的话来说就是，法国探险家的重要性居于第三位。

人们常常忘记，在库克进入新西兰水域的同一时间里，法国探险家就已经进入了同一水域。让-弗朗索瓦·德·叙维尔（Jean-François de Surville）因船员得了坏血病而寻找栖身之处，并因此而对新西兰进行了一次不期然的访问；1769年12月，他们见到了北部区（Northland）。巧的是，在同一时期，库克也正扬帆于新西兰对面的海岸。在一次大风中,"圣让-巴浦迪斯"号(St Jean-Bapiste)迎面遇上了"努力"号,但它们却彼此互不相识,英国船顺风向北行去,而法国船则逆风向南而去。

事实上,毛利人和叙维尔船队的相遇对双方来说都是一次让人感到不快的经历。毛利人搬走了一艘被冲上岸的快艇,叙维尔的船员对此感到愤怒。为了报复,他们绑架了一名善待得了坏血病的船员的男子,并纵火烧毁了建筑。同时,他们对毛利妇女的看法较英国水手——他们受到了早期与塔希提间的接触的影响——来说更加负面。1772年,当马里翁·杜弗雷纳(Marion du Fresne)在岛屿湾登陆时,早期的经历便影响到了双方的接触。杜弗雷纳已经对土著塔斯曼人进行了观察并形成了对他们的负面看法,而当地的毛利人也已经经历了欧洲人枪炮的洗礼。

杜弗雷纳的经历表明了这样一个道理:误解会导致暴力冲突。尽管这位法国人是亲毛利人的,他为友好对待唐加塔环努瓦人做出了巨大的努力,然而,由于他触犯了一项具有效力的死亡禁忌,特·考利(Te Kauri)酋长还是杀死了他。波利尼西亚人遵守具有控制性的限制条例,以形成他们世界的秩序。就杜弗雷纳的事来说,他在禁忌的小海湾里钓鱼,曾有毛利人淹死在那里,这对活着的人和他们的祖先来说,都是一种侮辱。"捕捉这些鱼已然是够坏的了,吃掉它们则等于是同类相食,是对亡者和他们部落禁忌的攻击,是对他们部族神灵的攻击。"因此,像库克在夏威夷的遭遇一样,杜弗雷纳被当地人杀死并吃掉,他们借此来吸收他的生命力和权力。由于他是这样被制服的,在毛利人及欧洲人的叙述中,他都不可能得到赞扬。相反,历史书籍往往倾向于暗示,作为一个法国人,他应当受到惩罚,在"犯了一系列的错误"后被杀死。杜弗雷纳的副手朱利安·克罗兹(Julien Crozet)证实,与英国人相比,法国人是不人道的,会通过屠杀来进行报复。不过,安妮·萨尔蒙德(Anne Salmond)研究文化碰撞的作品却描绘出一幅更为细致的图景,在这幅图景中,杜弗雷纳不仅卷入了毛利人的对抗之中,他还卷入了两个跨文化的世界的对抗之中。

与澳大利亚的联系

经过最初的接触之后,毛利人发现了一个囊括澳大拉西亚并从这里延伸开来的更为广阔的世界。一旦毛利人被纳入英国建立新南威尔士流放地的战略决定之后,悉尼便成了新网络的中心。1793年,毛利人第一次访问了澳大利亚,进行这次访问的是一名叫做图基(Tuki)的祭司和一位名叫胡鲁(Huru)的武士。在冒险登上了一艘运载供给物资的船只后,这两位海滩跨越者(Beachcrosser)发现自己被运送到了诺福克岛(Norfolk Island),以传达菲利普·金(Philip King)这位新南威尔士未来的总督对毛利指导者提出的要求,他希望罪犯能学会如何将亚麻加工成绳索。加工亚麻本是妇女的工作。无论如何,在毛利人眼中,图基和胡鲁被迫进行的海外旅行演变成了悉尼的金和岛屿湾酋长之间的联盟。为了获取新的知识和技术,几十名毛利人以国家元首、商人、游客和学生的身份出海前往悉尼。

不可避免的是,欧洲人的精神图谱帮助毛利人形成了对澳大利亚土著人的看法,而这些看法往往是负面的。1806年,金总督记录说,被邀请到他政府办公室里的客人,北方酋长特帕希(Te Pahi),以及在他之前的图基,对"这个国家的土著人"表现出了"明显的轻视"。毛利人看不起他们"赤身裸体地行走",而且特别瞧不起他们"极其微不足道的战争模式"。金相信欧洲人的种族层级制度,对于那些被认为是游牧民族而非武士和农耕者的民族,他的新西兰客人同样表现出了蔑视。由于欧洲罪犯不是奴隶便是战争中的俘虏,毛利人也和英国军队一样对他们表现出了蔑视。特帕希和他的四个儿子从悉尼带回了作为边疆地位标志的砖和预制的装配式房屋构件。

1800 年之后,毛利青年乘坐捕鲸船造访悉尼一事引发了金总督对新西兰的兴趣。捕鲸者——一些来自美国、悉尼、霍巴特(Hobart)以及后来的法国的倔强男人——是与新西兰接触过程中"人数最多的一群欧洲代理人"。他们和毛利人间的交易如火如荼,毛利人向他们的船只提供猪肉和马铃薯,而这些物品则是毛利人从他们与南威尔士殖民地的外交关系中得到的。毛利人自身也开始卷入到捕鲸行当之中,而且,出于对毛利人和太平洋岛屿上船员的关心——这些关心是由许多关于绑架和野蛮行径频频发生的传说所引发的——金总督在 1805 年的《悉尼公报》(*Sydney Gazette*)中发布了一项政府命令,给予了毛利人及其他一些太平洋岛民以英国臣民所享有的一些民事权利:他们不应受到虐待,他们的财产及索取工资的权利将受到保护。

从 18 世纪 90 年代开始,为了给中国市场收集毛皮,成群结队的海豹捕猎者——包括前罪犯、逃逸的犯人和逃亡者——纷纷在新西兰南部的海岸登陆。为了保护英国东印度公司在澳大拉西亚的广大地区所拥有的贸易垄断,金总督禁止在南纬 43 度以南猎捕海豹。但是,身为悉尼商人的西米恩·洛德(Simeon Lord)——一个富有的前罪犯——却与管理殖民地政府的美国上尉及军官秘密勾结,暗中破坏金总督的这一政策。于是,尽管海豹捕猎者在 1804 年便发现了猎捕海豹的新场所,但他们最初对这个消息秘而不宣。不久,他们就得到了官方支持。1808 年,在布莱(Bligh)总督被推翻之后,被各个传记记载的官员约瑟夫·福沃(Joseph Foveaux)——福沃海峡便是以他的名字来命名的——得到了掌控权，他允许猎捕海豹的团伙立即向海峡地区进发。由于悉尼军方的空位，斯图尔特岛的一些地标便获得了海豹猎捕热潮时期留下来的源自澳大利亚的名字。

毛利人的反应是实用主义的。如果来访者未经授权便对资源进行掳掠的话，那他们就会受到攻击。但如果他们在贸易中发挥了作用并成了朋友呢，那他们就会在那里娶到妻子。在这个过程中，特别是在福沃海峡附近地区——这里的纳塔胡人往往将一些优秀的海豹捕猎者和捕鲸人吸收入他们的社群之中——他们的子女拥有了毛利人的血统。随后，从19世纪20年代后期开始，他们与那些在海岸建立了捕鲸基地的捕鲸人进行通婚，并以此作为抵御来自北方的蚕食的一种防御战略。

和捕鲸人及诸如逃逸的罪犯与船员这样的海滨流浪汉一样，基督教教会也是从澳大利亚来到新西兰的，最初是英格兰教会，随后到来的则是卫斯理公会的教徒。在整个塔斯曼海地区因捕鲸人和毛利人间恶劣的关系导致暴行肆虐之际，英国国教的传教活动受到了阻滞。引人瞩目的是"博伊德"号（Boyd）被焚及其船员被杀的事件，其消息在1810年传到了悉尼。让人悲哀的是，特帕希因这次屠杀而受到了指责，在殖民者眼中，他从"友好的酋长"转变成了"背信弃义的食人者"。作为回应，英国的财政-军事政权提醒捕鲸人在与新西兰人和太平洋岛民交往的过程中要保持警惕，因为他们是一个"狡诈的种族"，是"不可信任的"。交叉的（两个）世界再一次为毛利人提供了机会，但同时也给他们带来了灾难。

历史学家和人类学家曾强调在传教士来到新西兰一事中毛利人所扮演的角色；特别是，跨塔斯曼海峡的商人纳普西族人的鲁阿塔拉（Ruatara of Ngapuhi）成了塞缪尔·马斯登（Samuel Marsden）的朋友，塞缪尔·马斯登是以新南威尔士帕拉马塔（Parramatta）

图 2.3 海军上尉乔治·F. 达什伍德和毛利人，1832 年，悉尼。船首有人在甲板上工作：两人戴着大礼帽。而雕刻的船首体现了欧洲的影响。来源于乔治·达什伍德画册的淡水彩画。

为基地的英国国教牧师。通过与马斯登进行谈判，鲁阿塔拉获得了在岛屿湾的第一个欧洲永久性定居点上的垄断权，他管理着英国国教传教团及传教士，并以此来增加自己的权威。事实上，鲁阿塔拉是对欧关系方面的一位早期顾问。

对于马斯登，历史学家讲述了他的两副面孔：他既是一位因冷酷无情而为罪犯憎恶的澳大利亚"笞刑牧师"，同时又是一位富于人情味的新西兰传教士。在欧裔新西兰人的故事中，这位英国国教牧师是作为一个好人而被铭记的，他是首次在圣诞节向毛利人宣扬基督教的传教士。1814 年，当圣公会（Church Missionary Society）在向太平洋以及新南威尔士的罪犯和土著澳大利亚人传教的活动失败之后，马斯登将传教的努力转向了新西兰。马斯登从鲁阿塔拉及其他一些旅行者那里获悉，兰格蒂勒（毛利人的酋长，rangatira）对唐加塔拥有权威。从这些新西兰的代理人中，他看到了贸易的前景及英国教会传教的机会。对那些在与悉尼进行交往的过程中有着自身考虑的北方酋长来说，他们同样也看到了自己的机会。

双方都致力于发展这种联系。为了获取帝国对英国国教会在新西兰传教的批准，马斯登收集了一捆抱怨欧洲人在太平洋地区进行侵略的陈情书，并将它们提交给总督。于是，在1813年12月，总督拉克兰·麦格里（Lachlan Macquarie）发布了一个文告，这个文告有效地将毛利人"置于国王陛下的保护之下"，并用英国法律来约束英国臣民与毛利人和太平洋岛民间的交往。次年，12名来自岛屿湾的毛利酋长在帕拉马塔（Parramatta）和马斯登一起待了三个月。这些人中包括鲁阿塔拉、鲁阿塔拉同父异母的兄弟、鲁阿塔拉的亲戚——纳普西族人（Ngapuhi）的武士首领洪吉希加（Hongi Hika）与其子。他们所有的人都忙着学习英语，学习有关欧洲风格的农业、园艺及木工手艺。1814年12月，这个首领意味浓厚的团体与马斯登及三名传教士一起返回到了新西兰。

从建筑和传教的角度来讲，建立于岛屿湾凯里凯里（Kerikeri）的传教定居点成了"袖珍的帕拉马塔（Paramatta）"。1809年建于帕拉马塔的石头店铺为科里科里的石头店铺——新西兰现存年代最为久远的古建筑——提供了平面图；而马斯登在帕拉马塔的住宅，"老式的兰吉斛（Rangehoo）"（兰吉霍阿[Rangihoua]是新西兰第一个传教基地的名称）则成了科里科里布道站的样板。1819年马斯登修建了澳大利亚式的"兰吉霍阿"，并将其作为高层毛利青年的神学院。直至19世纪30年代，新西兰的英国国教传教团仍然处于边缘地位，对于北方部族而言，传教团更多的是他们借以获取欧洲技术、文字和商业的敲门砖。洪吉希加从鲁阿塔拉那里继承了对第一批英国国教传教士的垄断性控制权。1830年前,新西兰的传教士处于附属于毛利人的地位,洪吉希加至死都控制着对他们的垄断权力。洪吉希加从位于岛屿湾的驻地发布指令,迫使传教士按照他开出的条件与他往来,其中包括秘密进行火枪交易。

对毛利人来说,洪吉希加比马斯登更为重要。这位从前的神学学校学生是几十位活跃于塔斯曼海两岸的旅行家和商人之一,这些旅行家和企业家与新南威尔士殖民地间密切地进行着贸易。自1800年以来,活跃于塔斯曼海两岸的酋长是毛利人在澳大利亚存在的生动例子。

图 2.4 詹姆斯·巴里、托马斯·肯德尔牧师与毛利酋长洪吉希加、怀卡托,伦敦,1820年。洪吉站在中间。他右手握着长矛,左手拿着短棒。

然而，洪吉希加在新西兰出名是因为他在1820年大胆前往伦敦，在伦敦，他成功地实现了自己的要求，见到了英王乔治四世；同时，他还帮助剑桥的一名教授编纂毛利语词典。洪吉希加是在他的朋友、年轻的世俗传教士托马斯·肯德尔（Thomas Kendall）及他的侍从武官怀卡托（Waikato）的陪同下，搭乘一艘捕鲸的纵帆船前往英格兰。肯德尔并没有获得授权随同前去，但他决定学习毛利人的语言，并以其作为说服当地人皈依的手段。在英格兰，洪吉希加在社会上受到了盛大的款待，收到了许多珍贵的礼物。次年，他用这些礼物在悉尼的市场上换回了300多条火枪及若干火药和子弹。但他却并没有将所有的礼物用来做交易；他保留了一套盔甲，而这套盔甲后来好几次救了他的命。

火枪战

到1800年，部族间的战争日渐加剧。一些人认为，大约在1800年，毛利人的人口数达到顶峰，资源的日益缺乏加剧了部族间的敌对状况。日益严峻的资源制约形势有利于后来要求移居奥特亚罗瓦的主张，毛利人借助移居的活动而迅速适应了人类活动所造成的生态变迁。在敌对"哈普"（部族）间的竞争本来就非常激烈之际，与欧洲人的接触不可避免地会让事情更加过火，并产生空前的冲突。1815年至1840年期间，用战争解决争端的进程加速发展，而塔斯曼海周边地区间的联系对此则起了煽风点火的作用。当然，其细节是复杂的，也存在着争议。到这时为止，毛利人的战争一直都是季节性的，而且高度仪式化，它导致的死亡人数相对不多。欧洲的枪炮（火枪、双管火枪及手枪）更为致命，它们导致的后果更加具有破坏性。著名的火枪战也可以称为"土地战争"，因为战争之后许多的领土都发生了易手。一些学者也将战争的原因归咎于白

第二章 海滩跨越者（1769—1839年） *47*

薯。白薯是一种更加易于种植的食物，而交战的各方也更易于搬运它们。

通常，火枪和马铃薯都是与洪吉希加联系在一起的，因为是他将火枪引入了部族间的战争。当洪吉希加装备了一支军队并以空前的规模摧毁了对手之后，他便开始了在北方的进攻行动。不过，长途奔袭并不需要枪炮和马铃薯。习惯上，获得胜利的战士通过牺牲他们敌人的方式而获得生存。洪吉希加的目标是制服对手，而不是征服陌生人，他对食物交易的新品种进行操控，借此来巩固毛利人的价值观及各种制度。

一种观点认为，引发1806年至1807年战争的是从塔斯马尼亚逃出来并搭乘"金星"号（Venus）的一些罪犯。他们绑架了洪吉希加和洪吉希加盟友特·默伦加的近亲——纳普西族（Ngapuhi）的一些上层妇女，并将她们抛弃在各个海滩之上，任由其他部落将她们杀死。另外一种观点则认为，毛利文化关系中的"血债血偿"这一核心要素要求对任何群体的冒犯进行报复（utu），从而避免权威的损失，并恢复平衡和秩序。因此，在寻求对这种特定的冒犯及其早年曾遭受的战争进行报复的过程中，毛利政治体系运作的方式便为后来发生的事情提供了解释。12年之后，纳普西族人运用他们在火枪方面的新优势对东部海岸的人们实行报复。1818年，特·默伦加和洪吉希加带领数百名战士对丰盛湾的部族发动了两次袭击。就在1820年洪吉希加离开联合王国的当天，特·默伦加的队伍乘坐50艘独木船返回到了岛屿湾，他们带回了数百颗头颅、约200名奴隶以及数年前杀死一名被绑架妇女的酋长的所有独木船。

战争的结果是，三名伟大的军事酋长成了新西兰最有权势的人物：纳普西族的洪吉希加、怀卡托族（Waikato）的韦罗韦罗（Wherowhero）以及纳提托阿族（Ngati Toa）的特·罗帕拉哈（Te

Rauparaha）。这些战争本身导致纳提托阿族首先向南迁徙到塔拉纳基（Taranaki），之后又迁徙到惠灵顿地区；在这里，特·罗帕拉哈开始为他的人民谋划未来的生计。

一些学者从对枪械和马铃薯的运用的角度来阐释火枪战争，他们将这些战争按顺序划分为三个阶段。在第一阶段，各个部族主要是从捕鲸者那里获得了少量的火枪，这些火枪足以产生威慑的效果；在第二阶段，他们获得了数百条火枪，并积存食物——这多亏种植马铃薯这一农业革命——以供养庞大的军队；在第三个阶段，各个部落纷纷积聚起数量庞大的枪械。所有上述三个阶段中，使用的火枪都可通过在悉尼的市场上出售食物、妇女（性奴隶和妓女）和纹有花纹的头颅而获得，后来则是通过为该市场提供加工过的亚麻而获得。对堆放贸易物资的劳动力的需求加剧了建立袭击队的迫切性，建立袭击队可以为部落带回其需要的奴隶。反之，得到装备的劳动力又使得建立袭击队更加容易，因为毛利人通过种植马铃薯而获得了迅速增长的食物供给，同时，当男人去打仗时，妇女和奴隶可以种植马铃薯。随着仪式性的惩罚让位于大规模的战争，俘虏不再全部用来做苦力，因为征战中所需要的肉源来自卡伊-唐加塔（kai-tangata，食人，这个词将人和食物组合在了一起）。不过，数以百计幸存下来的奴隶则被迫去种植更多的食物和赚取枪械，在更为深入地接触欧洲人并获得更多火枪的过程中，他们推动了各个部族一个阶段、一个阶段地不断向前进步。

于是，战争产生于连锁反应，并且导致了进一步的连锁反应。例如，1821年，在洪吉希加返回的途中，他从悉尼购买了300多条火枪，这使纳普西族人成了新西兰最为强大的一支力量，奥克兰地区因担心受到袭击而变得人烟稀少。1822年，洪吉希加入侵了怀卡托族人的地盘，迫使特·罗帕拉哈及其人民进行迁徙。反过来，纳提托阿族的迁徙者及其盟友则对唐加塔环努瓦也发动了一次又一次的袭击，他们将卡皮蒂岛（Island of Kapiti）城堡作为基地，在这里和欧洲人的船只进行贸易，并从这里发起攻击。1824年，纳提托阿族人的首领特·裴西·库珀（Te Pehi Kupe）仿效洪吉希加，前往英国旅行。四年之后，他返回到了卡皮蒂，并从悉尼买回了更多的武器。像洪吉希加一样，当他在穿越塔斯曼海之际，他把在欧洲收到的礼物拿来换火枪。随后，他的部族便将这些火枪用来侵略南岛。1825年，纳塔胡人初次使用火枪来对付其他"哈普"，这加剧了该部族内部的冲突。到1827年，怀卡托族人的火枪实力足以和纳普西族人的火枪力量相匹敌，1828年洪吉希加的去世标志着纳普西族人力量不受控制的局面终结了。随着压力向南方的延伸，在1827年至1828年的夏天，特·罗帕拉哈侵入了南岛，当他使用火枪来对付传统的武器时，便造成了更多的流血事件。在随后的六年中，他指挥着向南推进的战役。

1807年至1840年间爆发的部族战争并非都是火枪战。假如所有的战争都是火枪战的话，那它们必然会在19世纪20年代后期就不得不将纳普西族人卷入战争之中。正如在徒手相搏的战斗中一样，火枪并不能确保胜利。然而，这些战争并不是单纯的部族战争。在此之前，战火从来没有席卷过整个国家。除了枪械，新的思想和战略也打乱了部族的动态，它要求建立新的制度来稳定社会。战争不再仅仅是传统意义上的战争，它同时也是"毛利人的现代灾难"，它充分展示了土著-新来者间关系的爆炸性力量。

两起臭名昭著的事件让欧洲人直接卷入其中。将新西兰和英帝国牵扯在一起的转折性事件发生在1830年，它是在特·罗帕拉哈的鼓动下完成的。特·罗帕拉哈主动接近英国的斯图尔特船长（Captain Stewart），请求他帮助打击纳塔胡族人的酋长特·梅哈拉努伊（Te Maiharanui），以此来报复他杀害特·裴西·库珀的行为。斯图尔特同意用"伊丽莎白"号（Elizabeth）双桅船将特·罗帕拉哈及70名武装人员运送到阿卡罗瓦（Akaroa）港，以换取一船加工过的亚麻。在阿卡罗瓦，"伊丽莎白"号的船员协助将毫无戒心的特·梅哈拉努伊诱入了船长的船舱并将他铐了起来。在同一天晚上，特·罗帕拉哈的战士对海岸的寨子发动了进攻。纳塔胡族人因欧洲船只的存在而产生的安全错觉也误判了他们受到的进攻，这同"伊丽莎白"号的船员对"惊慌失措、四处奔逃的妇女"施暴所产生的效果有异曲同工之妙。斯图尔特和"伊丽莎白"号将一篮一篮煮过的人肉运回了卡皮蒂，他们还带回了被俘的特·梅哈拉努伊及他的妻子。特·梅哈拉努伊因被铁链绑起来而受到了侮辱。酋长夫妇成为斯图尔特获得亚麻的担保，他们被交到特·罗帕拉哈的手中后惨死。接着，在1831年至1832年间的夏天，特·罗帕拉哈试图利用"伊丽莎白"号进行远征，以攻击克赖斯特彻奇（Christchurch）北部位于凯厄波伊（Kaiapoi）的纳塔胡人堡垒。在经历了包围之后，该寨子失陷了。特·罗帕拉哈肃清了逃往阿卡罗瓦港一个寨子的难民。在这里，他施展诡计，利用从凯厄波伊捕获的头领，并打着和谈的旗号而得以进入寨子。一旦进入寨子之中，他的战士就开火了。因此，让人毫不感到惊奇的是，纳塔胡人长期以来都对特·罗帕拉哈怀有报复之心。

在第二桩臭名昭著的事件中，纳提穆唐加（Ngati Mutunga）和来自塔拉纳基（Taranaki）的纳提塔玛（Ngati Tama），在1835年侵入了查塔姆群岛。此前，他们在惠灵顿港捕获了一艘双桅船及该船的船长。在这次事件中，这位船长的卷入并非出于自愿。在经过两次航行之后，该船才将900人及马铃薯种与独木船运送到查塔姆群岛。这次入侵的结局是悲惨的。作为对入侵者的回应，莫里奥里人（Moriori）组织了"和平理事会"。由于受自身文化建构的限制，入侵者不能想象到还存在着非暴力的途径，于是，他们错误地将该机构诠释为"战争理事会"，并发动了血腥而无情的战争来摧毁他们。1835年，莫里奥里人的人口为1660人；到1862年，莫里奥里人的人口就只有101人了。总之，与欧洲人的接触导致了毛利人的流离失所；与此同时，毛利人又利用欧洲的技术和人员来驱逐莫里奥里人。1840年，当世代相仇的毛利人因为土地购置而彼此分隔开来后，查塔姆群岛的火枪战争终于结束了。同时，战争对为这些侵略者所遗弃的惠灵顿地区也产生了长远的影响，因为他们将自己作为移居者而声称在该地区拥有的对环努瓦的权威赠送给了他们特阿提阿瓦族（Te Ati Awa）的亲戚特·沃瑞普利，特·沃瑞普利同时也带领着一群人由塔拉纳基向南迁徙。特·沃瑞普利并不确定他对土地所拥有的权利，他不久之后便发现将惠灵顿地区出售给新西兰公司对自己是有利的，因为殖民者居住于该地区能够为他提供某种形式的保护，于是，他便以极其低廉的价格——其中还包括一些火枪和火药——将这些土地出售了。

火枪战争的后果是令人惊骇的。1806年至1845年间，各个部落被重新划分了，成千上万的人不是被杀害就是受伤或者流离失所。大量的人口流离失所，特别是纳提托阿族人及与他们结盟的塔拉纳基各个部族向南迁徙所带来的压力，给库克海峡周围的地区、南岛以及查塔姆群岛的广大地区带来了毁灭性的后果。整块整块的地区变得人烟荒芜，这为将来欧洲人的殖民腾出了地方。部族间的边界得到重新划分。在《怀唐伊条约》签署前不足20年的时间里，火枪战的获胜者享受着从战争中获得的战利品，并将唐加塔环努瓦人从他们的家园中赶了出去。

于是，各个部族目前所在的位置便体现出了战争所产生的后果;《怀唐伊条约》签署之前围绕部族权威而产生的争端以及对因丧失土地而产生的怨恨阻止了权力的再分配。1840年之后,土地测量和土地买卖阻止了人口的流动,并确定了各个地区间的边界。火枪战争对一些伊维的权威造成了破坏性的影响。一些新的部族取得了支配地位,其中显著的便是北方的纳普西族人、库克海峡附近地区的纳提托阿族人,以及位于火山高原地区的纳提图华雷图阿族人(Ngati Tuwharetoa)。遭受入侵的部族往往组成更加集中的自卫团体。因为所有权存在争议,大片大片的地区变得人迹灭绝或者人烟稀少,例如,后来成为奥克兰和惠灵顿的所在地周围就是这种情况。1840年前,在这样一些充满机会的地区,欧洲的土地投机商能够以有利于自己的条件购买存在争议的土地,因为那些容易受攻击的部落需要欧裔新西兰人的保护。

图 2.5 乔治·F. 安加斯,莫图帕伊(莫托普希)村及汤加里罗山,1844年。这个纳提图华雷图阿族人的村寨在1828年受到攻击。

人口减少严重干扰了土地开垦。然而,唐加塔环努瓦人经受住了冲击,许多人返回到了以前的地方,一些人则与入侵的部族通婚。令人悲哀的是,人们看到子孙后代死去的一个反应便是卖掉祖传的土地,那样至少可以让对手一无所获。不过,在怀唐伊特种法庭有关文献的帮助之下,历史学家质问政府是否应该承认1840年的边界,而这些边界是在运用欧洲武器进行征服的基础上确立起来的。对于这一质问,其他一些人则回答说,部族间的许多战争无论如何都会发生的。

为了让战争的旋涡逐渐平息下来,就必须使新到的殖民者融入其中,实现新平衡。尽管传教士声称是他们结束了战争,但事实上,是和平的实现传播了基督教,而不是相反。在关于毛利人"皈依"程度和性质的争论中,就前奴隶所发挥的作用出现了一种共识,即这些奴隶在遭受禁锢期间皈依了基督教,在他们返回家园之后,他们在自己的部族中传播了文字和毛利版的福音。基督教提供了一种革命性的管理模式,在这种模式中,由国家创制的法律保护着和平。在思想的领域,基督教是具有启示性的意义。

毛利人抓住文化交往所提供的每一个机会,对他们的环境进行改造,并突破生态的制约。一旦纳普西族人拥有了火枪,该国的其他民族也必须拥有这种武器。在一定程度上,战争只能以这样的方式结束:各部族间的火力达到了平衡,并诞生了一种专门为火枪战争而设计的现代武器。战争产生了大量的战略家,他们拥有几十年使用枪械的专门知识,并掌握了运用欧洲人的技术来对抗欧洲人的窍门。不过,当时的关键性改革——在土地方面——还是土地购置。

背离"最低程度之干预"的举动

难怪历史学家将殖民局(Colonial Office)的战略描绘为没精

打彩的回应。英国拥有广泛的全球利益,但这些利益仍然以欧洲为中心并立足于遏制法国。帝国仅仅是英国众多战略和商业利益的一部分而已,而澳大拉西亚则更是其中微不足道的一部分。这并不是说殖民局非常了解它的情况;殖民局官员主要依靠遍布世界各地的官员、总督、军官以及传教士和他们的资助会社(parent sociey)等资讯代理人(information agent)写回的信件和书面报告而获得情报。

1831年,岛屿湾的酋长恳请威廉四世提供来自英国的保护,以让他们免遭英国臣民的侵害,并抵制法国的野心。1833年5月,詹姆斯·巴斯比(James Busby)——他的工资由南威尔士殖民地支付,当然,他们是不情不愿地向他支付工资的——以英国殖民官员的身份抵达当地,从而开始了英国官方象征性的干预活动。首先采取行动的不是伦敦而是悉尼,他们采取这种行动的目的是显示他们正在为"伊丽莎白"号的野蛮行径而采取补救措施。悉尼的商人意识到新西兰的部族冲突会损害他们自身的利益。巴斯比与他的妻子在坐落于怀唐伊的自建农场上修建了房屋(现在被称为条约纪念馆)。巴斯比是一名文职官员,而不是一位可以调动军队的军官。作为事实上的第一位警官,他的工作就是"维持安宁",其中也包括拘捕逃犯。毛利人很快便将其称为"没有牙齿的看家狗",而土著法律依然盛行。南太平洋地区的内部动力已然占据了首要的地位,这迫使以悉尼为基地的殖民地政府将例行公事的警察制度延伸至新西兰。

与此同时,伦敦方面提供了新基督教帝国主义的理论,只要这无需花费什么成本。在殖民局,詹姆斯·斯蒂芬(James Stephen)爵士抱有福音基督教和人道主义的信念,而这些信念在19世纪30年代关于英国种族优越和帝国命运的讨论中占据着支配地位。"更为清晰的种族层级结构正在出现","'独立性'——一个源自苏格兰道德哲学家的观念——是公民道德存在的先决条件"这样一种观念则是对它的强调。按照它的说法,各个社会都在通过勤劳的奋斗而沿着各个发展"阶段"向高级文明迈进。正如福音主义所订正的那样,基督教帝国应该进行干预并加速这个发展进程。恰好在帝国发生这种变化之际,自由交往的概念突然流行起来,大洋洲无疑是"生而自由的英国人所具有的权力"这样一种盛行于全球的断言的最佳体现。

那些权力将如何应用于新西兰?19世纪30年代中期,帝国政府没有获取主权的动机,而且不管怎样,它都不得不克服因为缺少资金而导致的惰性。巴斯比作为殖民官员是毫无权力可言的;他自己的财产还遭到侵占。但是,他在两个事件中起了重要作用,而这有着持久的象征意义。首先,1834年,他想出了新西兰(毛利人)运输船只悬挂旗帜的主意,具体的旗帜则由北方的酋长进行挑选,这样,他们的船只便可以自由进入澳大利亚的港口。毛利人悬挂旗帜也有着自己的想法,这时的旗帜变成了毛利人主权和认同的象征。其次,1835年,他设计了一个《独立宣言》。参加"新西兰部族联合"的35名酋长签署了这个宣言,后来又有另外17名酋长签了字。该宣言认为,新西兰是英国人保护下的独立国家。尽管这和太平洋其他地区的陈情活动相似,但北部的酋长却认为它表明了他们自己的主权。这成为了将来人们经常援引的例子。20世纪90年代,一个以北部区为基地、重新创造出来的"奥特亚罗瓦部族联合"(United Tribes of Aotearoa)宣称他们拥有独立的主权,其理由便是他们的祖先签署了1835年的宣言。

历史学家一致认为,巴斯比设计宣言的本意是为了使新西兰成为英国的保护国,从而使法国无法染指。一些历史学家认为,巴斯比需要有一个借口来召开酋长会议,他确实也从夏尔·德·蒂埃里(Charles de Thierry)自塔希提岛发出的一封信中找到了这样一个借口。他宣称德·蒂埃里试图在新西兰建立一个独立的国家,这个国家将建立在他认为已经从传教士托马斯·肯德尔手中购买了的土地之上。巴斯比毫无困难地让当地的酋长相信德·蒂埃里构成了威胁。其他历史学家则认为,巴斯比确实是有一点儿惊慌了。正如他向悉尼的总督伯克解释的那样,他的反应便是要求召开酋长会议:

> 以便他们可以宣布这个国家的独立,并坚持将下列问题当作一个集合体来对待:他们对主权所拥有的完整而排他性的权力、他们捍卫主权完整性的决心,及将任何提议在他们的领土内获取主权的人视为公敌的决心……

由于该提议显然是对19世纪30年代整个澳大利亚盛行的"无主地"(terra nullius)原则的一种蔑视,伯克对它没有一点儿好感。现在学者们仍在争论的是,这个文件意味着宣示了主权呢,还是仅仅是对跨塔斯曼海峡实行英国法律的表述。或许,它被设计出来的目的本来就是同时为二者服务的,设计者在设计之初便考虑了两种不同类型的读者。

在英格兰,圣公会是反对殖民的,反对的理由是,殖民导致了对土著民族的不公正和伤害。相反,英国国教会及其对手卫斯理公会都支持英国慎重而正式地进入新西兰。随着传教士热情的不断增长,他们加紧向殖民局推销"致命影响"的主张——新西兰很快就会没有原住民了——并将其作为进行干预的理由。在兼并新西兰的过程中,帝国主义和人道主义齐头并进,传教士则始终站在最前沿。一些人则将"致命影响"看作是英帝国将势力延伸至新西兰这种"势所必然"的有利借口。现代历史不再像以前那样重视传教士,而是开始更加重视殖民地政府——特别是它在塔斯曼海峡另一边的活动——以及它与毛利人间的互动。然而,对于理解新西兰来说仍然关键的一个事实便是,英国开始正式干预的时间是与人道主义运动的兴起以及对英国的基督教帝国主义的信念一致的。1839年的世界已经不同于18世纪晚期——当时,英国当局在悉尼建立了流放罪犯的殖民地——的世界了。

教会内部的宗派主义对当地的派系政治产生了影响。来自法国和爱尔兰的神父及后来修女所传播的罗马天主教,给毛利人提供了一种不同的政治,一种可以用来和他们的新教邻居竞争并用以维持独立认同的手段。在1838年第一位天主教神甫庞帕里耶大人(Monsignor Pompallier)从法国到来之前,在一些爱尔兰籍有前科的罪犯的影响下,在1835年,北方的酋长已经派遣了两名毛利青年前往悉尼学习天主教教义。意大利神父多姆·菲利斯·瓦基欧里(Dom Felice Vaggioli)在1895年写的一本新西兰史中便对这种竞争进行了阐述,该书受到了英国的审查和压制。尽管瓦基欧里的书中存在着一些事实性的错误,但该书中揭示了天主教对毛利人获取独立权的支持。瓦基欧里将1834年的旗帜诠释为国旗,它表明英国承认了毛利人的主权。他对有关德·蒂埃里是法国间谍的流言嗤之以鼻,因为后者在那时是一名"可怜的英国公民";他谴责官员和新教传教士是些奸商和抢土地的人。相反地,德·蒂埃里记录了卫斯理公会传教士对庞帕里耶到来的反应:他发现他们"热心地建议(当地居民)应该采取何种行动来除掉这个可怕的入侵者"。

从1837年开始,随着扩张压力——这种压力因环塔斯曼海各地区间的联系而得到加强——的不断增长,形势的发展开始超过殖民局的规划。岛屿湾另一次周期性部族战争的爆发促使人们向悉尼方面请求武装保护。作为回应，总督伯克派去了英国皇家海军舰艇"响尾蛇"号（Rattlesnake），随船前去的还有威廉·霍布森（William Hobson）船长。这次造访除了强行恢复秩序外，还促生了两份公函，其中一份是由霍布森撰写，另一份则是由巴斯比代笔，它们鼓动伦敦方面结束其"最低程度之干预"政策。为了说服殖民局进行更加强有力的干预活动，巴斯比在其报告中提及了"持久的无政府状态造成罪恶不断增多"。霍布森则建议英国至少在包括英国定居点的新西兰各地区获得主权，因此，他对伦敦施加了更大的影响。全球政治继续支配着官方的思维。英国仍然将心思放在欧洲，特别是放在防范法国野心的问题之上，但当人们为获利而将视线投向中国时，英国也开始更多地卷入到亚洲和太平洋地区。对英国种族优越性的信念只是增加了官员决断时的自信。

1837年，英国"下议院土著人问题特别委员会"确定了在19世纪剩余时间里即将引发殖民地官员重点关注的问题，并"认为英国的优越性是理所当然的"。该委员会断言，帝国当局提供的保护以及基督教将促使包括毛利人在内的人群的文明开化；它同时也预见到了后来写进《怀唐伊条约》英文文本中的王室优先权。根据这一具有封建性质的原则，只有国王才能同意将毛利人的土地让渡出去；将来的殖民者必须从政府那里购买土地。通过这种方式，无论是人道主义还是为殖民地国库提供一个地产银行的愿望，都得到了满足。1838年，"上议院新西兰问题特别委员会"批准了由"臭名昭著的而耽于幻想的"爱德华·吉本·韦克菲尔德（Edward Gibbon Wakefield）所倡议的殖民制度（见第三章）。1839年，英国的思维已经发生了变化，它开始倡导采取有限而克制的干预措施以确保英国飞地的法律和秩序。1839年6月发布的专利特许证（Letters Patent）将新南威尔士的边界进行了扩展，以使其能够囊括任何新西兰割让出来的土地。欧裔新西兰人居住的地区将从各酋长那里获得，而各个部族仍将保持他们对自己区域的控制权力。此时，位于悉尼的总督吉普斯（Gipps）对任何可能获得的土地都拥有了管辖权。到了7月份，殖民局开始接受完全主权的观念。1839年7月30日，帝国政府任命霍布森为领事，以对新西兰的英国人行使"一定的控制权"；同时还任命他为"延伸至新西兰"的那部分新南威尔士殖民地的副总督（Lieutenant-Governor）。

新西兰公司首先决定前往那里。新西兰公司成立于1837年，成立时被称为"新西兰协会"。自从19世纪20年代以来，新西兰协会中倡导系统殖民的成员就幻想着用经过挑选的移民对澳大拉西亚进行殖民活动。韦克菲尔德为当时的一种乌托邦理想提供了灵感，这种乌托邦理想便是将澳大利亚南部及新西兰变成进行殖民实验的场所，将英格兰前工业社会的阶级结构移植到此地。然而，在实施这种理想的过程中，韦克菲尔德却被迫潜伏在幕后，并通过宣传而对此发挥影响，其原因在于他曾经因诱拐一名年轻女继承人而受到监禁，令他名声扫地。1839年5月，他的弟弟威廉·韦克菲尔德上校作为新西兰公司的代理人乘坐"托利"号（Tory）匆忙出发，希望以尽可能便宜的价格从毛利人那里购买土地，并获得新西兰中部库克海峡周围地区的垄断权。威廉·韦克菲尔德试图在王室之前抢占先机。毕竟，占有才是硬道理，而且新西兰公司拟议中的"大不列颠"新城将会和坐落在岛屿湾的政府的最初地址距离甚远。

1839年8月"托利"号——它抛锚于马尔堡湾（Marlborough Sounds）——的航行以及韦克菲尔德的让人质疑的大宗土地购置，促使殖民局以英国殖民地为理由将1839年而非1840年作为新西兰割让主权的日期。9月，当"托利"号驶进了惠灵顿港后，特·普尼（Te Puni）酋长及特阿提阿瓦族的特·沃瑞普利酋长登上船，他们试图在其他相对新近的对手之前提出他们的要求。三个月之后,"古巴"号三桅船运载着皇家炮兵的测量员威廉·梅因·史密斯、考察的军校学员及劳工接踵而至,而第一支由六艘船组成的船队搭乘着精选的移民紧随其后。1840年1月5日,在来自卡皮蒂(Kapiti)的美国捕鲸船的引导之下,"古巴"号进入了惠灵顿港口,并受到"瓦里·珀蒂"(Warri Podi)及"普尼"(Pooni)(也就是特·沃瑞普利和特·普尼)的迎接。自此之后,新西兰公司及其在惠灵顿的第一个殖民地的事迹和1840年2月6日签订的《怀唐伊条约》的历史便令人不快地并列成了新西兰的奠基文件。由于新西兰公司突如其来的举动及与悉尼开发商所达成的交易,吉普斯在1840年1月14日发布了一个宣言,将新南威尔士的边界扩展到包括新西兰的地区,到1月18日,霍布森就已经以副总督的身份从悉尼起程了。

第三章

索要土地（1840—1860年）

1840年2月6日《怀唐伊条约》的中心就是土地争夺问题。这个条约的独特之处不在于它的缔结过程，而在于其具体的内容。它肯定了土著人的权利，并宣布了建立一个单一国家的使命，它试图花最小的代价而实现各项宏伟的目标。在条约签订之前的1月30日，霍布森上尉（Captain Hobson）在科罗拉雷加［Kororarekka，即拉塞尔（Russell）］的英国国教会教堂宣读了三个声明。第一个声明将新南威尔士的边界进行了扩展，并将新西兰囊括在其范围之内；第二个声明宣布他为副总督；第三个声明规定地契（land title）需要从国王那里获取。为了在经得当地人同意的情况下实现合并，霍布森接着起草了一个条约，该条约效仿的是英国人道主义者在北美洲和西部非洲确立的先例。为了让酋长们能够讨论条约，传教士亨利·威廉姆斯（Henry Williams）和他的儿子爱德华花了一夜将条约文本翻译成了毛利语。2月5日，酋长们确实在巴斯比的家中进行了讨论，而且还讨论了整整一天。2月6日，几名英国殖民官员及45名毛利酋长在《怀唐伊条约》的毛利文译本上签字画押。最初的签字是仓促的；霍布森几乎没来得及从皇家海军军舰"先驱"号上拿他的羽饰军帽。

如果对霍布森而言，条约为酋长们提供了保护的话，那么，对传教士来说，条约则是毛利人和作为英格兰教会和国家首领的英国女王之间签订的契约，虽然对毛利酋长来说，酋长地位要求他们享

图 3.1.1　帕图奈,《怀唐伊条约》的签署人。帕图奈握着火枪,穿着绅士服,一副武士酋长的表情,他在两个世界之间架起了桥梁。

图 3.1.2　塔玛蒂·瓦卡·奈奈,条约签署人,帕图奈之兄。

有与新总督同等的权力和地位,这一如特雷哈(Tereha)宣称的那样:"我们这些酋长是统治者,我们将不受人统治。如果我们享有和你同等的地位,那或许是可以接受的。但如果我们将受制于你,那我就会说,回到你们的船上去,走得远远的。"当时,只有少数一些人才将霍布森作为和平与新法律——它们试图消除疾病、文化和社会动荡及战火等的影响——的先驱而加以欢迎。对纳普西族人的酋长塔玛蒂·瓦卡·奈奈(Tamati Waka Nene)而言,他仍然需要让争论朝着支持条约的方向转变,因此,他提出了这样的看法:拒绝霍布森已为时太晚;殖民者已然在不断到来;总督将成为朋友、法官与和平的维护者。这样一场"唇枪舌战"是"正义之举",在领导人的讲话结束辩论之前扫清了障碍。

奈奈和他的哥哥帕图奈(Patuone)是继其亲戚霍恩·赫克(Hone Heke)之后最早签署该条约的两位毛利人。正如帕图奈后来的照片所表明的那样，他和奈奈一样，在两个世界之间架起了桥梁。（图 3.1.1 和图 3.1.2）大约在 6 岁的时候，帕图奈便在"努力"号上遇见了库克船长；1814 年，他和奈奈则曾欢迎从新南威尔士前来的马斯登。作为一名伟大的勇士，他是首批接受亨利·威廉斯洗礼的酋长之一，他发现，在与英国人的交往过程中，双方都可以从中获利。

法国主教庞帕利耶则不这样看待问题，他怀疑这些毛利酋长是不是明白，英国的企图是使条约成为一项割占领土的文献。在酋长们签字之前，庞帕利耶从中进行了调解，他要求公开保证宗教自由。当时，庞帕利耶身着豪华的长袍，给人们留下了深刻的印象。在签字之后，霍布森试着用毛利语讲了一句话："Hi iwi tahi tatou."（"我们是一个民族了。"）他的话让这些接受了基督教的酋长相信，他们的人民将作为女王的臣民和基督的信徒而与英国人紧密联系在一起。自此之后，政治家们便纷纷引用霍布森所说的话。正如所有的言论一样，它们对不同的集团拥有不同的含义。统一有什么样的要求？"一个民族"的含义是否就是英国人思维中的促使毛利人文明开化并将他们同化过来，并实行同一种法律呢？或者说它是否赞同这样一种思想：组成一个由毛利人和欧裔新西兰人构成的新社会，其中，两个民族集团依照彼此间的关系来进行自我界定。诺伯拉·帕纳加雷奥（Nopera Panakareao）看到了实行某种新的泛部族（pan-tribal）管理的可能性。他之所以在条约上签字，是因为他希望给予人民一位舵手："以前，每个人都希望成为舵手；如果一个人说，让我来掌舵，那另一个人也会说，我来掌舵；结果我们从来就没有一帆风顺过。"这表明，条约既涉及在毛利人的世界灌输和平、保护各个亲族群体的权力等问题，同时也涉及如何与欧洲人交往的问题。

奠基性文献

《怀唐伊条约》直到晚近才开始在国民生活中占据重要地位。它总共包括九个文献：英文和毛利文的原本，七个毛利文副本和一个英文翻印本。在《怀唐伊条约》条约缔结之后，记载着该条约内容的羊皮纸毛利文稿的主要部分被拿到了北部区的其他地方。传教士和海军人员则将毛利人条约的副本带到了全国各地；其中一个副本被皇家海军舰艇"先驱"号（Herald）带到了南岛；北岛的一些酋长则在圣公会印制的一个英文版副本上签了字。500多位酋长在这些条约文献上签了字，而且，除了其中的39位酋长，剩下的人都在条约的毛利文文本上签署了自己的名字；当然，他们并不是作为"伊维"的代表，而是作为"哈普"代表签的名。

重要的是，许多强大而不信基督教的酋长受到欧洲的影响较少，他们并没有在该条约上签字，其中著名的人物有怀卡托（Waikato）的特·韦罗韦罗（Te Wherowhero）、特阿拉瓦族的各位酋长以及纳提图华雷图阿族的大酋长特·胡胡（Te Heuheu）。怀拉拉帕的毛利人则没有获得签字的机会。对于特·胡胡来说，他就不愿意见到自己在酋长中居于首位的权威还低于一个女人，虽然这个女人是英国女王。（获得签约者身份的女性数量现在增加到311人。）库克海峡地区的两名妇女在条约的一个文本上签了字，而其他地方的女性则被排除在外。

围绕《怀唐伊条约》的各种译本而展开的争论仍在热烈的进行之中。条约的毛利文本（由一位同时代的传教士翻译）与霍布森的英文原本有着细小但十分重要的差别。殖民者的历史——在这种历史中，他们往往提及这一条约——往往依赖条约的英文文本，以描绘一个建立在完全自愿基础上的国家。在主流的叙述中，新西兰是在 1840 年 2 月 6 日作为新南威尔士殖民地的一部分加入英帝国的。直到 1841 年开始，新西兰才开始以直辖殖民地（Crown colony）的身份进行运作。在这个国家的官方描述中，该条约经历了 150 年才演变成为"奠基性文献"。1841 年，条约文本在一次火灾中被抢救了出来；1877 年，当条约被宣布不再具有法律效力而各部族也被宣布在法庭上不再享有传统权利之际，条约便被束之高阁。1911 年，该条约被重新发现，但文件——特别是在怀唐伊签了字的羊皮纸文本——已经为雨水和老鼠损坏了，自治领博物馆将其作为文物而加以保存。20 世纪后期，毛利人对新西兰殖民社会忽略该条约的行为进行了抗议。直至 1990 年条约签字 150 周年庆典之际，条约文献才开始被放在惠灵顿进行永久而公开的展示。

尽管条约的文本当时是匆忙之中设计出来的，但它现在却成了国家历史文物：虽然对于不同的群体而言，它们有着不同的含义，但关于它的官方诠释在不断地发展。在年长的新西兰人更熟悉的殖民者诠释中，根本没有提及条约一事。对于提及了该条约并承认殖民者依赖于毛利人这一现实的那些叙述来说，提出了人道主义主张，认为政府当时是关心毛利人的利益的。对于"尚在一小股殖民者开始定居新西兰之际，以及在民族国家形成之前，英国王室便开始在新西兰存在了"的这样一种观点，这一种叙述起到了确证作用。这种版本的说法主要涉及的是北方，特别是条约诞生地怀唐伊，涉及的人物主要是奥克兰的总督。1841 年，霍布森将首都从原本计划的岛屿湾中的奥基亚托（科罗拉雷加［Kororareka］以南 7 千米）搬迁到了奥克兰，而不是将其搬迁至惠灵顿，其原因就在于奥克兰坐落在威特玛塔港（Waitemata Harbour），它恰好位于毛利人分布稠密的北部区和怀卡托（Waikato）这两个地区之间。

相反，另外一种殖民者叙述则没有重视该条约，这种叙述主要是从惠灵顿及其他五个在系统殖民过程中形成的城镇中发展起来的。在1840年1月至3月期间，抵达惠灵顿的新西兰公司的殖民者满心期望他们的城镇会成为政府的所在地。1840年5月21日，当条约文件尚在传阅之中而南方的酋长还没有签字之际，欧裔新西兰人各种主张间的针锋相对，北部的总督和传教士与惠灵顿殖民者间的紧张关系，便促使霍布森宣布英国对整个国家拥有主权。在面临同为帝国的力量挑战的时候，帝国显示了自己的权威。

从毛利人的观点来看，条约是王室权威的基础，是欧洲在新西兰合法殖民的基础。自20世纪80年代以来，当发展中的条约法学确定了《怀唐伊条约》的毛利文本而非其英文文本具有国际法地位的时候，毛利人的叙述开始占据主流。为毛利人所知但在学校里没有讲授的历史表明，条约的内涵比其英文版本所反映的内容要丰富得多：条约作为他们祖先的行为而具有了权威，毛利人的文本是受人尊重的，因为它拥有多数人的签字。正如传教士解释的那样，条约是一个具有生命力的东西，是一个具有约束力的契约；自19世纪以降，它被当作权利之源和改革的思想源泉而为人们所引用，对毛利人来说，条约的毛利文文本是他们具有宪法上合法地位强有力的象征。历史学家认可了这种观点，这成为官方承认该条约是奠基性文献的基础。随着毛利文文本的法律地位得到确认，它取代了霍布森的英文文本，而相关的叙述也增强了自身的政治影响力。在这个过程中，历史学家开始创造"宪法基础的新神话"，在这个新神话中，毛利人和王室是伙伴关系，而不是一种垂直的君主-臣民关系。

条约三项条款中的第一项将王室的权威延伸至了新西兰，尽管就酋长们是否出让了主权的问题却仍然存在着疑问，因为条约的英文文本和毛利文文本存在着差异。在英文文本的第一款中，酋长将他们在自己土地上的"所有主权权利和权威"都让渡给女王。然而，在毛利文的版本中，酋长给予女王"te kawanatanga katoa"，即"管理他们所有的土地管理的权利"。（参见图3.2）传教士亨利·威廉姆斯从毛利语中杜撰了一个词语"kawanatanga"，用以指"总督"，他的听众明白，该词语在圣经文本中意指维持和平，一如庞蒂乌斯·彼拉多（Pontius Pilate）在以色列的所作所为。因此，一些人主张，为了让毛利人理解英国的合并行动，就必须要求使用"玛纳"（权威）一词，这正如威廉姆斯在翻译1835年的《独立宣言》时就使用了该词语一样。其含义就是，毛利文本以这样一种方式进行翻译，其目的是吸引各地酋长在条约上面签字。

历史学家普遍赞同怀唐伊特种法庭的这一裁决：因为从来就没有过毛利人的国家主权，主权已经让渡出来；不过，女王也向各地酋长和他们的亲族以及新西兰人民承诺保护他们集体和私人的财产。霍布森英文文本的第二款对这一点进行了详细的记载，该条款承诺：

> 新西兰的各酋长及部族、家庭及个人完全而不受干扰地拥有对土地、森林、渔业及其他财产的绝对权利，只要他们愿意将其所有财产维持在他们的手中，他们都可以集体或私人的形式而保有这些财产。

然而，经过多数酋长签字的文本则肯定了酋长的绝对权力，以及新西兰所有"哈普"及人民对他们的土地、家园及广义的财富都拥有至高无上的权利。引发最多争议的依然是："ki nga Rangatira ki nga hapu ki nga tangata katoa o Nu Tirani te tino rangatiratanga o

在致新西兰各部族和各位酋长的亲切问候中,在她保留酋长们的地位和土地、维护他们的和平与安宁的愿望中,英格兰女王维多利亚认为,向他们派遣一名绅士以作为她与新西兰土著人交涉之代表是正确的。愿该地各处及各个岛屿之酋长都同意女王政府。目前,由于这片土地上生活着许多的人民,而且更多的人们即将前来,女王希望任命一个政府,使得当地人和当前没有法律约束的欧裔新西兰人再也不会发生冲突;因此,任命我是让女王感到愉悦的,即任命皇家海军上尉威廉·霍布森,为现已割让和将来即将割让给女王之新西兰各个地区的总督。她赐予"新西兰部族大会"之酋长及其他酋长如下一些法律:

一、(构成)大会之酋长,以及所有缺席大会之酋长,必须向英国女王永远让渡他们所有土地的管理权。

二、英格兰女王承认并保证新西兰酋长、部族和所有人民之土地、定居点和所有个人财产完整而至高无上的地位。但是,大会之酋长和所有其他酋长须得将购买此种土地——拥有土地之人按照自己和女王任命来购买土地的购买人所商定的价格而愿意出售之土地——之权力转交给女王。

三、作为他们承认女王政府的回报,英格兰女王将保护所有新西兰土著人,并给予他们作为英格兰人民的同样权利。

(签章)威廉·霍布森

领事,兼副总督

我们,新西兰部族大会之酋长,现集会于怀唐伊,对条约之含义进行理解,接受并同意其全部内容。因此,我们签署自己的名字并画押。

条约缔结于怀唐伊,于我主之第一千八百四十年,二月之第六日。

图 3.2 《怀唐伊条约》:毛利文本的译文,1865 年

o ratou wenua o ratou kainga me o ratou taonga katoa."（赋予各位酋长、各部族、新西兰的全体人民，对于其土地、居留地及所有个人财产拥有完全的权利。）与英文文本的第二项条款相比，毛利文文本对王室的优先采购权也三缄其口。它许诺给以女王"侯空枷"[53]（hokonga）——对毛利人愿意割舍之土地进行买卖的权力——但这种权力并非独占性的，甚至也不是最优先的权力。

因此，新西兰在向英国人统治过渡的过程中，是依赖于对语言的迂回操纵呢，还是通过把高尚的动机灌注到条约之中，从而为世界树立一个榜样，一个制订种族和谐的基本原则的榜样？[54]其答案取决于如何理解作为"诠释者"的传教士以及各位酋长和霍布森的思想倾向。在亨利·威廉姆斯对事件的记述中，他写道，2月4日，霍布森请他翻译条约，并建议他"绕开毛利词汇无法表达的所有英语表达方式，但要保留条约的整个精神及思路"。威廉姆斯认为自己完成了这个要求。然而，为了应对自己日常的跨文化环境，他已经习惯于进行创新。既然权威属于担当酋长的人，他便创造了一些衍生名词来将领土主权和领土支配与统治者本身区别开来，也即将rangatiratanga（酋长地位）与rangatira（毛利酋长），kawanatanga与kawana（"总督"一词晚近的音译）区别开来。因此，语言学者争论道，"'玛纳'（mana）和'卡瓦纳唐加'（kawanatanga）这两个词语'构成了毛利人理解条约的关键问题'"。从地位的角度来看，总督要比前英国殖民官员巴斯比高，但比英国女王要低。此外，总督在场，而女王却远在英格兰，这种差异或许可以解释威廉姆斯何以会在《独立宣言》和《怀唐伊条约》中使用不同的措词：

巴斯比的《独立宣言》以高超而超然的语言恰到好处地

宣布了两个主权民族——毛利人和英国人——的存在。相反，《怀唐伊条约》则勾勒了这样一种情景，新西兰的毛利人和英国人通过政治统一而消除彼此间的差距。对威廉姆斯来说，权力的地方化造成了一度庄严而有效的政府职能的分散；政府的一种职能存在于新西兰，而另外一种职能的出处却退回到了英格兰，被返还给了女王本人，并被归入她的权威之下。

兰加蒂拉唐加（rangatiratanga，酋长的地位或身份）一词并非骗人的伎俩，而是一个"更加适合于新世界而不那么适合旧世界"的创造。尽管条约的内容含混不清，但它预示着对毛利人和欧裔新西兰人和平而信奉基督教的共同前景的认可。

围绕毛利人究竟出让了多少权利问题而展开的争论既源自翻译的缺失，也源自条约没有解决的权威问题和种族关系问题。这一争论正式开启了解决这些问题的进程。英国人试图通过教化他们，通过将他们置于英国法律的制约之下，从而将他们"合并"入殖民者的框架之中。条约的第三款便体现了这种思想，它向毛利人承诺提供王室的保护，毛利人享有英国臣民的权利，从此，它便为一种公民身份的标准提供了基础。从一开始便不确定的是，"合并"政策是否容许采用现在称为二元文化的方法，从而让毛利人参与到新的民族国家的创建过程之中；英国人的意图是对他们实行同化。然而，进行签字的酋长们则设想条约将保留他们的酋长地位；他们的后裔也竭力向政府兜售这种观点。（参见第十章）

一种相关的争议涉及毛利人拥抱新世界的程度，或者说他们试图在多大程度上通过条约而将欧裔新西兰人纳入到他们传统的世界之中。作为20世纪著述中的一个普通原则，"自治"一词并不适合用来解释1840年毛利人的行为。更精确地说，酋长们对未来的公民身份进行了选择,而且,通过签字,他们选择了一种西化的前途。他们赞成建立这样一种亲缘模式,它通过想象中的源于上帝的共同血统而将毛利人和白种人联系在一起。借助这种模式,条约让毛利人成了"朋友",而不是敌人。

因此,可信的是,霍布森使用的短语"Hi iwi tahi tatou"不仅明白无误地阐明了英国的合并政策,这种政策是建立在启蒙时期对共同人性的信念基础之上的,它同时也阐明了毛利人为确保和平与秩序而要求与白种人进行统一的政策。也有可能他的措词向两个不同的听众群体传达的意思是不同的。无论是偏爱《怀唐伊条约》第三款之诠释的欧裔新西兰人的说法,还是重点突出条约第二款中所赋予之权利的毛利人及官方的说法,都还没有领会这样一种可能性,统一既是毛利人的立场,也是白种人的立场。在塔玛蒂·瓦卡·奈奈及帕图奈这样一些酋长看来,已经没有退路可走了。到1840年,北方的酋长已经和欧洲人及他们位于悉尼的基地建立了广泛的联系。在这种意义上来讲,条约是对今天称为全球化的现象做出的反应。然而,不幸的是,毛利人没有能够预见到1840年后会有成千上万的移民前来(新西兰),而且这些殖民者将使权力的天平倾向殖民者一边。

系统化的殖民

现在回想起来,争夺土地的斗争可以显得直截了当。按照一种观点来说,正如其他地方的土著居民一样,毛利人在武器上落后了(out-gunned)。而以另外一种观点的说法,殖民者的资本主义横扫了挡在它前面的所有的人和事物。再一种观点则认为,英国的殖民者将土地当作商品;相反,唐加塔环努瓦和他们的祖先一样,认为土地是供子孙后代使用的。双方都明白侵略和征服是怎么回事,并对其深恶痛绝,不过,他们双方都没有能够领会对方的观点。并非仅仅是误解挑起了双方在土地问题上的争端,并使这些争端成为新西兰历史中的一个中心问题。就土地所有权及土地经营问题,欧洲人带来了一种"不用则废"的特殊思想观念。(参见第五章)在《圣经》鼓励人们在土地上繁衍与发展的教谕鼓舞之下,殖民者认为,只有能最有效地使用土地的人(他们的同类)才最有资格对土地所有权提出要求:欧洲"文明"的价值增加了。上帝将世界赐予了"普通的人",但并没有将其赐予依然"普通且不开化的人,他将土地赐给勤劳而理性的人们使用"。这种有关欧洲人特别是英国人对世界上的资源拥有上帝所赐予的权利这样一种信念——正如约翰·洛克所支持的那样——鼓舞着英国人对新西兰的殖民。

除奥克兰之外,所有主要港口都是按系统化殖民的理论发展起来的。在19世纪四五十年代,这种殖民资本主义的梦想要求新西兰公司及其分支机构进行大规模的殖民试验。新西兰公司是一个巨大的宣传工具,它开始建立城镇和农场,期望它们能够将文明移植到新世界,并将荒野开垦为良田。爱德华·吉本·韦克菲尔德是系统化殖民理论的主要理论家。在从纽盖特监狱发出的《悉尼来信》(*A Letter from Sydney*,1829)中,他写下了自己输出"社会各阶级之混合体"的哲学。韦克菲尔德是从这种角度出发来对新西兰进行想象的,即,早在他和同胞踏上新西兰的土地之前,新西兰便具有"丰富的自然资源"。通过借用深深扎根于欧洲人想象中的田园牧歌观念,韦克菲尔德预先构建了对新西兰的想象。1836年,他告诉负责处置殖民地土地的"下议院特别委员会",在邻近澳大利亚的地方有一个国家,所有的人都将其描绘为:"一个世界上最适宜殖民的国家,一个最为美丽的国度,它有着最宜人的气候和最肥沃的土壤……"借用一代又一代的女生所传唱的圣歌《耶路撒冷》中的歌词来说，新西兰注定成为一块青葱而且可爱的土地。按照韦克菲尔德的说法，土地是系统创建这样一个殖民地社会的核心机制，除了零星散布的友好而受到同化的土著人，这个殖民地社会就犹如浪漫主义化的英格兰乡村的一小块。

像所有的殖民化理论一样，这个似乎源自亚当·斯密政治经济学的变体，也是以对土著民族进行剥夺为前提的。一如1837年韦克菲尔德解释的那样，他建议（制定）一个"经过深思熟虑的方案"，并做出"系统的努力"，以使"野蛮的民族"文明开化。尽管他将毛利人看作"野蛮人"，但他同时又称他们是所有土著人（indigenes）中的"佼佼者"，是与欧洲人最相像的一群人。他们进行自我提高的"特殊禀赋"则为他们与殖民者进行通婚提供了可能，这样一来，将来的各代欧洲人和"本地人"就将"成为一个民族"。通过这样一种方式，韦克菲尔德便将共同人性的范式融会贯通了。韦克菲尔德有着他的开化土著人角色的扮演者，那便是纳西提（Nahiti），一个身着最流行的服饰访问伦敦的毛利人。19世纪30年代后期，纳西提可能曾对韦克菲尔德兄弟在伦敦的表演进行了帮助；然而，当爱德华·吉本·韦克菲尔德的弟弟威廉·韦克菲尔德上校发现纳西提并不具有酋长的地位时，便将他作为翻译丢弃在新西兰。韦克菲尔德的理论渗透着共同的人性，但它却以阶级划线，旨在保存等级差别，因为爱德华·吉本·韦克菲尔德是一个势利小人。

整个理论的基础就是以"相当的价格"出售土地，并确保土地、劳动力和资本间的平衡，其目的就在于通过聚居而实现殖民地的集中，并促进文明的发展。该理论规定，土地应该以足够高的价格出售，以阻止劳动者过快地成为土地所有者；但土地又不能太昂贵，这样才能吸引优秀的殖民者前来。从经营土地销售中获取的利润将用来资助更多的移民前来新西兰。青年已婚夫妇对这个计划来说非常重要，因为作为文明根本的母性和家庭生活的价值为创立一个更好的社会提供了基石。崛起中的中产阶级和受人尊重的劳苦大众将逐渐吸收体现在婚姻生活中的福音基督教价值观念。韦克菲尔德宣称："就品德和举止而言，殖民时期的父亲在这方面的修养怎么样几乎没有什么大不了的，相反，母亲在这些方面的表现就显得十分重要。"当他宣布这个以他的祖母、母亲和姐姐及他们家中品性不端的男人的事迹为基础的理论时，他所借用的便是这样一些理念。韦克菲尔德兄弟曾因诱拐一名十多岁的女继承人而遭到监禁，之后，他们便名声不佳；对新西兰进行系统的殖民则为他们提供了一种恢复名声的途径。

作为一种殖民实验，新西兰与澳大利亚形成了对照。从一开始起，新西兰就获得了一个优于澳大利亚各殖民地的形象，特别是优于新南威尔士——这个除西澳大利亚之外所有澳大利亚殖民地的"母亲殖民地"——的形象。尽管科罗拉雷加是逃犯的乐园；新西兰将推广从阿德莱德（Adelaide）——根据韦克菲尔德的梦想进行规划的第一座城镇，是一个没有罪犯的殖民地——吸取来的教训。新西兰公司的宣传推广了这样一种观念，即经过挑选且没有犯罪前科的人们将确立起必要的"道德和行为标准"。

1839年，动身前往惠灵顿的"殖民者"（客舱旅客）甚至在离家之前便从思想上拥有了新西兰这块土地，这展示了他们欧洲样板的力量。甚至在新西兰公司的代理人韦克菲尔德上校乘坐"托利"号抵达库克海峡并叫停仓促的土地购买行为之前，该公司便在伦敦发行了土地订购彩券（lottery of land orders）。彩券是土地订购单，而不是购买土地的凭证，因为在1839年8月，新西兰公司还无地可售。表面上看,女士们是"最胆大无畏的投机家"。当"土著人"开始参与到"游戏"中来时,人们一片欢呼;"游戏将导致良好行为的产生"这样一种信念增加了投注所带来的刺激。然而,就新西兰在实践中将在多大程度上成为彩券的兑现地这个问题,当时却没有些许的暗示。与此同时,在世界的另一边,特·普尼和特阿提阿瓦族的特·沃瑞普利以及尼科尔森港(Port Nicholson)周围纳提托阿人(Ngati Toa)和纳提劳卡瓦人(Ngati Raukawa)敌对的"哈普"(他将韦克菲尔德上校称为"广觉"[wide-awake])却不知道欧洲人已经占有了他们的土地并对其进行了重新命名。11月,其乘坐的"古巴"号(Cuba)尚在风大浪急的海面上行进之际,新西兰公司的总监威廉·梅因·史密斯上尉便阅读了爱德华·吉本·韦克菲尔德的《英格兰和美国》一书,并喜欢他的推理。然而,实现梦想却完全是另外一回事。

有关梅因·史密斯在伦敦的时候便得到了"科巴姆计划"(Cobham Plan)——一个建立不列颠小镇的概念性规划图的猜想,是一个在事件后才构建起来的神话;梅因·史密斯的航海日志根本就没有提及过这样一个计划。更为可能的情况是,为了推动向外移民,在伦敦展出的各种全景图中使用了以网格形状分布的城市设计图案,其中,还有一条宽阔而且可以通航的河流从这个城镇中间穿过。新西兰公司将惠灵顿的规划交付给了梅因·史密斯。梅因·史密斯是一名经历过26年军旅生活的教师和管理人员,习惯于服从命令,常常主持军事法庭。因此,他一丝不苟地履行着公司董事给他的指示。他的困难在于,尼科尔森港周围地区的地形与直布罗陀岩山地区(Rock of Gibraltar)——从1829年开始,他曾在这里的英国皇家炮兵中服役——更加类似,它与呈网格形状分布的英格兰殖民城镇的草原则不怎么相似。在北美,也即在英国的要塞城镇、安大略湖地区的金斯顿

（Kingston），梅因·史密斯曾见识过那里的草原。然而，在尼科尔森港地区，他必须得从城镇中划拨出 1100 块每块 1 英亩的土地；而且，更为荒唐的是，他除了需要在城镇中为公园、林荫大道找到地方，他还需要有无数块每块 100 英亩（40 公顷）的土地，以提供给那些支付了 101 英镑来购买城镇和乡村中这些传说中的土地的投资者。正如他报告的那样，建立惠灵顿时，他"面临着各种各样的困难：无数在这一时期到达该地的殖民者无休止地进行胡搅蛮缠；这年的冬天又异常寒冷，他们除了帐篷，既没有办公室，也没有其他可供下榻的地方；而土著人又频繁地发起阻挠活动"。

事实证明，威廉·韦克菲尔德是另一个障碍。他对那些负责实现梦想的测量员所表现出来的敌意体现了殖民理论与现实可行的措施间的不协调。梅因·史密斯及他率领的军校学生在六个月中便测绘了两个城镇，因为首席代理在 1840 年 4 月进行了干预，他训示梅因·史密斯将测绘从佩托内（Petone）改至莱普顿港（Lambton Harbor）。最初，史密斯决定将城镇建立在佩托内平坦的地面之上，而不是建立在威廉上校曾经储放过货物的皮皮蒂（Pipitea），其原因就在于，尽管皮皮蒂是"一个建立城镇的好地方"，但它的面积太小了，而且距离哈特河谷（Hutt Valley）可供开垦的乡村土地太远；与此相反，佩托内则为贯彻各种指示"提供了充足的空间"。梅因·史密斯这位上尉向威廉·韦克菲尔德上校汇报说："当你返回尼科尔森港并同意我的观点之后，我就开始了行动"；不久，殖民者便开始前来。3 月，哈特河"河水开始上涨并溢出了河岸"。史密斯认为，通过清除河道中漂流的树木及开挖运河，便可以让河流在将来不至于遭受洪水泛滥的危害。然而，韦克菲尔德却拒绝提供资金支持。相反，他强行在皮皮蒂和特阿罗（Te Aro）支离破碎的平坦地面上重新开始建立城镇。

图 3.3　威廉·梅因·史密斯，皮皮蒂村寨，尼科尔森港，1840 年 12 月

在皮皮蒂，以前塔拉纳基人的寨子、园地及坟场占用了最肥沃的土地，现在，这个地方则成了新西兰议会的所在地。强制性的变动加剧了双方间的紧张关系，因为，韦克菲尔德声称土地已经为他所购买，但这里的居民并不同意。梅因·史密斯的东道主威雷珀利主持将佩托内改造成为殖民地，而不是为了让其成为今天惠灵顿的闹市。让局势更加混乱的是，因为"抽签制度"，根据公司训令而留给毛利人的"十分之一"分布得七零八落。正如在皮皮蒂的情况一样，史密斯从 110 英亩（44 公顷）毛利人"十分之一保留地"中挑选出来的土地本身不是寨子的所在地便是耕地。其他一些已经有人使用的海滩则被夺走以供殖民者使用，大概这是因为这些地方本来就已经分配给了在伦敦的抽签中拥有优先权的购买者。结果，这里的九个村庄就消失了六个。

历史学家对 E. G. 韦克菲尔德及他的兄弟时而进行称赞，时而

则对他们进行谴责;直到 2002 年,一本传记才依照他们的本来面貌来描述他们,并承认他们的幻想的重要性。但传记也对韦克菲尔德上校不道德的行为——在惠灵顿以及在向伦敦方面进行汇报时,他都诋毁了梅因·史密斯——进行了掩饰。尽管在政治领域,这种现象并不罕见,但它却歪曲了现实的本来面貌。勘探者们是一些典型的讲求实际的野外工作者,他们的特征后来逐渐发展成为一个民族的特性;事实上,他们为其他人开辟了道路。韦克菲尔德殖民地的勘探者们要么为人们所忽视,要么则因自身的劳动践踏了土著人的血统而受到评判,但他们事实上只不过是在服从命令而已。在一份帝国手令中,这些命令被认为是正确而恰当的。他们运用了自身的跨文化经历及军事经验,从而建立起了欧裔新西兰人的基本结构。对于这位后裔而言,承认新西兰公司总监实现殖民梦想的努力是合适的。他和他的全体雇员是够格的,而且确实也实现了殖民梦想。

19 世纪 40 年代,差不多有 1 万名殖民者满怀改善生活的希望,按照公司计划迁徙到了这里。妇女作为妻子、母亲和劳动者而进行的家务劳动在整个冒险活动中十分重要,而这并不仅仅是因为在这里男女的比例是 1.3∶1。许多家庭往往是举家搬迁,其中有 3846 名年龄不到 13 岁的儿童。一些殖民精英在来到这里时还带着预制房屋。为了给妻子及年幼的子女提供遮风挡雨的地方,霍布森将住房运送到了奥克兰。这一切让惠灵顿的殖民者大为失望,他们意识到他们的城镇将不会成为首都,而在宣传和他们的料想中,他们的城镇将会成为主要的城镇。为了自己迁徙中的家庭——妻子路易莎和三个小孩——威廉·梅因·史密斯雇船将他的曼宁式小屋(Manning Cottage)运送到尼科尔森港。19 世纪 30 年代,其他一些曼宁式小屋进入了澳大利亚;其中一个曼宁式小屋成了克赖斯特彻奇的飞马军火库（Pegasus Arms）。迁徙的人们为有一只小猪或一只母鸡来为家人提供食物而感到无比的骄傲。整个冒险活动中的家庭生活是非同寻常的。

这些青年人开始通过农业及家庭生活来拓殖他们的新土地，他们修房建屋、养家糊口、饲养运来的家畜并耕耘园地。这确实有点田园牧歌式的味道。在此种被移植过来的叙述中，学者们察觉出了19世纪白人文化中的个人主义，在当时，这种个人主义曾反复出现在对自力更生的政治强调之中。从一开始，城市规划问题便得到了正视，其中，城镇被看作是开发原野的象征。在乡村与在城镇环境中的情况一样，实现独立拥有土地的梦想要求人们立即适应新的环境。威廉·斯特拉特（William Strutt）关于一位殖民者棚屋（whare）背面的速写便展现了这种情况。（见图3.4）斯特拉特捕捉到了土著建筑——白粉桫椤原木（ponga logs）建造的棚屋——与资源允许下的英国乡村房舍的要素相结合的方法。殖民地的适应性要求在屋顶盖上帆布。发生火灾的危险一直存在，这似乎是要证实历史学家迈尔斯·费尔本（Miles Fairburn）的论点：当对"丰饶的自然"的信念没有能够创造出应许之地时，田园牧歌似的情调便成了其自身的敌人。

斯特拉特的速写同样说明了"拓荒者传奇"的力量。新西兰拓荒者的神话可与英国殖民边疆的其他神话相提并论。他们将殖民者作为男女英雄而加以颂扬。男人们受到颂扬是因为他们具有男人的品质，勇敢、有进取心、勤劳而坚毅；而妇女们则是作为"殖民的伙伴"受到颂扬，她们被赋予了女性应该拥有的同样类型的品质。拓荒者驯服了土地，他们相信，自己已经使土地如上帝期许的那样富饶。他们对这些土地重新进行了命名，并使其成为自己的家园。

图 3.4　威廉·斯特拉特：《殖民者扑灭烟囱之火》，1855 年或 1856 年

一群法国移居者也具有相似的观点。1838 年，让·弗朗索瓦·朗格洛瓦（Jean François Langlois）这位捕鲸船船长回到了法国，他带回了一份经过南岛酋长签字的契约，他认为这份契约让他拥有了班克斯半岛。这份契约促使法国成立了类似于新西兰公司的机构——南托-波尔多莱斯公司（Nanto-Bordelaise Company），其目的便是派送殖民者前往"新西兰南部"购买和占领土地，因为，在法国人的观念中，索要土地就意味着进行占领。1840 年 8 月，当法

国人驶入阿卡罗瓦港后,要不是发现当地的纳塔胡人已经在1840年5月的《怀唐伊条约》上签了字的话,南岛便有可能成为另外一个魁北克。事实上,19世纪40年代,位于阿卡罗瓦的那个一丁点儿大的法国殖民地与当地毛利人几乎势均力敌。然而,从1848年起,随着南岛上有组织的殖民活动的开始,欧洲人的数量迅速增长,均势因此而发生了变化。在这一过程中,达尼丁的奥塔戈(Otago)殖民地被规划为苏格兰长老会的飞地,而克赖斯特彻奇则在1850年被规划为英国国教派的堡垒。纳塔胡人发现,"坎特伯雷协会"(Canterbury Association)根本就不理睬王室关于保障毛利人土地和食物来源的承诺。

坎特伯雷为研究殖民者资本主义提供了案例。坎特伯雷象征着系统殖民计划的完成,而且,它的城镇克赖斯特彻奇的特性也是从这个教训中发展出来的。与源出于悉尼的奥克兰不同,南方的殖民地是对英格兰进行移植的结果。奥克兰将文明开化作为自己的目标,而这也是16世纪以来英国海外殖民的核心任务。克赖斯特彻奇将拥有一所大学和一座主教座堂。

1850年12月,在经过迅捷的航行后,"坎特伯雷协会"的首批四艘船抵达了利特尔顿(Lyttelton)。它们也可以被称作是最后的四艘船,因为坎特伯雷是最后一个韦克菲尔德定居点。同时,坎特伯雷也是最为成功的一个定居点。在地方史中,坎特伯雷计划之所以成功是因为殖民者的才干,同时也得益于有利的地理和时间条件、合理的规划及畜牧主义。像澳大拉西亚的其他商业城市一样,克赖斯特彻奇拥有开阔而平坦的地面,及一个独立的港口。环境屏障不可能立即带来灾难:城镇所在地濒临一大片沼泽地,一座座的山丘将它与港口分割开来。进行规划的时间仍充裕。在殖民者到来之前,作为前皇家工程兵军官的首席测量员约瑟夫·托马斯上尉及其助手在1849年底已经对坎特伯雷的街区进行了三角法测量；1850年，他们已经为修建利特尔顿港口、滨海郊区萨姆纳（Sumner）以及克赖斯特彻奇做好了设计。因此，与其他殖民地的殖民者相比，坎特伯雷最初的殖民者相对轻松地开始了自己的定居生活。

为初来乍到者修筑道路、房屋及营房式宿舍的"被遗忘的四九年人"包括下列一些人物：40名被招募来修路的北方毛利人；大约30名澳大利亚的前罪犯，他们分别是一些来自霍巴特（Hobart）的木匠、来自惠灵顿（他们因1848年的地震而受到震动）以及本身就缺少耕地的惠灵顿河支流纳尔逊（Nelson）河流域的难民。曾在旺阿努伊（Wanganui）及奥塔戈参加勘测的托马斯上尉精明地管理着稀缺的资金。然而，在殖民者到来之后，他却没有能够成为殖民地的领袖。这一职位由J. R. 葛德利得到，这个殖民城镇也以他曾就读的牛津基督教会学院为名。具有讽刺意味的是，天主教徒卡罗琳·奇泽姆（Caroline Chisholm）及组织移民前往澳大利亚的"家庭殖民协会"（family colonization society）挽救了这块英国教会的殖民地。奇泽姆确保了坎特伯雷的船只满载着"普通的劳动人民"，而只有这些劳动人民才是"他们避免有关方面遭到毁灭性打击的唯一机会"。

与其他韦克菲尔德定居点相比，坎特伯雷所具有的有利条件在于，从一开始起，畜牧主义便获得了许可。这之所以成为可能，是因为坎特伯雷建得相对较晚。正如从1850年起在其他的澳大利亚殖民地所发生的情况一样，港口和城镇不仅为都市文化提供了中转站，同时也为畜牧业在腹地的扩张提供了中转站。事实上，葛德利通过发布各种牧场规章而将畜牧主义融入了计划之中，这确保了坎特伯雷的成功。南岛的"帝国先锋"（advance guard of empire）由一些勤劳的畜牧场主及一些精明而具有上进心的资本家所组成，其中，这些资本家出身于下层中产阶级或工人阶级，他们所拥有的财富远比不上美国、英国及新南威尔士的下层中产阶级或工人阶级所拥有财富的水平。富有的殖民者也不是"乡绅"（尽管他们倒是希望成为乡绅），而是"殖民地资产阶级"的组成部分。在坎特伯雷，他们的资产是从畜牧业经济中积累起来的；在奥塔戈，他们的资产则是从商业和金融业中积累起来的。早在19世纪70年代最大规模的移民浪潮开始之前，大多数人便已经在后期殖民的背景下来到了这里。引人注目的是，即便对富人而言，他们在新西兰的经历从一开始起也因金钱短缺而受到影响。

直辖殖民地

殖民局管理的首要原则便是节俭。新西兰政府是以俭朴的方式建立起来的，它蕴含的更多是理想，而非现实。殖民者和毛利人都认为总督拥有作为统治者一样的个人权威，他"将保护他们，让他们彼此互不侵犯"。殖民地能否生存取决于能否从毛利人那里廉价地购买土地，并进行销售获利，从而为进一步的移民提供资金。这为奥克兰政府和新西兰公司殖民地间的紧张关系提供了部分解释，其原因就在于，《怀唐伊条约》中的王室优先权规定，只有王室才可以直接从毛利人那里购买土地，这就威胁到了公司的土地销售。这也解释了为什么早期的政府没有能够担负起土著人民保护者的职能，也解释了为什么他们会不重视条约所承诺的担保，以及他们为什么会有意不进行干预以限制殖民者的要求。

1843年的怀劳争端（Wairau dispute of 1843）成了一个催化剂。到1842年为止，尼科尔森港土地的缺乏促使新西兰公司的殖民地扩张至旺阿努伊、新普利茅斯以及纳尔逊（Nelson），这些都成为毛利人-欧裔新西兰人关系中的导火索。争端源于纳尔逊殖民地要求获取乡村土地，特别是获取适合于发展畜牧业的草场。纳提托阿族人的特·诺帕拉哈（Te Rauparaha）和特·朗吉西阿塔（Te Rangihaeata）向由政府任命前来调查土地销售情况的专员威廉·斯佩因（William Spain）抗议说，他们并没有将怀劳河谷出售给韦克菲尔德上校。他们声称拥有南岛顶端的主张是令人生疑的，而且继续引起争议。然而，纳尔逊的治安法官亨利·汤普森（Henry Thompson）却鲁莽地决定前往怀劳拘捕纵火的酋长，因为纵火活动打断了正在进行的测量工作。由于这个十足的错误判断，汤普森和纳尔逊定居点的头儿、韦克菲尔德兄弟中最受人尊敬的亚瑟·韦克菲尔德上尉及他们的随行人员都被杀死了。就在欧裔新西兰人开枪击中特·诺帕拉哈的女儿即特·朗吉西阿塔的妻子特·蓉枸（Te Rongo）后，特·朗吉西阿塔用他的绿岩击倒了两人。怀劳给欧裔新西兰人及毛利人双方都留下了痛苦的回忆。

在纳尔逊殖民者中加深了死亡造成的震撼的是，霍布森的继任者，也是海军军官的罗伯特·菲茨罗伊（Robert FitzRoy）总督认定，在斯佩因专员调查双方对所有权各执一辞的主张之前，殖民者便对其垂涎的怀劳河沿岸的草场进行勘测是错误的，这让殖民者深感愤怒。殖民者反对说，对"野蛮人"的绥靖促使毛利人相信他们确实拥有广袤的未开垦土地，从而加剧了双方的冲突。殖民者为流血事件及总督的回应所激怒，他们的态度变得更加强硬。后来成为殖民地总理的阿尔弗雷德·多梅特（Alfred Domett）试图对怀劳事件进行报复，19世纪60年代，他监管着对毛利人土地的征用活动。

在冲突结束之后，特·诺帕拉哈和特·朗吉西阿塔返回到了惠灵顿所在的库克海峡的那一边。有关他们与欧裔新西兰人间关系的线索可以从各种家族史中获得。查尔斯·哈特利（Charles Hartley）是一名来自康沃尔（Cornwall）的年轻枪械匠。1840年1月，他和父母及妹妹一起来到了惠灵顿。他成了玛纳瓦图河（Manawatu River）沿岸的一个卖货郎，后来又成了土著土地法庭的翻译。当特·朗吉西阿塔重伤之后，查尔斯·哈特利和他年轻的妻子黛娜照顾了他，因此，特·朗吉西阿塔多次提醒他们留心部族间的紧张关系及部族与政府军队间紧张关系所造成的危险。同时，他还建议殖民者搬迁到惠灵顿。黛娜之所以被记住是因为她厨房的门后放了一把斧头，这不是为了对付毛利保护者，而是为了对付酒后变得狂暴的白人锯木工。在玛纳瓦图（Manawatu），新西兰公司声称已购买了25,000英亩土地，不过，毛利人的土地所有者驳斥了这种主张。最终，公司获准购买了900英亩土地。即便在这个以和谐的种族关系而闻名的地区，不正当的土地交易也是见惯不惊的。

在北方，围绕旗杆和界标问题也爆发了冲突。曾经领导签约活动的霍恩·赫克（Hone Heke）十分了解砍倒拉塞尔的英国旗杆所具有的象征意义。1844年和1845年，他和盟友四度砍倒了英国人的旗杆；而总督也十分了解他的挑战。结果，北方爆发了战争。战争在英国人与赫克的亲戚塔玛蒂·瓦卡·奈奈、赫克及年长的酋长卡维迪（Kawiti）之间爆发。其中，英国人因从新南威尔士获得了军事援助而实力大增，而毛利人方面则得到了"他们的"欧裔新西兰人的支持。在这次战争之中，纳普西族人也彼此交战。拉塞尔的英国国教教堂现在都还留有交火时留下的创伤，而这要感谢赫克，因为他，庞帕利耶主教的房屋才得以保存。赫克认为，《怀唐伊条约》在当时没有得到遵守。他并非是和全体的欧裔新西兰人发生了争执，而是和以总督为化身的殖民政府之间就酋长的权威和土地被接管问题发生了争执。1845年，赫克写信给从南澳大利亚总督位置上调任前来的新总督乔治·格雷时说，"上帝使这个国家成了我们的"。他同意与总督"保持一致"，但却不能处于隶属地位，他的酋长权威还是受到了限制。相反，其他一些北方酋长则支持条约，而且在1858年，当和平得以恢复之后，卡维迪的儿子帮助将旗杆重新树立了起来。

总督格雷没有能够捕获或击溃赫克和卡维迪，总的来说，这两个人在智计方面略胜一筹，且拒绝在帝国军队面前表现出妥协或退让。相反，卡维迪通过成功地发动沟渠战而让政府军队大为吃惊。在1845年至1847年的战争中，澳大利亚提供了大多数镇压毛利人抵抗的军队；悉尼和霍巴特则为双方提供武器；澳大利亚驻防部队既提供了士兵，也提供了水手。然而，抵抗者们表明了谁控制着北方，而这并非仅仅通过军事战略。赫克和卡维迪首先与他们的同族奈奈讲和，之后，他们与格雷讲和。

在惠灵顿定居点周围，权力关系从毛利人的世界向殖民政府的控制方向倾斜。1846年，关键的时刻终于到来，因为有传言说惠灵顿将受到袭击，总督格雷拘捕了特·诺帕拉哈，接着，在没有进行任何指控的情况下，总督便将他在海军的船只中监禁了10个月。直到1848年，特·诺帕拉哈才获得释放并返回到奥塔基他的人民之中。年长武士的被捕——当他公开表示在当地的战争中保持中立时——摧毁了他的权威，为政府征服库克海峡周边地区从而取代纳提托阿族酋长在其自诩的地盘上的权威提供了机会，该地区发挥着航运、信息和商业的交通要道的作用。

在南岛奥塔戈和坎特伯雷两大殖民地建立起来后，建立殖民国家的工作紧锣密鼓地开展起来。在1841年至1853年的直辖殖民地时期，总督及其行政委员会统治着殖民地。但这并不受殖民者们的欢迎，因为他们追求的是实现代议制而又负责任的政府。1846年，负责殖民地事务的国务秘书格雷伯爵（Earl Grey）提出了一种国体形式，它创建了两个省：新阿尔斯特省（New Ulster），包括北岛的大部分地区；新明斯特省（New Munster），则包括惠灵顿和南岛。然而，新近才被授予爵位的乔治·格雷爵士拒绝推行自治政策，同时他也拒绝赋予在人口中仅占少数的殖民者以权力，其理由就是这对毛利人来说是不公正的，因为他们被排除在外。作为总督，他需要负责毛利人的事务。尽管他也希望对酋长的权力加以限制，但他似乎要让毛利人参与到成立学校、医院及警局的活动中，并让他们成为治安法庭的助理、面粉厂及其设备的看护人员，或让他们负责防范殖民者盗用物资的行为。

按照1853年宣布的1852年宪法法案建立的威斯姆斯特模式，新西兰建立了代议制政府。它的形式是，拥有一名总督、议会两院以及一个由总督提名的立法委员会和经过选举而成立的下议院。同时，法案还创建了省政府体系，它建立了六个省：作为首都和唯一非韦克菲尔德定居点的奥克兰、惠灵顿、塔拉纳基（以新普利茅斯镇为中心）、纳尔逊、坎特伯雷（以克赖斯特彻奇镇为中心）及奥塔戈（以达尼丁镇为中心）。在1853年的第一次选举中，殖民者确立了以有财产的男性投票制为基础代议制政府。从理论上来讲，选举权问题不存在着种族差别。有财产的男人也将毛利男人包括在内，当然前提是他们拥有永久性的或承租而来的个人化（欧洲的）地契，或者是生活在欧式的住所之中。例如在怀拉拉帕（Wairarapa），在19世纪40年代曾邀请了第一批畜牧业者前去放羊的特·玛尼西哈（Te Manihera）在1853年进行了投票，他还在自己家中主持了当地的选举会议。1853年，爱德华·吉本·韦克菲尔德本人抱着这样的观念来到了惠灵顿，即随着立宪政府的建立，他可以重新获得殖民地政治家的地位。可是，他却发现自己过去罪犯的污名如影随形。1856年，随着大洋洲殖民地早期民主的兴起，向殖民者负责任的政府也跟着建立起来。只有在新西兰，这一进程才伴随着从负责官员手中排除当地事务的实验。

如果说这样做的目的本来是为了实现融合的话,而现实的情况却是,在1853年殖民地的初次选举中,仅有一小批毛利人具有投票的资格。在同一时期,接受过布道团教育的酋长们开始谈论建立独立的毛利人议会,或是拥立毛利人的国王,这绝不是偶然的。宪法法案第七条第一款是"体现公正"的另一个事例,该条款允许创建土著人的行政区,这些行政区将与殖民者的省区分离开来,毛利人可以在其中按照习惯法生活。不过,这个条款从来就没有得到过实施。责任仍在总督那里,因为尽管——而且可能就是因为——建立了负责任的政府,土著人的事务依然是由总督负责。

到19世纪50年代后期,政府的土地购置活动及穷兵黩武的行径日益猖獗,毛利人也因此而越发地感到不安。为应对挑战,以怀卡托为中心、泛部族的毛利王运动(Kingianga)兴起,并推选特·韦罗韦罗·波塔陶(Te Wherowhero Potatau)为毛利人的第一位国王。(在图3.5中,他站立在塔玛蒂·瓦卡·奈奈的旁边)早在十年之前,怀卡托的最高酋长曾和帕图内(Patuone)一样同意为奥克兰的政府驻地提供保护。特·韦罗韦罗并不认为国王的身份会与女王发生什么抵触,而且,他还寻求与政府进行合作。然而,不断升级的土地争端迫使他反对总督,并破坏王室购买怀卡托土地的企图,从而使其无法扩大殖民地,无法用公路和铁路将奥克兰和惠灵顿这些主要城镇连接起来。

19世纪50年代,畜牧主义预示了所有澳大拉西亚殖民地的未来。到1861年,政府已经购买了整个新西兰三分之二的土地,它们主要集中在南岛。在南岛,格雷得到了大片的土地,例如,在1848年的坎普(Kemp)购置中,他便为坎特伯雷定居点购得了2000万英亩(800万公顷)的土地。与此形成对照的是,

第三章 索要土地（1840—1860 年）

图 3.5　托马斯·B. 科林斯：《霍泽之战》（*Horsey's Battle*），1847 年。亨德森上尉、E. 斯坦利上尉、R. N. 塔玛蒂·瓦卡·奈奈、特·韦罗韦罗·波塔陶（未来的毛利王）。这是发生在旺加努伊战争中的一次小冲突，在那里，奈奈和特·韦罗韦罗陪同总督格雷"前去鼓励传教团对敌对分子采取行动"。（詹姆斯·科万：《新西兰战争》，第一卷 [1854—1864 年]，惠灵顿：政府印务局，1922 年，1983 年重印，第 141 页）

到 1861 年，政府仅仅割占了不到四分之一的北岛土地，这远不能够满足政府和殖民者的渴求。面对挫折，总督托马斯·戈尔·布朗（Thomas Gore Browne）派出帝国军队，强行争取在塔拉纳基的怀塔拉（Waitara）存在争议的土地购置，这些土地是移居者垂涎已久的。然而，他们对土地的要求侵犯了威瑞姆·金吉（Wiremu Kingi）——他在 12 年前便回到了家乡——领导下的大多数特阿提阿瓦（Te Ati Awa）土地所有者的权利。他们反对索要土地的行动拉开了 19 世纪 60 年代新西兰战争的序幕。由于政府无视有关愿意出售土地的人没有出售土地的权利的抗议，毛利人感到十分震惊。

在错误的怀塔拉土地购置和毛利王运动兴起的共同影响之下，条约重新成为毛利人-欧裔新西兰人关系话题中的重要内容。人们争论的话题是，如何既能让毛利人享用其权利，又不影响政府的权威。按照戈尔·布朗的逻辑，主权既不是建立在毛利人所享有的权利基础之上，也不是建立于英国人所享有的权利之上，它是绝对的。他将怀塔拉及毛利王运动视为反叛行为，并寻求实行分而治之的策略。1860年7月，戈尔·布朗劝说毛利世界的其余地区前往奥克兰附近的科西马拉玛（Kohimarama）出席在那里举行的为期一个月的酋长会议，他希望酋长们能够证实他们对王室的忠诚，并打垮毛利王运动所得到的支持。他重申人道主义观念将成为新西兰种族关系的中心信条，但这不是为了毛利人的福祉，而是为了维护主权：

> 新西兰是唯一一个土著人一直受到善待的殖民地。它是唯一邀请土著人与殖民者实现联合并成为同一部法律治理下的同一个民族的殖民地……正是女王陛下的接纳使毛利人成为她的臣民，毛利人才会不再被不公正地剥夺土地或财产。每位毛利人都是不列颠民族的一员……

女王将毛利人视为"她特殊臣民的一部分"。不过，总督却补充了一项威胁性的内容。如果他们违背了"对女王的忠诚"，他们就会"丧失 [他们]"作为英国臣民"所享有的权利和特权"。

虽然说《怀唐伊条约》中也可以解读出这样的潜台词，但条约却没有包含这样的条款。唐纳德·麦克林（Donald McLean）主持了在科西马拉玛召开的会议。唐纳德·麦克林身兼土著人秘书和土地购置专员两种职务，他具体体现了在条约中以及在政府实际应对毛利人的过程中所存在的矛盾。他寻求并如愿以偿地得到了酋长们同意忠诚于王室的表态，其中，在1840年没有签署条约的一些部落酋长也同意忠诚于王室。对未来而言重要的是，他同时还运用毛利文对条约进行了重述，他首次以毛利人的语言清楚地说明，《怀唐伊条约》的第二条规定了他们拥有土地、森林和渔场的权利。

但是，酋长们却不同意政府针对怀塔拉和毛利王运动所采取的政策。毛利人认为，毛利人和白种人应该分享女王治下的政府权力，团结而平等，互不相扰。在当时，这种思想是通过宗教的术语表达出来的，即"在上帝面前平等而团结"。基督教能够从政治方面赋予人权威，因为它代表着更高的权力；基督教赋予了毛利人一种新的发言权，以及在以今天的术语来说是"日渐跨文化的、全球化的世界"中上升的渠道。在怀塔拉争端中，让毛利保王派震撼不已的是，政府竟然在民事争端中使用武力。他们认为，法律而非战争才是解决问题的手段。在霍克斯湾的雷纳塔·塔马基西库郎吉（Renata Tamakihikurangi）看来，英国若借助暴力就违反了条约。条约是为和平而缔结的。

第四章

更为偏远的澳大拉西亚（1861—1890年）

如果说1860年时总督决定在塔拉纳基就怀塔拉而发动的战争是鲁莽而咄咄逼人的，那么，1863年7月乔治·格雷爵士对怀卡托发动的侵略就等于是要明目张胆地获取权力。事实上，这次侵略是以数量优势而取得的险胜，它预示着殖民者将接管新西兰，而且他们将在数量上远远多于毛利人。从19世纪60年代开始，权力的天平向殖民社会倾斜，仅过了一代人，毛利人就从人口的绝大多数变成了人数稀少的少数民族。毛利人所拥有的土地本来就已经大为减少，然而在1860年至1891年间，又减少了一半。不过，毛利人零星的抵抗培育出了毛利人对自己遗产的自豪感，在一个多世纪之后，它将使权力关系再次实现平衡。

新西兰战争

由于詹姆斯·贝利奇（James Belich）的修正主义研究，新西兰战争开始被看作帝国征服中英国"小型战争"的条例，侵犯了毛利人的独立主权，在界定白种人和毛利人为"我者"和"他者"方面发挥了重要作用，还让这个国家负债累累。"新西兰战争"可以包括1845—1846年岛屿湾主要战争的第一阶段——北方战争，以及发生在库克海峡两岸的冲突，其中最为著名的就是19世纪40年代发生在马尔伯勒（Marlborough）的怀劳战争。不过，在经过十来年的和平之后，从1860年至1872年，战争本身又开始在整个北岛肆虐。这些冲突是由政府引发的，而且它们都是围绕土地和主权而展开的。权力、地理上的邻近以及财产等问题都决定了战争将在北方激烈地爆发，其原因就在于，19世纪60年代，各个部族仍然占据着北岛绝大部分的地盘。大多数的毛利人都生活在北岛。除了一些零落地分布于海岸的城镇，北岛仍然处于部族的控制之中。相比之下，南岛则已经落到了殖民者的手中。这为纳塔胡人留下了一项长期的任务，他们先是通过书面的形式为自己的主张而战斗，后来又在议会中为自己的主张而进行斗争。

1860年1月，总督戈尔·布朗着手完成购买塔拉纳基的怀塔拉中存在争议的佩卡佩卡（Pekapeka）地块，并派了勘测者过去。在发生了毛利人阻挠勘测工作的事件之后，塔拉纳基战争打响了第一枪。惊恐万分的殖民者纷纷前往新普利茅斯躲避抵抗者的反击，军队纵火烧毁了怀塔拉的村庄，一个个农场在大火中化为乌有。对威瑞姆·金吉这位受到冒犯的酋长来说，国王运动为他提供了获得支持的唯一机会。随后的结盟无疑导致了争端的进一步扩大。不过，在争端陷入僵局之后，有关各方都要求休战。英国政府或许是对戈尔·布朗的笨拙之举大为光火，或许是为了寻找一个替罪羊，他们于1861年把乔治·格雷爵士从开普敦召回了奥克兰，取代了布朗。尽管在格雷抵达的时候塔拉纳基的战争已经结束了，但他的入选就是旨在给殖民地带来和平。

事与愿违，格雷带来了战争。自他在新西兰的第一次赴职之旅以来，格雷已经发生了变化，他履行权力的环境也发生了变化；殖民政府建立起来，而且英国军队在殖民地还保留有3000名军人。格雷悄悄地在怀塔拉展开归还土地的活动，以便能够将注意力转向怀卡托。在怀卡托，珀塔托（Potatau）的继任者毛利王塔维奥（King Tawhiao）正在这里寻求支持。格雷发现，毛利王运动对总督权威所造成的挑战是不能容忍的。他误导政府说，他的准备工作是防御性的，是为了防范所谓的拥王派（kingite）攻击奥克兰的阴谋。格雷向南修筑了一条军事公路，从奥克兰一直通向今天的汉密尔顿；他铺设了殖民地的第一条电报线，用于发送军事情报；此外，他还命令蒸汽船在怀卡托河上进行巡逻。毛利王运动则警告说，军事公路不得穿越其境边界；国王运动的报纸宣称，在拥王派的领土上，总督的权威是不可接受的。1863年7月11日，格雷要求从奥克兰直至怀卡托河区域的毛利人宣誓效忠。在7月12日先发制人的打击中，他命令卡梅伦中将渡过曼加塔维里河（Mangatawhiri Stream），而这条线路正是独立运动声称政府军队不得越过的地方。入侵怀卡托的行动就这样开始了。

通过修筑现代寨子和实行袭击的策略，拥王派的军队一次又一次地阻止了英国军队向怀卡托的推进。1864年2月，卡梅伦的部队遇到了一条防线，这一防线由军事酋长雷维·玛尼阿珀托（Rewi Maniapot）修建。它由泥土修筑而成，其中还有一个现代化的大宅子。在1864年的鼎盛时期，帝国和殖民地的军队为18,000人，而毛利人的军队则只有5000人；三分之一的英国军队是由志愿者和民兵组成的，而其中的一半，即3000名志愿者和军事殖民者，则来自澳大利亚殖民地。在最为著名的一次遭遇战即奥拉考（Orakau）之战中，雷维·玛尼阿珀托（Rewi Maniapoto）决心进行最后的抵抗，这次战斗也以"雷维的最后抵抗"之名而载入史册。这一插曲体现了欧裔新西兰人对战争的总体理解，毛利人在进行了英勇却毫无意义的抵抗之后，最终还是不可避免地要为英国人所击败。一个著名的故事是，当英军向雷维提供了一个投降的机会时，他的回答是他将永远战斗下去。当卡梅伦要求妇女和儿童离开时，得到的答复却是他们将一同战死。英国人最后宣布在奥拉考获得了胜利，但雷维和他的人民却突破了英国人的警戒线，逃走了。

鲜为人知的是，近 20 年后，政府在马尼亚波托恩加提的前总部基希基希村为雷维修建了一栋房子，并向他发放了抚恤金。雷维负责了导致罗赫波塔伊（国王之国）解体的复杂谈判。根据詹姆斯·考恩（James Cowan）的说法，国家的这一认可"使雷维恢复了他对老家的影响力"。此时，他已是一位大名人。

1864 年，战争蔓延到了丰盛湾的陶兰加（Tauranga），同时，塔拉纳基也再次爆发了战争。在塔拉纳基，英国军队面临的是新的敌人，他们是派·马里雷（Pai Marire，意为"善与和平"），也被欧洲人称为"豪豪"（Hauhau，意为"神之灵"，它被比喻为风）的信徒。这场先知运动融合了《圣经》和毛利文化的要素，并对殖民者征用土地的行为进行抵抗，它具体展示了当地居民适应殖民化的过程。该运动的领袖是特·乌阿·霍门讷（Te Ua Haumene），他因怀塔拉街区非法土地购置问题而成为政治人物。他成为了拥王派的支持者，并建立了"豪豪"教会。他认为，他的教会把基督教教义中传教士的错误清除了出去。在几次先知运动中，他首先起来反抗压迫和土地征用。

1863 年，殖民地议会通过了《新西兰殖民法案》（New Zealand Settlements Acts），该法案准许因公共目的而征用土地，并授权总督在北岛为殖民而建立定居点。结果，1865 年，政府征用了 120 万英亩（48 万公顷）毛利王的土地，其中，仅有 31.4 万英亩（12.56 万公顷）后来被归还给了战争时期的中立者或者是"回心转意的反叛者"；军事殖民者则得到了赏地。征用土地对政府的抵抗者产生的影响是不尽相同的，它对怀卡托的各部族产生了严重的影响，而对雷维的人民、纳提马尼亚波托人（Ngati Maniapoto）则相对没有什么影响。这似乎证实了整个怀卡托战争的目的就是为了获取奥克兰最肥沃的腹地，并在那里建立殖民地。不过，运动却依然存在，它在北岛中部的国王乡（King Country）潜伏下来，在这里，毛利王有效地统治着一个国中之国。

不久，在北岛，更糟糕的事发生了。消除毛利人对土地权力的主要手段不是没收而是购买。到1865年，殖民政府在北岛以及几乎整个南岛购买了700多万英亩（280万公顷）的土地。从1865年到1890年，殖民政府通过土著土地法庭又购买了800万英亩（320万公顷）的土地，殖民政府设立该法院是为了废除1862年和1865年《土著土地法案》规定的传统土地权利。它当然也赢得了"土地占有法庭"的当代称号。设立该法院的目的是使毛利人在没收区以外拥有的土地更容易被购买，从而将这些土地"纳入殖民化的范围"，并实现"原住民的非部落化"，摧毁"共产主义原则"——政治家们将其视为将毛利人融入欧洲文化的"障碍"。

实际上，土著土地法庭试图通过个人化的产权，为部落持有的土地建立一个自由市场。《土著土地法案》允许通过将习惯产权转换为一种产权形式来分割土地，在这种产权形式下，被指定的所有者可以出售其个人利益。在一项行动中，法院无视酋长制的约束，推翻了《怀唐伊条约》（尽管1862年法案的序言部分提到了该条约），因为在将部落土地所有权授予个人时，法院的权威取代了酋长的权威。由于毛利人只有在土著土地法庭裁定其土地所有权后才能出售或出租土地，因此他们不得不诉诸法院来确定自己的权利主张；而这一要求使部落陷入了冗长、昂贵的法律诉讼中。法庭听证使人们陷入双重困境：为了确保他们的土地权，他们必须确保个人化的所有权，这对传统保有权和部落权威都是一个打击。即使部落拒绝出售土地，土地也会随之流失，因为法院将所有权限制在少数指定的个人手中。起初,法院采用了"十人所有"的规则,无论有多少人可以对土地提出所有权要求,都只登记10名所有者。也许更重要的是,政府和私人投机者有能力在法院授予所有权之前从个人手中获得权益。这些转让通常是通过谈判来为勘测提供资金,其结果必然导致土地出售。

与此同时,斗争在北岛的东部和西部海岸继续进行。1866年,帝国军队参与了自己的最后一次战役。此后,与毛利"反叛者"作战的任务便由"友军"(Kupapa)及包括来自澳大利亚各殖民地的殖民军队来完成。"友军"既可能是一些不拥护毛利王而拥护女王的友好势力,也有可能是用该称号来表明自身中立态度的势力。无论他们是哪一种,他们都是一些具有自主思维的势力。特拉阿瓦和恩加提·波鲁等部落与殖民军并肩作战的主要动机是为了保护自己的人民,维护自己的权威和独立。在变革的挑战下,他们拿起武器对抗叛徒和宗教预言家,这些人对毛利人传统和新的(英国圣公会的)理想构成了威胁。

19世纪60年代后期,一位名叫提托科瓦努(Titokowaru)的新斗士为殖民政府咄咄逼人的策略及其征用大片土地的行径所激怒,他继承了特·乌阿在塔拉纳基的事业。1868年,当提托科瓦努的据点受到殖民地森林骑兵的攻击时,他面临的前景似乎一片暗淡。森林骑兵是通过招募有丛林经验的青年人组成的军队。这些青年人寻求一种"自由而激动人心的生活",他们试图"让劫掠的土著人胆战心惊"。不过,提托科瓦努还是获得了巨大的胜利,但没有留下任何历史记载,因为他改写了人们所希望的边疆冒险故事的结局。

另一方面,特·库提·阿里基兰吉·特·图努基(Te Kooti Arikirangi Te Turuki)则是作为一位蔑视不公正行为的先知而为人们所怀念。自 1865 年起，他所属的部族纳提珀柔（Ngati Porou）分裂为支持政府的"友好"毛利人及派·马里雷的支持者。特·库提站在政府一边进行战斗，但却和数以百计的派·马里雷支持者一起被逮捕，并被当作一名间谍嫌犯，在没有受到任何审判的情况下便被监禁在查塔姆群岛之上。在这里，特·库提创立了自己的宗教"伦佳图"（Ringatu）教（或称"高举的手"），将他的信众比作《旧约》中的以色列人。1868 年，他策划了一个非凡的出逃计划，并与 300 名信徒成功地逃离到新西兰。在殖民地和"库帕帕"的军队对他进行搜捕的过程中，他逃进了偏远的乌雷威拉（Urewera）地区，并运用游击战来进行反击。最后，1872 年，他躲进了国王乡，但却成了殖民地的头号通缉犯。特·库提是毛利版的内德·凯利（Ned Kelly），当时，他也同样以其神出鬼没的能力而闻名。他所处的地位十分尴尬，既不是酋长也不是部族领袖。因此，他一直过着流亡的生活，不过，与其他罪犯不同的是，他得到了宽宥。他成了故事描述中的主题，在这些故事中，他甚至到死之前都骑着白马。1927 年，鲁多·海沃德（Rudall Hayward）拍摄了两部早期新西兰电影，它们即是《雷威的最后抵抗》（*Rewi's Last Stand*，1925）与《特·库提小路》（*The Te Kooti Trail*，1927）。

战争改变了北岛中部地区的定居和土地所有权模式。像特·库提一样，反对政府的人常常到内陆人迹罕至的崇山峻岭中去寻求庇护。战后的土地征用让毛利人怨声载道，他们的这种怨恨之声一直持续到了 20 世纪后期。在北岛的中央高原地区，政府把征用的土地——它们通常都是从前的敌人的领土——奖励给忠于政府的人，而这又产生了新的问题，因为，按照毛利人的习俗（tikanga），新来者在新到的地方居住几年之后便可以声称拥有权利。于是，较量的阵地转移到了"土著土地法庭"。在 1873 年之后，"土著土地法庭"宣布所有业主都是"共同租户",以确保每个人都被包括在内。然而,其结果是土地权益更加个人化。战后,"条约和土著不动产所有权原则都帮不了毛利人"。相反地,宽容逐渐减少了。在"土著土地法庭"中没有了传统不动产所有权的保护,那就意味着在所有的法庭上都失去了保护。首席大法官詹姆斯·普兰德盖斯特(James Prendergast)在1877年做出了一个关键判决,宣布条约"完全无效"。普兰德盖斯特的裁决源于一种对国际普通法的解释,否认在条约签订之前存在"任何形式的文官政府"或毛利法律。他认为,条约不能承认不存在的土著产权,因为他认为毛利人"没有政体";权利只能由议会创造。

由于战争没有任何的成效,先知特·维提(Te Whiti)开始出面领导塔拉纳基的人们采取新的和平抵抗。1865年,在新西兰殖民法案的名义之下,政府征用了塔拉纳基的土地,以作为对它的惩罚。而在1878年,政府开始丈量该省肥沃的平原。时间上的延迟具有重要意义,因为在特·维提看来,总督本应该在征服当地之际就占领征用的土地。在这段时间里,特·维提所领导的人民重新占领了这些土地,并根据传统重申了他们对土地的所有权。特·维提及其支持者——包括提托科瓦努——在各处有争议的平原上进行耙犁耕种。他们给新勘测出来的道路设置路障,并用和平的方式赶走了勘测人员。为此,政府大为恼怒,它通过了特别立法,以便能够将成百上千的抗议者抓起来,并不用审判就将他们监禁在南岛的监狱中做两年苦工。之后,1881年,当囚犯们回来后,政府又将位于帕里哈卡(Parihaka)的街区进行了拍卖。在此之前,特·维提已经在帕里哈卡建立起了模范社区,该社区也吸引了许多人前来追随。整个春季,毛利人除草、修造围栏并进行耕种。政府对此进行了回应,它派来了由近1600名武装警察和志愿者组成的军队,当地的年轻姑娘们以载歌载舞来对他们的到来表示欢迎。土著事务大臣（Native Minister）约翰·布莱斯（John Bryce）下令逮捕特·维提和他的同伴图胡·加加西；而他们却凛然不可侵犯地"前去接受拘捕"，他们在没有经过审判的情况下便遭到监禁，并被流放到南岛直至1883年。由于帕里哈卡（Parihaka）的人们拒绝离开，布莱斯下令对它进行洗劫。

图4.1　P. E. jnr，《为潜水者之缘故》，《惠灵顿广告增刊》，1881年11月19日。布莱斯正在宰割抗议者，这位抗议者头戴着特·维提信徒的白色羽毛头饰，躺在地下进行消极抵抗。背景则是特·维提的农夫、武装警察的帐篷和塔拉纳基山。

在一个多世纪之后，帕里哈卡和国王运动得到了平反昭雪。从19世纪80年代开始，两者都曾用来为小农场主让路。政府在征用的区域内留出了土著保留地，但接着却将这些保留地授予了公共信托机构，而后者又将这些保留地以21年的租期租给了殖民者，并可续租；公共信托机构努力为毛利人提供更好的回报，因为一些承租人串通一气，降低租约的拍卖价格。然而，由于21年来没有进行过租金审查，租约的租金降到了底价，其转约也未经毛利人同意，因此经常引发抗议。

帕里哈卡的土地虽然被划成了几小块，但它的人民却对这里进行了重建，并且继续自豪地插着象征性的头饰，即两根白色的信天翁羽毛，对当局表现出不屑一顾的神情。和特·库提一样，特·维提及图胡仍然得到人们的追随；不仅他们的人民尊敬他们，历史学家自那时起也将他们描绘为逐渐形成的和平传统中的民族英雄。

毛利王塔维奥（King Tawhiao）最终在 1881 年进行了媾和。然而，纳提马尼亚波托人——由于殖民者并不需要他们所居住的这个崎岖地区，他们的土地躲过了被征用的劫难——却没有听从他的建议，他们与布莱斯及其继任者自由党的约翰·巴兰斯（John Ballance）进行谈判，允许对修建经过他们领土的主要铁路干线进行勘测。这同样也影响到了泛部族的国王运动中的其他部族，因为这些勘测活动将包括纳提图华雷图阿在内的五个主要的毛利王部落的边界划到了火山高原之上。不久，个人纷纷得到了不动产所有权，但他们又一点一点地把它卖掉了。国王乡有节制的开放很快就为政府政策所破坏。由于土地商人与个人进行交易，这加剧了毛利社会内部固有的竞争。19 世纪 80 年代，有组织的抗议活动日渐增多；毛利王塔维奥向维多利亚女王递送了陈情书，"友军"酋长们要求遵守条约的呼声也日渐增高。

数量的力量

一旦毛利人的人口数量开始不断减少，并走上殖民化时期每个土著社会都会遭遇到的人口减少的老路，这样一些要求便会增多。一些人认为这种结果是不可避免的，因为，欧洲人带来的植物和动物群落破坏了它们所侵入的生态环境。太平洋的各个岛屿是脆弱的，原因就在于它们远离地球演进的温室，而新西兰又是其中最为偏远的地方。新的疾病在人们中间肆虐，无论是对肺结核这一19世纪最大杀手、流行感冒还是通过性活动而传播的疾病而言，毛利人都没有遗传性的或获得性的免疫能力。婴儿和小孩特别容易为肠道和呼吸道疾病所感染，结果，举例来说，在罗托鲁阿地区的特阿拉瓦人中，19世纪后期出生的儿童只有半数活到了成年时期。与此形成对照的是，白种人的儿童存活率却相当高。至少从19世纪70年代官方统计数据开始发表起，婴儿的死亡率就下降了。在这一时期，用世界标准来说，婴儿的死亡率已经非常低了，在1000名出生的婴儿中，只有100名在生命的第一年中死去。殖民者家庭中的父母往往能看到五个孩子中有四个长大成人。

由于毛利人口的不断减少、移民的不断涌入以及儿童存活率的差异，到1860年，白种人在数量上已经超过了毛利人。1769年，库克船长猜测毛利人口有10万人，这种猜测大致是正确的。到1858年，毛利人的数量大致在56,000人至62,000人之间；白种人的数量则是59,000人，它注定将使权力均势发生倾斜。在经过19世纪六七十年代的两次移民浪潮之后，到1878年，从人口数量的角度讲，毛利人已经完全处于受支配的地位，这时白种人和毛利人的数量之比已经是10∶1。一言以蔽之，到19世纪90年代，毛利人的人口数量已经减少了半数以上，而这与整个太平洋地区土著居民人口减少的模式是一致的；与此同时，整船整船的英国移民则纷纷来到新西兰。

从19世纪60年代开始，北岛的各个部落遭到了被剥夺土地的沉重打击，人口的减少也造成了同样的效果。已知的是，贫困将土地丧失、健康和生存结合在了一起，尽管这些联系是如何发挥作用的是复杂且不清晰的。一种论点称，19世纪末毛利人的相对贫困是三个主要过程协同作用的结果：毛利人经济向个人财产权和雇佣权的转变，资源尤其是土地资源的丧失，以及权力的丧失。从19世纪60年代起，土著土地法庭出售土地与政府强制征收土地产生了同样严重的后果，它们使得毛利人在疾病面前脆弱不堪，许多人没有活到成年便死去了。大多数团体丧失了资源基础，而保留下来的土地几乎不能维持生计，就更不要说进行发展了。有些时候，卖出土地是为了在其他地方发展土地。持有土地的"哈普"也同样遭罪，因为每块土地的面积都太小，并不足以为所有的人提供生计，而且它们常常是不能带来经济效益的。而即便是这样的土地，也还属于无数个所有者。在新西兰战争中，特阿拉瓦人的军队在1872年对撤退中的特·库提进行了最后的一击，他作为政府的"友军"也表现得相对不错。然而，即便是他们，也感受到了土著土地法庭的影响。

可是，英国的移民浪潮淹没了毛利人，并为创建殖民者社会提供了众多的人口。由于新西兰距离英国是如此的遥远——它是距离英国最为遥远的地方——距离的障碍和费用问题决定了移居者前往世界的另外一端要么必须具有冒险精神，要么就是因为他们获得了免费旅行或者是得到了路费资助的鼓励。澳大拉西亚的移民本身就是19世纪欧洲人伟大"流散"进程中的一个微小部分，他们在四次主要的移民浪潮中乘船来到了新世界。在第一次移民浪潮中到来的是些罪犯，他们来到了澳大利亚东部。在第二次浪潮中前来的是整船整船的自由移民，其中包括1万名新西兰公司的殖民者。不过，事实表明，第三次和第四次移民浪潮在人数和实力方面最为重要。1850年至1870年间，淘金者先是从加利福尼亚的金矿区冒险来到维多利亚，接着又来到了新西兰，最后他们又到了南太平洋的岛屿上。他们带来了繁荣时期、城镇的发展和淘金热。在这些淘金者之后，从1860年至1890年的这段时期是有计划、受到资助的移民活动的真正高潮。在19世纪70年代的这次浪潮中，因为集商人政治家和总理身份于一身的尤利乌斯·福格尔（Julius Vogel）的远见卓识，10万名移民被运送到了新西兰。

人口曲线图体现了移民是如何对19世纪下半叶欧裔新西兰人的新西兰产生决定性影响的，并建立起殖民者的国家和社会的。从19世纪80年代直至20世纪末，人口增长率主要是由人口的自然增长（出生人口减去死亡人口）所决定，它并非是由移民的净增长所造成的（参见图4.2）。殖民者所构成的新西兰年轻而具有活力，猛然间便处于主导的地位。

一般来说，常常发生在边疆社会的男人过剩现象不会持续多久。（参见图4.3）这里男性和女性间的不平衡程度也不足以和美国的同类现象相匹敌。直到19世纪70年代，欧裔新西兰人人口中的男性（相对于女性的）数量才开始凸显出来，人口的金字塔似乎成了一个"啤酒桶"。太平洋海岸的淘金热为这种人口暂时的不均衡

图4.2 人口增长

第四章 更为偏远的澳大拉西亚（1861—1890 年） 105

图 4.3 1874 年、1891 年人口金字塔（仅指欧洲）

状态提高了解释。1852年至1853年,通过提供奖赏的方式,奥克兰商人将淘金者吸引到科罗曼德尔(Coromandel);在随后的1856年至1857年,短暂的掘金活动在黄金湾(Golden Bay,因当地发现黄金而被重新命名)开始。淘金者是从1861年开始真正从加利福尼亚和澳大利亚涌入的。在这一年,一位名叫加布里埃尔·里德(Gabriel Read)的塔斯马尼亚矿工在奥塔戈(Otago)的一个小峡谷里开采出了黄金。现在,这条峡谷便是用他名字来命名的。1861年至1863年,奥塔戈是人们发财的地方;而1864年至1867年,西海岸则成了人们的致富之地。在战争吸引了北岛的注意力之际,淘金热则消耗掉了南岛的精力。

在1861年至1864年间,奥塔戈中部地区的欧洲人口迅速增长到24,000人,但一旦群聚的淘金者获悉崎岖的西海岸发现了黄金,这里的欧洲人口便降低到原来的一半。第一批,也是人数最多的一批矿工来自澳大利亚的各殖民地,这些矿工中有许多人是爱尔兰人。第二批矿工则来自英国,他们主要来自康沃尔郡(Cornwall)和德文郡(Devon),而其中的苏格兰人则到新西兰各地去寻找机会。爱尔兰移民也是取道澳大利亚殖民地进而抵达新西兰的,他们在澳大利亚的产金区获得了生活经验,并与那里保持着密切的联系。在1865年至1867年间,大约有37,000人来到了西海岸,他们都来自澳大利亚。总共有大约195,000名淘金者在淘金潮中来到新西兰,他们中的三分之二来自澳大利亚,其余的则来自英国。不过,许多人继续迁徙,这使19世纪60年代新西兰的人口因淘金热而净增114,000人。

黄金产生的地质条件塑造了淘金潮的模式,其原因在于掘金者偏爱各种连绵分布的金矿,这些金矿类型包括存在于南岛冰冷湍急的河流中的冲积金矿、需要溜槽提金的海滩平地和海岸平台以及蕴藏在石英暗礁中需要进行深井开挖的黄金。每种类型的金矿都创造出了一种独特的文化和社群,这其中既有像露营的游牧民族那样一旦无金可采就飘然离去的淘金者,也有地下采金阶段建立起来的永久性城镇,它们需要有资金和家庭生活来维系。矿工们挖起了一堆堆的矿渣,在西海岸的罗斯(Ross)和奥塔戈的圣巴森斯(St Bathans),他们在地上挖起了一个个的大洞。从文化的角度讲,淘金潮通过对早期民主的推动而改变了地理景观。矿工们从维多利亚带来了矿工权利的概念及他们费尽艰辛才获得的民主传统。新西兰采用了维多利亚产金区的管理制度。在对巴拉瑞特(Ballarat)的犹雷卡起义(Eureka uprising)进行回应的过程中,新西兰政府将选举权扩展到了矿工,否则这些矿工就会被排除在外,因为他们不能满足财产资格的要求。到 1865 年,掘金者的存在导致了 15 个新选区的出现。

淘金潮所产生的社群既有大都市的特性,又在人种方面具有独特性。语言学家发现,新西兰口音首先在南岛的采矿城镇及北岛的军事城镇出现,因为这些地方讲英语的人们来自不同的地方。箭镇(Arrowtown)(坐落于女王镇[Queenstown]附近)的人口统计数字表明,来自英格兰、爱尔兰、苏格兰和澳大利亚等地的人们数量大致相当。箭镇同时也有许多人是来自澳大利亚各殖民地或取道这些地方来到那里的,这有可能对早期新西兰英语产生了影响。即便无法与"墨尔本奇迹"相提并论,达尼丁还是受到了开采黄金活动的刺激,它暂时取代了奥克兰作为新西兰最大城市的地位,并发展成为了银行业和商业的中心,它对淘金潮中建立起来的建筑感到十分骄傲。同样,黄金也把未来的总理和殖民地民主主义分子尤利乌斯·福格尔及理查德·塞登(Richard Seddon)从维多利亚引诱至此,前者创办了《奥塔戈每日时报》(*Otago Daily Times*),后者则在西海岸经营了一家酒馆。

正如塞登的情况一样,淘金潮同时也激起了针对华人的种族偏见。在高峰时期,奥塔戈有4000名华人,而在整个新西兰则有5000名华人,他们都来自广东省。与1880—1881年在美国的105,000名华人、澳大利亚的38,500名华人相比,这个数量微不足道。大多数华人都只是暂时寄居于此,他们经受着坎坷的命运,汇钱回家,并最终返回了家乡。一些华人作为孑然一身的采矿工继续留在这里,另外一些人则进入了商业领域,后来花钱让老婆前来与他们相聚。新西兰的华人构成了19世纪五六十年代太平洋沿岸地区散居者的一部分。1865年,当掘金者蜂拥前往西海岸之际,达尼丁的商人邀请他们前来奥塔戈,他们用事实证明了自己是非常能干的掘金者。随着他们数量的增长,殖民者对他们的偏见也不断加深。1888年,当没有能够获准进入澳大利亚的华人被转运至格雷默斯(Greymouth)和达尼丁之际,澳大利亚殖民地的反华煽动强化了这种偏见。殖民地政府也对此进行了回应,它从澳大利亚殖民地借用了限制移民的政策。

华人一直是以跟在欧洲掘金者身后翻废矿找金子的形象或者是作为小规模投机商的形象而留在人们的记忆之中的。不过,企业家徐肇开(Choie Sew Hoy)是挖掘船采金方面的杰出人物。正是他组建了"沙特欧瓦河大滩金矿开采公司"(Shotover Big Beach Gold Mining Company),并开启了1889年至1891年间挖掘船采金的最初高潮。他的挖掘船——这些挖掘船为新西兰多斗式挖掘船提供了原型——在女王镇附近的沙特欧瓦河的沙滩上进行开采。现在,旅游者可以前往那里乘坐喷气快艇或进行漂流。

到19世纪90年代,欧裔新西兰人人口金字塔的"啤酒桶"形状很大程度上自行消失了。男性数量仍然超过女性数量,但是,随

第四章 更为偏远的澳大拉西亚（1861—1890年） *109*

着年轻女孩进入成年，女性数量开始赶了上来。（参见图4.3）然而，淘金热和与之相联系的"亢奋"所带来的危险（一种归咎于男人的情形）威胁到了新西兰作为理想社会的形象，因为在人们的想象中，贪婪、极端男性化及边疆的混乱状况将会带来威胁。对财富的追求会释放出何种颠覆性的力量，何种力量又将打乱本来就难以维系的秩序呢？迈尔斯·费尔本（Miles Fairburn）认为，这些担忧是有道理的：1850年至1880年间，由于移民潮和边疆"闪电般地扩张"，殖民地成了一个"最没有组织的社会"。很多人孤苦无依，借酒浇愁，人与人之间的暴力冲突频频发生。这些都表明，这个社会的人们之间缺乏相互理解，它没有社会凝聚力。它给人们的启迪便是，田园牧歌式的理想是一种"谬误"；一个个人主义的和谐社会并"不可能"仅仅建立"在物质极大丰富的基

图 4.4 徐肇开挖掘船采金。

础上"。

不过,这样一些问题并非殖民地或英国的殖民边疆所独有的。从国际范围来讲,从19世纪晚期至20世纪晚期,暴力、酗酒和民事诉讼等的发生率的高低状况呈现出宽口U形曲线的趋势。或许这也是为什么殖民者决心要恢复处于田园牧歌想象中心自耕农的理想。他们意识到了自己梦想的脆弱,作为战争、淘金热和经济低迷的后果,它们有破灭的危险。混乱的迹象只是加强了他们共同的决心,即试验做事情的新方法,并对旧有的方法进行改善。

时人对想象中的危机做出了反应,他们建立了诸如警察部队这样的机构。警察部队与金矿产区中准军事化的部队不同,从1877年开始,它便是一支民事和军事相结合的警察部队。在与身体和精神方面的紊乱进行斗争的过程中,卫生机构得到了发展。19世纪60年代,有14家新医院在为黄金产区服务。为了收容精神病人,第一家疯人院出现了。疯人院和医院一样,也对陌生人进行照料,这些陌生人常常没有家庭,他们如没人照料就有可能已经被关进了监狱之中。

从更深的层面来讲,殖民者发展出了控制"进步"力量的宏大战略。其中一种战略就是协助移民。奥塔戈省政府对淘金潮所做出的反应就是改变其移民政策,它开始只招募单身妇女,并在1862年输入了1300人。19世纪60年代,坎特伯雷几乎将全部的移民基金花费在单身妇女身上,它力图改变"两性间的比例失调",并希望借此保护其殖民神话。妇女再次被认为是对理想社会至关重要的,其重要性在于她们作为妻子、母亲和家务劳动者的身份;同时,妇女对奠定和提高这个社会的基础也至关重要,而这个社会的基础则是由行为端庄的公民和安居乐业的家庭所构成。

创建殖民国家和殖民社会

19 世纪 40 年代至 80 年代的这段时间被描绘为一个"循序渐进殖民化"的时代，在这一时期，新西兰的新不列颠人（neo-British）呈现爆炸性地增长。在 40 年中，殖民者开采了 4000 万英镑的黄金，剪了价值 4000 万英镑的羊毛，并在英国市场上借了 7000 万英镑。然而，特别是在新西兰战争的灾难之后，为了保持这一切，需要建立一个可以被描绘为企业型国家。这种国家发展模式要求在殖民政府和商业之间建立密切的合作关系。为了商业的利益，政府进行借贷和支出，并以此来刺激经济的发展。

到 19 世纪 70 年代，殖民化的精神需要助力，而在尤利乌斯·福格尔担任殖民地财务总管之际，政府和公司进行合作以吸引资本和劳动力。与当时的正统经济思想相反，沃格尔认定，政府企业能够更快地进行经济扩张，单就私人企业所能取得的任何成就而言，是无法与其相比拟的。1876 年，为了在伦敦这个世界金融中心推销殖民化，沃格尔本人作为殖民地的总代理（高级专员）搬迁到了伦敦。到 1880 年，政府已经借用了 2000 万英镑，并且又招募了 10 万名移民。（参见图 4.2 及表 4.1）不过，孤立主义仍然占统治地位；即便政府对殖民者从欧洲出发前往殖民地的旅行进行补贴，这也不足以劝说所需数量的人们为了前往新西兰而承担所需的支出和长途跋涉。从 1873 年起，政府开始提供免费通行的服务，在这之后，农业劳动力便成群结队地迁徙。19 世纪 70 年代，在协助下移民的人大约有一半都是英格兰人；五分之一来自英格兰西部，其中也包括康沃尔。大约有四分之一是苏格兰人。殖民地同样也指望从德意志和斯堪的纳维亚获得劳工，以开发北岛矮树丛生的殖民区。

表 4.1　人口趋势和毛利土地所有权

年度	估计中的毛利人口（人）	非毛利人人口（人）	毛利人拥有的土地（公顷）
1800	150,000		
1820			
1840	100,000	2,000	26,709,342
1852	59,700	55,762	13,770,000
1860		79,000	8,667,000
1874	49,800	295,184	
1878	47,800	410,207	
1881	46,750	487,280	
1886	43,927	576,524	
1891	44,177	624,474	4,487,000
1896	42,113	701,101	
1901	43,143	772,719	2,890,000（1911）

资源来源：马森·杜里：《怀奥娜：毛利人健康发展》，第二版，第 36 页。自 1891 年开始的拥有土地面积的减少具有欺骗性，因为这种下降很多都涉及在 1894 年以后受到确认的早期土地购置。

　　通讯逐渐将各个孤立的定居点连接起来，随着各地彼此间联系的加强，这使人们能够从国家的角度来进行思考。1876 年，一条由私人架设的电报线路将新西兰和澳大利亚连接在了一起。一场大地震极大地抬升了惠灵顿的地面，消除了其修筑防波堤的必要性，并为修筑一条通往佩托恩（Petone）镇的公路腾出了地方，并提升了该镇的地位。资金从奥克兰向南流动到惠灵顿，为十数年之后中央集权的进程做好了准备。在南岛，主要的交通干线加强了经济和社会的一体化，并把远在南方的布拉夫（Bluff）港与克赖斯特彻奇连接在一起。在北岛，铁路也开始逐渐侵入了国王乡。在土地和基础设施建设方面，私营经济发挥了关键作用。奥克兰商业律师托马斯·拉塞尔于 1859 年创建了新西兰保险公司，并于 1861 年创建了国家银行——新西兰银行。他与弗雷德里克·惠特克（爵士）合伙经营着殖民地最富有的法律事务所。惠特克和罗素是奥克兰新兴市场的象征，这些市场来自对被没收的毛利人土地以及通过土著土地法庭购买的个人产权土地的投机。拉塞尔是1863—1864年的国防部长，惠特克是1863—1864年和1882—1883年的殖民地总理，他们利用自己的内幕消息、交易和广泛的网络牟利。罗素领导的奥克兰商业集团于1873年从政府手中买下了皮亚科沼泽-怀卡托地区86,500英亩（34,600公顷）被没收的土地，用于开发和在伦敦市场上进行土地交易。在这次投机活动中，这一大片土地"作为与沃格尔领导的政府部门秘密谈判的结果"转到了罗素手中，证明了此次非法出售是权宜之计。随后，它几乎毁掉了罗素的股票和车站代理债权人。当时和现在一样，在不受监管的商业社会中，贪婪和欺诈与潇洒和创业精神交织在一起。

尽管所有拥有负责任之政府的殖民地——未来英国的白人自治领——都采取了国家发展的企业模式，但事实表明，这种模式在澳大利亚和新西兰体现得最为突出。商人政治家从新西兰公司的早期经历中吸取了经验，这即是，为了获得利润，殖民地事业必须要获得资金，用以建造基础设施，改善外部条件。路途遥远、机构缺乏、孤立无援等问题促使政府和企业进行联手以减少费用、风险及不信任感。反过来，殖民地则依赖于作为英帝国之组成部分的全部金融和商业服务网络。

1876年，随着省政府的终结，新西兰的政治机构呈现出与澳大利亚殖民地政治机构相似的特征：政府一元而集权，拥有两院，全体会议为下议院，从1879年起按照一名男子一张选票的原则选举出来，上议院由产权人组成；为了消除毛利人的愤怒以避免发生战争，新西兰的毛利人较殖民者早12年获得了男性选举权。从1867年起，所有年满21岁或21岁以上的毛利男性，其中也包括"混血儿"（half castes），都可以投票参选议会中新增的四个毛利代表席位。当时的目的在于既将毛利人纳入政治进程之中，也不能打破殖民者的控制。殖民地政治家让毛利男性参加选举，但其条件是不得从事"叛国重罪或无耻的勾当"，因此，战争中的"反叛者"将不会得到政治公民权。唐纳德·麦克林（Donald McLean）提出，四个毛利席位将作为临时措施，在毛利人被同化、部族土地转化为个人不动产所有权之前，这个临时措施都将持续有效，在此之后，毛利男子将能够和殖民者一样进行基于财产之上的投票。在北岛的政治家看来，这种做法是合时宜的，因为毛利人的四个席位对因淘金潮而造成的白人选民的增多起到了平衡作用。在1870年引入了无记名投票制度（secret ballot）之后，1879年12月所有男性获得了选举权，这使得新西兰成了一个早期民主国家。大众日渐增多的参与及全国性问题开始支配选举政治，而阶级和政党政治也在19世纪80年代后期开始萌生。

　　致力于自力更生的殖民者（虽然他们得到了英国资金的资助）期望享有"一份合理的进步成果"。占殖民者主体的新教徒认为他们的殖民地从法律和民族精神方面来讲都是基督教的，尽管它没有既定的教会，没有对道德而言十分重要的、建立在《圣经》基础上的宗教。罗马天主教徒大约占总人口的12%，他们构成了人口中的少数，甚至比天主教徒在塔斯曼地区人口中的占比还要小。

　　事实表明，在教育领域，宗教方面的宗派主义对政治上的争论产生了影响。从1883年起，成立于澳大利亚南部的"圣约瑟夫女修会"（The Sisters of St Joseph）开始建立新西兰的学校网络；与此同时，天主教的主教们则和澳大利亚的同道进行密切合作，以加强对罗马天主教的认同。对能同情毛利人的怨恨之情的人来说，天主教教义提供了一种可供选择的政治。1883年，法国籍修女苏珊娜·奥伯特（Suzanne Aubert）（玛丽·约瑟夫修道院院长）开始向旺阿努伊河（Whanganui River）流域的毛利人传教。然而，政府先只是为毛利人建立了村小学，十年之后才建立了公立学校体系。从1867年起，各"土著学校"开始执行通过坚持使用英语从而实现融合的政策。毛利儿童所面临的选择是苛刻的：要么"接受最佳的欧洲习俗"，要么便是"注定灭绝"。如果说教师主要都是欧裔新西兰人的话，那么助理教师主要都是毛利人：一些十多岁的聪明活泼的姑娘，在主流的小学普遍如此。渴望拥有学校的毛利人社群必须提供土地、一半的建筑费及四分之一的教师工资。在中学的层次上，教会为毛利人建立了宗派性的寄宿学校。诸如英国国教会开办的特奥特学院（Te Aute College）这样一些学校则培养了毛利精英。这些毛利精英的英语和毛利语一样流畅，他们活动于两个世界之中。

新西兰和其他一些英语国家一样，在1877年引入了小学阶段的世俗化免费义务教育，尽管在国家立法要求强制推行义务教育之前，城镇中男女基础教育已经十分普遍。教育逐渐改变了儿童在家庭中的地位，他们从劳动力和经济资源转变成了学生，学生虽然珍贵，但对家庭收入却没有多少（如果说有的话）贡献。起初学生的缺勤率很高，因为农耕家庭对儿童劳动力的需求远比对他们学业的需求要多。真正从国家的免费小学教育中受益的是工人阶级的女孩。随着越来越多的女孩去上学，随后又在婚前找到了工作，她们的生活经历了比男孩子更加猛烈的变化。男孩和女孩都仍然按照"性别脚本"生活；1890年，纳比尔镇外的塔拉达尔学校树起了一道铁篱笆，将男女学生的活动场地分割开来。在主要的城镇，在与教会学校竞争的过程中，国家资助建立了独立的男子、女子中学，在这些学校中，聪明的孩子可以获得奖学金。早在1856年，纳尔逊学院便建立起来了,与此同时,奥塔戈和克赖斯特彻奇的男子高中则成为新成立的地方大学学院的预备学校,而这些地方大学的学院是按照议会法案的要求建立的。同时,奥塔戈和克赖斯特彻奇还建立了两所女子学校,其中奥塔戈的女子学校建立于1869年,而克赖斯特彻奇的女子高中则是在1877年建立的。

殖民地的第一所大学学院奥塔戈(1869)和第二所大学学院坎特伯雷(1873)分别成为继悉尼和墨尔本之后澳大拉西亚的第三所和第四所大学。坎特伯雷学院一开始便以和男生同样的条件招收女生入校,因为建立该学院的教授之一的约翰·麦克米伦·布朗(John Macmillan Brown)坚持认为,"真正的民主"要求"最优秀的女性及最优秀的男性"在人文学科和行政方面占有恰当的地位。1881年,海伦·康农(Helen Connon)在坎特伯雷学院以优异的英语和拉丁语成绩而获得了一等文学硕士学位,成了英帝国内首位获得荣誉学位的女性。约翰·麦克米伦·布朗教过海伦·康农,又娶了她。海伦·康农的朋友凯特·艾吉1877年从新西兰大学毕业,是该校首位获得学士学位的女毕业生。由于奥克兰大学学院直到1883年才建立,艾吉是从一所男子附属学校——奥克兰学院与文法学

图 4.5 海伦·康农,1881年荣誉硕士,坎特伯雷大学

校毕业的。在那里，她在其父的支持和校长的允许下学习。在1993年妇女取得选举权100周年纪念之际，这些被埋没了数十年的女性同道们被适时再次发现。

海伦·麦克米伦·布朗因为嫁给了自己的教授而成为早期女学生的行为榜样。她代表了新的都市女性，优雅、有学问而且漂亮。当时，批评女性接受高等教育的人们认为，过多地学习会损害母性。海伦·麦克米伦·布朗就是对这些主张的反击。她取得的最伟大的公共成就便是作为克赖斯特彻奇女子高中的第二任校长。她通过向大学培养输送女学生而为该学校建立了学术声誉。与此同时，虽然已为人妻，并且是两个小女孩的母亲，但她却打破传统，全职工作。凯特·艾吉开创了尼尔森女子学院并担任首任校长。

事实表明，早期的女性毕业生也是其他方面的开路人。从人口学的角度来讲，她们是整个欧洲世界家庭规模变化的引领者：在坎特伯雷大学最初50年的历史中，55%的女性毕业生都终生未婚，而即便是那些诸如康农和艾吉之类结了婚的女毕业生，她们组建的家庭规模也很小。这样一些统计数字似乎证实了有关"女性受教育越高就越不适合做母亲"的成见。但女性毕业生却认为高等教育让她们更好地具备了养育高素质子女的能力。（见第五章）

如果说殖民者无一例外都带来了这样一些为他们所继承的观念和文化实践的话，那么他们在其他一些方面则坚持进行创新。在导致生育力下降的自助和家庭责任等原则的激励之下，殖民者的新西兰开始了一些学者所诠释的殖民地福利试验，在这些试验中，自立和自愿占据着主导地位。政府通过实行移民和土地开垦的政策而不是通过收入补助政策来帮助各个家庭。殖民者决定不采用《济贫法》(*Poor Law*)，因为他们认为，就定义来看，新世界比旧世界更好，因此济贫措施是不必要的。各个家庭都应该自己照顾好自己，一个渴望安居乐业的社会应该选择自助，而不是为危及事物本来的可贵秩序的"不中用"的流浪汉提供帮助。

相反，新西兰从澳大利亚殖民地借用了一些概念，1884年，一项已婚妇女财产法案容许妻子拥有独立于丈夫的财产。而在1885年，殖民地建立了全国性的医院和慈善救助体系，这些医院和慈善机构处于当地董事会的控制之中，从而形成了一种地方自治模式，其资金来源各异，救助也较为随意。在丧失了养家男人的妇女当中，寡妇是优先救助的对象，而未婚母亲则是最后救济的对象。与此同时，失业而没有家庭的男人被认为是"不配做人的"，他们应该自己照料自己。直至1939年，医院一律实行"用者自付的原则"。

这些机构的发展反映了这样一种核心的信念，即在一个异常健康的国度，殖民者应该享受生活的乐趣。健康的户外生活——特别是儿童健康户外生活的形象不断地激励着新西兰的市场。在19世纪晚期，新西兰被宣传成了疗养胜地（health spa），它预示了"旅游和疗养胜地部"（Department of Tourist and Health Resorts）在1901年的设立，而这个部门本身也是世界上同类机构中的第一个。旅游和健康相结合是符合逻辑的，因为身体健康与空气新鲜、干净而没有受到破坏的环境是联系在一起的。

毛利人在疗养胜地特别是在罗托鲁阿（Rotorua）周围的特阿拉瓦地热区疗养地的发展中起着重要作用。当艺术家兼政治家威廉·福克斯（William Fox）敦促政府在罗托鲁阿地区仿照黄石的模式建立一个国家公园的同时，特阿拉瓦人则提议建立一个环绕罗托鲁阿温泉的城镇，他们的想法就是为游客创建一个疗养地。在这个疗养地，来访者可以在温泉中浸泡，并享受水疗。1881年，毛利人同意对当地的天然热喷泉区进行租借而非出售，同时还同意政府代表他们对为期99年的租借权进行拍卖。然而,按照1881年《温泉区法案》(*Thermal Springs District Act*),政府获得了购买和租借拥有温泉、湖泊和河流的广大地区的垄断权。其结果是,到该世纪末,罗托鲁阿地区的一半都被卖了出去,而"土著土地法庭"的审理则持续了一代人之久,这使特阿拉瓦地区的经济处于不稳定的状态中。问题的症结在于,是政府而非"土著所有者"控制着这些地区的租借权。在19世纪80年代的经济萧条中,承租人不再履行自己的责任,政府在这些艰难年月中的管理不善则造成了它们被强制出售。

不过,通过把罗托鲁阿建成为旅游和疗养胜地的活动,特阿拉瓦开始在塑造种族关系及"别具风情"的毛利人形象方面发挥影响。通过乘坐汽船或火车,游客前往风景如画的地区进行体验变得越来越容易,于是,一系列关于"沸水翻腾之地"的旅行指南疾风骤雨般地问世了。到19世纪80年代,许多游客都从澳大利亚前来参观罗托鲁阿及其自然奇迹,这些自然奇迹包括粉红色和白色的台地,而它们却在1886年的火山爆发中被破坏了。

新西兰的第一个国家公园汤加里罗(Tongariro)国家公园之所以能够出现,是因为纳提图华雷图阿族人的最高酋长特·胡胡·图基诺四世(Te Heuheu Tukino Ⅳ)在1887年将包括北岛中部的三座火山山峰(鲁阿佩胡山[Mt Ruapehu]是其中之一)的广大地区馈赠给了新西兰人民。土著土地法庭对那里的土地进行了分割,并将汤加里罗山和鲁阿佩胡山的山顶奖励给了特·胡胡一个人。接着,他又根据政府的意愿,将两座山拿出来供人民(既有欧洲人,也有毛利人)建立国家公园。

120年后,关于土地转让的过程,特别是关于特·胡胡和政府谈判赠予的动机,爆发了激烈的史学争论。一方面,从整个地区土地转让的更广泛角度来看，这是一个由政府策划的过程，是更大发展计划的一部分，其目标"一如既往"是"获取实际主权和扩大定居点"。政府认为这些山峰完全属于特·胡胡，应赠送给国家。这种说法削弱了礼物的意义。特·胡胡的作用举足轻重。他的行为是为了保护山峰，因为山峰是塔普（Tapu）——太神圣了，不能出售，也是为了保持其神圣性。另一方面，他的馈赠也维护了他作为最高酋长的法力，抵御其他部落的挑战。他完全希望自己和部落的名字永远与公园联系在一起。正如他的曾曾孙子图穆·特·胡胡（Tumu te Heuhen）博士（爵士）所解释的那样："经由邀请女王与图瓦雷托阿部落（Ngati Tuwharetoa）共同拥有这些山脉，我的曾曾祖父期望王室能够本着与图瓦雷托阿部落合作的真正精神行事，尊重并保护这些山脉的塔普。"欧裔新西兰人和毛利人逐渐开始欣赏新西兰的美景，并开始考虑进行风景保护，即便仅仅是在不利于采伐木材和种植牧草的地区才进行风景保护。

一个澳大拉西亚联邦？

在19世纪晚期，家族纽带、文化和政策转移、贸易、旅行和通讯等将澳大拉西亚联系在一起。在19世纪60年代，一位名叫查尔斯·赫斯特豪斯（Charles Hursthouse）的前殖民者提议建立一个新西兰和澳大利亚各殖民地的联邦，一个事实上的澳大拉西亚共和国，当然，他将澳大利亚西部（这里重新引入了罪犯）排除在外。他推论说，这些地区土地、矿藏和农业资源的"深厚自然财富"将为英国货币市场上的信贷业务提供更好的保障。到1890年，澳大拉西亚已经开始被用于指称澳大利亚各殖民地、新西兰、斐济"和任何其他澳大拉西亚内的英国殖民地或领地"。在1890年墨尔本澳大拉西亚联邦会议及1891年悉尼联邦大会上，新西兰代表、主张实行畜牧主义的政治家威廉·拉塞尔上尉（Captain William Russell）将该殖民地描绘为"澳大拉西亚相当遥远的一个部分"，从而在"澳大拉西亚更为遥远的殖民地"和"澳大利亚殖民地本身"之间进行了区分。拉塞尔的最大问题在于，澳大拉西亚是否应该以英国在南太平洋的势力范围这样的身份而组成联邦。是澳大拉西亚而非澳大利亚预示着一个新西兰可以归属于其中的共同体，也正是澳大拉西亚，为欧裔新西兰人和毛利人相互依存的特殊性质提供了空间。具有讽刺意味的是，新西兰战争强化了人们对更好的种族关系的信念。1891年，拉塞尔再次强调"土著不动产所有权"问题处于"非常严峻的时期"，欧裔新西兰人和毛利人的关系"最为重要"。

新西兰人思考的不仅仅是与澳大利亚人之间"亲缘关系的深红色纽带"（帝国血缘纽带）；政治家们仔细掂量着气候和环境对英国种族关系发展所造成的影响，从不同的角度推想成为英国人会意味着什么。拉塞尔告诉澳大利亚人说，新西兰有可能发展出"一种不同的民族类型"。帝国主义和民族主义并不互相排斥；它们常常处于平衡状态，表现为一个问题的两个方面。事实上，帝国主义可以显示为民族主义，而民族主义也可以显示为帝国主义，二者的特性并非是泾渭分明的。1905年，理查德·杰布（Richard Jebb）提出了"殖民地民族主义"这个有点似是而非的名称。对杰布而言，"帝国的灵魂""并非只有一个，而是两个"；一个是加拿大、澳大利亚、南非和新西兰日渐觉醒的爱国主义，另外一个则是英帝国传播文明的"终身使命"。新西兰的许多人都赞同他们国家的命运取决于"土生白人"（native-born），土生白人是殖民者用以指称他们自己的名称，而毛利人则被他们用来称呼土著居民。紧随欧裔澳大利亚人之后，欧裔新西兰人在寻求其认同的过程中逐渐开始转向内在，他们将自己的目标投向了原野、丛林与未来，这种未来更多地是由陆地而非环绕的海洋所塑造的。许多人为随后大洋洲的"解体"所做的解释都将其归结为1890年前后文化、经济和政治制度方面发生的剧烈变动。

19世纪80年代，经济泡沫破灭了。殖民地是否在1885年至1895年陷入了"长期萧条"的问题有待讨论。因为"萧条"一词的含义已经发生了变化，而且经济学家认为人们实际上的收入达到了一个稳定的水平，而不是在下降。因此，相比于他们此前的经历，他们觉得自己生活条件变得更差了。历史学家之所以强调其是"大萧条"，原因在于其对人们所产生的影响：失业、家庭不和、小孩衣衫褴褛、女工受人剥削、经济全面崩溃、地产市场猛然下降、为期十年的信贷危机、破产现象、政府的不稳定，等等。他们指出了新出现的阶段矛盾，以及因旧世界的痼疾——例如，服装工业中妇女和儿童的艰辛——在新世界的出现而引起的道德恐慌，这促使皇家委员会在1890年出台了一个报告。在劳动者的乐园中，一位深谋远虑的丈夫和父亲将承担起养家糊口的责任。理想的社会难道已经倾覆了吗？移民的希望和神话难道仅仅是错觉而已？

19世纪八九十年代的新西兰和澳大利亚与20世纪八九十年代的新西兰和澳大利亚有诸多相似之处：金融机构表现欠佳、大商人纷纷破产、政客卷入投机活动，而政府内部事务的情况也大致如此。"私人借贷的疯狂"凸显了银行透支借款带来的问题，其中，银行经营着自己的借款开发项目，而这恰好与殖民地政府所进行的开发项目类似。在这样一些情况之下，英国资金的急剧减少——伦敦借贷的枯竭——给环塔斯曼地区的金融结构造成了极大的压力。正如伦敦的借贷对19世纪70年代的繁荣起到了加油打气的作用一样，英国信贷的萎缩则进一步加剧了19世纪80年代和90年代初期经济的萧条。借贷枯竭并非仅仅出于外部原因：伦敦的金融家因殖民地获利的下降而感到惊恐。19世纪80年代，新西兰的投资机会并不比塔斯曼海对岸更具吸引力，但那里的投资同样也迅速枯竭。教训便是发展必须产生足够多的出口收入，如若不然，伦敦就会加紧其对经济生活的控制。

虽然奥克兰较达尼丁和克赖斯特彻奇更晚经历艰难时刻，地方及中央政府大规模的公共开支、毫无前途的商业冒险以及过度的房屋建筑成了所有主要城镇的特征。19世纪80年代早期，奥克兰郊区建筑出现了繁荣状况，不过到了1886年，则出现了2000幢无人居住的房屋。低利贷款和房地产投机打倒了当地商界中的许多人。它可能同样也伤害了满怀热望的郊区居民，他们为抵押借款所苦，其梦想家园却无法出售。

时局的艰难，再加上英国人所树立的榜样，促进了环塔斯曼劳工运动中非熟练工人"新工会主义"的发展，这一运动主要出现在与出口相联系的行业之中，参与者主要是海员、码头工人、剪毛工人、煤矿工人及裁缝女工。到1890年，各地劳工运动中一共出现了200个工会，并拥有63,000名成员。工会和船主都发展起了各自的大洋洲联合会，海员和煤矿工人则组成了"海运理事会"，该机构在1889年成为"澳大利亚海运理事会"的隶属机构。位于达尼丁的"联合汽船公司"成了海员和煤矿工人的主要敌人，因为它垄断着新西兰的煤矿产业及环塔斯曼的船运业。仅仅是建立工会的行为便被雇主认为是攻击性行为。就劳工运动而言，重要的是让工会获得承认，因为非熟练人员很容易就会被取代。新工会主义坚持要求获得某种形式的社会公民地位——"只雇用会员"（closed shop），以反对坚持"订约自由"的雇主所主张的市场自由主义。在经济萧条的背景下，矛盾的不断加深引发了海员罢工。这次罢工发生在1890年9月，它由悉尼蔓延而来，至少有5万名澳大利亚工人及8000名新西兰工人参与其中。

　　海员罢工并没导致有关方面出面进行仲裁，不过，罢工还是让人们关注了这种观念。萧条和冲突引起的各种危机共同促使人们对整个建国计划进行重新思考，从而推动了重新规划政府各种职能的计划，其中，政府的职能主要体现在居间调停殖民者的新社会和全球压力间的紧张关系。正如我们已经观察到的一样，与世隔绝及领土狭小的状况迫使各级政府积极发挥自己的作用，它们决定了殖民地的条件，并产生了持久的影响。企业型国家的出现预示着一种新的国家发展模式即将出现。一系列的社会试验与经济结构的调整相伴发生。当澳大利亚和新西兰寻求在英国市场上的优势地位以便应对危机之际，在寻求出路、走出困境的过程中，新西兰因冷冻技术的发展而得到了挽救。

第五章
应付全球化（1891—1913年）

在危机的氛围中，人们对全球化的态度出现了变化：现在日益出现了一种要求对它加以控制的趋势。澳大拉西亚的各个殖民地决心抓住机会开发用以出口的新商品，同时通过建筑一个进步的自由主义"国家试验"大厦而控制其社会后果。1891年至1912年，在自由主义政府统治期间，主张改革的政治家和公务人员致力于将新西兰创建成一个民主的社会实验室。在这个过程中，他们开创了一个澳大拉西亚的国家发展模式。

政治学家阐明了澳大利亚的制度是如何借助殖民地的民主公民权来干预全球化的。"澳大利亚殖民地"似乎是建立在联邦制的基础之上，它具有五条政纲：白人的澳大利亚、关联而有限制的移民；仲裁；保护；"国家家长主义"；"帝国的仁慈"。事实上，它是澳大拉西亚的：它是澳大利亚和新西兰殖民地居民为了加强"内部防御"以应付一系列想象和现实的共同外部威胁而做出的非同寻常的反应。

除了对全球性力量所产生的社会后果的关注、对大洋洲所有殖民地的管理都产生了影响，它还推动了新自由主义思想的发展。威廉·彭伯·里夫斯（William Pember Reeves）是一名新闻编辑和一名自由党政治家，他帮助塑造了这种国家发展的地区模式。在他的两卷本《澳大利亚和新西兰的国家试验》（*State Experiments in Australia and New Zealand*，1902）中，他将这种模式写作新西兰历史之中"改革"的近义词。他概要指出,"国家试验"要求澳大利亚和新西兰在追求自由主义理想的过程中包含国家干预。作为民选和民治的政党,自由党推动了民粹主义思想的发展。他们的目标是利用国家干预以使其更容易"开展",并创建一个文明社会。澳大拉西亚的试验包括:企业型国家、妇女选举权和酒业法、用于发展的廉价土地、控制资本主义和竞争(即全球化)给劳工所带来的后果、给予老迈的拓荒者老年津贴、排斥外国人及不需要的人员。政治学家将19世纪90年代的各种国家试验描绘为社会自由主义,而历史学家则将它们视为实现白种人理想社会的基本思想,或者说是建立民主新世界的再次努力。

在这个时代中,支持进行排斥的各种力量与拥护包容的各种力量之间的矛盾十分突出,前者受帝国优越感影响,倡议以牺牲非欧洲人为代价促进殖民者之间的民族团结;后者源于启蒙思想中的人文主义思想,它让妇女从中得到了好处。毛利人则既是被包容的对象,同时也是受排斥的对象。

后来,历史学家根据自身所处的时代和视角,而认定这些国家试验是一些不同的民族描述。如果说在20世纪30年代新西兰的自由党被视为是殖民地的实用主义者,在20世纪60年代被认为是一些激进分子和人文主义者,在20世纪70年代被认为是强制实施社会控制的技术专家的话,那么20世纪晚期的历史学家则将他们诠释为民粹分子和民族主义者。在他们的描述中,自由主义时代是中央集权和殖民地民族主义的时代,在这个时代中,现代新西兰国家得以成立。从19世纪80年代开始,当新西兰出生的白种人开始在数量上超过移民时,社会开始安定下来。"土生欧洲人"对自己这种身份的自豪感体现在当地的各种结社、从毛利人的世界中借用而来的各种主题、有关新西兰是"毛利之乡"的各种冥想之中。随着这种民族认同感的增强，思想观念统一为新西兰是试验场，新西兰的人民习惯于获取"第一"和攀登新高峰。

另一方面，对新帝国主义史学家而言，在自由主义时代，一种新的体系从旧体系中发展起来。按照贝利奇（Belich）的观点，从19世纪80年代开始，新西兰加强了它与英国的联系，而不是努力争取民族独立。在经过"循序渐进的殖民化"时代之后，"重新殖民"如同桥梁一样有效地将新西兰和英帝国的中心伦敦联系在一起。贝利奇自从此时便将新西兰的经验归到盎格鲁世界里了。这个论题存在的一个问题便是，它仅仅将自由主义时代描述为"循序渐进的殖民化"和"重新殖民化"间的"过渡"阶段。新西兰自由主义所代表的不仅仅是繁荣、萧条和新出口产业拯救的节奏。然而，这些节奏确实为当地的渐进式改革创造了条件。

对英国和英国关系的关注也不应过于强烈，以至于掩盖了新西兰的历史既有澳大利亚的一面，又有英国的一面。任何关于帝国的元叙事都必须包含——而不是否定或推翻——新西兰与澳大利亚之间的思想和政策转移程度，以及共同的新西兰国家发展。在20世纪的多数时间里，殖民地自由主义者为市民社会构建起来的制度既是澳大拉西亚所共有的，也是新西兰所特有的。而且，帝国主义激起了民族主义，而民族主义则强化了帝国主义。

一开始，澳大拉西亚的国家实验有助于向帝国主义世界推销这些殖民地。作为新西兰的总代理，里夫斯在伦敦写出了两卷本的《澳大利亚和新西兰国家试验》并非偶然。英国是唯一一个严格意义上的全球性大国，伦敦则是世界金融的中心。事实上，冷冻技术的革新聚焦在英国，因为英国保持了农产品出口中心的地位。新西兰和阿根廷的情况也是一样。随着交通方面的革新所带来的运输成本的急剧下降，英国在全球的经济迅速增长。虽然蒸汽船让大洋洲的殖民地能够向英国市场出口产品，但关键的技术进步还是制冷；新西兰在1882年首次运送了冻肉。制冷不仅引起了经济的革命性发展，而且也引起了新西兰文化的革命性发展。

当新西兰农业进行结构调整以向英国市场出口食物及纤维制品之际，新西兰的政治经济发生了重大的变化。在英国资本的帮助之下，从1895年起，新西兰从经济停滞的局面中走了出来，这早于同样开始生产出口食品的澳大利亚东部殖民地。澳大拉西亚各殖民地所面临的情况与欧洲和北美的情况十分不同。由于国内市场狭小而分散，技术变革所需要的海外市场和资源遥远而脆弱，澳大拉西亚不会认为进行工业化更为有效。而且，英国投资者也不会同意：他们和英国的殖民者一样，都相信大洋洲"自然资源的好处"。鉴于欧洲精神图谱的力量，当时并不存在另外一种可供选择的发展道路。新西兰经济的扩张注定要由家庭农场来完成，因为全球资本也接受田园牧歌式的神话。

旨在远距离管理出口经济的各种革新从政府扩展到了商业领域。股票和常驻代理是大洋洲对孤立的地理和历史所做出的反应的具体体现，它们降低了长途销售的成本，传递了有关英国资本的信息，并通过殖民社会的网络而建立起了各种联系。由于国土狭小，新西兰便依靠此种企业精神来驾驭不稳定的局势和股票。股票作为资本，常驻代理机构作为当地农场主和全球（英国）出口市场间的理想贸易商，它们一同成了商界的主导因素。

由出口带动的经济加强了殖民地资本主义的经济依赖性。随着殖民地与英国双边贸易关系的日渐加强，以及殖民地对这种贸易关系的日渐依赖，不仅殖民地的经济进行了重组，而且它的地理、社会和文化景观都进行了重组。制冷技术产生了剧烈的生态效应：它同样激发了这样一批人的希望,对他们来说,田园牧歌就意味着进行小农场经营。事实上,羊肉和奶制品在国家政策中所扮演的角色影响到了社会和政治生活的形式。

为了平衡殖民地对全球关系的调整,自由主义政治家和公务人员决心创建一个社会实验室。这包含了政治学家所谓的社会契约:一种在人民中间做出的安排,其中,这些人民承认他们在创建一个民主社会并按照民主社会的要求来行事,并以此具有共同的利益。如同在澳大利亚的殖民地一样,在新西兰,自由主义党派在殖民资本主义和企业型国家之间设计了一种社会契约。在新西兰,这种社会契约是一种殖民契约,它被包括在了其国家试验之中。在经过19世纪80年代的困境之后,这种殖民契约通过重新致力于巩固理想社会来平衡新的出口经济。对当时的人来说,"新世界"和"危机"是一组矛盾的词语;就是"新"西兰的这一思想也要求避免旧世界的各种弊端。相反,他们希望让新西兰成为一个更加完美的"不列颠"。

殖民契约

殖民契约——从根本上来讲,它是一个关于土地和财产所有权的协定——在全球性的力量和殖民地政体间起到了媒介的作用。殖民契约是为"自由的"殖民者和劳动者设计的,同时它也是建立在早期的民主基础之上的,尽管契约只是为欧裔新西兰人服务的。在自由党的领导之下,开垦土地开始被人们认为是解决都市问题的灵丹妙药。乳品加工业日益机械化,而建立在其基础之上的新出口经济则复兴了有关建立更加密集的殖民地的计划。独立性——殖民者及其家人有一块供自己建立家园的土地——的思想开始为人们所接受。

19世纪90年代,王室土地已经不能满足殖民者的需求。随着殖民者人数的不断增长,随着他们成为土地所有者愿望的日益强烈,新土地越来越稀少,而土地的价格也不断上涨。1891年,第一届自由党政府(65%都是移民)旨在让殖民者能够获得土地,从而为他们提供一个更好的生活机会。这个目标预设了一个有关典型户外生活模式的集体观念,而且这个观念就具体体现在殖民契约之中:殖民者依靠农耕来实现家庭的独立,并享受物质上的安逸。最适合畜牧业的北岛土地已经在政府或殖民者的手中了。但北岛毛利人仍拥有1100万英亩(440万公顷)的土地,多数是丛林或是山地,只适合放羊。于是,在北岛,自由主义政府尽可能廉价地从毛利人手中购买土地,并用它们来为殖民者建立林产。在南岛,自由党强制购买大型庄园,将其划分为适合种植谷物和放牧绵羊的小型农场,这让艾伦·麦克莱恩(Allan McLean)等富裕的农场主感到懊恼,他被迫离开了自己在南坎特伯雷的农场,但也让其他人感到欣慰,例如切维奥特山庄园的托管人,他们在经济萧条时热衷于出售庄园。在定居者中,除南岛牧民外,所有人都认为自由党的近距离定居政策在道义上是值得的。

事实表明,在1870年至1890年这段时期内,北岛中部各个部族丧失了其大部分土地。然而,在1892年至1899年间,政府又用775,500英镑来购买另外的270万英亩(108万公顷)土地,其中,每英亩的平均价格为5英镑9便士。这些土地都是通过"土著土地法庭"而夺得的。与此同时,政府为南岛欧洲人所拥有的地产每英亩支付了84便士。到1907年,殖民者又私下得到了另外的423,000英亩(196,200公顷)土地。因此,作为19世纪90年代开始的土地购置的结果,超过300万英亩(120万公顷)的毛利人土地被转移到了殖民者的手中。在随后的十年中,1890年毛利人仍然拥有的土地的28%都被殖民者巧取豪夺了。在这个过程中，大多数剩下的好土地都落入了殖民者手中；而且，在政府所策动的这种土地转让中，其价格都是极其低廉的。

通过向殖民者提供预付金而提供的低廉贷款巩固了殖民契约。对那些手头并不怎么宽裕的人来说，政府则扮演了地主的角色。1892年，为了向无钱购买永久产权土地的殖民者提供保障，政府推行了永租权（lease-in-perpetuity）（999年的租期）的政策。与此相对的则是，土地承租人将资本积攒起来以改善经营条件。不过，最能让人们领悟殖民契约精神的自由主义法令是1894年的《殖民者贷款法案》。政府土地贷款仅仅适用于欧裔新西兰人。正如里夫斯（Reeves）所观察到的一样，这些贷款包含了另外一种地区性实验：在整个大洋洲的各个殖民地，政府向殖民者提供的贷款是对"地球另一端"的"事业"的"特别奖励"。随着商品价格的下降以及利率的增加，殖民地农场主为了生存必须依靠利率更加低廉的资金。政府提供给殖民者的贷款同样减轻了英国投资者"对新西兰和澳大利亚农场业发展规模的疑虑"。能够获得资金的小农场主、农业劳动者及他们的家人成为赢家；他们是一群最能够进行自助的人，如果说最终的结果能够说明他们是胜利者的话，那他们确实是一些"值得帮助的人"。偏处一隅的巴兰斯（Ballance）丛林殖民地是政府向殖民者预付所产生的结果；该殖民地是以第一任自由党总理约翰·巴兰斯（John Ballance）的名字命名的，在地图上，它位于帕希亚图阿（Pahiatua）和玛纳瓦图峡谷（Nanawatu Gorge）之间，是塔拉鲁阿（Tararua）山脉中的一个点。

相应地，自由党于1891年推出了所得税，以取代财产税，从而缓解商人和小农的困难。其目的是通过简单的累进税制，分三步确保群体而非个人之间的公平。

图 5.1 克赖斯特彻奇比利街（Bealye）的房舍，可能是卡尔顿·米尔桥（Carlton Mill Bridge）附近明森一家的祖居。这幢宽敞的别墅代表了多数新西兰人所向往的城郊房屋。摄于 1897 年。为了庆祝维多利亚女王登基六十周年，房主挂起了旗帜，而中国人时尚的灯笼也在走廊上挂了起来。同时请注意自行车（一个现代的象征）、巨朱蕉（本土植物）以及波纹状的的铁栅栏。

然而，最重要的在于，郊外的房舍和园地开始成为新世界的殖民契约、家庭土地理想以及家庭所有制的象征，它将"城市中的乡村"这一观念从旧世界中照搬了过来。与中世纪的欧洲前辈不同，这些人口密度很低的郊区房舍没有向天上发展，而是向外部扩展，结果形成了新西兰城镇的"新都市边疆"。标准的新西兰房屋源自乡村房舍，而非西欧的联排式住宅（townhouse）。典型的新西兰房屋是由四五间屋子所构成的平房或别墅；和澳大利亚和美国西部的城市一样，它们都具有相同的新世界理念、设计和布局。当地的木匠在修房屋时都利用澳大利亚和加利福尼亚书籍里面的建筑模型。普通的新西兰房屋不同于太平洋沿岸澳大利亚和加利福尼亚同类房舍之处在于，它们主要是由木材修建而成的。（地处极南端的奥塔戈则属例外。）

自新西兰的城镇建立之初开始，城郊理想便存在，它存在于建立韦克菲尔德殖民地的各种观念之中。这个理想以男人为中心，但同时也以家庭为中心，它建立在熟练工人阶级的各种价值观念，即受人尊重、男女各司其职、节俭、节制和安全感等的基础之上。到1911年，49%的欧裔新西兰人居住在人口超过2500人的城镇地区，而澳大利亚的同类人口所占的比例为55%，美国则为46%。在这些欧裔新西兰人中，31%的人居住在四个主要的中心城镇，18%的人居住在诸如北帕默斯顿（Palmerston North）（居住人口为1万人）这样的小城镇中。与此形成对照的则是，毛利人则主要生活在乡村。到1911年，澳大利亚和新西兰是世界上家庭所有制占比最高的两个国家，其比例占50%，甚至更多。家庭所有制是新西兰殖民者建立的主要土地使用形式。

我们可以用"农场主是自由党首选的值得结盟的对象，他们代表的是一些后起之秀"这样一种观点来调和"自由党倡导熟练工人的价值观念"这一主张。殖民契约在奶牛场变为了现实；但同时，在城郊地区、普通的小型房舍及家庭园地中，它一样得到了体现。

妇女选举权

新西兰为自己很早就实现了妇女选举权——妇女选举权在1893年得到许可——的历史而感到自豪。然而，殖民地在婚姻改革方面却进行得相对较晚。1898年，继英国和澳大利亚各殖民地之后，它引入了有限制的离婚平等权利。在采取一种措施时间早而采取另一种措施晚方面，并没有什么不一致，因为新西兰是一个"男人的国家"，在这个国家中，妇女因是妻子和母亲而受到重视。一方面，妇女因人数稀少而身价倍增，这为她们获得更多的机会和实现潜在的政治平等提供了空间；另一方面，这也强加了被女性主义学者视为父权制约束的各种因素。因此，历史学家们就"早期妇女选举权是否承认了妇女在家庭和家人中的特殊作用，或者妇女地位的变化是否足以让政治家们信服并发起妇女争取公民政治权利的运动"等问题展开了争论。

这些互相矛盾的主张突显了新西兰妇女的不同形象，具体体现了殖民地女权主义的两大主题：新妇女，她们起而争取获得脱离"无能状态"的自由，争取平等和进步；殖民帮手，她们象征的是社会道德守护人和"族群之母"。妇女选举权运动的全国领袖克赖斯特彻奇的凯特·谢泼德（Kate Sheppard）既体现了新型妇女的形象，也体现了殖民帮手的形象。1993年，为纪念妇女取得选举权100周年，女性历史学家重新发现了她。她被重新塑造为民族的偶像，她的肖像被印在了10元的新西兰纸币之上。凯特·谢泼德虔诚、机敏而漂亮，但私生活却存在问题。她领导了一场悄然无声的运动，该运动赢得了广泛的支持。

如果我们将选举权运动中的各种主张综合在一起进行考虑的话，那么，妇女运动实际上就是以差异为理由而追求平等权利，为妇女争取平等地位，是为了公众的利益。参政扩大论者认为，选票将会让妇女将她们的母性技能扩展到公共领域，从而带来更大的公众福祉。在1891年"基督教妇女禁酒联合会"（Women's Christian Temperance Union）提出的支持妇女选举权的诸多理由中，第一条便是："因为妇女选举权是一个事关公众福利的问题"，同时也"因为妇女的选票会为更为安定和负责的社群增加分量和实力"。作为"帮手"和"新型妇女"的参政扩大论者同样希望男人们发生变化，希望他们停止酗酒和施加家庭暴力。正如首席法官罗伯特·斯托特爵士的妻子安娜·斯托特所解释的那样:"我们的子女必须要有纯洁而节制的父亲。"

对包括新西兰在内的都市边疆的妇女而言,选举权既是男性心怀矛盾的馈赠,也是殖民地妇女运动斗争的结果。多数妇女主要生活在城镇之中,她们在城镇中的数量极为重要。男性殖民政治家需要她们的支持。选举权运动之所以取得成功,是因为议会中持同情态度的男性及议会之外的妇女运动彼此合作。妇女们在大规模的请愿活动中收集签名,而坎特伯雷的牧场主、保守地支持妇女选举权运动的约翰·霍尔爵士则将这些请愿书放到了议会的地面之上进行展示,而且在这个过程中,他还公开展现了一种强有力的姿态。

正如一个男人一张选票的政策也将毛利人包括在内一样,1893年,白人妇女和毛利妇女一起获得了选举权,她们适时地参与了当年选举中的投票活动。按照1902年《英联邦选举权法案》的规定,澳大利亚的白人妇女获得了联邦选举权,而与此同时,澳大利亚土著人则被否决了选举权。这一对照表明,与澳大利亚土著人不同,毛利人不仅包含在自由主义的"人民"概念之中,同时也被包括在"大不列颠族群"的概念之中。然而,现实却并非如此一目了然。各种按照性别进行的区分仍未能被触动,还需要花费很长的时间来进行其他一些改革。从1896年开始,妇女已经能够加入"妇女议会"这个非党派性的"全国妇女委员会"。如果她们希望加入到自由党的政治活动之中的话,那她们则仅能加入由威廉·彭伯·里夫斯的妻子莫德·里夫斯(Maud Reeves)所建立的"自由党联盟"(Liberal Association)妇女支部。直到1933年,在伊丽莎白·麦科姆斯(Elizabeth McCombs)的工党政治家丈夫去世之后,她才被选为议会的第一名女性成员。

图 5.2 《最后的高峰》,《新西兰版图与妇女杂志》,1894 年,有男子气概的妇女在自由党党员(打扮为一名律师)的帮助之下达到顶峰。攀登新的高峰已经牢牢地嵌入了新西兰的精神之中。

从整个国际背景来看,妇女较早获得选举权的地区,成年男性获得选举权也相对较早,这主要是由淘金热潮引起的。同时,从总体情况来看,在剥夺了土著居民土地的殖民地移民社会中,索要土地成为政治活动的中心内容,在这样一些地区,妇女也较早地赢得了选举权。在这些男人的国度中,在改革家发起社会纯洁运动以反对给妇女和儿童带来不幸的"醉鬼"并努力建立新社会之际,妇女权利问题便突显了出来。于是，新西兰成为第一个赋予女性选举权的自治国家，它希望借此来发挥她们对粗野的男人们的平衡作用，并增强公共生活的社会地位。但它却不是世界上第一个采取此种举措的地区。这一殊荣应该属于皮特凯恩（Pitcairn）这个偏远的岛屿，它在1838年便赋予了女性选举权；与此同时，还有三个中美洲国家早于新西兰。此外，在新西兰给予妇女选举权后不久，南澳大利亚和西澳大利亚的殖民地议会也分别于1894年和1899年同意给予妇女选举权。不过，在新西兰，性别问题压倒了种族问题：人文主义将年龄为21岁或21岁以上的妇女作为妻子和母亲囊括在了社会契约之中。

仲裁

新西兰和澳大利亚的民族叙述都分别称强制性仲裁是一项关键的制度，它体现了国民的心态。这两个国家是强制实行产业协调和仲裁的先驱，而产业协调和仲裁则成为各种产业关系的支点，同时也成为这两个国家后来实行福利国家政策的支点。在新西兰，劳工部长威廉·彭伯·里夫斯是1894年法案的设计师。他的部分思想来自南澳大利亚自由党总理查尔斯·金斯敦（Charles Kingston）所起草的一个议案；还有一些思想则来自新南威尔士和马萨诸塞。新西兰历史学家坚持认为，自由党-工党联盟产生了独特的制度。然而，新西兰的例子同样也可以证实这样一个论点：自由主义思想把强制性仲裁塑造成为了一种观念和一种制度。在自由党的思维中，仲裁的运作是为了"人民的自由、繁荣和满意"。除了向殖民者提供的贷款，国家对工业争端进行的仲裁也构成了殖民契约的一部分，这是为了整个社会，而并非仅仅是为了劳工阶层。一如约翰·巴兰斯解释的那样："和劳工阶层一样，资本家也必须同新西兰的进步和命运联系在一起,这是通过居住和履行一名殖民者的所有责任的义务来实现的。"

战略重点再次被放在了促进出口导向型经济的发展和增长之上;与此同时,努力实现工作场所的和谐,从而实现各种政治和社会目标。澳大拉西亚的各殖民地都采用了这一战略,并将其作为应对全球化的另外一种方式,其原因在于它们都太小了,不足以对国际贸易周期施加影响;相反,在时局艰难之际,它们都会采取行动以避免发生争吵。这一制度旨在保持劳资双方间的平衡;在新西兰,它要求设立地方调解委员会和仲裁法庭。从理论上讲,它在不可预测的出口经济和工人的安全保障要求之间实现了平衡,因而确保了普通人能够获得人们后来所谓的"均等机会"。

一些历史学家暗示,这种地区模式是在金融危机和劳工纠纷的背景下发展而来的,同时还结合了早期民主以及各种改良英国的思想。事实表明,各种长期的发展趋势更为重要:它们是殖民地模式的发展趋势,是允许中产阶级专业人士作为政治家和公务人员开展社会工程的企业型国家的发展趋势。共同而类似的问题和政治机会产生了一种跨塔斯曼政策转移的模式。1894年,澳大拉西亚强制性仲裁的经典形式在新西兰得到了采用,1900年,它被纳入了西澳大利亚的法令之中。虽然西澳大利亚在19世纪90年代因淘金热潮而出现了繁荣,不过,这一繁荣也让它同样依赖出口。1901年,新南威尔士采纳了强制性仲裁的政策,此后,澳大利亚联邦在1904年、南澳大利亚和昆士兰在1912年都先后采取了此种政策。

反过来,新西兰则从澳大利亚那里获得了立法仲裁,以及稍后一个时期里关于工人福利附加政策的灵感。仲裁成为保障工人生活水平的一种方法。移民们为追求更美好的生活而奔波于世界各地,与此同时,政府机构则宣传新西兰是"劳工的乐土"。通过援引

1907年澳大利亚仲裁法庭所做出的著名的哈维斯特判决（Harvester Judgement），新西兰仲裁法庭采用了"生活工资"的原则，也就是说，足以维持一名养家糊口的男性、一名依附于男人的妻子及三个小孩生活的工资。家庭工资是以性别为基础的，它是使妇女和儿童依附于为养家糊口的男性而制订的劳工政策。它体现了这样一个原则：劳工阶级有权结婚和拥有一个家庭，有权挣得足够的工资以供养家人过"小康"生活。按照这种设想，家庭工资的功能是要成为抵御全球性市场的壁垒，因为它是建立在生活成本基础之上，而不是建立在市场价格基础之上的。

那么，具有讽刺意味的是，尽管新西兰和澳大利亚拥有一个统一的劳动力市场，而且影响澳大利亚工资运动的因素也是和新西兰相同的，但是，在1890年至1913年间，新西兰雇佣劳动者的生活还是要比澳大利亚的工人更为艰辛。从人均国内生产总值的角度来看，到1913年，新西兰依然没有落后澳大利亚多远，而且，欧裔新西兰人有着世界上最高的人均寿命。1890年前，实际工资增长较生产力增长更为强劲。1890年之后，全球化提高了生产力并改善了贸易条件；然而，相对于1890年之后的产权收入，工人的工资却减少了。殖民契约的受益人是土地所有者，他们从技术进步——最为显著的便是制冷技术——中获得了最多的好处，因为冻肉和奶制品的出口增加了他们土地的相对价值。若非国家以仲裁推行的实验，重新流入地产的收入还会多些。

当实际工资与工人的期望及工人阶级不断上升的社会地位不相一致时，劳工阶层就越发好战，这一点儿也不让人感到奇怪。1896年首先利用仲裁的西海岸煤矿工人开始反对仲裁。1908年，矿工号召在布莱克波的当地煤矿进行了一次名为"疲劳时刻"（tucker time）的罢工。他们的行动预示着以"新西兰劳工联盟"形式出现的、激进而反对仲裁的独立劳工的崛起。联盟的五名主要领导人中有四位是澳大利亚社会主义者和工联主义者，而其他一些人则有着在英国和美国的从事矿石工作的经历。他们献身于阶级斗争，这为他们赢得了"赤色联邦分子"（Red Feds）称号，他们从左翼发动了对仲裁制度的攻击。1912年，金矿工人在怀希（Waihi）进行了罢工。这一波社会动荡在1913年达到了高潮，各个矿山和港口出现了劳动争端，它不仅仅体现了意识形态上的社会主义信念及这种信念对行动的呼唤，也反映了工作模式的全球性变化及思想的流动。思想的流动推动了各种不同政见间的碰撞，从而引发了纷扰。

"赤色联邦分子"为自己是"工人"而骄傲，他们在信奉工匠工艺联合主义的家庭男人——他们从仲裁制度获得了最多的好处——中强化了一种竞争性的男子气概模式：一个吹嘘自己作为男人的独立性，珍惜同事情谊和自己的汗水，能够控制自己的工作场所及生活的"真正"男人。不过，"赤色联邦分子"的脱离反而有助于仲裁的继续存在。到1912年，殖民契约构成了政府的基础。小农场主成功地将新西兰转变成为"帝国的牛奶场"，他们按照自身的阶级利益需要运用自耕农神话，以便在奥克兰农场主比尔·梅西及新保守改革党的统治下获取政治权力。

毛利人土地的流失及抗议活动

在这一结构性变化中，最大的输家是毛利人。虽然有人宣称，定居者承认毛利人对土地的所有权并购买土地，尊重条约，但是，在欧裔新西兰人的叙述和殖民者的议会中，《怀唐伊条约》不再起作用了。毛利人被完全排除在殖民契约之外，他们的财产遭到了剥夺，又不能获得用以发展农业的资金，丧失了进行发展的资源基础。毛利人的土地被出售，却没有得到相应的价钱；他们被剥夺了最为肥沃的土地,还不能获得低息贷款以开发余下的土地。剩下的土地几乎不能维持生计。直到自由党统治时期,毛利人所拥有的土地急剧减少的趋势一直都没有发生变化。这一时期成了"攫取毛利人土地的倒数第二个时期",直到1900年后的头十年,这一趋势才有所放缓。里夫斯在他的历史著作中并没有谈及这次土地再分配,毛利人之外的大多数新西兰人对此也不知情。然而,对19世纪90年代国家试验十分重要的殖民契约有赖于毛利人土地的流失。

于是,在为殖民者寻求社会公正的过程中,自由党又一次为毛利人制造了一系列的不公正。在1892年至1896年间,自由党政府通过了一系列相互关联的议会法案,这些法案简化了夺取"哈普"土地的程序,并极大地恢复了王室的先占权。在土地与勘测部的管理之下,土地购置变得更为容易。然而,关于部族土地的立法越多,局势就越发混乱,这为各种不同解释的出现提供了更多的机会,并增加了问题的模糊性。而律师和投机商则对这种形势加以利用。强制性的家长统治十分盛行;出售土地所得的半数收入都被交付给了公共信托,表面上看来,这似乎是为毛利所有者进行托管。于是,毛利人便面临着土地售价低廉、资金为公共信托所禁锢的双重负担,他们所获取的利息也相当低。1892年,自由党政府把"西海岸殖民保留地"纳入了"永久租借"的范围之内,而它所付出的租金却是微不足道的,这实际上相当于第二次土地征用。殖民者的需求压倒了毛利人从剩余土地中获取收入的权利及需要。此外,按照1895年《土著城镇法》的规定,在毛利人的土地上可以修建欧式城镇,这破坏了土著人的土地财产所有权,使毛利人的土地为殖民敞开了大门。通过这种方法,潜在的旅游城镇、北岛中部地区主要干线(1908年建成)上的城镇纷纷建立起来。位于国王之乡中心地带的陶马鲁努伊铁路城镇,它是为奥克兰和惠灵顿之间的主要干线服务修建的，本意是为毛利人提供福利，事实上对其所有者来说并没那么有价值。

在"肢解"大地产的过程中，土地出售者可以保留宅地。然而，在"肢解"毛利人剩余土地的过程中，毛利人却没有能够获得同等的地位。相反，他们被限制在无法满足需求的狭小保留地中。整个制度旨在迫使"哈普"出售土地。只有殖民者才能成为成功农场主的假设，以及无力提供抵押品，使得毛利人无法获取用以开发土地的低息贷款。殖民者认为部族的土地是"荒废了的，没有收益的"。改革党的拥护者憎恨土地租赁，认为它是"不能容忍的"，他们要求获得"毛利人本身无法加以利用的土著土地"的永久业权，改革政府自1913年以来一直努力实现这一要求（见第六章）。在"哈普"通过租赁而控制他们土地的地方，永久业权便日渐成为"永久租赁"，结果，他们的土地实际上是被剥夺了，但他们却几乎没有得到什么回报。

到19世纪末叶，北岛大部分地区的控制权已经从毛利人手中转移到欧裔新西兰人手中。1891年，240万英亩（96万公顷）毛利人的土地被租赁给欧洲人；到1911年，又有100万英亩（40万公顷）土地被租赁出去。1991年，估计毛利人在北岛（包括租赁出去的大块土地）拥有的土地为1080万英亩（432万公顷）。令伊维感到更为艰难的是，人口最为稠密的地区所剩下的土地却最少。保留了最多土地的纳提图华雷图阿族人并不反对欧洲人在陶波湖沿岸地区的殖民，但他们却希望对它的进程加以控制。他们还希望从木材开采中获得收益，并从政府那里获得贷款以自行耕种土地。

各个部族对自身福祉所受到的无情损害进行了回击。在惠灵顿，议会中的四名毛利议员争论说，殖民契约违背了《怀唐伊条约》，从而引起了人们对没有土地和需要资源来帮助毛利人发展等问题的关注。从 19 世纪 90 年代开始,部族领袖和部族组织纷纷要求自由党政府阻止购买毛利人土地的活动,设法解决各种棘手的地权问题,并让毛利人能够获得资金。

泛部族的统一(Kotahitanga)运动成为这一进程的先锋;1895 年,统一运动组织了一次抵制土著土地法庭的全国性活动。从 1897 年开始,该运动创办了自己的报纸《希库朗伊山》(*Te Puke Ki Hikurangi*),名称指的是一个源于哈瓦基的故事,在这个故事中,人们在洪水中逃到山上从而得以幸存下来。这份报纸表达了一种新的泛部族意识,同时,它还展现了毛利人是拥抱文化的。通过反映诸如持续的土地割让、不断下降的人口及政府对人民福祉的漠视等集体性问题,该报纸对政治行动产生了影响。毛利议会寻求了新的解决办法:建立一个独立的毛利人议会,它声称这是《怀唐伊条约》所赋予的权利。1897 年,毛利人议会在韦拉拉帕省格雷镇附近的帕帕瓦伊举行会议,会议在为此目的建造的宏伟建筑中举行。帕帕瓦伊既是理查德·塞登的,也是毛利人领导者的据点。同样,毛利王也建立了一个与其相竞争的议会。二者都向殖民政府提交了请愿书和法案草案,并寻求重新恢复毛利酋长对土地的权利。1897 年,在维多利亚女王执政六十周年纪念之际,毛利议会向女王请愿,要求阻止殖民者购买毛利人的土地。

"青年毛利党"——事实上是一群接受现代理念的毛利政治家的俱乐部——在这些要求公民权的运动中涌现了出来。纳提珀柔族的阿皮拉纳·纳塔(Apirana Ngata)和他的导师纳提珀柔爱尔兰混血儿詹姆斯·卡罗尔领导了这一团体。这两位毛利人后来都获得了爵位。自 1893 年至 1919 年,卡罗尔都是一大批(欧裔)东海岸选民的代表。纳塔在"特奥特学院"接受了中等教育之后,1894 年又从坎特伯雷学院毕业,并成为新西兰第一位毛利大学毕业生。纳塔的人民竭力让他受到白种人知识的教育，以便帮助他们面对殖民化的挑战。自1905年进入议会之后，纳塔无可非议地成为20世纪毛利人最伟大的领袖；在去世后，他作为50元纸币上的民族偶像而返回到了流通领域。从19世纪90年代起，在卡罗尔和其他特奥特学院校友的支持之下，纳塔通过毛利人土地开发的活动和卫生改革来激励毛利人民。纳塔希望把毛利人纳入殖民者契约之中。无论是纳塔还是卡罗尔，他们都和政府进行接触，并强调毛利人拥有进行现代化的能力。

这些努力产生了一些影响。在卡罗尔的推动下，政治家和毛利领袖于1900年达成了一项妥协约定，根据这一约定，政府建立了"毛利土地委员会"，并期望借此在伊维控制剩余土地的要求与殖民者获取用以建立殖民地之土地的要求间实现平衡。由于卡罗尔，在一些地区，委员会（后来的理事会）减缓了土地流失的趋势。甚至毛利王运动都在短期内认可了新的制度。然而，当政府认为委员会成为殖民地的障碍后，它便丧失了自己的权威。1907年，斯托特和纳塔领导的调查委员会进行了一次盘点，它证实了剩余的好土地究竟少到何等程度。在1909年《土著土地法案》取消了出售土地的限制之后，土地流失的速度进一步加快。这一法律使得土地从毛利人转移到欧洲人手上变得更加容易了，尽管土著土地法庭依然监督这一进程的实行。如果有多于九个人拥有这一土地，那么土地所有者的会议就是必要的了，今天的法庭依旧在运用这一制度。

既被接纳又受到排斥的毛利人

在毛利人的卫生史上，这是一个重要的时期，它的标志便是19世纪每况愈下的健康状况和不断减少的人口开始向人口数量、健康状况及希望不断恢复的方向转变。殖民地有关毛利人是一个垂死种族的观点继续影响着欧裔新西兰人的看法,而且继续将毛利人排斥在"人民"之外:如果说毛利人还能指望有任何前途的话,那便是他们的血液可能在将来人种混杂的新西兰人中留下永久的痕迹。青年毛利党的改革家们所体会到的使命感传播到了整个国家之中;他们将自己视为"一个种族的拯救者",能够"用两个民族的眼力"来观察。毛依·波马尔博士(Dr. Maui Pomare)是1901年成立的公众卫生部下属的一名土著卫生官员。相比于将罗托鲁瓦改造成旅游疗养中心的资金,他依靠零星的资金预算,运营着毛利人的医疗卫生服务。在他进行卫生宣传的过程中,他使用了投影仪讲解的最新技术,试图让人们对自己饮用的水产生恐惧。然而,资金的缺乏导致了希望的破灭。毛利社区常常为伤寒、痢疾、呼吸道疾病所苦,相对来说,他们的婴儿死亡率也很高。

通过后启蒙时期"雅利安毛利人"这一固定形象,毛利人同时也被纳入到了"人民"的范畴之中。"雅利安毛利人"的这个概念由政府工作人员爱德华·崔格尔(Edward Tregear)在《雅利安毛利人》(1885)一书中提出,这个概念"为毛利人和前往新西兰的白种人描绘了一段悠久而富有冒险精神的历史,这一历史将他们和远古的共同祖先联系起来"。(参见第一章)崔格尔是康沃尔人,他对古典神话和亚瑟王的传奇故事十分着迷。在试图理解毛利人世界的过程之中,他将自己的精神图谱强加在毛利人身上。在进行对比的过程中,崔格尔相信"西方的雅利安人接受东方海洋中的雅利安人"。对希望创建一个新社会的白人知识分子而言,这种对毛利人起源的探求同样也是他们寻找自我的体现。

大约从1900年开始,在新西兰与大英帝国关系发生变化的背景下,为了正在显现的殖民地民族主义,一揽子的自由国家试验需要这样一种历史。自新西兰公司殖民地开始进行其宣传以来,新西兰人便接受了这样一种神话：新西兰"更为优秀的大不列颠人"较澳大利亚的大不列颠人更为出色。新西兰人没有受到流放罪犯心态的影响，相反，他们受到充满活力而更为凉爽气候的影响；而且，与他们产生联系的是一种更为优秀的"土著人"。因此，将毛利人提升至荣誉白人的地位是展示欧裔新西兰人较欧裔澳大利亚人更为优秀的进一步举措，它同时也证实了存在着种族等级结构这样一个长期信念；其中，在这个种族等级结构中，毛利人较澳大利亚土著人更为优秀。

澳大拉西亚走向何处？

1901年1月1日，当澳大利亚各殖民地结成联邦之际，新西兰决定不加入澳大利亚联邦。在做出这一决定的过程中，上述的这样一些信念对新西兰的情感产生了影响。在人们普遍的冷漠中，绝大多数人的观点在图5.3中得到了体现。这些观点支撑着基斯·辛克莱（Keith Sinclair）的结论："大多数新西兰人并不希望成为澳大利亚人。"

1968年，F. L. W. 伍德（F. L. W. Wood）将"关于建立完美国家动听而不切实际的谈论"斥为"情感误区"，因为它扼杀了从经济和外交事务角度反对新西兰加入的各种"明智"主张。然而，一种持不同看法的观点，即"人们对'由地理所决定的种族偏见'的普遍信仰为新西兰决定不结成联邦提供了解释"，再次获得了市场。在塔斯曼海两岸，联邦更多地属于情感问题，而非实际需要。创建澳大利亚联邦的这一举动激励着新西兰人对自身及其国家独特而符合需要的各种特性进行想象。

新西兰较澳大利亚各殖民地更早地从19世纪90年代的经济困境中走了出来，并且它还将自己重组为英国的农场。如果考虑这样

第五章 应付全球化（1891—1913 年） *147*

HOW WE SEE IT

THE OGRE: "Come into these arms." NEW ZEALAND: "Nay sir, those arms bear chains."

The New South Wales Premier speaking at a Federal League meeting said that as the Colonies were on the eve of federation it was proper for Great Britain to defer linking the South Sea Islands to New Zealand. He also believed that the sentiment of the people of New Zealand would force that Government into the Australian Federation.

图 5.3 斯干兹：《我们如何看待》，《新西兰版画》，1900 年 10 月 20 日。布立吞里亚（Britannia）之女西兰狄娅（Zealandia）穿着本土的羽毛做成的披风，牵着高贵的野人。她挡开怪物一样的澳大利亚罪犯，以保护其本土的受保护者（被描绘为太平洋岛民而非毛利人），并因此而选择了一个在太平洋上的不同命运。在背景中站立的是她的帝国姐妹澳大利亚。漫画暗示，要不是因为这头怪物，西兰狄娅本可以与澳大利亚走得更近，并且可能传授给她的姐姐一些有关殖民者与本土人之间关系的知识。

一种情况的话,那么经济确实发挥了作用;对结成联邦最为热心的澳大利亚各殖民地(维多利亚、塔斯马尼亚及南澳大利亚)是最为萧条的地区。自19世纪60年代以来,跨越太平洋并经过苏伊士的各条不同的邮路,凸显了大洋洲各殖民地地缘政治和战略利益的不同。不过,防务并非核心问题,因为大不列颠决定着它们的全球外交政策。思维和市场是联系在一起的,但思维却支配着市场。

在新西兰做出不进行合并的决定中,构建国家的政治家的虚荣心发挥了作用,这一如他们在澳大利亚做出合并决定的努力中发挥了作用一样。R. J. 塞登(人们给他取了个恰当的绰号"狄克王")耳听八方,他敏锐地注意到了人们的冷漠情绪,决心不让这种冷漠情绪破坏自己再次当选的机会,因此他鼓励人们对该主题加以讨论。作为重要性仅次于新南威尔士和维多利亚而位列第三的一个国家的总理,他也不能容忍自己声望的下降。相反,他采用"首相"的称号来取代"总理"的称号,其目的就是让自己和澳大利亚首相处于同等的地位。1901年1月1日,作为一个在塔斯曼海两岸都受欢迎的人物,塞登在毛利武士的陪同之下出席了在悉尼举行的联邦庆典。

澳大利亚对新西兰人民族认同的影响要较历史上所承认的多。一方面,联邦强化了新西兰人并非澳大利亚人这样一个事实;另一方面,后者也通过共同的历史对新西兰的认同产生了影响。"塔斯曼世界"并非在1901年便终结了。甚至,澳大拉西亚还扩展到了澳大利亚和新西兰之外的地区,并且,即便是其集体性的名称逐渐废而不用了,它们依然还是作为一个地区而发挥作用。法国人在这里制造了一个麻烦,因为他们侵入了英国人主导的新喀里多尼亚(New Caledonia)和新赫布里底(New Hebrides)。德国人也在巴布亚新几内亚和萨摩亚(Samoa)制造了同样的麻烦。

澳大利亚白人区本身也对想象中的澳大拉西亚的健康与安全制

造了一个麻烦。正如澳大利亚第一任首相埃德蒙·巴顿（Edmund Barton）1901年3月告诉新西兰联邦委员会的那样：

> 关于应该容许的移民特性问题，我认为新西兰和澳大利亚的观念和情感实际上是一致的。如果根据我和塞登先生的谈话进行判断的话，我认为我们对外来种族的反对与新西兰所反对的东西实际上应该是一样的，而且，我们都希望保存种族的"欧洲"和"白人"特性。

问题在新西兰人看来就是哪个将取得胜利的问题：是自然法则呢，还是联邦法律？在澳大利亚北方的三分之一都位于热带的情况下，它将如何保持白人特质呢？澳大利亚北部有可能为"各亚细亚种族"所居住，而且昆士兰在其食糖业中使用了有色人种（南海诸岛）劳动力。无论是否实行异族通婚，白人种族难道在热带不会退化，以致在数代人之后，昆士兰会像美国那样成为"低劣白人"的家园？白人澳大利亚政策的倡导者坚持认为，澳大利亚应该向世界表明，即便是自然法则也不能限制白人。然而，新西兰人却认为昆士兰是澳大利亚白人区的一个污点。

新西兰人同样也不能确定是陆地还是海洋界定了利益共同体。南太平洋的英属澳大拉西亚这样一个概念意味着一个在南方海洋共同进行扩张、由血缘联系在一起并得到英国海军保护的社群。然而，到联邦成立之际，荒野在澳大利亚大众文化中占据了主导地位；在这一时期，澳大利亚大众文化已经开始日益内向。同时，新西兰人也开始想象一种由他们的各个岛屿所塑造出的未来。人们普遍相信，新西兰将会产生一个更像英国人，而不那么像澳大利亚人的岛屿民族，因为新西兰受到与英伦诸岛一样的地形的影响。一如达尼丁的威廉·柯曾-西格尔斯牧师（Rev. William Curzon-Siggers）所宣称的那样，新西兰是"一个岛屿国家，澳大利亚是一个大陆国家。所有种族的历史都表明，大陆种族与岛屿种族会越来越分道扬镳"。一些人引证说，塔斯曼海"1200英里的狂暴海洋"是一个障碍。但这一经典之句的作者约翰·霍尔爵士接下来说的是："这并不能阻碍我们之间利益共同体的存在。"

新西兰的解决办法是通过互惠条约而非结成联邦的办法来维系由海洋和血缘所界定的利益共同体。互惠条约将让帝国统一——这对打破孤立而言十分重要——的愿望与迫使新西兰牺牲其独立的愿望二者间的紧张关系得到解决。到1901年，新西兰的舆论制造者已经将"更为密切的经济关系"这样一个措施的前身视为体现和发展各种跨塔斯曼纽带的最佳途径。（参见第九章）在1906年最后一次前往澳大利亚的旅程中，塞登为即将与澳大利亚首相阿尔弗雷·迪金缔结的一个条约敲定了这样一些词语，他还与迪金讨论了联合反对英、法两国在新赫布里底所做的交易。然而，塞登在返程的途中去世了。当时和现在一样，新西兰认为与澳大利亚进行合并是可以接受的，但由澳大利亚接管新西兰则是不可接受的。

相反，1901年6月，新西兰兼并了库克群岛和纽埃岛（Niue），表达了自己在太平洋中的诉求。在设想了一个代表英国而统治波利尼西亚的命运之后，新西兰的梦想便是获取萨摩亚。然而，英国的战略利益致使其同意德国在1899年获取西萨摩亚，作为交换，英国则占领了德属新几内亚（这让澳大利亚松了一口气）。新西兰不得不获取众多小岛屿：1887年，新西兰取得克马德克群岛（Kermadec Islands）；之后，作为围绕萨摩亚所达成交易的补偿，它又得到了库克群岛和纽埃岛（自1891年开始，新西兰就为库克岛上的英国居民提供补给）。毛利议员因为波利尼西亚人间的亲缘联系而支持这种举动，而岛屿上的酋长则希望在保留土地权利的基础上进行合并，尽管他们也会丧失对土地的控制。

种族忧虑

太平洋日渐被视为防止亚洲人入侵的缓冲地带。到20世纪早期，亚洲已经取代了欧洲而成为想象中军事威胁的源头，这加深了殖民者对新西兰地理位置偏远和人口稀少等状况的担忧。为了让新西兰成为一个白人国家，成为一个更为优秀的大不列颠族群的家园，就必须将"异己的种族"排除在外。社会达尔文主义的话语及灵活的优生学运动强化了"国内防御"的政策。19世纪90年代，新西兰的反华政策进一步强硬。1896年，对中国移民所征收的人头税从10英镑激增至100英镑，对人口数量的限制也由每进入一个中国人需要运进100吨货物翻倍至每进入一个中国人须得运入200吨货物。尽管华人是"典型的异己"，但1895年日本击败中国所显示的日益觉醒的力量同样引发了恐惧。1899年，自由党政府还是将各种移民限制政策扩展到了所有非欧洲人的身上。

此种排他性并非仅仅是一个雅利安主义的问题；新西兰和澳大利亚的政策因帝国对中国、印度和日本的政策而复杂化。1895年，自由党试图将印度人排除在外的努力失败了，因为印度人是英国臣民；在此之后的1896年，它通过了同等针对日本人和中国人的《亚细亚限制法案》(Asiatic Restriction Bill)。1896年法案没有得到王室的认可，因为它与1894年的《英日商业条约》(Anglo-Japanese Commercial Treaty)——该条约曾让昆士兰极为愤怒——相冲突。在此种背景之下，华人可以被看作1896年新西兰对所有"亚细亚人"实施无差别限制政策失败后的替罪羊。在面临伦敦方面非难的情况之下，澳大拉西亚各殖民地勉强同意了帝国的一个妥协方案：

通过使用听写测试的模式来将异己和"不受欢迎的人"排除在外。纳塔尔（Natal）就使用了这样的测试来限制印度契约劳工，殖民局的约瑟夫·张伯伦（Joseph Chamberlain）则建议使用此种设计来作为大洋洲将其共同的担忧与英国对外政策进行协调的手段。

因此，新西兰1899年的《移民限制法案》禁止不能通过英语语言测试的非英国或爱尔兰出身的移民进入新西兰。从公开的角度来讲，这种替代性政策较少冒犯日本和帝国王冠上的珍珠印度。直至1944年，新西兰才取消了向华人移民征收的人头税。从1907年开始，华人移民同样必须通过由海关关员进行评估的100个英语单词的阅读测试。1908年至1952年间，即便是获准在这个国家生活的人也无法获得公民权。

英国的全球性支配地位对各种关于盎格鲁-凯尔特人优越性的信念起到了支撑作用。尽管中国和日本文化的某些方面受到了欣赏，甚至还很时尚（如图5.1中的中国灯笼），然而帝国主义的傲慢同样也认定其自身的文化是优越的。殖民者认为亚洲人无法适应他们信奉基督教的民主社会。相反，他们的聪明可能对民主、民族团结和文明构成威胁。中国人侨居的传统受到了负面的解释：华人"就是不会同殖民地发展的主流保持一致"。在社会凝聚力及构筑社会认同被认为是建设强盛而年轻的新国家的关键之际，新西兰和澳大利亚都关闭了它们曾向亚洲敞开的门户。一些历史学家认为，"理想社会是华人真正的敌人"。不过，真实的情况依然是，对澳大拉西亚新的殖民社会而言，培育白人特性仍然是创建血统的关键特征。无论这个进程被解读为殖民地民族主义抑或是"再殖民"，当时人宣告说，纯洁的民族就必须是白人的民族。要高人一等，就必须成为白人。偏处一隅的新西兰所感到的恐惧和抱有的梦想都确保了它尽可能白人化和大不列颠化的特质。

第五章　应付全球化（1891—1913 年）　*153*

图 5.4　约翰·C. 布洛姆菲尔德：《他们仍然前来了》,《自由作家》, 1905 年 1 月 17 日。被描绘为苦力的华人或日本人（对惧外者来说，他们没有区别）撑竿进入了新西兰，越过了由人头税（尽管它让理查德·塞登总理感到懊恼）筑起的移民壁垒。

与此同时，日益紧张的国际局势将各殖民地拖入了英国的战争之中。多数殖民者都觉得他们和英国亲友和分布于全球的亲戚朋友是联系在一起的；战争加强了对帝国的感情。战争是光荣的，是检验和证明一个人是否具有男子气概的手段。1899 年至 1902 年的布尔战争（Boer War）是新西兰参加第一次世界大战前的一次排练，是一次"向同属我族及同在亲爱的祖国中的人们证明我们准备不惜一切代价地帮助他们"的机会。对英国的忠诚是无可争议的，少数的异见人士，如反战主义者威廉敏娜·谢里夫·贝恩（Wilhelmina Sherriff Bain），则没有受到重视。一些毛利人渴望参战，然而在英国的命令之下，他们被排除在外。忠于英国的人们转而用他们的英文姓名进行登记并自愿参军。对于颇受欢迎的一本关于新西兰人及布尔战争史的女作者而言,这种热情表明了毛利人武士是白种人的兄弟,她为之而感动,并反诘道:"有任何记录表明,别的土地上的白人和棕色人种能够像新西兰人这样拥有兄弟般的情谊吗?"殖民地派遣了10个志愿军分遣队前往南非。志愿兵和马匹最先动身出发,他们得到了4万名狂热者的欢送;接着出发的是各省的分遣队;最后出发的才是政府分遣队。20名学校女教师随同前往世界上最早的集中营进行教学,她们被昵称为"博学的第十一分队"。

正如在后来的一些情形中一样,"帝国情感……掩盖了对新西兰长期利益的关注"。布尔战争加深了人们对种族退化的担忧,而太平洋沿岸的殖民者则对英日同盟感到十分紧张。1905年,日本海军在对马海峡击败俄国,这戳穿了欧洲种族理论的谎言;"黄种人的危险"在军事方面得到了体现。1905年得以再续的英日同盟唯一让人感到慰藉的地方便是,它改变了英国在远东的战略地位。与澳大利亚相比,新西兰更多地指望得到英国的保护。为了维持英国作为大国的地位,像其他三个白人自治领加拿大、澳大利亚和南非一样,新西兰在1907年取得了自治领的地位,并被授予了自治的权力。新西兰借钱购买了一艘战斗巡洋舰,并将其捐赠给了皇家海军;造价为170万英镑的英国皇家海军舰艇"新西兰"号在1911年下水投入使用。同样,新西兰在防务方面与澳大利亚进行着更为密切的合作。

与此同时,日本人所引发的危险潜流也促使新西兰和澳大利亚改变了对美国的态度。1908年,应首相阿尔弗雷德·迪金和约瑟夫·沃德的邀请,"大白舰队"——美国大众口中的格兰德舰队——的来访象征两国加入美国总统罗斯福的行列,为的是表明"这些殖民地是白人的国家"。

作为最佳移民的婴儿

随着战争阴霾的不断汇聚，人口政策从排斥非英国人或基于其他原因"不受欢迎"的移民扩展为促进在新西兰出生婴儿的增长。新西兰自治领到国际上呼吁，要求提高白人出生率和降低死亡率，特别是降低儿童的死亡率，因为在公众的心目中，儿童对帝国和民族的未来具有新的重要作用。20世纪初，"我们的人口得到了最佳的补充，我们的空旷空间为我们人口的自然增长所填充；换言之，新生的婴儿是我们最佳的移民"是不证自明的。尽管政府、教会和医务工作者都大讲人口增长的好处，然而白人父母却令人担忧地加入到缩小家庭规模的国际潮流之中。人口出生率的下降及死亡率的降低共同推动着人口和卫生状况的演变，而这场演变是与性革命及家庭革命相伴发生的。健康白人孩子的价值增加了，随之提高的则是对母亲的要求和母亲的地位。

人口出生率的下降并非仅仅是"母亲的反叛"。伦理学者将其归因于妇女的解放和高等教育，部分而言，他们是正确的；人口统计学家发现，女孩待在学校的时间越长，她们生育的孩子就越少。在缺乏有效节育方法的情况下进行有效的生育控制需要男人的合作。一对对的夫妻们实现了将白种人家庭的小孩数量从19世纪80年代的六个减半为20世纪20年代的二至三个。普通新西兰人的选择和行为更符合殖民地女性主义者的信念——即帝国和国家将从数量更少但质量却更高的儿童中受益——而不那么符合政府的宣传。

1904年，在新南威尔士人口出生率调查报告的支持下，塞登进行了回击。他在报刊上发表了一个保护儿童生命的备忘录，从而发起了挽救儿童的公众改革运动。从1905年开始，塞登手下的女性公务人员领袖格蕾丝·尼尔（Grace Neill）利用这一时机，在各个主要城镇建立起了一系列的"圣海伦斯医院"（St. Helens

Hospitals）。她非常机灵地用塞登的出生地来命名这些国有妇产医院。圣海伦斯医院既是按照1904年《接生员法案》的规定登记的新受训接生员的培训学校，也是值得帮助的人及"劳动者受人尊重的妻子"的妇产医院。受人尊重的工人阶级价值观念——它们受到了优生学影响——决定了包容的条件。1904年，集医生和政治家于一身的W. A. 查普尔（W. A. Chapple）发表了他的《不适应者的生育力》（Fertility of the Unfit）一书。在书中，他表达了对"不适应者"——穷人和堕落者——生育速度超过"适应者"的担忧。然而，由于就出生率而言，改革家们除了发表言论之外几乎无计可施，他们便立志于降低婴儿的死亡率。

当时，人们并不知道毛利人的婴儿死亡率要比白种人婴儿死亡率高三至四倍，因为20世纪30年代前毛利人的人口统计是不完整的。改革家们也不承认欧裔新西兰人的婴儿死亡率已经在降低了。当欧裔新西兰人的婴儿死亡率处于世界最低水平的时候，他们却强调死亡率太高了，似乎是要表明白人婴儿是多么重要。1907年，新西兰的志愿儿童福利社团首先在达尼丁出现；1908年，又在克赖斯特彻奇和奥克兰出现。它象征着欧洲人健康水平的转变。虽然从理论上来讲毛利人可以加入普朗凯特协会（Plunket），然而从实践上来讲则是不可能的，因为它的中心主要在城镇，这让毛利人无法企及；与此同时，政府为毛利地区建立了独立的公共卫生护理机构。普朗凯特协会是在经济条件宽裕的人们中特别具有吸引力的一次妇女运动的成果，它的这个为人们所喜爱的名称源于普朗凯特女士，她是该组织第二重要（vice-regal）的资助人。该协会家长式的名义领袖是弗雷德里克·特鲁比·金医生（Dr. Frederic Truby King），他是一位优生学倡导者和"斯克利夫精神病院"（Seacliff Mental Asylum）的院长。在妻子贝拉的支持之下，他开启了"帮助母亲并挽救孩子"的任务，以此来阻止种族的退化。该协会的首要目标就是"支持人体的神性和健康义务，灌输关于母亲责任的高尚观点，及让每位母亲响应母亲身份之自然召唤的义务"。

普朗凯特协会是一个国际性运动在地方上的体现，不过，却因其在儿童福利方面"系统地开拓了卫生教育使命"闻名。一战之后，帝国的妇女让特鲁比·金在帝国的热心人中出了名，同时出名的还有：为他撰写报刊文章的妻子，把他的演说词翻译成澳大利亚语的养女玛丽，普朗凯特女士和她的帝国姐妹、特鲁比·金的护士长，那些在帝国贸易航线上按照他的配方进行日常喂养的母亲。同时，特鲁比·金将他的使命带到了伦敦，这也使得普朗凯特婴儿出了名，结果，在那些看重英帝国认同的人当中，按照特鲁比·金的方式养育的婴儿成为一个榜样。20世纪，普朗凯特协会发展成为全国的偶像，它成为新西兰是一个养育儿童好地方的象征，其原因就在于，在全国的想象中，普朗凯特婴儿开始成为更好的大不列颠人的代表。

1905年的"全黑队"（All Blacks）具体体现了新西兰人所希望拥有的后代的类型："宽大的臀部、深陷的胸膛、呈直角的肩膀和发达的肌肉"。在这一全国性的塑身及建国进程中，瘦骨嶙峋的婴儿成了童子军。建立童子军的运动从早期的志愿者和学生军训队中迅速发展起来。到1908年末，也即是罗伯特·巴登-鲍威尔爵士（Sir Robert Baden-Powell）出版《男孩的童子军运动》一书的时候，新西兰已经拥有36支童子军，它们大多数都驻扎在坎特伯雷。戴维·科斯格罗夫（David Cossgrove）曾在南非战争中遇到过巴登-鲍威尔。在巴登-鲍威尔的支持之下，戴维·科斯格罗夫这位图阿西维学校（Tuahiwi School）的校长组织起了新西兰的童子军运动。这一运动的宗旨在于通过户外活动而教导男孩们"和平公民权"。该运动也训练男孩们的军事技能。图阿西维是纳塔胡人的定居点。作为一名军官,科斯格罗夫认识到了毛利武士的成规与童子军运动是兼容的。科斯格罗夫夫人则确保了女孩子同样也有着自己的女子和平童子军运动。随着1909年《防御法案》对强制性的军事训练的引入以及本土防卫军的建立,新西兰锻造了青年,并准备"培养能够捍卫英帝国的爱国者"。

第六章
"肉身如青草"（1914—1929年）

"我们在新西兰比在世界上任何其他的国家都更能为《圣经》中的句子'所有的肉身都有如（原文如此）青草，而所有的善举则犹如田野盛开的鲜花'找到理由。"1940年，为纪念新西兰成立100周年，《缔造新西兰》这本绘画概览开篇便对草场进行了这样的论述。对新西兰人来说，《圣经》的这种说法有多重含义，它涉及"生态帝国主义"、为英国生产食物及在战争中牺牲最优秀的年轻人等问题。

在帝国的食物链中，英国的草料被进口到新西兰，转化为冻肉和奶制品，又被重新出口。从《圣经》中引用的词句表明，新西兰确实是一个奶与蜜之地。这一借用的词句同样也成了一首在澳新军团日（Anzac Day）庆典之际吟唱的赞歌。新西兰不仅仅把帝国的草种加工成血与肉，在第一次世界大战的西线战场及加利波利，它的优秀男人还纷纷为国王及国家捐躯。

在4月25日澳新军团日这一天，新西兰人和澳大利亚人都要佩戴着虞美人，以特有但为他们共有的澳新军团传说来纪念这些作为"战地之花"的最优秀、最英勇的年轻人。他们始终牢记《在佛兰德斯战场上》(*In Flanders Fields*) 这首诗。1915年，加拿大医生约翰·麦克雷（John McCrae）创作了这首诗，而第一次世界大战中的盟军各国都改编过这些诗歌：

在佛兰德斯战场上,虞美人随风飘舞
在纵深的战壕间,一行又一行
它的所在即我们的战场;
天空中,
云雀依然勇敢地飞翔、歌唱,
透过下面的枪炮声,隐约可闻。

对于新西兰和澳大利亚来说,加利波利和西线的战场为英勇而富有牺牲精神的平民军人的故事提供了原型。创造神话有助于让人们接受所遭受的可怕损失,这些损失在国内所产生的影响如此巨大,至今都无法衡量。毋庸置疑,第一次世界大战是"新西兰经历中创伤最为深重的事件",它在"一代男人们的身体和精神上都留下了伤痕"。战争消灭了一大批个子最高、身体最健康的"A_1"型男人,这些男人被列入适宜于服役的行列之中。大约有五分之一的新西兰男人被派去保卫帝国,占整个人口的10%。在服役的117,000名新西兰人中(101,000多人在海外服役),17,000人战死。另外还有3300人在英国和澳大利亚的军队中服役。伤亡十分惨重:人数超过59,000,伤亡率为59%。几乎所有早期应征入伍并活了下来的男性都受过伤,因此悲痛和创伤是深重而持久的。

通过将第一次世界大战和战后塑造了新西兰的食物、健康和发展的历史联系起来,就同样可以获得对其国家认同的了解。1907年9月,新西兰的名称和地位都发生了变化,它由一个殖民地转变为自治领,这让它受到鼓舞。和澳大利亚、加拿大和南非一样,它也成了英帝国中自治的、杰出的"白人自治领"。人们并不觉得国家与帝国、新西兰与"海外的大不列颠"是彼此冲突的,因为他们具有殖民地民族主义思想。对这个巨大的帝国主义大家庭中所有的兄弟而言，伦敦方面继续就战争、和平和对外政策做出决定是势所必然的。新西兰参与第一次世界大战是遵照依赖大不列颠力量的防卫政策的必然结果。

1914年8月，当英国对德国宣战时，改革党的领袖、首相比尔·梅西（Bill Massey）保证给予英国其所期望的忠诚和迅速的支持。新西兰人也以积极地参加志愿军进行响应。政府召集了四支远征军。第一支军队在三天之内就召集了起来，之后这支军队便起航向萨摩亚进发，并于8月29日在那里登陆，在没有受到任何抵抗的情况下，他们控制了德属萨摩亚。这一迅速的反应体现了殖民政府长期以来是多么地贪羡萨摩亚。同样，它也表明英国恢复了指挥权，因为海军部指导着国土防卫军的调动，它还组织"澳大利亚"号（Australia）战斗巡洋舰对其进行护航。8月28日，8000人的军队主力已经准备前往埃及。但是，由于没有海军的护卫，这支远征军——仍旧是一次性离开新西兰的人数最多的军队——不得不一直等到10月份。这时，他们加入了离开西澳大利亚海岸的澳大利亚帝国军队的运兵船中，并在同年年末抵达了埃及。帝国当局将这两支分遣队组合成了新西兰和澳大利亚师，该师和澳大利亚第一师进行合并组成了澳新军团：澳大利亚和新西兰军团，1915年4月，它在加利波利登陆。

加利波利成了民族神话中的关键事件，它标志着澳新军团传统的开始，它与甚至更为出名的澳大利亚澳新军团传说相类似，但又有着自己的特色。然而，从1916年开始，人数最多的一个师——新西兰师——主要是在法国服役，所遭受的损失最为严重。在西线的索姆河沿岸、在佛兰德斯的默西讷（Messines）以及在著名的伊普尔河（Ypres）的帕森达勒（Passchendaele），新西兰损失了13,250人，几乎是在加利波利战死的2700人的五倍，而且比新西兰在整个第二次世界大战中损失的人员还要多。

1915年，加利波利登陆成为新西兰和澳大利亚历史上的分水岭，因为它是两国"后起之秀"的代表首次经受全球性的考验并证明他们男人气概的地方。澳新军团表现出了公民的最高境界：士兵们经受住了战争的考验。在帝国林立的时代，这样的考验来自欧洲的战场；由于加利波利所在的位置，在加利波利登陆的男人们被比作了特洛伊英雄。这次战役让新西兰和澳大利亚成为澳新军团中的邻居，它既让两国与大不列颠联系起来，同时也让它们有别于大不列颠。加利波利的澳新军团展现了英国人最优秀的品质是如何在大洋洲开花结果的；而在加利波利，这些男人们意识到了战争的残酷和毫无用处。在现实以及传说中，他们都英勇地坚守阵地，尽管该战役最终还是失败了。1915年5月5日，中校珀西瓦尔·芬威克医生（Dr Percival Fenwick）在日记中记录，他给妻子写信道："每天我们都能听到躺在担架上的人的英雄事迹。"

由于这些男人们首先在加利波利撒下了热血，它便成为一个神圣的场所。大多数战死的人们都没有确切的葬身之处；他们的尸骨仍然被掩埋在土耳其的土地上。在1915年4月25日登陆后的一周年之际，澳新军团日便成为一个重要的庆祝和哀悼的日子。在军人当中，军队错误登陆的一个小海湾很快便被命名为澳新军团海滩或澳新军团湾。1985年，为纪念该战役进行70周年，土耳其正式将阿里博努滩重新命名为澳新军团湾。由于前往该地朝圣的澳大利亚和新西兰人人数日益增加，土耳其承认了该地的神圣地位；同时这也使土耳其和澳大利亚及新西兰的联系日益密切，因为，越来越多的年轻人追随着"他们先辈的足迹，以期重申他们自身的部分遗产"。

为了纪念1915年4月25日这一天以及那些在随后冲突中服役

和牺牲的人们,一个强大的传统被创造了出来,一些人甚至愿意将4月25日作为新西兰的国庆节。作为对公众心声的回应,澳新军团日在1922年成了一个和星期日一样的全民假日和"神圣的节日"。它成了"一个表达哀思的方式,而非一个歌颂战争的机会";与此同时,它也是澳新军团精神的体现,对于一些悼念者来说,这种精神便是国家的核心。

澳大利亚和新西兰的类似传说的重要主题是勇气、忍耐力、爱国、战友间的情谊、幽默及临危不惧等,所有这些都为两国间的共鸣及他们所受到的尊敬提供了解释。对于忠诚的公众而言,第一次世界大战象征的是一次为他们所知道的世界的战斗,一次为英帝国的生存因而也是为了文明的生存而进行的抗争。征兵人员恳请首批澳新军团为了"最伟大的事业,为正义、公道和自由"而战。因此,即使加利波利战役是一次失败行动,但它仍然是一次壮举。从一开始,加利波利大灾难便意味着牺牲:它是由本土社群为了自己的利益而做出的牺牲,是为了国家也是为了捍卫帝国,是为了大不列颠族群也是为了整个帝国大家庭。新西兰人认为他们证明了自己是优秀的人,是一些让英国现在对他们欠了情的人。1915年出版的《新西兰阵亡将士花名册》(*New Zealand's Roll of Honour*)用英王乔治五世对"新西兰军队在达达尼尔海峡所展现出来的壮举和英勇,他们确实证明了自己不愧为帝国子民"的贺辞来减轻103页阵亡者照片的影响。

与成为澳大利亚偶像的是穿制服的恶棍相反,由拓荒农民转变而来的新西兰士兵的原型是绅士。至少有澳大利亚人在场的时候他们看起来像一名绅士,他们的长官鼓励道:"以整洁的着装和严肃的举止,表明两支军队间存在着巨大的差异。"他是奥蒙德·波顿(Ormond Burton)《沉默之师》(*The Silent Division*)中描绘的文静的新西兰人。作为澳新军团中人数较少的一个合作伙伴,新西兰人将自己界定为既不同于澳大利亚人也不同于都市英国人的战士。澳大利亚人和新西兰人共同的澳新军团认同又使他们在力量、主动性和足智多谋方面不同于英国的士兵和他们的长官。在法国的各条战壕中,澳新军团也开始将自己描绘为"挖掘兵"(digger)。"澳新军团"已经是一个更加正式、严肃和与众不同的称号,"挖掘兵"则是一个非正式的用语,它反映了新西兰先锋营和工程兵在挖掘战壕和隧道方面的技巧,同时也反映了他们拥有共同的堑壕战经历和共同的殖民遗产。"挖掘兵"是"战友",正如一名佛兰德斯的士兵所写的:

> 挖掘兵和朋友,伙伴与密友——
> 谁说一个名称没有含义?

与此同时,在战争开始时期被称为"汤米·福恩里夫"的新西兰士兵到1917年已经被称为"几维"(Kiwi),这体现了人们已经意识到了他的不同。一如澳大利亚学者肯·英格利斯(Ken Inglis)解释的那样:

> 在整个澳新军团中,至少挖掘兵都分别被称为"澳洲人"(Aussies)和"几维":战争赋予了这两个南方自治领的公民两个不同的词语,这两个词语将他们与伦敦方面的英国人区别开来,也是显示两国不同民族性格的又一组词汇。

20世纪80年代,历史学家再次使用澳新军团传说,此种传说与新西兰无核化立场保持了一致,但却对其美国盟友提出了挑战,而且，它也体现了新西兰与其在"太平洋共同防卫组织"（ANZUS）中的另外一个伙伴澳大利亚的不同。在此种有意识地伸张一个国家独立立场的背景下，对独特性的强调获得了市场。（参见第九章）历史学家开始更加重视这些士兵的经历，并以此来纠正传说的官方版本，这一版本赞扬了优秀的英国殖民地模式及伟大牺牲的荣耀。澳新军团的幸存者只有到了老年，在他们临死之前才讲述他们的经历；战场上的杀戮是如此地可怖，他们试图将其终身禁锢在记忆之外。"大兵"的叙述同样将笔墨集中在他们所做出的牺牲之上，不过他们的目的却是全新的，他们希望借此来铭记士兵们所忍受的恐怖战争。军事史家克里斯·帕格斯利（Chris Pugsley）和小说家莫里斯·夏德博特（Maurice Shadbolt）都决定将发言权交给加利波利的老兵，让他们来讲述那里究竟发生了什么。那就意味着要将1915年8月8日新西兰人对查纳克拜尔（Chunuk Bair）实施的突袭置于"新西兰加利波利经历的中心"这样一个位置。

在剧本《曾经登临的查纳克拜尔》（Once on Chunuk Bair）中，夏德博特同样也为这些士兵树立了一座鲜活的丰碑，以铭记新西兰人的经历，这种方式和彼得·威尔（Peter Weir）的电影《加利波利》讲述澳大利亚人在"孤松"（Lone Pine）和尼克山谷（the Nek）的经历一样。（夏德博特1982年的剧本在1991年被改编为电影）它的主旨就是要强调澳新军团中的"新西兰人"（"NZ"）。在这种诠释中，澳新军团日是澳大利亚的重要日子，因为在1915年4月25日拂晓之前，澳大利亚人首先登陆，而新西兰人则是从上午9点开始登陆的；"新西兰人发挥作用的时间要晚一些"。与此相反，夏德博特和帕格斯利声称8月8日才是新西兰人的重要日子，在这一天，他们丢弃了自己的懵懂无知。在查纳克拜尔之战后，新西兰士兵对形势和英国人感到大为失望，正是在此次交战之后，"几维"

的战士们意识到了自己的不同。惠灵顿步兵营"无畏的丹"库哈姆在 88 岁高龄时回忆说,当土耳其人重新占领查纳克拜尔峰时,"整个战事全完了。从那时起,我们便知道几乎没有希望在半岛上获得胜利,所有的辛苦都白费了"。

查纳克拜尔之战产生了它自己的英雄,那便是领导 8 月攻势的 W. G. 马隆上校。马隆拒绝执行在他看来是自杀式命令的命令,运用所掌握的卫生知识治病救人以及覆盖战壕而从机枪的射击中挽救生命,鼓舞了他的战士。正是马隆率领惠灵顿营的 760 人及一些毛利人占领了查纳克拜尔,并在那里坚守了 36 个小时。惠灵顿营的战士们已经可以望见他们的最终目标达达尼尔海峡了,但英国人对他们的救援却为时太晚。新西兰人所不知道的是,马隆不是死于土耳其人的枪弹之下,而是死在盟国的炮火之中。更为糟糕的是,他还成了英国人的替罪羊。于是,查纳克拜尔的故事就等同于一份"独立宣言"。

可为确证的便是,从 1916 年起,新西兰师开始佩戴"柠檬榨汁器"(Lemon Squeezer)形状的有边帽子,这种帽子在第二次世界大战中成了标准的头饰。此前,新西兰人收到的指令是戴英式尖顶帽。"柠檬榨汁器"形军帽有四条独特的凹槽,这种设计是为了让雨水能够从帽子上滴落下来。它开始是作为惠灵顿军营马隆团第十一塔拉纳基步枪班的头饰。我们可以将这种军帽的使用视为军服历史上的一个里程碑,它表明,在士兵的心目中,在这些人当中出现的新西兰认同确实是与马隆及查纳克拜尔联系在一起的。

作为第一毛利分遣队的成员,毛利武士的英雄也在加利波利——他们作为步兵参战的唯一地区证明了自己;同样,在法国,他们作为先锋营证明了自己。同时,作为雅利安毛利人,他们代表的是大不列颠武士和具有骑士风范的基督教战士。不过,他们同时也沿用了战神图马陶文加（Tumatauenga）的传统。毛利人向英军最高司令部证明，作为战争中的作战部队，"土著人"也可以有不俗的表现；他们同时也向白种人表明他们是应该获得平等地位的。彼得·巴克博士（Dr Peter Buck）（特-兰治·希罗阿，Te Rangi Hiroa）、阿皮拉纳·纳塔（Apirana Ngata）、毛伊·波马尔博士（Dr Maui Pomare）及塔埃尔·帕拉塔（Taare Parata）这四名议会中的毛利议员与詹姆斯·卡罗尔爵士一道，决心为此目的而训练毛利分遣队，他们通过模仿先辈武士而证明毛利人的平等地位。1915年7月3日，毛利分遣队在澳新海岸湾登陆，巴克对此曾表达了与欧裔新西兰人相同的情感："我们的脚步踏上了一个遥远的地方，在这里，我们为自己所属帝国的事业而抛洒热血。"1917年9月，尽管突击营的数量有所下降，它还是成为一个完整的毛利人单位，即新西兰（毛利）先锋营，其中还包括200名纽埃岛居民及库克岛居民。

在佛兰德斯战场上

西线是战死人数最多的地方，但它却不是传奇故事产生的地方。在这里，新西兰师的侧翼分别是英国和澳大利亚的部队，他们陷身于泥泞的法国和比利时，并经受了恐怖的沟壕战。在1916年9月的索姆河战役中，他们对德军的战壕发动了攻击并获得成功，不过，一些单位却损失了80%的人员。在得到志愿人员和应征入伍士兵的补充后，1917年6月，新西兰师又在默西讷（Messines）进行战斗，并再次取得成功，但同样损失惨重。1917年帕斯尚尔战役（Passchendaele）的故事尤其重要，因为在这里，在10月12日这个"黑色星期五"，W. K. 威尔逊中士在他的日记中记录道："我们的伙计和澳洲人在5点30分便爬出了战壕，但实际上却被分割成

图 6.1 "一排接一排",利杰森托克军人公墓,
比利时的第二大新西兰公墓,2004 年 6 月 6 日

一块一块的。"帕斯尚尔战役至今仍然是新西兰最为糟糕的军事灾难。戴维·加拉赫这位 1905 年"全黑队"的队长也在进攻中牺牲。尚在进攻开始之前,战士们便知道进攻毫无成功的希望,因为不仅铁丝网没有被剪开,而且他们还是在缺少炮火支援的情况下冒雨在泥泞中发动的进攻。高级指挥官们没有从早期取得的成果中吸取经验,没有为步兵提供压制德军机枪的炮火支援。

这样一来,难怪新西兰师的士兵们将他们的杂志称为《炮弹惊恐》(*Shell-Shocks*),而比利时境内的泰因河床(Tyne Cot)则成为"联邦战时墓葬委员会"管理下的最大公墓。一方面,当战争造成的精神创伤让士兵们不再有能力谈论技术战争所造成的恐怖,以及战友受到轰炸、毒气攻击和陷入泥泞之中的恐怖,有艺术才能的

人则绘制了讽刺漫画,例如图6.2,士兵们幻想可以因轻伤而成为病人,从而来到英格兰,并受到新西兰护士的照料。与认为压抑他们的经历不利于健康的心理分析观点相反,现代精神病学的观点认为,澳新军团对炮弹惊恐的治疗方法,即休养、酒精或药物与继续战斗相结合,有助于减缓士兵受伤之后的压力。1916年9月,当23岁的上尉H. S. 特里梅万在索姆河战役中被击中后,他的连长写信给他的母亲说:

> 令您感到宽慰的是,他决心实践的那个高标准永远都不会降低,积极而艰辛的军旅生活不仅对他毫无损伤,实际上,这只会更加坚定他过正直而受人尊敬生活的决心。

图 6.2 A. 茹尔:《"置身英国本土",我们幻想的一件事情》

图 6.3.1　P. P. 塔希维上尉，斯林军营，1916 年 7 月

图 6.3.2　"青年基督教会"的 M. 米尔雷夫人和 H. S. 特里梅万上尉，斯林军营，1916 年 7 月

文本的潜台词不是压抑，而是坚韧、过"受人尊敬的生活"并蔑视艰难困苦。

国内战线

对成千上万像玛丽·特里梅万这样的妇女来说，战争就意味着要做出牺牲，意味着要献出自己儿子的生命。在她儿子的葬礼上，牧师安慰她说："他是一位信奉基督教的母亲的宝贵遗产。"一些母亲失去了不止一个孩子，一些母亲则失去了所有的孩子；人们认为伟大的牺牲应该包括母性的英勇牺牲。战争的支持者（大多数人）将士兵的母亲比作莎士比亚戏剧《科里奥兰纳斯》（Coriolanus）中的佛露尼娅（Volumnia）。佛露尼娅表示，如果她拥有12个孩子的

话，她"宁愿11个孩子都壮烈地为国牺牲，而不愿让任何一个孩子过着骄奢淫逸、饱食终日的生活"。作为一个来源于耶稣之母玛丽亚经典神话的理想，它灌输了一种信念：所有母亲的儿子都应该经受对男子汉的同样考验，所有的家庭都应该分担悲痛的重负。因此，大多数新西兰妇女支持征兵制度，是为了确保同等的牺牲，并分担痛苦。这样，一个家庭中所有儿子都牺牲或身受重伤，而另外一个家庭则没有一个孩子死亡或受伤的情况就不会出现。事实上，几乎每个家庭都遭受了损失。

与澳大利亚人不同，新西兰在1916年11月便实行了征兵制，目的是重建索姆河战役之后实力遭到严重削弱的新西兰师。自此以后，新西兰师的增援部队都是由志愿兵和应征入伍士兵混合而成的。澳新军团中的澳大利亚军队在整个战争中依靠的都是志愿兵。澳新军团中新西兰部队和澳大利亚部队间的这种对照对他们各自传说的主旨都产生了影响。由于没有应征入伍的士兵，澳大利亚人的传说更多是歌功颂德，并更具有军国主义的倾向。而通过推行英国模式的征兵制，新西兰则表现得对帝国更为忠诚；与此同时，它的传说则拥有一种更加悲伤和抑郁的情调，它更为强调对战死者的悼念。征兵制在国内战线上同样促成了不同的结果。征兵制促使新西兰工党在1916年诞生，而在澳大利亚，对征兵制的否决则导致了工党的分裂。

反对征兵制并不等同于一种反战情绪，虽然这两种不同的情绪是彼此重叠的。少数依良心拒服兵役者拒绝战斗，他们宁愿蹲监狱，其原因就在于，他们拒斥战争和杀戮，认为那是不道德的。他们信奉的主要是一些爱尔兰的、社会主义的、教友派的或基督教原教旨主义的忠诚观念。在提倡各个阶级做出同等程度牺牲的西海岸矿工和赤色邦联主义者中，存在着激烈的反对意见。一个激进的左翼和平传统的代表们包括了在工党组建过程中发挥了关键作用的工联主义者以及工党政治的领袖,如未来的首相、来自维多利亚的米奇·萨维奇(M. J. Savage)以及苏格兰移民彼得·弗雷泽(Peter Fraser)(参见第七章)。阿奇巴德·巴克斯特(Archibald Baxter)是诗人詹姆斯·K. 巴克斯特(James K. Baxter)的父亲,他同时也是海伦·康农(参见第四章)的女婿。在妻子的鼓励之下,他撰写了《我们决不停息》(We Will Not Cease,1939)一书。在20世纪60年代该书重新发行之际,它才开始出名,在这一时期,该书所宣扬的和平主义思想引发了一代反对越南战争抗议者的共鸣。

特定的伊维和哈普忠诚确保了一些毛利人是和平主义者。19世纪的新西兰战争造成了为支持王室而战的各部族与为反对王室而战的各部族间的分裂。尽管像特阿拉瓦和纳提珀柔这样的友好部族为先锋营提供了志愿兵,而毛利王运动则声称它的手下不应参加战争,而他们也确实没有参加战争。它的领袖毛利王塔维奥(King Tawhiao)的孙女特·普娥娅公主(Princess Te Puea)反对毛利议员支持战争。在回应为国王和祖国而征兵的号召时,她驳斥道,"我们已经有了国王,但我们却还不曾拥有祖国",原因就在于,她的泰努伊族邦联被不公正地没收了大部分土地。1917年,政府试图只把泰努伊族包括在征兵范围之内,而没有包括其他伊维,泰努伊族对此成功进行了抵制。同样,在偏远的乌雷威拉(Urewera),特·库提虔诚的继承人先知鲁阿·柯纳那(Rua Kenana)反对志愿兵制。他遭到了逮捕,开始受到非法贩酒的指控,接着又被控以莫须有的煽动罪。因为蔑视政府,他一直被监禁到1918年。

与拒服兵役者意气相投的女性和平活动家们借用对母亲职责的信念来进行抗议。她们声明,母亲们给这个世界带来生命,其目的并不是要为资本家提供炮灰。她们的任务是促进和平与仲裁。她们养育儿子的目的不是要让他们杀戮其他母亲的儿子。1916年成立于克赖斯特彻奇的"国际妇女和平与自由联盟"主张,作为"世界之母",她们担负着推动结束武装冲突的全球责任。

一些妇女希望志愿前往海外服役。尽管有两名女医生穿上了军装,她们分别是阿格尼丝·贝内特(Agnes Bennett)和伊丽莎白·冈恩(Elizabeth Gunn),但多数冒险到最靠近前线地方的女性都是护士,其中,600多人在海外的战地医院和医疗船上服役。克赖斯特彻奇医院的纪念性小教堂是新西兰唯一一座"一战"护士纪念堂,它的建立是为了纪念1915年10月"马凯特"号(Marquette)沉没时遇难的3名当地护士。在这次灾难中,10名新西兰护士遇难,同时遇难的还有19名医生和23名澳大利亚护士。妇女们将自己的任务限制在非战斗性的母性角色范围之内,她们加入了各种爱国组织,通过各种展览会和音乐会筹集资金,并向战士们提供"慰藉"。在她们从事的所有爱国主义工作中,最具有象征性意义的就是针织活动;对妇女而言,一副织针代替了刺刀。《女士针织手册》(*Her Excellency's Knitting Book*)声称:"男人出发战斗,女人等待并针织。"

总督的妻子利物浦夫人领导了妇女们在战时所从事的各项努力,她担任着各种妇女慈善组织的领导人和资助人的社会角色。在一次体现国内战线也存在平等的举措中,利物浦夫人和毛伊·波玛尔博士(爵士)的妻子,即毛利人征兵委员会主席米利娅·波玛尔(后来的波玛尔夫人)共同建立了"利物浦夫人和波玛尔女士毛利士兵基金",并向新西兰(毛利)突击营发放包裹。

作为母亲的妇女在私人和公开的纪念活动中担任送丧人,发挥了特殊的作用。1925年,《新西兰先驱报》(*New Zealand Herald*)在追悼战亡人员时,对那些在新建战时纪念碑前放置花圈的家庭

"让对他们自己的战士的纪念"长青的行为大加赞赏。作为唯一载有地区阵亡战士名字的地方，各地战时纪念碑成为城镇或地区悼念人们失去儿子的地方。他们葬身于如此遥远的地方，许多人的坟穴甚至不为人们所知。由于新西兰社会的流动性，一个人的姓名可能会出现在他出生地和地区主要城镇的多个纪念碑上，这加深了社会对他们的纪念。一项调查表明，一共存在366个这样的城市纪念碑。

多数澳新军团纪念碑都是由石头建成的。它们通常位于橄榄球场。大约35%的纪念碑都仅仅是一些方尖石碑，而17%的纪念碑则为拱门或门柱。在10%的纪念碑顶部则镌刻着"挖掘兵"的徽章。除了个别的例外情况，纪念碑上仅仅镌刻阵亡者的名字，这不同于澳大利亚的纪念碑，因为澳大利亚的纪念碑不仅纪念阵亡的人们，它们也纪念仍然活着的人们。在奥马鲁，居民们从1919年开始种植纪念性的橡树，以让他们对孩子们的纪念犹如绿树一样常青。橡树是帝国的象征，但它又具有个人的性质，而且是与道德品质和道德的再生相联系的，它把各个地区的孩子们当作"战地之花"而加以纪念。无论是以石头还是以橡树作为纪念，它们所乞灵的想象共同体仍然都是帝国和国家。

修复战争损耗

战争不可避免地强化了人们对生命神圣性的强调；众多新西兰青年人的英年早逝和广泛的悲伤再次证实了生育以及健康的价值，并让小孩和母亲受到了更多的关注。1919年，特鲁比·金医生（Dr Truby King）在从伦敦返家的途中，应澳大利亚总督的妻子——普朗凯特夫人的妹妹芒罗·弗格森夫人之邀前往澳大利亚。他发表演说指出："战争造成的男人和女人的巨大损耗以及婴儿生命的损耗都必须得到弥补。"他以帝国主义性质的言辞抑扬顿挫地指出，作为母亲,妇女担负着"修复战时损耗的"公共职能,要生育更多的婴儿,并防止婴儿死亡。对妇女而言,爱国主义就等同于为母之道。战争同样也让优生学所担心的种族退化问题再次成为迫切的事情,因为军队体检暴露出相当多的不适应者。新兵受到评估,看他们是适合海外服役(A_1)呢,还是不适合海外服役(C_2 或 C_3),这些指标为战后的优生学家提供了对孩子进行分类的范畴。

于是,第一次世界大战将母亲和婴儿推上了公共议程,并促进了"女孩和妇女对国家和帝国都有成为母亲的义务"这一观念的发展。普朗凯特协会完成了自己份内的事情:新西兰版本的国际婴儿福利运动制订了自身的健康使命,并在战后进入了扩张的时代;特鲁比·金医生和他的支持者夸耀说,他们促使婴儿的死亡率从本已很低的水平进一步降低。在婴儿福利方面,他们帮助新西兰成为了世界的榜样,原因就在于,新西兰拥有最低的(白人)婴儿死亡率,这为其他国家树立了榜样。在其他地方,我曾论述,在降低婴儿死亡率方面,母亲们应该受到更多的赞扬;更为准确的理解应该是,婴儿福利运动的兴起是对生育力下降和死亡率下降做出的回应,而不仅仅是它们的原因。同样,普朗凯特的研究者曾推断说:"到20世纪20年代,随着存活率提高,家庭规模变小,母亲们在抚养孩子方面投入了更多的时间和精力。她们是一些希望听取'现代'建议的'现代'妇女,她们转向护士寻求指导、支持和消除疑虑。"

事实上,特鲁比·金本人对婴儿知之甚少;正如他的对手敏锐地指出的那样,他是一名精神病学家,而不是一名儿科医生。1919年至1931年间,他十次(或更多)赴澳访问,每次都引起了这样的批评。一位上了年纪却拥有应付新闻采访天赋的新西兰医生挑起了澳大利亚人就婴儿喂养方法的各种爱国主义思想间的冲突,这表明，在第一次世界大战之后，白人婴儿在政治方面是多么重要。20世纪20年代，新西兰和澳大利亚相互角逐健康实验室的头衔，这一如他们在体育方面相互竞争一样，目的是显示他们拥有最高大和最强健的澳新身躯。特鲁比·金的澳大利亚之行证实了他真正的历史意义在于他是一名宣传家。他将母亲和婴儿纳入到政治议程之中，这既是靠他的谩骂攻讦，同时也是他四处呼吁的结果，这提高了有关儿童对帝国和国家价值的政治和公众意识。这样一些热心的人物在成就事情方面往往能够发挥作用，不过前提是他们不逾越界限和发生两极分化或者是变得疏远起来。

为了要让人们看到政府正在促进儿童生长，它不得不改革公共卫生状况并扩大教育机会。战争的浩劫成为了一道催化剂，但这一催化剂并不足以撼动政治家。直至1918年，全球性的流感大流行才加速了新的《卫生法案》的通过。事实表明，这场流行感冒是新西兰最为严重的自然灾害。从世界范围来讲，这场流行病夺去了至少2500万人的生命，这是估计中战时死亡人数1000万的两倍多。十分具有悲剧意味的是，流感对年轻人的打击最为深重，其中对男性的打击又较对女性深重，而且它主要是在年龄为25岁到45岁的人们中间爆发。这是一群受战争伤害最深的人们。与此同时，白种人不知道的是，毛利人是世界上流行感冒死亡率最高的人群之一，当时欧洲人的死亡率是5.8‰，而毛利人的死亡率是他们的七倍。其中，新西兰管理下的西萨摩亚是死亡率最高的地区，这里五分之一的人口都死于这次流感之中。相比之下，美属萨摩亚则因为实施了严格的隔离措施而没有受到感染。

1920年，新西兰出于战略考虑而接受了国联对萨摩亚的委任统治。一如很少受到惠灵顿帮助的军事管理者们所建议的那样，萨摩亚在很大程度上继承了战前德国的政府体系。然而不幸的是，流感给新西兰在萨摩亚的统治带来了无法胜任的名声,加上他们缺乏对当地的了解,而且还存在种族偏见,这加剧了当地人对他们的不信任。

显然,新西兰必须改革它对流行疾病的应对策略,而预防这些流行疾病是公共卫生的首要目的。公共卫生部设立于1900年。经过结构调整后,1920年,它将工作重心由环境、污水处理和医疗卫生扩展到人以及个人健康服务等方面,其中,个人健康服务主要是以儿童这群未来的公民为对象。更名为卫生部后,这一现代化的部门下设七个局,覆盖了儿童福利、学校、口腔卫生和毛利人卫生等领域。即将就任的儿童福利局局长特鲁比·金向卫生部部长建议,他的使命至少包括"从生理、精神和道德方面改良种族"。

20世纪20年代,"国民的健康就是国家的财富"成为人们熟悉的口号。特鲁比·金脾气暴躁,而且已经过了退休的年龄,他仅仅短时间地主管着儿童福利政策,此后,1925年,儿童福利政策便被交回了教育部。欧裔幼儿和学龄前儿童的健康仍然掌控在普朗凯特协会的手中。通过对出身中产阶级的正直人们的阶级吸引力,这个接受政府补贴的志愿组织发挥了广泛的影响,而他们对该组织的接受则常常因帝国信念而加深。20世纪20年代,该组织赢得了商人妻子、市长夫人、多位首相和他们夫人的支持,其中就包括马西一家、J. G. 科茨和马乔里·科茨。相反的,卫生部则将其注意力放在学龄儿童身上,它希望建立一个从入学之初至服役年龄阶段的完整健康记录。

20世纪20年代是露天学校在新西兰发展的黄金时期。露天学习的概念源于德国,目的是让患有结核病的儿童接受阳光照射并呼吸新鲜空气。实施证明,大风是一种挑战,例如坎特伯雷地区猛烈的西北风,而且在冬天,大风往往是冰冷刺骨的。在这一时期,穷孩子往往赤着脚步行或骑马上学，小男孩们没有袜子穿，也没有内裤穿。1912年，在教育部的主管之下，学校医疗检查才姗姗而来。1921年，在校医转属卫生部之后，他们主要针对有毛病的牙齿和扁桃腺来检查儿童是否感染疾病。伊丽莎白·冈恩博士胸前佩戴着一块块战时荣获的勋章，她吓唬所在地区的小孩子们说："给我们看看你的瓦罐。"操练使用牙刷成为这个时代军国主义思想的缩影。整个国际范围内都关注通过教育来防止疾病，并通过孩子来影响父母。然而，人们因新西兰可能存在着喂养不良、满口蛀牙的儿童而感到惊恐的状况却日益加剧。政府官员们不愿意承认贫穷的存在。对"丰饶的自然资源"的信念要求展示新西兰儿童比英国儿童更为健康。在这样一个农业国家里，怎么可能发生儿童吃不到足够多的肉、蔬菜和奶制品的情况，又怎么可能出现儿童饮用的奶常常是炼乳的情形呢？一些校医和教师已经开始在学校里试用牛奶。

瘦弱的儿童被送往保健营以增加体重，披着防水油布进行阳光浴，为的是把皮肤晒黑。一个贴切的、与农业相关的比喻把握住了这场运动的目标，即"催肥人畜"。其优生学的含义是清楚的。1919年12月，在旺加努依附近的一家农场中，冈恩这位优生学家直接用军队使用过的帐篷建立了第一个保健营地。1922年，一份关于保健营地的描述说明了当时人的态度：一个当地的农场在"催肥比其此前曾经催肥过的任何家畜都更为珍贵的动物……因为那里有95名男孩和女孩，他们生活在帐篷之中，享受着健康的生活和新鲜的空气……一些漂亮而又亲切的小男孩和小女孩，他们的胳膊和腿犹如火柴棍般纤细"。他们所有的人都体重过轻。然而，在保健营地晒过阳光浴后，"一些人看起来更像 A_1，而不像 C_3。他们脸色红润，皮肤晒得黑黑的"。

1927年测量的学童要比英国儿童高和重，他们尤其要比澳大

图 6.4 "饮用更多的奶",健康班,1926 年

利亚儿童高和重。这更让人深信"新西兰应该成为英国族群完美的托儿所"。20 世纪 20 年代,当政府官员们将自治领作为英国农场而推销时,为了给这个国家赢得它是塑造强健身体的最佳地方的声誉,人们自然而然地以保健运动来配合为向英国出口的主要产品所做的宣传。在国家神话中,塑造儿童、帝国和国家占据了中心地位,因为新西兰在生产士兵、食物和服装方面显示出了强大能力,而这些是帝国防务的"原材料"。

第一次世界大战之后,在对国家效力的关注中,产妇死亡成了关注的中心,因为分娩时的死亡损害了人口需求的核心问题,即对更多婴儿的需求。起初,由于国际上发表的关于新西兰拥有继美国之后第二高的产妇死亡率的统计数字让新西兰感到惊恐,它在 20 世纪 20 年代发起了安全分娩运动。不用说,这种状况是让人尴尬的,而且是与让人引以为傲的世界最低婴儿死亡率(不包括毛利人)纪录不相称的。1923 年,在奥克兰的一家私人妇产医院,五名

妇女死于产后败血症（血中毒）。公众的抗议风暴迫使当局成立了一个调查委员会。受优生学运动的影响，人口政策为政府参与妇产事业提供了正当理由。

20世纪20年代，围绕分娩管理的责任问题而在医生和接生员间爆发的争论为研究国际趋势提供了又一个案例。在新西兰，接生员制度得到了部门医疗顾问的支持，这些顾问同样能够用统计数字来表明，接生员的接生更为安全。家庭医生日渐为家庭中刚出生的成员提供帮助，1924年，卫生部发起的"安全分娩"运动促使普通的执业医生进行了制度化的回应，从1927年开始，与丈夫一起在塔拉纳基斯特拉特福德行医的桃瑞丝·戈登医生将这些执业医生组织成为"妇产协会"（Obstetrical Society）。普通的执业医生否认了是他们"爱管闲事的接生术"造成了产妇高死亡率的指控。相反，他们断言，文明使得分娩成为病理学的内容，分娩不再是一个应该留给接生员处理的正常进程，医生服务的质量更高，这正好是因为他们的服务更为昂贵、更加现代化和更科学。20世纪20年代，随着新的公立妇产医院和病房的开业，新西兰的分娩地点由住宅转移到了医院。安全分娩运动实现了其让产妇死亡率与其他国家保持一致的目标，其手段是通过进行更好的照料和培训、严格的无菌操作，对众多同时开设产科和手术的私人综合医院进行改革。在20世纪30年代磺胺类药剂和20世纪40年代的抗生素出现之前，从1927年开始，产后败血症的发生率下降了。由于护理人员的素质在分娩的过程中至关重要，护理水平和清洁程度的提高便挽救了生命。

从20世纪20年代开始，"新西兰母亲协会"（New Zealand Mum）得到了承认。从政治方面来讲，妇女运动获得了成功。酒馆六点钟打烊的习俗从1917年开始一直保持到了1967年。不管男人们是喝醉了还是在寻衅滋事,这种习俗都能够确保他们回家吃晚饭。公众酒吧成为只有男人才能够进入的地方;酒吧女招待遭到禁止。来自复兴的"全国妇女委员会"(National Council of Women)的压力为妇女赢得了立法上的利益;1919年,妇女得到了可以成为下议院候选人的许可。不过,妇女仍然不能获得上议院即立法委员会的席位。当健康成为审美目标后,一个女人如要漂亮,就必须健康,并符合旨在成为妻子和母亲的"健康"优生学和人种方面的理念。1926年,继"美国小姐"和"澳大利亚小姐"之后,"新西兰小姐"为健康丽人确立了标准。具有重要意义的是,已婚妇女也可以赢得"新西兰小姐"的头衔。

发展的当务之急为包括移民政策在内的所有团体政治注入了活力。1920年的一项修正法案确立了未经宣布的白人新西兰政策;任何非英国或爱尔兰血统或出身的人都被排除在外,而非任由海关部长处理。白人新西兰政策针对的是华人;他们是唯一受到系统性排斥的群体,而且被认为是民主理想的威胁。已经来到新西兰的印度人——古吉拉特人(Gujarati)——的妻子和儿女获得了承认,这表明了婚姻对理想市民资格的重要性。这一市民资格得到扩展以接受包办婚姻,目的是获得这一廉价的殖民劳动力。英国移民是借《1922年英国帝国定居法案》(British 1922 Empire Settlement Act)而抵达新西兰的,该法案授权对前往白人自治领的旅程进行资助。该法案的目标群体是单身的农业劳动力、已婚夫妇、十多岁的年轻人和家庭佣工。在很大程度上,这与19世纪40年代的情形相同。

到20世纪20年代,新西兰人更多地居住在城镇而非乡村。在主要城镇的外围,郊区迅速地发展,公路上的汽车比以前多了一倍。加利福利亚式的平房作为人们所需要的低成本房舍而取代了城郊小屋:承建商对加利福尼亚规划手册上的设计进行改造,并辅之

图 6.5 加里福尼亚式平房，韦克菲尔德，纳尔逊

以英国的艺术和工艺装饰。城郊地区进行扩张的驱动力来自于国家抵押贷款。马西的改革政府延续了自由党向劳动者贷款的政策，向劳工和退伍军人提供多达 95% 的家庭贷款，用以购买城郊房舍和地皮。电气照明、热水和室内盥洗室让那些能够买得起自置居所的人生活得更为轻松。电力照亮了房间，也让灰尘显露了出来，这使消费社会的营销战略进入了家庭，家庭主妇和母亲成为其目标。人们收听无线电广播，蜂拥前往电影院观看无声电影。

帝国奶场

然而，由于国民收入的很大一部分都依赖于英国经济，农场主反而成了"国家的脊柱"。生活水平取决于初级产品的出口。延伸及退伍军人的殖民契约也有赖于此。一个复员方案把农场奖励给士兵

（不包括毛利人）。通常，丈量给士兵的土地位于人烟稀少的腹地、偏远而灌木丛生的地区和山区。在这些地区，垦荒的军人面临着各种环境障碍和因缺少资金而造成的经济障碍。

在各个自治领中，新西兰对英国这个最强大的世界大国最为依赖。平均来讲，在20世纪20年代，至少75%的新西兰出口产品都输往英国，而50%的进口产品也是从英国购买的。从1916年到1920年，帝国政府对澳大利亚和新西兰年产羊毛的挪用加强了彼此的双边关系，但却导致了其储存的羊毛无法处理。直到1924年，随着战后需求的恢复，这些储存的羊毛才被处理完毕。战后的牛奶生产继续保持在超过英国人需求的水平上，新西兰不得不再次面临出口收入不稳定的难题，它的产品在海外定价。

从20世纪20年代至20世纪60年代，新西兰经历了"牧场革命"，在这段时间内，以草料为基础的生产增长了两倍。在很大程度上讲，此种扩张依赖于磷肥。作为从太平洋小岛瑙鲁上开采而来的肥料，它对在贫瘠的土壤上种植牧草来说十分重要。由于"湿润"地区的气候和土壤最利于提高奶牛的产奶量，奶牛养殖业便在这样一些地区得到了发展。于是，奶牛养殖业在怀卡托、玛纳瓦图和塔拉纳基这样的森林和沼泽地区发展了起来。全球性的消费主义促使森林转变成为了牧场，以便从事密集型农业，而且，这还被认为是现代化的，是通向未来的途径。奶牛养殖业代表着科学和进步。为了向英国消费者提供食物，奶牛养殖业用改良的英国牧草和欧洲家畜——弗里斯兰奶牛（Friesian cow）和泽西种奶牛（Jersey cow）——取代了当地的灌木林和蕨类植物，从而使整个地理景观呈现出单调的格局。20世纪20年代，新西兰提供了英国所需奶酪的一半以及黄油的四分之一。

新西兰人内化了出口营销中使用的"帝国牛奶场"形象，这一点儿也不让人感到奇怪。新西兰是一个"整洁而青翠"的地方、一个养育子女的健康之地。文学中,奶农成了男性味十足的形象。因此,牛奶至关重要。牛奶作为滋补食物代表了一种文化帝国主义形式,这种文化帝国主义并非源自英国,而是源自于在新西兰境内所创立的帝国。医学主张帮助牛奶转变成为"重要的食品"、一个帝国健康的象征以及防止种族退化的良药。作为儿童的食品,它与健康和纯洁联系在一起。随着消费主义进入科学和民主的行列而成为新世界秩序的组成部分,牛奶这种食品则成了母亲和祖国之养育的象征。而且,牛奶制品还获得了男性特质,与健康、力量与男子气概联系在一起。为了成为帝国的缔造者,牛奶必须展示其男性特性。

20世纪20年代,1923年建立的奶制品出口管制委员会摄制了六部影片来对奶制品进行营销,其中就包括《新西兰:帝国牛奶场》(*New Zealand: The Empire's Dairy Farm*)。所有六部影片都宣传"丰力富"(Fernleaf)是民族品牌,这类似于第一次世界大战中采用凤尾竹作为标志的士兵。这些影片以这样一些话作为自己的开场白:"健康的家畜、沐浴在阳光下的牧场、流水潺潺的溪流——梦寐以求产品的保障",这再次投射出了"丰饶的自然"的见解。所有的影片都以"在'如梦如画'的夕照中,一艘汽船运载着向英国输送的产品,航行在海洋上,最后消失于地平线的尽头"来作为自己的结尾。同样,新西兰最大的牛奶协作企业"新西兰合作乳业公司"所采用的安佳商标则体现了其与皇家海军和英国船运业间的联系。

实际上,这些影片表明了英国牧草是如何出口到新西兰,并作为帝国奶制品而被重新进口的。其中,这些奶制品的质量证实了新西兰的繁荣和农业发展的成就。有关"作为帝国建造者的奶牛"的

图 6.6 饮奶以增强臂力：铺渠工，克赖斯特彻奇，约 20 世纪 20 年代。挤牛奶做早茶。

影片开篇便提及了自新西兰战争以来毛利人从武士转变为工人的想象中的"浪漫"历史："在50年前毛利武士牵制英国军队的地方，现今，他们的后裔每天都会去兜个圈儿，不过为的却是收集牛奶罐！"显然，"为英国提供黄油导致了这一变化"，这一"以前的荒野"向"今日繁荣的农场家园……以及欣欣向荣的农村城镇的发展局面"的变化。于是，荒野的开化和毛利人的文明是向英国人的饭桌生产辅助食品的结果。

这些影片是一场自觉运动的一部分，目的是向英国大众提供有关新西兰牛奶产业的信息。这些影片在伦敦、格拉斯哥和利物浦的展销会上进行播放，以女性消费者为宣传的对象，因为购买食物和照料家人是由妇女们负责的。随着战时征购在1921年的终结和自由市场的恢复，物价迅速下降。自治领的奶农没有办法再依靠英国政府，不得不亲自向英国消费者们宣传自己。新西兰试图建立一个统一的帝国，并在其境内推行特惠贸易。然而，由于英国反对帝国特惠制，新西兰的愿望落空了。作为替代性的措施，奶制品委员会转向于家庭帝国主义，因为家庭主妇掌握着"居家的开支"，它希望英国的家庭主妇能够优先购买"她们自己的海外帝国所生产的品质纯正的食品"。

经济的不安全与政治的不确定性

新西兰和澳大利亚都依赖于出口收入，因此，两国都经受不住外部的冲击；由于新西兰的经济更为开放，它就特别经受不住外部冲击。20世纪20年代，"最大限度地增加农场收入是一个难以实现的目标"，因为英国的需求制约了发展。战后人们所期望的持续繁荣局面并没有实现。相反，通过建立肉类和乳制品营销委员会并向农场主提供国家财政资助，决策者努力控制收入不稳定的局面。

1922年成立的肉类生产商委员会是世界首个出口垄断委员会，它提高了国家试验的民族声誉。

这一自治领依赖于同英国的贸易，而它甚至更加依赖于英国借款以供发展的能力。权力集中于一位精英的手中，这位精英承认与英国间联系的重要性，他同时也承认需要满足伦敦所制订的健全金融管理的标准。面对这样一种现实，新西兰对自己的金融体制与澳大利亚金融体制紧密地联系在一起的状况日益感到失望。伦敦没有能够将新西兰和澳大利亚区别开来；然而，澳大利亚却是伦敦最大的借款人，它谋求实现建立"澳大利亚无限"的宏伟目标。在1929年新西兰出口市场崩溃之际，虽然它逃脱了澳大利亚那样的严峻短期债务危机，然而，由于背负着在"一战"中举借的债务，新西兰发现自己因为贷款而越发有求于伦敦了。

在这样的背景下，战后所有的希望都破灭了。20世纪20年代，梦想破灭的选举人投票选举出了一系列保守党少数派政府。1922年，改革党丧失了其多数党的地位。在实行简单多数投票制度的情况下，从1912年至1928年，政府中的改革党从来就没有赢得过半数以上的选票。工党仅仅在城市中才具有吸引力，在其抛弃社会化政纲、特别是土地国有化的政纲之前，它都没有能够获得社会主流的支持。正如迈克尔·金（Michael King）所评论的那样，"不管人们的背景怎么样，他们很少希望'打碎'资本主义制度：多数人仅仅希望那一制度能够对他们的各种需求更加敏感"。在马西去世后——1926年，北帕默斯顿新建的农业学院用他的名字命名——J. G. 科茨（J. G. Coates）这位战时英雄成了首相。科茨也是一位奶农，他来自北部区的卡伊帕拉（Kaipara）。然而，年迈的约瑟夫·沃德爵士被选举为复兴的自由党政府——后更名为联合政府（1928年至1931年，由其执政）——领袖一事表明，人民仍然充满着恋旧情绪。从表面上看，他们投票选举沃德则是因为一个错误的承诺：由于视力不佳，同时又因患有糖尿病而突然出现眩晕，他读错了演讲稿，在这一著名事件中，他许诺借款 7000 万英镑而非 700 万英镑以治愈国家。随着世界范围内萧条的来临，梦想和现实间的距离达到了最远。

毛利人的复兴

尽管 1918 年流行感冒肆虐，然而，与灾难预言者的预言相反，从 20 世纪初期开始，毛利人的健康状况和人数都得到了恢复。T. W. 拉塔纳（T. W. Ratna）是一位在旺阿努伊附近践行白种人农耕方式的毛利农场主。当他的家人死于流感后，他在幻觉中见到了圣灵（Holy Ghost），圣灵要他统一和拯救作为上帝选民的毛利人。作为拉塔纳教会（Ratana Church）和政治运动的建立者，他发起了宗教复兴运动，并以《圣经》和《怀唐伊条约》为自己的中心。他的信仰疗法和他传递的信息在病人和穷困的人们中间，特别是在复员军人中吸引了大量的追随者。拉塔纳的儿子曾在加利波利和法国服役。在法国，他受到了毒气的严重伤害。为平等而战的先锋营军人们发现自己被排除在士兵安置计划之外，该安置计划旨在帮助军人购买房舍和农场。让他们进一步受到冒犯的是，毛利人还要为军人移民提供土地。在 1910 年至 1930 年间，又有 350 万英亩（140 万公顷）土地从毛利人的手中流失了。对于普通的人们——也就是那些日益丧失部落特征而且没有土地，勉强能够维持生计或做零工的人们——来说，拉塔纳特别具有吸引力。尽管人们对"闲置"土地普遍存在偏见，然而，随着人口的增加，毛利人几乎不再具有任何可供维持生计的土地了。

拉塔纳运动给部族权势集团带来了挑战。因为他们致力于和政府进行合作,而且这种合作是在被信徒视为传统伊维领导权的"紧身衣"的范围内进行的。1925年进行登记的拉塔纳教会对曾经组织先锋营的毛利王运动和信奉英国国教的部族领袖提出了挑战。事实上,这次运动促使英国国教会在1928年任命了奥特亚罗瓦的第一位毛利人主教——特阿拉瓦族的弗雷德里克·班尼特牧师。拉塔纳鼓吹毛利民族认同。他希望《怀唐伊条约》得到立法的承认,以便条约能够得到实施,并"永远保持白种人和毛利人间兄弟般的联系"。

19世纪90年代,塞登的自由党以乌雷维拉地区原住民保留地的形式开放了北岛最后的边疆——乌雷维拉地区,这是塞登、卡罗尔和恩盖-图霍(Ngai Tuhoe)于1896年通过谈判建立的一个看似特殊的实验。当时出现了另一个挑战。自由党的毛利人代表卡罗尔和后来的纳塔坚信,毛利人应该使用自己的土地,或者让其他人使用。他们也是该地区的地方议员;卡罗尔从1908年到1919年代表吉斯本的欧裔选区,在此之前代表怀阿普选区,而纳塔则从1905年开始担任当地的毛利议员。1896年的《乌雷维拉地区原住民保留地法案》承诺恩盖-图霍人享有内部自治权。在实践中,虽然酋长最初仍然控制着该地区,但该法案的通过是为了换取同意对乌雷维拉地区进行勘测,并将这片"有边界的土地"(Rohe Potae)置于政府的管辖之下。从1907年起,在纳塔和卡罗尔的怂恿下,土著土地法院将触角伸到了图霍族的土地上,这削弱了"有边界的土地"的地位,纳塔和卡罗尔利用他们的法律知识迫使图霍族就范。纳塔尤其蔑视先知鲁瓦。鲁瓦在1916年被监禁,"扼杀"了图霍族控制出售决定的任何集体行动。梅西的改革政府于1915年非法重新开始在乌雷维拉购买土地,到1921年已经花费了20万英镑,但却没有任何土地可供定居。

同样,像毛利王运动的特·普娥娅公主这样的部族领袖也决心为自己的人民而保留自己所享有的合法地位。出于这个目的,阿皮拉纳·纳塔爵士(Sir Apirana Ngata)(1927年受封)在议会中就众多领域的问题进行了游说。1920年,他帮助成立了"土著信托局",用以监管租借毛利人保留地而获得的收入。与此同时,他的长期目标则是劝说政府同意一项毛利土地开发政策,该政策将赋予毛利人平等地位。20世纪20年代对大量的合并计划进行监管,他希望通过开垦出足够大的土地以发展奶牛养殖,从而尽量将伊维持有的剩余土地转变为经济发展的基础。在这个过程中,他将奶牛养殖业和新西兰是英国农场的观念移植进入了另外一种文化背景之中。20世纪20年代,他将自己所属伊维纳提珀柔现有的公共农场从绵羊养殖场改造成为奶牛养殖场。他建立起培训制度,派遣包括他的长子在内的年轻人前往新南威尔士的霍克斯伯里农业学院学习最新的方法。到1926年,纳提珀柔便拥有了一座合作牛奶工厂。

改革政府开始转让乌雷维拉的土地后,纳塔便与改革政府合作,从1921年开始整合土地,帮助图霍人自行开发土地。但在20世纪20年代,由于农民收益低,将乳业引入这一偏远地区的计划失败了。他留下的遗产非常复杂,因为图霍族的合并给政府带来的好处远远超过给图霍族的。虽然用土地换来的道路从未修建,但合并"将政府带入了乌雷维拉的中心地带"。1922年,乌雷维拉地区原住民保护区被废除,五年后,政府收购了原保护区三分之二以上的土地,用于未来的旅游和林业,从而为最终的乌雷维拉国家公园奠定了基础。

在体育方面,乔治·尼皮亚(George Nepia)以自己的个人魅力,及悬空踢球、擒住并摔倒对方球员、接球等让人眩目的动作而叱咤于橄榄球场。作为"新西兰橄榄球的首位超级明星",他吸引了大量新西兰和澳大利亚观众。除了他的天赋,尼皮亚的成功是特奥特学院和纳塔经过深思熟虑后所采取政策的结果。这一政策的目的是在橄榄球场宣传毛利人的勇猛，以消除人们的偏见。尼皮亚的名望提升了毛利人的自我形象。

从政治的角度来讲，纳塔的成功在很大程度上应归功于他与J. G. 科茨的友谊，科茨从1921年开始任土著事务部部长，1925年到1928年出任首相。科茨是在毛利人中间长大成人的。20世纪20年代，纳塔和科茨共同指导了早期解决《怀唐伊条约》的民怨的各种努力。1922年的《阿拉瓦湖协定》承认了1881年法律所规定的伊维在温泉区对湖泊所享有的习惯权利，并每年向他们提供6000英镑的年金。1924年接着成立了阿拉瓦信托委员会。通过在罗托鲁阿（Rotorua）建立一所艺术和工艺学校，该委员会指导了纳塔所敦促的全国文化复兴。1926年，图华雷图阿信托委员会建立，它从陶波湖的钓鱼许可证（以便钓引进的鳟鱼）收费和露营地租金中获得3000英镑的年金。在此之际，纳提图华雷图阿族人（Ngati Tuwharetoa）和科茨达成了协议。作为交换，图华雷图阿族人放弃了陶波湖湖床，以便可以把它作为公共保留地。同时，政府也开始倾听毛利王运动的呼声。

自历次战争以来，因土地征用而陷入贫困的部族一直都要求进行调查。在1927年至1928年间，西姆委员会发现，借1863年《新西兰殖民法案》名义对塔拉纳基、怀卡托和丰盛湾等地的300万英亩（120万公顷）土地进行的征用是不公正的，即便在怀卡托中参战的部落应该受到惩罚。相反地，委员会认为陶朗加的土地被没收是"合理的，并不过分"，但丰盛湾伊维的情况例外，那里的没收过分了，"但只是超出了一小部分"，四名毛利议员对这一评估提出了疑问。

但是，正是从1928年9月起就任联合政府——它在其他方面暗淡无光——土著事务部部长期间，纳塔实现了他指导政府政策的夙愿。他指导着政府由推行"剥夺毛利人土地来供白人农场主使用"的政策向"政府为毛利人提供贷款以供其开发自己的土地"的政策转变。1929年的法案授权他以土著事务部部长的身份发放贷款，以便更为有效地拓殖和利用毛利人的土地，并鼓励伊维从事农业，实现自助。最终，毛利人能够获得相当于他们土地价值的60%的抵押贷款，尽管白人殖民者可以借到相当于其土地价值90%的贷款。该法案同样也授权部长把用来进行开发的土地刊登在报刊之上。纳塔运用自己的各种权力，将土地置于部门的控制之下，并对土地进行丈量、排水、重新开垦和清除；在土地上种植牧草、施肥、修建围篱、修造房屋、购买装备和家畜并将它们交给毛利农场主。通过各种土地开发计划，他和部族领袖一道创建了自给自足的毛利居民区。在全球性萧条来临之际，他的努力再及时不过了。

第七章
缔造新西兰（1930—1949年）

20世纪三四十年代是通过有意识地"缔造"新西兰的国家建设形成时期。与此同时，新西兰人必须"随机应变"以熬过萧条和另一场世界大战，而且，这些全球性的冲击还强化了国内外对安全的要求。随机应变和创建国家相辅相成，因为，正如民族认同感发展的通常情况一样，恐慌、危机、忧虑或决裂都会产生出用以进行安抚和解释的故事和仪式。正是在这一背景之下，第一届工党政府得以上台，它公开表示要继续被中断的19世纪90年代自由党政府发展模式。在这个时代，政治家们重新创造出了一个进步和体面社会的传统，它对普通的人们进行保护，以免他们遭受无情的国家竞争和冲突。1931年纳皮尔（Napier）地震从地质学的角度提醒人们正生活在灾难的边缘，它只不过加剧了人们之间的嫌隙，并让他们倍感脆弱。这次地震是20世纪新西兰最为深重的环境灾难，它进一步强化了重建的迫切性。

萧条

甚至在1929年华尔街股灾之前，全球性的萧条和失业就已经让这个自治领蒙上了阴影。出口价格的下降已经使依附性经济遭到了打击。仅仅两年之间，从1928—1929年度到1930—1931年度，出口收入几乎减少了一半。直到1936年，出口价值才恢复到萧条之前的水平。为了保持其在伦敦的资金,新西兰不得不采取平衡预算的通货紧缩政策。为了满足伦敦所坚持的削减成本的要求,乔治·福布斯(George Forbes)这位北坎特伯雷农场主领导下的联合政府采取了必要的经济措施。减少债务偿还是不可想象的,因为那将削弱借款的能力。因此,政府大幅度削减开支。教育领域的开支几乎消耗了年度公共开支的一半,因此,其削减的幅度特别大;其次便是卫生领域。

从1931年9月开始,保守派开始在统一－改革联合政府中谋求团结以阻止危机。在这一时期,该政府依然拒绝接受"劳工天堂"的核心观念。1931年,仲裁法庭将法定最低工资水平降低了10%。在当时,公用事业的工资也被削减了10%;1932年,它再度被削减10%。小额的家庭津贴(1926年开始实施)以及寡妇和老年抚恤金也遭到了削减。虽然不断下降的物价起到了抵消作用,然而,抚恤金的削减激发了人们对政府似乎无视普通人们需求的愤怒。"不劳动就没有报酬"的原则导致了各种大规模公共建设工程方案的出现;同时,政府大幅度削减开支,解聘雇员,并以救济金水平的工资重新聘用他们。1932年,工业争端中的仲裁以及成为工会成员不再具有强制性,这给予了雇主更多的权力。对普通人和左翼历史感兴趣的社会历史对联合政府表现出了鄙视,这也体现出萧条时代的艰辛。

萧条给社会生活造成了深刻的影响,它对负债的人们以及因为没有养家糊口的男人而处于社会边缘或底层的人们进行了惩罚。强烈的工作责任感并没有让人们免除忧虑并免遭挫折。估算的失业率介于12%和15%之间(毛利人为的失业率为40%);然而,经济研究表明,直到1933年,几乎30%的劳动力都没有得到正式的雇佣。在危机最为严峻的时刻,多达40%的男性劳动力处于失业状态。大规模的失业让各种救济和救援委员会不知所措,大众的记忆中深深地烙下了施粥场的印象。普遍的不安全在各个地区所造成的影响各不相同;一项研究表明,坎特伯雷遭受的损失最为严重。

萧条时期的文献集中研究"工人"的苦难,他们是因救援工作而蒙受侮辱的失业者,收入低微,被迫搬到乡村的救助营。1932年,城市中的穷困状况以街头暴力的形式爆发,而由失业者轮流工作一些天以赚取一点儿可怜报酬的救援计划则成为了导火线。在南岛,失业人员在恶劣的条件下用鹤嘴锄和铁锹艰辛地劳动,以打通从刘易斯关通往米尔福德峡湾(Milford Sound)的道路,从而为未来旅游业发展建立了基础设施;在北岛,工人们则修筑了东海岸铁路。这样一种极端的措施使社会中的各个重要组成部分都具有了政治色彩;受到社会不公正和不平等现象刺激的知识分子创造出了一种体现国际社会现实主义风格的民族文学和艺术。约翰·马尔根(John Mulgan)是 1932 年暴乱期间的特种警察,在他的小说《孤立无助的男人》(Man Alone,1939)中,他描绘了救济营中男性所感受到的极度忧伤。这些男性信奉个人主义和平等主义思想,说话简练,但却固执而又酗酒,他们所扮演的角色与澳大利亚"单枪匹马干事业的人"相同。家族传说则回顾了另类的男性类型——居家男人——所遭受的屈辱,这种男人因背负着不能养家的耻辱而意志消沉。

到 20 世纪 80 年代,经济学家开始质疑萧条对人们所产生的影响,并质疑当时的生活是否有如声称的那样艰难。由于一代代的人们都倾向于通过讲述故事而让他们的经历成为共同的东西,"萧条"神话不可避免地出现了。统一的萧条时期经历并不存在;存在的只是一个抹平了艰难时期民族回忆粗糙边缘(rough edge)的统一叙述。在现实生活中,萧条是一种阶级性的经历,它在失业者和受聘人员之间、在工人特别是临时工和特权阶级之间放置了一条鸿沟。境况较好的人们曾随着消费主义的兴起而享受着相对繁荣,然而,衰退给他们带来了风险和失望,导致了他们不能偿还抵押贷款,投资无利可图,受教育的希望减少。20世纪20年代房产业迅速发展和萧条的影响体现在自有住房的不断减少,租房的人数不断上升。在1926年的克赖斯特彻奇,32%的房屋是租借的,而到1936年,这一数字则为46%。非熟练工人和半熟练工人的比例上升了,最富有的人们与最穷的人们间的差距进一步扩大了。

在许多方面,妇女们都遭受了苦难,虽然,其中相当多的证据都是隐蔽的。一个有说服力的指标来自109名已婚妇女。在1931年至1935年间,她们因在非法流产中被感染而丧命。她们的丈夫要么是劳工,要么是司机,要么则是农场主,或者是农场工人,他们在工场和易于受到经济衰退影响的行业中工作。官方的失业统计数据没有包括妇女、青年人和按土著事务部劳动计划雇用的毛利人。虽然从1931年起,妇女和青年便作为雇佣劳动者而开始支付失业税,但他们却没有资格获得救济金,除了显著的例外,即私人家庭服务行业中的一大群人。小说家露丝·帕克(Ruth Park)一针见血地评论道:"在过去,妇女不应该是养家糊口的人,因此,她们就不是养家糊口的人"。

然而,在黑暗之中也出现了变化的迹象。伊丽莎白·麦科姆斯的丈夫去世之前一直是当地工党的议员,在他去世之后,也即萧条最为严重的时期,利特尔顿的投票者便将她选为议员,从而使她成了新西兰的第一位女议员。伊丽莎白·麦科姆斯此前是一位主张妇女参政的人,对低收入妇女和青年人所遭受的"不公平征税"的不公待遇进行抵制,并将这一运动带进了议会。

图 7.1　失业妇女组织：1932 年克赖斯特彻奇一小群妇女领导的失业妇女五一节游行。

1933 年，新西兰也开始主张独立的金融特性。在 1932 年的渥太华会议上，科茨促成了帝国特惠制的建立，该制度确保各自治领能够进入英国市场。为了帮助农场主，政府违背财政部的劝告，推行了货币贬值的政策。在英国专家的鼓励之下，它同样也建立了储备银行。

最近，出现了对科茨这样的评价，该评价把他描绘为一名面临应付全球性衰退这一不可能完成的任务的政治家。那时，新西兰没有独立的货币政策，而借款又得看向英格兰银行负责的大洋洲私人银行的脸色。事实上，发展纲要的制订应归功于科茨，该纲要在首届工党政府执政时期得以实现。复兴的关键在于 1934 年建立了储备银行来对六家商业银行借出的贷款进行控制。在这六家银行中，仅有一家银行的总部位于新西兰。新的货币体制成功地将新西兰储备金与澳大利亚储备金以及新西兰与澳大利亚的银行制度区别开来，从而如愿以偿地实现了两国间的金融分离。

让人感到高兴的是，这一干预确保了新西兰异常迅速地从萧条中恢复过来；到1938年，它将实际人均国民收入提高了三分之一。通常，最佳的政策效果都是无心之举，而且具有讽刺意味的是，这样的成功是出人意料的。同样，直到工党上台，该项政策所获得的成功才得到了承认。在一系列幸运的事件中，在预算平衡时期强制实施的贷款紧缩政策导致了货币供应意外的增长，同时，由于货币的贬值以及储备银行所持有货币储存量的增加，这使改良主义的工党政府能够进行大规模的开支，并提高了国家的收入。

保障与复兴

在权威的解释中，当工党以压倒多数的选票赢得1935年选举后，第一届工党政府将新西兰从经济萧条中拉扯了出来。然而，现在清楚的是，在1935年已然建立的新货币体制为经济迅速复苏提供了途径。随着信心的增长和精神的提振，舆论发生了变化。随着工党对基督教和人文主义版的尊严和平等的彰显，社会的各项首要工作都发生了变化。失业者立即收到了圣诞节补助。好心肠的首相迈克尔·J.萨维奇（Michael J. Savage）在活着的时候就已经成为一个传奇；他当选时已经63岁，于1940年去世，他的画像悬挂于千家万户的起居室中。萨维奇成为首届工党政府所开创的社会保障计划的化身。该计划的目的是提高生活水平，并为人们提供"从摇篮到坟墓"的保障和尊严感。

萨维奇出生于维多利亚和新南威尔士的内德·凯利县，他是一位爱尔兰裔天主教徒，和内德·凯利这位亡命之徒有着相似的背景。他同情穷人，并受到了他们的爱戴。不过，他曾开玩笑说自己"并没有继承（凯利的）方法"。1935年工党的选举宣言宣布了其目标：运用"自治领令人羡慕的资源"以使"过去五年被剥夺了各种必需品的人们重新到达体面的生活水平"。宣言承诺对经济结构进行调整，以便养家糊口的男人和那些仰仗他的人都能达到普遍舒适的生活水平，而不是满足于最低限度的生活水平；宣言还承诺"采取一切必要的手段以最好地实现'家'和'家庭生活'这两个词的含义"。换言之，工党决定恢复19世纪90年代确立起来的国家发展模式。只有这一次，工党才部分地将毛利人纳入到自己的考虑之中。

对奶农而言，殖民契约得到了修改，以保障整日工作制，保障价格公平而合理，而其具体表现形式就是主要产品价格受到保障。在这一时期，养羊的农场主选择了继续置身自由市场之中。奶业委员会已经决定对营销进行控制，但政府在1936年还是接管了黄油和奶酪出口，以便为农场主提供以产品成本为基础的价格保障。对工人而言，工党恢复了强制仲裁的制度和工联主义，并取消了萧条时期削减奖金、工资和抚恤金的措施。1936年的《工业调解和仲裁修正案》授权仲裁法庭将养家糊口者的基本工资确定在"足以养活由一名男人及其妻子和三个小孩组成的普通家庭"的水平之上，该修正案继续假定参加工作的妇女是单身的，没有子女或年长的父母需要她们养活。

营养调查表明，在萧条期间，儿童受到了损害。国联敦促其成员国着手进行营养调查，并促使人们采纳最为理想的儿童健康与发展新标准。为了达到这一标准，国联规定自两岁开始每日牛奶摄入量为1.5至2品脱（一升）。1937年，新西兰以"全国学校牛奶计划"对此进行了回应，随后在1939年，它又对普通工薪阶层的饮食进行了调查；20世纪40年代，毛利人的饮食也得到了调查。学校奶具有政治方面的吸引力，因为它的意图是既使奶农受益，又让作为未来公民的儿童受益。从1937年开始，只要在可以实行的情况下，政府都向小学和幼儿园所有孩子免费提供用巴氏法灭菌的半品脱瓶装奶。在30年中，一天提供一瓶半品脱的牛奶的政策和普朗凯特协会一同表明，新西兰是养育儿童的健康之地。

对城市工人以及奶农来说，工党相信增加普通新西兰人的购买力将会推动经济的发展。事实确实如此。国家接管了储备银行以控制信贷，并为其推行的复兴和保障计划提供资金。这一从前的"赤色邦联分子"——他们一度让人们担心其是社会主义者——的政府决心限制银行家的权力，并再次谋求建立普通人也能分享科学和教育之利的文明社会。实际上，工党引入了"全方位保护"的一个变体：实行经济管制以应付经济不稳定的核心问题，并捍卫理想社会。不过，这一次采用的则是普遍福利国家的形式。

于是，从1938年起，新西兰恢复并延伸了它自己版本的澳大拉西亚安置战略，其中，家庭收入恢复了其在"工人福利国家"中的关键性地位。然而，这一战略包含的并不是"工人工资保障，而是公民的社会保障"。相反，它提供了以"不必摊付公积金的社会保障"作为辅助手段的工人保障，"不必摊付公积金的社会保障"取决于一个人是否拥有公民身份，而不取决于一个人的支付能力。新西兰使社会保障成为一种权利，它从税收中进行支付，目的是给予人们"他们应该拥有"的生活水平。

由于相信国家可以保护新西兰不受海外的影响，在1938年底，工党开始对进口和汇兑进行控制，而英国政府和英国银行则反对这一举措。该举措的目的在于应对英国资本抽逃和进口需求迅速增长所导致的汇率危机。发放进口许可证同样达到了预期的保护工业的效果。在保护主义话语方面，新西兰落后于澳大利亚，1938年新西兰最终采用了保护工业的措施，确保工人得到保障（见第五章）。在新西兰决定成为一个与澳大利亚不同的国家后，它便日渐加强了与英国——它坚持自由贸易，而并不鼓励发展制造业——之间的经济联系。新西兰确实采取了保护政策，这是1938年工人保护措施复兴的逻辑结果。对于新西兰成为帝国农场之外的任何东西的前景，英国都表示了强烈的不满。不过，澳大拉西亚的国家发展模式保留了下来，因为英国不久便又需要新西兰所能生产的全部食物，以支撑其人民渡过另外一次世界大战。

1938年的《社会保障法》恢复了新西兰社会实验室的地位。从福利金的角度来讲，数量得到了增长的养老金（被重新命名为退休金）和实施65岁普遍领取养老金的努力表明，消除工作年龄外的无保障状态仍然是当务之急。法案首次实施了男人失业补贴和单身妇女失业补贴，以应对工人丢失其有酬工作的情况。整个框架是对家庭工资的补充。它接受了单身妇女在毕业后至结婚前这段时间参加有酬工作的这一现实，但却确认了已婚妇女和儿童的依附地位。为了确保医疗平等，该法案以立法的形式要求建立惠及所有人的免费家庭医疗服务，建立免费的医院，并实行免费的孕妇保健，其费用由纳税人支付。第二项和第三项最终在1939年得以实现，而第一项最终则没有实现。

分娩时的免费医疗护理是一项显著的成就，它得以实现仅仅是因为多数医生、政治家和妇女的目标部分一致。政府不得不听医生的，因为它需要医生来实现免费医疗服务的目标。工党政治家真诚地相信，传统上仅有富人才能够获得的医生治疗是所有妇女的权利，妇女团体建议说"无痛分娩是每个妇女的权利"。1937年至1938年的分娩服务调查委员会包括卫生部长的妻子珍妮特·弗雷泽。该委员会建议临盆的母亲应该获得"将疼痛减轻到最低程度的护理，以确保母婴安全"。于是，在工党统治之下，平均主义的信念加强了在医院由医生照管下进行分娩的趋势。此种人道主义同样也主张提高人口出生率，因为政治家们希望，妇女组织所倡导的财政资助、"现代的"疼痛缓解手段和医院中两个星期的休息将鼓励妇女生育更多的小孩。

然而，免费家庭医疗服务却是和医疗纠纷纠缠在一起的（参见图 7.2）。工党的医疗计划起源于大萧条时期的奥塔哥库罗，当地医生戴维·麦克米伦医生（工党的第一任卫生部长）和他的朋友、当地的长老会牧师阿诺德·诺德迈尔（也是第一任工党政府的成员）与代表怀塔基水电站建设者的工会建立了一种合同医疗形式。麦克米伦和诺德迈尔希望建立一个全民医疗系统，由国家支付所有医生的工资。然而，由于同英国医疗协会本地分支的分歧，1941 年最终实施的方案同意了专业人士收取诊治费用的要求；自此之后，在实践中，并不是所有的人都能够得到医生的出诊，而且医生的出诊不再普遍免费。高昂的诊治费用使这一方案降级为仅由国家对医疗进行补助。

图 7.2　G. E. G. 明尼克：《行医的男人》，《新西兰先驱报》，1938 年 8 月 18 日。萨维奇需要靠自己来分发药物。

同样，工党也让适合核心家庭模式的都市人能够实现到郊区生活的梦想。它认可了为萧条所侵蚀的居者有其屋的理想，但由于低薪家庭没有购置房舍的经济能力，焕然一新的企业型国家从1937年开始修建房屋，以供他们租用。在储备银行提供贷款资助的情况下，政府援建的房屋犹如雨后春笋般地在四个主要城市发展起来。它们小巧、坚固而又舒适。一名富于创业精神的建筑商詹姆斯·弗莱彻按照合同承建了第一批房屋。虽然经济境况更好一些的工人继续得到政府资助以自置居所，这个方案也让普通的人们能够实现拥有一幢小小的新屋的理想。不出所料的是，那些不符合该模式的家庭则被遗忘掉了。

方案并不是为毛利人而制订的。毛利人依然是二等公民，他们保持着在地理上的隔离状态。土地开发计划为各个部族在乡村地区提供了一些新建的粗制滥造的房屋。然而，即便是在那些没有丧失太多土地和资源的伊维中，多数人仍过着贫穷的乡村生活。酋长们的家庭可能生活在农场平房之中或城镇之上，但是马拉埃（marae，毛利人的聚居地）的地面却是泥土铺成的，水源也不安全。

在工党与拉塔纳运动政治结盟期间，出于需要，它承诺给予毛利人平等的地位。它在议会中占据了两个毛利人的席位，试图与拉塔纳联合以获取全部四个席位。工党在1943年达成了这个目标，这时纳塔最终丧失了权力。理论上讲，毛利人是享有平等地位的公民，可在实践中他们得到的社会保障金大约比白种人要少25%，自1898年开始实施老年抚恤金政策之日起直到1945年，这种不平等的状况便一直存在。官僚们辩解说，哈普可以依靠土地过活，而事实上，许多哈普不仅没有土地，而且还丧失了传统的食物来源。不过，在工党执政之日，毛利人的福利得到了显著提升。萨维奇在继承科茨和纳塔政策的基础上对各项土地开发计划进行扩充；公众健康水平得到了提升，卫生部扩大了卫生服务的范围，并加紧对毛利人死亡率更高的原因进行调查。

社会保障与国家安全携手并进。从1935年至1938年，新西兰防务开支增长了2.3倍，而这一时期整个政府的开支则仅仅增长了1.6倍。它建立了一支人数不多的空军，并征募志愿兵进行国土防务。在它的战略思维中，国土防务包括太平洋岛屿的前沿防御。从国际关系的角度讲，工党政府提倡通过国联实现集体安全的原则。在各个自治领中，仅有新西兰对英国满足侵略者要求的行为进行批评。它反对英国在阿比西尼亚（埃塞俄比亚）、西班牙内战和日本侵略中国等问题上的立场。它尤其反对张伯伦对希特勒的绥靖。然而，在纳粹德国占领波兰之后，它提出协商议和的主张，提出工党政府更多地追求"独立外交政策""而非道德"政策。

就"新西兰的立场在多大程度上独立于英国的政策"问题存在着争论。新西兰的立场是出于道德的考虑，还是仅仅出于现实主义的需要？政府确实表现出了对英国的利益独立和"忠诚地反对"。新西兰的安全问题不仅需要本土防御，也需要对贸易航线进行保护，因此依靠孤立和地理位置的偏远并不足以完成这些任务。到1938年，新西兰便知道其安全取决于英国在欧洲的安全。事后看来，萨维奇对太平洋地区安全的担心以及对欧洲战争爆发之际英国舰队是否能够保卫澳大利亚和新西兰的担心是有道理的。同样，他有关"由于新西兰面积狭小并与世隔绝，其国家利益是与英国和帝国的利益相一致的"的看法也是正确的。

欧洲的战争

1939年9月3日，在英国对德宣战之际，新西兰在当天的晚些时候也做出了承诺，不过，这次却是独立做出决定的。9月5日，生命垂危的萨维奇——"对他来说，战争如此让人失望"——在他的病床上广播了其著名的感想：

> 怀着对历史的感激和对将来无比的信心，我们毫不畏惧地站在英国的旁边。她走向哪里，我们就跟到那里；她站在哪里，我们就站在那里。我们仅仅是一个年轻的小国，但我们却向……共同的命运迈进。

他确实是在代表国家进行讲话。与第一次大战时的情况相比，这次的反应经过了更多的权衡，而且从这种新的态度来看，无论是忠诚于英国的人还是不愿和英国站在一起的人都得到了安慰。萨维奇在1940年3月去世，彼得·弗雷泽作为战时首相而接任，他是一位精明的政治家和优秀的战略家。

一些历史学家对工党在两次世界大战中截然相反的态度进行了强调。这种相反的态度以弗雷泽本人和其他三位部长为代表，他们在第一次世界大战期间曾因反对征兵而遭到监禁，而在1940年6月新西兰仿效英国条例而实施征兵制时，他们却是内阁成员。持不同政见者成了当权派。事实上，他们的思维遵循的更多是澳大利亚模式而非新西兰模式：第一次世界大战是一次帝国主义冲突，它迫使劳动者作为炮灰而付出了不平等的牺牲。相反，第二次世界大战则要求为正义的事业而战，要求在理性与纳粹军队和暴力之间进行一次较量。按照这种思维方式，只有胜利才能确保和平与民主新秩序。

从1935年末直至1949年，工党连续执政。在工党执政的情况之下，新西兰全身心地投入到战争时期的各种努力之中。总共有205,000人服了兵役，大约为人口的八分之一，其中还包括1万多名妇女。为了向欧洲提供一个师——第二师，随后又为了向太平洋提供一个缩编的第三师，同时也为了提供水兵和空勤人员，自治领对60%以上年龄在18岁至45岁之间的男性进行了动员。作为帝国空军训练计划的组成部分，新西兰皇家空军（RNZAF）在训练飞行员方面发挥了重要作用；同样，在太平洋，"空军居于优先地位"。这次冲突中死亡的人员没有第一次世界大战多，在民族心理中没有留下多少印迹。这一次，有11,671名新西兰人被夺去生命，遭受损失最为惨重的是空军，主要处于欧洲。士兵们同样也在希腊、克里特、北非沙漠以及意大利的前线战斗部队中服役。整个国家再次作为农场，首先向英国提供食品，其次则是在太平洋战争期间向美国海军士兵提供食品。

事态的迅速发展超过了帝国战略的估计。1940年，希特勒的闪电战横扫低地国家，使英国陷于孤军奋战，并处于欧洲沦陷区的进攻之中。在这样的背景之下，随着法国遭到蹂躏而意大利又加入了战争，新西兰实施了征兵制。德国人的推进迫使两支新西兰远征军（NZEF）中的第二飞行编队从1940年6月起被转移到英格兰进行训练，在这里，它的军队加入到了为德国入侵而作准备的部队之中。新西兰人同样也加入了英国皇家空军战斗机司令部和轰炸机司令部的战斗之中。另一方面，由军队志愿者组成的第一飞行编队则和第三飞行梯队一样到了北非。第三飞行编队抵达的时候，意大利军队刚好侵占了中立的埃及。事实表明，1941年4月英国（丘吉尔）派遣澳大利亚和新西兰各一个师前往希腊的决定是灾难性的。在匆忙的撤退中，澳新军团在夺取克里特的战斗中遭到了严重的失败，但其损失仅比对手稍稍严重一些。与此同时，在1941年6月希特勒入侵苏联之际，他重新犯了拿破仑开辟针对俄国的第二条战线的错误。

对新西兰和澳大利亚而言，1940年欧洲事态的转变对它们自身在太平洋的安全而言是不好的兆头。日本和中国已交战多年。新西兰派遣军人前往欧洲和地中海战场是基于这样一种明确无误的理解，即如果日本向南方发动进攻，英国在新加坡的强大海军基地——它由新西兰帮助支付费用——将成为屏障。在亚洲和太平洋，整个帝国防御战略依赖于"如果日本发动进攻，英国舰队将保卫新加坡"这样一种假设。

因此，1940年6月，当澳大利亚和新西兰政府获悉英国不能承诺为新加坡提供舰队，而他们将不得不指望美国的消息后，感到十分震惊。外交史学者将此描述为"几乎是灾难性质"的"高昂学费"。弗雷泽的答复充满了轻描淡写的陈述；英国的建议"偏离了"有关派遣舰队前往新加坡的"反复而最为明白无误的担保"，而这"构成了自治领整个防卫准备的基础"。他要求派遣一名新西兰部长前往华盛顿。1942年1月，弗雷泽的副手沃尔特·纳什（Walter Nash）抵达华盛顿，事实上，他成了自治领的第一位大使。那时，日本向美国发动的进攻已经将欧洲和地中海的战争转变为真正的全球冲突。从1942年起，很早就显露苗头的两个问题凸显出来了：转向美国寻求保护；新西兰是否应该将第二师召回国以投入太平洋战争的问题。

太平洋战争

1941年12月7日，日本人对珍珠港的突袭成为它同时发动的、让人吃惊的进攻的开始。到圣诞节时，日本军队已经将美国人驱赶出了菲律宾的大部分地区，并向南一直推进到新几内亚的北部海岸和所罗门群岛。在仅仅两个月多一点的时间里，日本人侵占了包括从缅甸到菲律宾，再到荷属东印度群岛的新几内亚在内的东南亚地区，它不仅控制了赤道以北的太平洋地区，而且还沿着从关岛至腊包尔和布干维尔岛的方向向南推进，进入到澳大拉西亚的广阔海域。

有关以新加坡海军基地——它曾被认为是固若金汤的——为中心的帝国战略就到此为止：在日本人攻击珍珠港之际，英国的船只还离新加坡十万八千里。该岛屿也无法抵挡从西北方向发动的进攻。它的枪炮架设的方向也不对。1942年2月新加坡的失陷对澳大利亚和新西兰来说十分重要，它致使澳大利亚和新西兰走上了截然不同的方向。驻扎在新加坡的澳大利亚第八师被摧毁了，几乎所有的士兵都成了战俘。在布鲁姆（Broome）和达尔文（Darwin）受到袭击而在悉尼港又发现了日本小型潜艇的情况之下，澳大利亚突然成了战争的最前沿。

从这一点来看，澳新军团没有了回头之日。澳大利亚从北非召回了自己的第六师和第七师，目的是对付日本人的威胁，并将其战争时期的努力集中在太平洋。而新西兰的第二师却继续留在地中海。于是，澳大利亚的战争描述主要讲述战俘以及澳大利亚人与日本人在各个岛屿的战斗，而新西兰的战争描述则主要围绕（尽管并非全部）新西兰人与希特勒和墨索里尼间的斗争。澳新军团的这种差异对民族战争故事产生了三个影响。第一，它解释了新西兰士兵为什么要在第二次世界大战中采用"硬汉子"和"彪悍之人"的形象，而不采用绅士形象。既然澳大利亚人不再作为参照对象，新西兰人因此就可以采用传统的澳大利亚特性。第二，历史学家对盟国首先击败希特勒的大战略在多大程度上最符合于新西兰利益的问题进行了辩论。第三，他们也对留在欧洲的决定反应的是殖民还是"重新殖民"的关系进行了辩论。

新西兰的面积狭小是理解这些问题的重要因素。事实上，新西兰更大的邻国对军队进行了分割。澳大利亚第九师一直驻留在地中海,直到阿拉曼战役(El Alamein)胜利,而第六和第七师则回到了国内。新西兰仅仅拥有一个整编师,这使得类似的战略成为不可能。不过,它还是尽可能地对自己所能够组织起来的军队进行分割使用。占领诸如斐济这样的太平洋岛屿前哨站的新西兰人最终组成了两个旅,它们隶属于太平洋中为人们所遗忘了的第三师。此外,随着1942年6月中途岛战役的爆发,入侵的危险消失了。从1942年开始,新西兰同意让第二师继续留在欧洲,前提条件就是:在必要的情况下,美国海军将保卫新西兰。6月,第一批美国人被运抵新西兰。同样,长期服役的人员以"休假"的名义回到了国内。鉴于澳大利亚和新西兰地缘战略的不同,两国分别对各自在英美大战略的全球棋盘中的地位做出了现实主义的评估。

  太平洋战争重塑了新西兰的期待。由于美国负责驱逐日本人,那么新西兰就有必要与同盟的决策制定者对话了。事态的发展很快表明,由美国指挥并得到澳大利亚支持的太平洋战争最符合新西兰的利益。从1942年开始,太平洋两端的大小两个殖民社会间出现了协调一致的局面,虽然其道路并不平坦。在30多年前的亚洲人恐慌期间,这样一种协调一致的局面曾经被提出来讨论过。1908年,"美国大舰队"(American Grand Fleet)起航来到这里,以便表明合众国准备为白人捍卫这一广阔区域的安全。鉴于新西兰的面积和偏远位置,它只适合作为美国攻击所罗门群岛和巴布亚新几内亚日本军队的后方基地而发挥配角的作用。仅仅是丘吉尔的看法并不具有说服力;因为帝国防卫战略的失败,罗斯福的观点对战时内阁产生了重大的影响便是可以理解的。从1942年起,澳大利亚和新西兰便开始和英国最重要的盟国美国荣辱与共。美国将大洋洲分割成太平洋沿岸的不同战区(它本身也是一个美国概念)。美国将澳大利亚及其军队纳入西南太平洋战区，并将其置于美国陆军麦克阿瑟将军的指挥之下；它同时将新西兰及其军队纳入南太平洋战区，并将其置于美国海军中将戈姆利（Ghormley）的指挥之下。

农场主、商界和劳工运动间新的一致确保了新西兰能够最好地为盟国事业服务。它和英国一同继续在欧洲作战，这是它的主战场；同时，它将太平洋留给美国，在这里，新西兰能够为美国军队提供补给。对第二师的军人来说，实情并非是他们希望为英国而战，而是他们不希望在热带作战，而且出于恐惧，他们想把亚洲人挡在外面。战争的前线并不在新西兰，而是位于太平洋的岛屿之上，即大洋洲的"北部临近地区"——它发挥着缓冲区的功能。日本人快速地进入到大洋洲的各个水域只不过是证实了这种思维。从1942年起，反日而亲英的情感、地理以及战略促使新西兰加快了自己的战争努力，以满足英国和美国对大国地位的要求，而这总的来说决定了国家安全的形式。

战争前线／国内阵线

在国内，世界大战让该国1940年的百年纪念黯然失色，它庆祝的不是《怀唐伊条约》，而是"拓荒者""进步"及殖民地的历史。在1934年，总督布莱迪斯洛勋爵（Lord Bledisloe）和他的妻子购买了巴斯比在怀唐伊的房舍和土地，并将它们赠给国家。在此之后，对条约的首次公开纪念得以发生。旅游和公共信息部为1934年的庆祝活动喝彩，同时，它又将新西兰"真正的殖民"追溯到"新西兰公司的成立……及1840年拓荒者的到来"。正是这一偏爱于韦克菲尔德之叙述的诠释占据了主导地位。1939年11月，惠灵顿《晚报》（Evening Post）出版了第100期，以便为"新西兰百年展览"的开幕打广告；在它的报道中，它优先报道了新西兰公司对惠灵顿的殖民。

展览在其题目中引用"1939—1940"而非 1940 为其日期,目的是纪念拓荒者。只是在纳塔的坚持之下,罗托鲁瓦艺术学校所创作的雕刻才得以进行陈列;毛利人总体上被排除在核心之外。对条约签订一百周年的纪念很大程度上归功于纳塔的领导。2 月 6 日,在怀唐伊签署重新制定之条约的活动中,纳塔领头跳起了哈卡舞(Haka)。之后,总督打开了用雕刻加以装饰的正式会议厅。会议厅是特地为怀唐伊的百年纪念而修建的。在回顾过去一百年时,纳塔表示,条约是一个"君子协定",相对于其他地方的欧洲殖民而言,条约的遵守情况并不太糟糕。但是,他也有预见性地警告说,在土地流失、酋长权力消失和文化破裂的情况下,毛利人的土地要求必须得到解决,以便他们能够与欧洲人并肩前进;他还表明,"我们希望保持自己作为一个种族的个性"。

纳塔将他实现平等的希望寄托在二十八(毛利)营的身上,该营是以部族为基础组织的,全部是志愿人员。来自北奥克兰的纳普希人主要在 A 连服役;来自温泉区的特阿拉瓦人则在 B 连;C 连主要是来自吉斯伯恩的纳提珀柔人;D 连则包括来自其余地区的人。总部直属连(Headquarters Company)成为了"零余之物"(Odds and Sods)。这一次,甚至怀卡托都因为特普娅与彼得·弗雷泽的友谊而支持战争努力;彼得·弗雷泽则承诺对 19 世纪的土地征用进行赔偿。在殖民者社会所确立的边界内,二十八(毛利)营通过在战争中的勇武而让他们的人民更加接近平等。他们在希腊和克里特作战,在各次沙漠战役中作战,在意大利作战,并作为民族英雄而凯旋。然而,直到战争后期,他们才被允许拥有自己的军官。

在国内,获取完全公民权和毛利人对毛利事务的领导权的驱动力促使"毛利战时努力组织"在 1942 年成立,它被安排进入协调

图 7.3 "得到人手"。所有的士兵都是纪念品收集者。此处，来自于二十八（毛利）营的战士为他们的澳大利亚摄像师摆造型。毛利人"以他们的刺刀冲锋在德国丘八中打通了条条通道……这一位'得到了他的人手'，也得到了一个体面的纪念品，一枚德军的铁十字勋章"，亚历山大港，1941 年 6 月 1 日

全国范围内征兵、食品生产和劳动的部族委员会。在一些地区，如果没有该委员会的帮助，冷冻工作和奶制品工厂就无法运作。一旦毛利营的军官回到国内，他们的经历和希望加上毛利战时努力组织的成功一同促使人们想象：该组织将如何能够演变成为在部族领导之下进行战后重建的和平机构。然而，事实表明，在战争期间运行如此有效的毛利自治仅仅在这个时期才是如此。

战争也为妇女提供了新的机会和冒险，但它几乎没有改变宣称妇女的位置在家中的性别脚本。与 1914 年的情况一样，妇女们自愿从事各种爱国工作，从事针织，为军人打包裹，加入急救队，充当司机。75,000 多名妇女报名参加了"妇女战时后备役人员"，该

组织由阿格尼丝·贝内特博士和珍妮特·弗雷泽建立,目的是对"从事战争工作的少女"进行协调和指导。一项主要的工作就是进行食品生产:志愿者们照管着家庭园地中一行行的蔬菜;在公园和校园周围,她们为草坪松土。2700名"种地姑娘"在农场中工作,足见妇女们从事的农业工作。太平洋战争最终促使当局同意妇女穿上军装服役。从1942年起,武装部队的女性后备人员超过了1万人。

战争同样要求女性劳动力数量在短期内增长。事实上,在新加坡失陷之后,妇女们应征以弥补劳动力的短缺。在战争期间,没有年幼小孩的妇女步入了食品和服装制造、医院、政府机构、银行、邮电、铁路与电车等领域。她们充当文书助理和电车女郎,并大胆地穿起了长裤。然而,长裤并不表示被区隔的劳动力市场已经瓦解:妇女在获取报酬的劳动力中的出现是暂时的,而且处于依附地位。

长裤是战时取代长袜的节约措施;女学生穿的短袜也是如此。随着服装改造和回收利用以及无蛋薄饼食谱的流行,萧条时期"凑合着用"(making do)的风气达到了新的高度。战时定量配给恢复了对节俭的强调。从1939年至1950年,除了两次短暂的中断,新西兰对汽油实行了定量配给。纸张、波纹铁皮、酒、婴儿车和除草机、瓷器、丝袜、罐装食品以及毛线都消失了,促使人们巧妙地使用缝纫机,在厨房中自己准备食物,也赋予了家庭贮存更多的含义。日本人对珍珠港的进攻导致人们惊慌地购买食糖和茶叶,从1942年起,它们便和黄油一道被当作日用必需品而进行定量配给;卫生部的首位营养学家穆里尔·贝尔博士就如何制作野玫瑰果糖浆来向家人提供维生素C向母亲们提出了建议。当肉类和罐装蔬菜被定量供应给太平洋中的美国军队之际,黄油则被运送到英国,而且直到1950年，它都受到限制。

美国水兵改变了饮食习惯。从1943年起，他们的大量人口促生了一个新的牛奶（特别是奶昔）、可口可乐、牛排、汉堡包和蔬菜的市场。美国军队、英国市场及学校牛奶计划等需求所产生的三重影响促生了1943年至1944年的牛奶调查。调查表明：当地饮用的、数量可怜的奶没有经过与出口奶制品一样的检查，它们有可能是劣质奶。在克赖斯特彻奇（不同于奥克兰），多数牛奶都没有经过巴氏杀菌法处理。

同样，美国人也让女性们春心荡漾。他们身着雅致的军服，洋溢着好莱坞式的浪漫。水兵们能够得到各种奢侈物品、名牌香烟、丝袜和巧克力。他们送礼物，送鲜花。他们和女人们聊天，享受着她们的陪伴。在最适合于婚配的男人们不在国内的情况下，他们乘虚而入。从这些人驻扎地的"几维"和男性竞争者的观点来看，美国佬（Yanks）"薪水太高，纵欲，人也太多"，他们是一些篡夺者，是当地男人的威胁。不过，在年轻女性中，美国人的存在促使女性理念发生了变化，它由高贵优雅转变为好莱坞电影所描绘的性感和性诱惑。在魅力四射而又富于冒险的阶段，拥有一名美国男朋友既提供了许多机会，同时也带来了风险。

战后重建的展望

外交关系明显受到美国人存在的考验。1944年，历史学家F. L. W. 伍德得出结论说，日本人解决了新西兰"在地理上属于太平洋之一部分"的问题。日本的威胁加速了外交代表机构在华盛顿、随后在渥太华的设立，同时也对外务部的建立起到了刺激作用。它也为堪培拉和惠灵顿间经常而直接的接触提供了催化剂，双方的直接联系对两国与伦敦间直接联系的长期体制起到了补充作用，从而完成了英国-澳大利亚-新西兰的三角关系。1943年,澳大利亚和新西兰分别在惠灵顿和堪培拉开设了高级专员公署,而此前新西兰在澳大利亚只设立了游客办公处。空中旅行也使决策者穿越塔斯曼海更为容易,这增加了政府与政府间的交往。

接着,双方在1944年1月缔结了一项《澳大利亚-新西兰协定》(《堪培拉协定》[Camberra Pact])。协定由澳大利亚人起草,它声称两个邻国长期以来一直相信,他们有权参与所有事关西南太平洋和南太平洋问题的决定。尽管澳大利亚和新西兰对美国基地以及迅速发展的空中旅行在各岛屿上着陆权利的前途有一些敏感,他们还是意识到他们所在地区将来的安全取决于他们与美国之间的合作。最为重要的是,该协定预示了战后世界更加密切的跨塔斯曼关系。澳大利亚和新西兰同意不仅在外交政策方面进行合作,而且要在商业发展方面进行合作。此外,他们计划"在实现澳大利亚和新西兰的充分就业,在他们的边界内以及整个太平洋各个岛屿中实现最高水平的社会保障"方面进行合作,并一同鼓励太平洋各岛屿和领土上的传教工作。

1944年底,为了调查国联委任统治领土的托管权问题,弗雷泽对萨摩亚进行了访问。访问让他深受影响。他期望看到新西兰在委任统治下所取得的进步,而殖民主义渗透的程度——尤其在教育和卫生方面——以及对发展的忽视却让他感到震惊。他与澳大利亚外交部长H. V. 伊瓦特(H. V. Evatt)一道谋求向南太平洋承担不同于以前的义务。为了这一目标,《堪培拉协定》所预示的"南太平洋委员会"在1947年建立起来。从1946年末起,萨摩亚的地位发生了变化,成为新西兰的托管领土,而新西兰接纳萨摩亚的计划在于为自治而做准备。

在1945年制订《联合国宪章》的旧金山会议上,弗雷泽发挥了主导作用。澳大利亚和新西兰预先同意，首先，成员国的"领土完整和政治独立"应得受到保护，以反对威胁力量；其次便是委任统治的原则。新西兰着眼于联合国所体现的多边模式，这在一定意义上象征着英联邦传统的延续，而这一传统允许小国和其他弱国拥有发言权。从另一种意义上讲，它对工党的集体安全原则重新进行了改造。新西兰有效地利用其自治领的地位来主张建立一个捍卫战后世界新秩序的民主机构。新西兰的处境便是在于它不得不忍受大国支配。新西兰的代表一直留意处理大国和小国关系，他们所能做的全部事情就是对《联合国宪章》的起草施加影响，以反映人道主义的渴求，这种渴求可能会让全球权力政治更加和平地运行。

在国内，战争同样将民主原则加诸机会均等的目标之上。从第二次世界大战起，工党政府相信教育是一种权利而非特权，这一信念包含了旨在促进个人充分发展的"新型"进步教育，它集中在儿童从学龄前开始的全方位发展。C. E. 毕比（C. E. Beeby）博士是一位心理学家。1939年，他使用自认为正确地体现了当时的教育部长彼得·弗雷泽目标的语言，向弗雷泽总结了自己的教育思想。那时，他便制订了战后的蓝图。下面号召机会均等的陈述便构成了一代人教育政策的"天然磁石"：

> 宽泛地讲，政府的目标就是，每个人，无论他学术能力的高低，无论他富有还是贫穷，无论他居住在城镇还是乡村，作为公民，他都拥有获取免费教育的权利，这种教育最适合他，且能最充分地发挥他的能力。

这包括借助教育青年白人教师掌握毛利文化的方式来改善种族关系。1938年至1939年，惠灵顿师范学院的校长弗兰克·罗普德尔任命金吉·塔希维向感兴趣的学生教授毛利语,其目的就是增进毛利人和欧裔新西兰人间的相互宽容。受国际观念的影响,为学龄前儿童开设的幼儿园和家长经营(parent-run)的游乐中心数量增加了。在新西兰,用来促进初学走路孩子运动神经发展的拖曳玩具以"嗡嗡小蜜蜂"的形式呈现出来,它刷着明亮的三原色;这种玩具是在1948年根据手纸盒原理发明出来的。中学改革、离校年龄的提高和资格条件的修订让新西兰青年为将来的完全就业做好了准备。继澳大利亚之后,政府在1945年引入了普遍的家庭津贴,并按照一周每个孩子十先令的标准慷慨地向母亲发放津贴。教师们注意到,津贴改善了学校儿童的外貌和服饰。

战后重建主要集中在实现充分就业的目标之上。工党政府决心避免第一次世界大战后士兵安置失败的局面,它为退伍的军人推出了范围广泛的复员计划。在为退伍军人开发农场的过程中,殖民契约继续有效。这些农场备有按照国家住宅计划而修建的房屋,而这些房屋还根据农场住宅功能的要求进行了改造,增加了放置长统靴和户外服装的门廊。在城市中,退伍军人享有优先获得政府住宅和工作的权利,而师范院校和大学的"速成"课程则为士兵们提供了战前无法获得的机会。

对毛利人来说,"复员"计划则意味着新的机会。在农场创收之前,政府向退伍军人支付薪金,"复兴部"坚持更为平等的供房标准。弗雷泽希望1945年的《毛利社会与经济发展法案》(*Maori Social and Economic Advancement Act*)将最终带来平等。法案是"毛利人为战争所唤起的对完全公民权的期盼"与"欧裔新西兰人把持的土著事务部继续控制官方政策的决心"之间的一种妥协。在官方的用语中,法案以"毛利"一词取代了"土著"这个词语。不过,家长式统治继续存在,因为无论是政府还是一般公众都不理解毛利人需求的性质和真相。法案使发展的目标服从于对福利的强调，在这样的情况之下，二十八（毛利）营的军官，一些富有经验的领导者，回到了教师的工作岗位，或者是成了重新命名的"毛利事务部"的福利官员。由于政府的变动，他们对毛利人关心的社会、经济和福利问题所行使的有限职权也受到了制约。

1944年至1946年间，机会均等的目标同样推动了与伊维间条约的缔结。自20世纪20年代以来，这些伊维的不满情绪一直就十分突出。1944年，议会通过了《怀卡托-玛尼阿珀托毛利要求解决法案》(*Waikato-Maniapot Maori Claims Settlement Act*)。根据这一法案，泰努伊人（Tainui）得到了在随后45年中按年支付、总额为10万英镑的赔偿，以补偿19世纪大面积的土地征用。随后的解决办法是每年为征用的土地而向塔拉纳基信托委员会拨款5000英镑，并每年补偿纳塔胡人1万英镑，期限为30年。

自第二次世界大战之后，尽管毛利人更多地被纳入到了"人民"的概念之中，新西兰却继续以种族为理由而限制移民入境。1946年，一个有关人口问题的委员会建议反对大规模的移民，这与澳大利亚的政策形成了对照。人们心目中的好移民仍然是白人和英国人。该委员会报告说，如果"其他欧洲类型"的移民受到鼓励的话，那他们应当"具有如此之特性，在相对较短的时间内，他们将完全同化"。那意味着，如果英国之外的移民想要被接受的话，他们应当来自于北欧国家。非毛利新西兰人占整个人口的95%，他们中的96%都仍然是英国人，并为此而骄傲。1948年，与英联邦有关公民资格的协定相一致，新西兰不同民族在加拿大模式的基础上形成。英国的臣民首次成为了新西兰公民，并拥有了新西兰护照。不过，很少有英国移民申请新西兰公民权，因为他们仍然是英国臣民，这表明种族属性决定了他们的归宿。当时，在新西兰管辖地上的太平洋岛屿居民没有被考虑，他们被默认为棕色新西兰人。

然而，到20世纪40年代末，一系列象征性的措施表明自治领已经成了一个国家。作为对新加坡失陷的回应，澳大利亚获得了宪法上的独立；五年之后的1947年，新西兰最终批准了《威斯敏斯特法令》(Statute of Westminster)，并因此而获得了宪法独立。1945年，"新西兰自治领"变成了"新西兰"，皇家盾形纹章从官方的信笺抬头中消失，并被代之以民族的盾形纹章，其上包含有一名毛利武士和西兰狄娅（Zealandia）。事后看来，1930年至1949年这段时期实际上是文化民族主义的一个时期。在长期执政的工党领导下，它得到国家的赞助，内容包括1936年公共电台的引入，国家赞助艺术、国家博物馆、美术馆和管弦乐团等。

到1949年，历史学家们已经在撰写各种关于一个正在崛起的国家的书籍。J. B. 康德利夫（J. B. Condeliffe）《形成中的新西兰》(New Zealand in the Making) 对 "通过小农场经济（small farming）和精耕细作（closer settlement）而实现经济发展的主题" 进行了探讨，这包括19世纪40年代的韦克菲尔德计划及乳品制造业。到第二次世界大战，广受欢迎的历史调查绘画系列《缔造新西兰》(Making New Zealand)——在随后的30年中，它一直为学童所使用——表明，国家的缔造在很大程度上正在进行之中。（见图7.4）战时出版的这些书籍和另外一些百年纪念时的出版物都试图在占人口多数的欧裔新西兰人中强化国家意识。

当时的假设是，缔造国家及其历史是殖民者的事业，它们通过殖民者的努力而实现。毛利人更多地属于历史，他们充当着新西兰历史及偶尔的支持行为的序曲。与此同时，在殖民者的新西兰，第四代和第五代移民正在成长，他们和自己的环境发生共鸣。在他特

图 7.4 《缔造新西兰》

立独行的百年调查《今日新西兰》(*New Zealand Now*)中，奥利弗·达夫（Oliver Duff）这位直率的报纸和文学杂志编辑吸取了圣经式的意象，来解释适应的过程："当然，存在着这样一种意识，每个人都源于泥土。无论从字面上讲还是从象征意义的角度看，所有的肉体都有如青草。新西兰人是新西兰土地所养育的人。""肉身如青草"的概念当然是在新西兰形成的，它不再具有帝国主义的性质。1930年，康德利夫从他作为居住在火奴鲁鲁的侨民这个新的有利地位出发，思考了孤立对帝国主义情感所产生的影响。由于后来称为新西兰"知识停滞"的现象让奥利弗·达夫感到幻灭，他断定新西兰"恋母情结"的根本原因在于知识的不完善。地理位置的偏远排除了对事件的分析，并对在没有必要的学术研究的情况下便乞灵于帝国忠诚的做法起到了推波助澜的作用。

1943年，伍德在撰写自己的调查时回应说，20世纪20年代，"新西兰所谓的恋母情结达到了高潮"。外交政策是"在另外一个星

第七章　缔造新西兰（1930—1949 年）　*221*

球上上演的戏剧"，既然新西兰"几乎或根本就不能影响事态的发展"，就没有"理由"要"以任何要求国家地位的主张去蔑视人们的感受"。不过，那也可能发生变化；自从那时起，历史学家就一直争论，在日本进入战争——战争推动了政策的调整以适应对美国的"双重依赖"——之后，对英国的依赖在多大程度上发生了变化。就康德利夫和伍德而言，新西兰的未来取决于环绕太平洋——"地球之眼"——的各个国家。

在幽默讽刺地描绘 20 世纪 40 年代晚期新西兰人的文化和教育时，广受欢迎的漫画家 G. E. G. 曼宁尼克（G. E. G. Minhinnick）阐明了各种日常行为是如何为这个国家的神话做出贡献的。他捕捉到了一个有关"全黑队不可战胜"的关键性神话向母亲膝旁的小男

图 7.5　《不可战胜的全黑队》

孩传递的过程。母亲，而非父亲，传递着信息，这表明了在认同的形成中教育的重要性。整个国家对橄榄球的着迷可以解读为（他们）继续在玩帝国游戏；然而，讲述游戏的故事并赋予其含义的过程则是在新西兰的家庭中进行的，在家中，母亲们向孩子们传授着各种信仰和价值观念。

从政治的角度讲，1949年是一个转折点，与管制和战时控制形成对照的个人企业精神和自由的原则将工党赶下了台。1936年，作为对工党选举获胜的回应，保守党人重整旗鼓，组成了国家党（National Party）。冷战阴云促使人们在为和平时期征兵而进行的公民投票中投了赞成票，不过，投票率却很低。一个小国再次寻求新的途径以平衡国内和国外安全。

第八章

黄金时光（1950—1973年）

直到1950年，战时控制才结束，这使新西兰人得以展望一个战后发展和变化的时代。20世纪50年代和60年代常常被回忆作"黄金时代"。对于那些在生育高峰时期（1945年至1961年）出生、没有受累于萧条和战争的人们以及负责养育他们的父母来说，此时期在许多方面确实是黄金时代。然而，广泛地讲，太平洋地区的内部动力处于变化之中。布鲁斯·梅森（Bruce Mason）在《黄金时光的终结》(The End of the Golden Weather) ——他的一出关于一名男孩童年的一个夏天的生动的独角戏——中捕捉到了这种倾向。在青春期，他解释说：

> 这一陌生而具有魔力的光亮——这一黄金时光——开始发生变化，而且一个人灵魂中的一些困难时刻展现在他的面前；……他开始察觉到时光面貌的千变万化，为困惑和迷茫所触动，并为他以前从不知道的、可怕而深刻并且神秘莫测的经历而惶恐。

20世纪50年代和60年代新西兰人的情况就是如此。殖民社会的不安宁已经开始，这种情况先出现在毛利人中，接着便出现在未来的太平洋岛屿移民中，最后则出现在欧裔新西兰人之中。

在一个日渐需要已婚妇女作为劳动力的经济中，对男人们来说，这是充分就业的年代（直至1967年）。毛利人和欧裔新西兰人平均寿命的巨大差距迅速缩小。随着毛利人大规模地向城市中迁移，新一轮的文化交流开始了。生育高峰时期出生的人们与其父母——他们希望子女通过扩大受教育的机会而提高自我——之间的代沟出现了。持续的发展使消费社会成为可能，也使相伴而来的礼节和社会规范的变化成为可能，从帽子、手套到迷你裙和不拘礼节。通讯系统发生了变化，它们将新西兰和世界更加紧密地联系在一起。这是一个社会变革与建立新型依存关系的时代。

在艺术方面，耽于幻想的科林·麦卡宏（Colin McCahon）作为一个创造性的人物而出现，他因自己的文字绘画和抽象的风景画——他的绘画常常是在画板上完成的——而受到公众的苛刻对待。暗度（darkness）是他艺术作品的根本；在麦卡宏风景画的黑色颜料中，飞逝的时光和似乎永恒的大地形成了鲜明的对照。通过他的绘画，他竭力发明一种途径来观看"某些合乎逻辑、有秩序而且漂亮的事物，它们属于大地，却不属于大地上的人们"，这一见解直到他在1987年去世才为人们所理解和欣赏。

在政治方面，国家党一家独大。西德尼·霍兰德（Sidney Holland）政府主张"自由"和发展，它奉行机会均等的中间立场，支持殖民契约。从理论上讲，国家党接受了自由市场，而这仍然意味着对英国的依赖，而英国此时已然是一个衰落中的世界大国；在实践中，它继续澳大拉西亚的国家发展模式，其核心任务包括在由美国主导并日渐不确定和混乱的战后世界中调控经济。霍兰德政府由在新西兰出生并忠诚于英国的退伍军人所组成，它仅仅有一名女性成员，即希尔达·罗斯（Hilda Ross）。1950年，政府解散了立法委员会这个由任命而产生的上院，而它也有一名女性成员，即阿格尼思·路易莎·韦斯顿（Agnes Louisa Weston）。她是国家党首任主席的妻子。(具有讽刺意味的是，在20世纪40年代，弗雷泽觉得妇女不能胜任委员，她们是"敢死队"（suicide squad）的成员，投票只是为了完成任务。在此之际，路易莎·韦斯顿被选为委员。)现在，新西兰拥有了一院制的政府体制。在20世纪晚期的社会敌对时期，就毫无拘束地运用行政权力而言，这种体制将产生意想不到的结果。

冷战和核试验场

20世纪后期新西兰反核武器立场的起源在当时已经清晰可见。首先，这个国家面临着"澳新军团困境"：作为第二次世界大战的结果，它不得不竭力应付两个而非一个大国保护者的期望。让这一困境更加糟糕的是，并非首选的保护者美国现在成为在太平洋占统治地位的国家，它取代了处于衰退并正在撤离的英国。澳大利亚和新西兰被用来影响英国的政策；密切的联系、经济依赖、信任和熟悉降低了交易成本，并减弱了战略上的失望。然而，美国却按照不同的规则行动，而这些规则尚不太为新西兰人了解。"按照我们说的那样做"似乎成了命令。

其次，两个西方大国都有着不同于偏远而狭小之新西兰的利益。该国的极端不重要引发了如何处理"顺从地与英国和美国利益保持一致的现实主义保守战略"和"通过集体安全以应付孤立从而关注自身利益的理想主义"二者间关系紧张的问题。从更为长远的角度来看，新西兰将选择由联合国提供的多边准则这种更为高尚的道德立场。

当时的首席外交官——儒雅的阿利斯特·麦金托什（Alister McIntosh）在回顾往事时谨慎地说，作为一种战略，固守与英国的联系"获得了成功",但战后它却"或许被遵循得太久了"。战争本身已经表明,没有美国——它已经成为重要的"伟大而有影响的朋友"——的全力支持,将不会安全。

首相西德尼·霍兰德清楚地认识到了这种"双重依赖",他在1955年的议会中指出:我们不仅要为英国的帮助提供理由,准备好在英国的船上发挥我们的作用,而且还必须赢得美国的支持。1945年起,冷战的外部威胁塑造了防御政策。实际上,正如对种族退化的恐惧激发了之前的防御政策一样,对共产主义的恐惧驱使新西兰与澳大利亚一道作为西方同盟中的一个小伙伴而加入了冷战。

幸运的是,冷战提供了促使美国继续对位于主要策略外围的地区感兴趣的新机遇之窗,同时又能维系英联邦的传统联系。澳大利亚和新西兰都默认了美国拒绝给予荷兰西巴布亚的行动。随着1950年朝鲜战争的爆发,两个邻国都派出了军队,名义上是支持联合国,但从技术上讲,他们是英联邦军队的组成部分。实际上,新西兰和澳大利亚都支持美国,而美国则不希望孤身进入到朝鲜。与此同时,美国寻求与日本之间的"软和平",以确保和日本的友谊;同时,它对朝鲜和中国的共产主义"进行遏制"。这种对最近战争中的敌人的接受要求澳大利亚和新西兰改变态度。由澳大利亚、新西兰和美国组成的"太平洋共同防卫组织"(ANZUS alliance)宣称,对这三个合作伙伴中的任何一个构成威胁就是对全体的威胁。事实证明,该组织是它们获得的重大奖赏。

从1950年起,通过科伦坡计划(Colombo Plan),非军事影响与军事方面的影响同时在南亚和东南亚扩大。计划之目的是鼓励经济发展,并如希望的那样消除不稳定局面。科伦坡计划奖学金让新独立国家的学生前来澳大利亚和新西兰学习。从理想主义的角度看,目的是援助第三世界;而从现实主义的角度看,则是为了让美国负担资金并为地区安全承担义务。

从根本上来讲，在外交事务中寻求的任何自由都有赖于与美国之间的联盟。《太平洋共同防卫组织协定》起草于堪培拉，1951年在旧金山签署，它是新西兰（或澳大利亚）在没有英国参与的情况下加入的第一个安全同盟。美国坚持三方协定，因为它不希望受到太平洋中的帝国主义国家法国和英国的制约。"太平洋共同防卫组织"承诺，但却没有保证，在受到来自亚洲威胁的情况下——以冷战新面纱进行装饰的昔日的恐惧——由美国提供支援。随着时间的推移，"太平洋共同防卫组织"的重要性不断增强，因为它提供了与华盛顿之间高水平的交流，并让新西兰能够轻松获得美国超强的军事情报，并使用其基础设施。

由于新西兰和澳大利亚对"亚洲威胁"仍旧疑心重重，它们被卷入到了一系列小规模的战争之中。新西兰重整旗鼓，在马来亚帮助英国，并为20世纪50年代的"马来亚紧急事件"（Malayan Emergency）做出了贡献；之后，20世纪60年代，它又先后在泰国、马来西亚与印度尼西亚的冲突中承担义务。新西兰是作为1954年《东南亚集体防御条约》（Southeast Asia Collective Defance Treaty）的签字国而参与到"马来亚紧急事件"之中的。该条约包括英国、法国及太平洋共同防卫组织的成员，同时也包括泰国、巴基斯坦和菲律宾。接着，新西兰跟随美国的领导，对1966年丧失权力的苏加诺采取了敌对的态度。最后，新西兰不情愿地跟随澳大利亚而卷入了越南战争。

越南战争是新西兰在没有英国的情况下首次参与的战争，它是外部压力的结果。为了防止太平洋共同防卫组织——官员们将它被视为外交政策的轴心——受到任何威胁，新西兰的一支小分遣队加入了澳大利亚的特遣部队中。1965年，士兵们取代了已经置身于越南的工程师,接着,步兵作为澳大利亚营和医生的一部分也被派遣而去。可是,首相基思·霍利约克(Keith Holyoake)却将军队的作用限制在最低水平。(霍利约克被赋予"基维基思"[Kiwi keith]的绰号,以使他和同名的一位澳大利亚表兄区别开来,这个绰号在很大程度上体现了新西兰认同。)在1965年至1972年间,仅有3900名新西兰人(在越南)服役,他们全部是志愿兵,其中37人牺牲。

与此同时,在遥远的南方,新西兰在南极洲的参与促进了与美国的关系。1923年,英国命名了"罗斯属地",并将这块楔形的南极领土划归大英帝国新西兰管辖。但新西兰人只是在1957年至1958年才开始行动起来,保护南极免受冷战竞争和人类开发的影响。当时,国际地球物理年(IGY)倡议和维克多·福克斯(Victor Fuchs)领导的1955—1958年英联邦跨南极探险队推动了这一行动。福克斯重走了英国探险家斯科特和沙克尔顿的前路。1959年,驻扎在新西兰主权领土麦克默多湾的美国海军帮助新西兰人建立了他们的基地——斯科特基地,作为罗斯岛附近的"邻居"。相反,克赖斯特彻奇曾经是,现在仍然是美国人"深冻行动"的出发点。

在国内,冷战弥漫于生活之中。国家党成功地利用了冷战的国内影响,从而在整个20世纪50年代和60年代一直当权。1951年激烈的码头纠纷持续了151天,它使有关问题处于显著地位,击垮了强大的码头工人工会的脊梁,并使国家党越来越强大。在经济方面,由于繁荣依赖于出口导向型的经济,骚乱成了标题新闻。在相对便宜的空中旅行普及之前,新西兰人依靠船运和港口来维持生活水平。可是,码头工作的组织是英国公司的独占领域,他们只关心公司能否迅速出现转机和削减成本,这导致了其与码头工人的持续冲突。朝鲜战争期间，在初级产品价格打破纪录，特别是羊毛价格高昂之际，持续的纠纷打断了出口。

按照某一种观点，冷战使劳工运动分裂为"劳工联盟"（Federation of Labour）——它由弗雷泽以前的知己 F. P. 沃尔什领导，沃尔什是这个国家曾经有过的最接近于黑手党教父式的人物——和更加好战的"工会联盟"（Trade Union Congress），它包括码头工人。好战分子犯了严重的错误，他们拒绝仲裁，不明智地挑战政府权力，而政府则宣布了应急条例，并命令武装部队开进到各个码头。拒绝接受仲裁摧毁了工会，并损害了公众对工党的信任；而劳工联盟却站到了政府的一边，这对他们彼此都有好处。1951年，在以法律和秩序为中心的突然选举中，国家党获得了决定性的胜利。

关于纠纷的一个较新的观点认为，冷战话语与真正的根本原因无关，真正的根本原因是"结构性的，而且嵌入到了劳工进程之中"。一部有关低工资、就业没有保障及工作中的种种危险的历史催生了敌对和暗中的抵抗，当经济好转后，这些战略则被用来影响雇主。资方拒绝承认合理的抗议，而政府也被迫承认航运业的市场支配地位。雇主们挑起了纠纷，而后便又躲藏了起来，这使政府得以利用冷战的歇斯底里和民粹派法律与秩序的政纲。

冷战的躁动进一步刺激了核武器计划，而反之亦然。在共产主义和资本主义的两极竞赛期间，美国、英国和法国将太平洋——这里人口稀少，而且几乎不需付出什么政治代价——视为他们的"核试验场"。紧接着第二次世界大战期间英美秘密的曼哈顿计划，英国寻求自己的核威慑。20世纪50年代，英国人返回该地区，在澳大利亚西部海上无人居住的岛屿以及南澳大利亚内地进行核试验；1957年至1958年，他们又在吉尔伯特群岛（Gilbert Islands）（基里巴斯，Kiribati）上进行了氢弹试验。在1958年之前，美国在马歇尔群岛上进行了核弹和氢弹的大气试验；1962年，美国不顾公众对核辐射微尘不断加深的担忧，进行了一系列最后的试验，这些试验影响了新西兰的远程通信系统。美国人总共在太平洋引爆了66枚核装置。

然而，引发了最为强烈抗议的则是法国的核弹试验，这既是因为他们在1966年违反1963年《部分禁止核试验条约》(*Partial Test Ban Treaty*) 而开始试验，也是因为法国利用核试验来坚持其在波利尼西亚的殖民权力，而这种权力在新西兰长期遭到人们的憎恨。如果法属波利尼西亚已经独立的话，那法国就不可能在群岛上空和地下引爆核弹。随着核弹试验的扩散，和平运动聚集起了力量，它组织了一次要求仿效1959年英国模式而进行核裁军的游说活动。新西兰人憎恨在被他们视为后院的地区进行核弹试验。就核试验对库克群岛影响的担忧助长了反法情绪。有问题的是，核武器也成为美国军事战略的一个关键特征。以这样一些有意无意的方式，冷战的紧张局势投射到了当地的政策和政治之中。

战争期间核武器的发展引起了对铀的需求，并激起了各种希望：一发现铀，便能进入核时代。战时秘密寻找铀毫无成果，但在1955年，公开发起的搜寻使得盖格计数器（Geiger Counter）在西海岸——在现在成为国家公园的一个地区——泛滥起来，这加速了寻铀热潮的到来，并不禁让人回想起一个世纪之前的淘金热潮。从那时以来，新西兰政府、英国核能当局和企业花费了25年的时间在西海岸寻找铀，但却没有找到可行的矿层。一个非常令人着急的难题保留了下来：20世纪50年代，如果储量能够带来经济效益的铀矿被发现，那将会是怎样一种情况？新西兰政府会制定一个无核化的政策吗？如果确实找到了能够带来经济效益的铀矿层的位置，这个国家可能已走上了一条完全不同的道路。

第八章　黄金时光（1950—1973 年）　*231*

20 世纪 50 年代，那时能源的未来似乎指向原子能。官员们一致同意需要核电站，但他们却就"如何对英国和美国间的竞争——源于两国向'自由世界'提供核装备的努力——进行回应"展开了争论。1956 年，在与美国签署一份协议（正如伊朗 1957 年所为）后，新西兰得以获得浓缩铀来作为研究反应堆和装备的燃料，并建立起了核科学研究所。1961 年，该协定被转交给了新成立的国际原子能机构。美国的"原子和平"计划也向坎特伯雷大学捐赠了一座亚临界的反应堆，从 1961 年开始，该反应堆一直都在运行。

因为电力短缺困扰着战后的新西兰，核能被提上了议事日程。在 1955 年至 1964 年间，发电量增长了一倍，却几乎仍不能满足迅速增长的需求。作为回应，政府修建电力基础设施，正如它对铁

图 8.1　内维尔·S. 洛奇：《利多电力计划》，1963 或 1964 年

路采取的措施一样。20世纪50年代，发电站项目控制了北岛的主要河流怀卡托河；20世纪60年代，它们则控制了南岛的威塔奇河（Waitaki River）。在1950年拟议而在1964年铺设的跨越库克海峡的电缆，将南岛水力发电站的电能输送到急需电力的北岛。1958年至1965年间修建班摩尔大坝（Benmore Dam）需要挖掘的土方规模是如此巨大，以至于漫画家内维尔·洛奇（Nevile Lodge）暗示，有关哪个岛屿是"大陆"——南岛声称拥有这一头衔——的争论可以通过将两个岛屿移动到一起而加以解决。

让人们到新西兰居住

让一些人吃惊的是，战后的增长并没有像希望的那样需要许多非英国移民；这让这个国家不必去争夺他们。婴儿潮提升了出生率，而大量英国移民的到来则提供了长时期内新来者的三分之二。1947年，受资助的移民活动以"十镑移民"（ten pound Poms）而恢复——他们发现搬迁要比在国内度假便宜。从1945年至1975年间，荷兰人几乎占据了从欧洲大陆吸收的移民的一半；在新西兰的思维中，作为北欧人，他们最接近于理想的英国人。在1945年至1971年间，差不多有77,000名新来者从英国抵达，同时，大约有6200人从荷兰迁徙而来。从1949年起，在总数为9万人的受资助欧洲移民中，仅仅有4500名难民和1100名匈牙利流亡者到来。直至20世纪80年代晚期，亲属移民延续其历史模式；英国提供了差不多半数的永久抵达者，澳大利亚紧随其后，提供了四分之一。战后的移民活动也产生了一个重要的荷兰社群，其中有德布利斯和博伦家族，他们分别在社会公正问题和曲棍球方面出了名；还有伊尔科·博斯维克，他于1961年在尼尔森建立了"在伊尔科"咖啡馆。

出于战后与太平洋沿岸地区发展关系的需要，针对"亚洲"的政策首先出现了松动。正如在加拿大一样，印度人能够以英国臣民（现在是英联邦公民）的身份入境。1944年，向中国移民征收的人头税被取消了；1952年，华裔新西兰人重新获得了自1908年以来便遭到拒绝的归化权利，不过，仅仅有1名妇女符合条件，在接下来的两年中，又有20名男子满足了条件。作为对边境限制的全球性发展的回应，1961年的《移民修正法案》(Immigration Amendment Act) 要求非新西兰公民拥有入境证。在实践中，华人和印度人除非有家庭联系，否则他们仍然难以获得入境许可。甚至英国人都需要许可证。澳大利亚人是例外，直到1981年，他们都不需要许可证，甚至不需要护照。

移民政策的变化与经济方面的变化一同发生。鉴于欧洲人在很大程度上满足了对熟练劳动力的需求，太平洋岛民和毛利人则提供了廉价的非熟练和半熟练劳动力。在战后最大的变化中，大洋洲的其余地区——棕色人以及白人——取代了英国而成为移民的主要来源地。随着太平洋各岛屿的非殖民化，"好移民"开始包括岛民。殖民社会的幻想持续到20世纪70年代，这种幻想即是：作为波利尼西亚人同族与非熟练劳动力，太平洋岛民和毛利人在国家中拥有一席之地；为了打破权力和特权结构，毛利人也"不再受到歧视"。

太平洋岛民的数量较少（在1966年尚不超过26,000人），但从比例上来讲却具有重要意义。多数人来自新西兰的属地：库克群岛、纽埃岛和托克劳群岛——1966年，它们的人口在很大程度上都搬迁到了新西兰和西萨摩亚——直到1962年，它都是联合国监管下的托管地。来自汤加、斐济和塔希提且数量更少的人们则声称拥有真实（和想象）的联系。白种人将岛民们视为既非英国人也非外国人，也不是种族上的异族，而是另外一种毛利人，而毛利人却并不这么看。与此同时，公众在很大程度上仍然对该国在太平洋的亚殖民主义遗产毫不在意。甚至政治家都不清楚，从新西兰属地来的太平洋岛民是否属于新西兰公民。

与其他大国相比，新西兰在南太平洋推行非殖民化的时间更早，但是不那么彻底。在新西兰的托管之下，萨摩亚宪法定期得到修改，以便分阶段转交责任，从而为独立做准备。内务完全自治在1959年实现，独立则在1962年实现，在此之后，西萨摩亚人能够根据配额制进入这个国家。

与库克群岛之间达成的"自由联合"协定是世界首创，并与当时澳大利亚和美拉尼西亚人间的关系形成了鲜明对照。事件的顺序类似于西萨摩亚模式。1962年，库克群岛被给予了统一、独立或在与新西兰"自由联合"的情况下自治的选择。库克群岛居民选择了最后一项，并在1965年实现完全自治，而新西兰则负责外交事务。"自由联合"向这个微小而分散的岛屿群提供了"作为一个国家的自尊"的好处，却不必承受"独立的灾难"。从自己作为英国自治领而同时具有之依附和独立地位的经历中，新西兰对于如何成功协调两个世界非常精通，同时，它将这种经历实践于太平洋的属地。到1974年，纽埃岛（一个单独的珊瑚礁）也沿着同样的道路而实现"自由联合"，微小的托克劳则仍然是新西兰的附属地。

虽然新西兰对太平洋岛民施加了影响，岛民也影响到了新西兰人对他们自身的认识。知识分子——从经济学家到诗人和艺术家——开始坚持太平洋认同。1959年，以太平洋为中心的观点出现在民族历史学家基思·辛克莱（Keith Sinclair）——他出生于奥克兰，毕业于新西兰大学并获得了博士学位——的经典之作《新西兰史》中并非偶然。辛克莱将新西兰定位在太平洋及新世界中。他反对英国特性，他认为英国特性是南岛殖民神话的组成部分；而他的对手则嘲弄说，左翼的辛克莱流派将新西兰描绘为"长粉红云"。

白种人-毛利人的关系,而非太平洋岛民,也非亚洲,更非妇女,在辛克莱的历史中起着重要作用。城市和乡村间新型的相互依存将毛利人在国家中的地位放在了显著位置。

毛利人的城市化

从20世纪30年代起,在人口恢复和土地太少而不足以养活青年人这一状况的推动之下,毛利人为寻找工作而进行的迁徙增多了。与此同时,战后长期的繁荣也需要工人。第二次世界大战加速了毛利人"无声的迁徙",从而引起了毛利人对工作和更美好生活的希望。在1945年至1976年间,毛利人口从主要生活在农村(74%)转变为居住在城镇(77%)。对毛利人和欧裔新西兰人来说,这都是一个剧烈的变化;从19世纪60年代至第二次世界大战末期,他们在很大程度上都过着不同的生活。于是,战后的新西兰经历了又一轮的文化碰撞。

在殖民神话中,殖民城镇曾经代表着荒野的文明。战后向城市和郊区的搬迁延伸了这一进程。例如,在1950年克赖斯特彻奇建城百年之前,在其城镇中心很少见到毛利人的面孔。在奥克兰,部族的定居点被湮没在绵延的郊区之中。欧裔新西兰人决策者将传统的寨子视为地理景观上的污点。"现代"毛利人必须成为城市人和郊区居民,其途径便是搬迁到20世纪贫民窟的镜像——郊区。在这样的背景下,1951年组成的"毛利妇女福利同盟"在1964年成功地将《寨子的洗濯日》(*Washday at the Pa*)这一小册子从学校中撤出,因为其对毛利人生活进行了前现代的描绘。

作为对人口迅速变化的回应,"融合"取代"同化"成为首选的种族关系政策。对世纪早期的纳塔来说,毛利人属于新西兰乡村,归属于他们部族的领土。他的解决办法是将殖民契约延伸及毛利人，允许他们耕种和开发自己的土地。但是，第二次世界大战将毛利青年动员起来，要么服役，要么进行生产；对许多人来说，这就要搬迁到城市。战后，这一迁徙得到了高度的协调。从充分就业的观点来看，国家将毛利青年视为"工业劳动力的储备"，他们应该从"没有经济收益的"区域迁徙到城镇。当时有2000多个职位空缺。1960年至1967年间，当成本得到削减时，官方的迁徙计划为准备搬迁到城镇中心的家庭提供了资助。毛利妇女为廉价的膳食费用和优厚的报酬所吸引而进入酒店和医院，并进入教学和护理行业，而这些都被看作是对将来的妻子和母亲合乎时宜的训练。青年人大多来自北岛东部海岸，他们为接受行业训练而迁徙到克赖斯特彻奇。1961年至1967年间迁徙的差不多2700名青年中，52%的人都是作为学徒迁居到克赖斯特彻奇的。

1960年的《胡恩报告》（Hunn Report）（1961年公布）建议毛利人采取"现代的生活方式"。它制订了"融合"的目标："将毛利人和欧裔新西兰人的要素相结合（而非融合）以组成一个国家，其中毛利人的文化仍保留其特色。"这意味着"毛利文化的某种延续"。然而，批评家却将这种政策斥为另外一种名称的同化。它假定国家的领导是一种给定的事物，而且还忽略了过去的教训，即毛利人的问题需要由毛利人自己来解决。为了"一个国家"的政策，政府到1969年终止了毛利学校体系。一些欧裔新西兰人的团体确实对土著文化更为感兴趣。重要的是，"融合"给予了毛利人谈判的空间，例如，为获取国家对修建城镇毛利会堂的支持。

融合和城市化的政策改变了毛利人的公民身份。从负面讲，人民因丧失土地而失去了根；从积极的方面讲，在20世纪初期人口恢复之后，生活机会迅速增多。从20世纪60年代起，毛利人经历了健康的过渡时期，它体现在生育力和死亡率的下降。1901年至

1961年间，毛利妇女的预期寿命增长了一倍，与欧裔新西兰人间的差距开始弥合。由于向城市的迁居将亲缘网络由大家族重整为核心家庭，以分开的郊区房舍为象征的家园在培养理想的毛利人和欧裔公民方面越来越重要了。毛利妇女福利同盟宣称自己的中心是"母亲、孩子和家"，并将拥挤而未达到标准的住房问题作为靶子，在奥克兰尤其是如此。

郊区偶像

战后，政府培育起了由家庭理想、婚姻和家庭所构成的集体认同。分开的郊区房舍、经过修剪的屋前草坪、孩子们能够在其中玩耍的更为悠闲的后院、旋转的晾衣绳、一畦菜地、给妈妈的花朵、给爸爸的小屋，开始成为一种据信是所有新西兰人都可以获得的民族生活方式的标志。20世纪60年代，郊区房舍和工业的分散发展导致了郊区购物中心和超级市场的出现。1958年，沃尔沃斯（Woolworth）从澳大利亚扩展到了新西兰；在同一年，陈麟智和合伙人在奥塔拉建立了"食乐园"。在克赖斯特彻奇，海斯商场于1960年在"教堂拐角"开业，"里卡顿购物商场"则在1965年开业。

1945年至1961年，郊区随着婴儿潮（同样是国际性的）一起扩展。婴儿潮是由因萧条而推迟结婚的夫妇以及在战争期间和战争末期结婚的年轻成人所共同构成的结婚高峰造成的。到1960年，家庭规模由平均不超过两个孩子增长到四个孩子，他们先是使妇产医院人满为患，接着又使幼儿园和小学拥挤不堪。婴儿潮时期出生的人们助长了对家用电器尤其是洗衣机的需求，以减轻清洗尿片的工作。到1960年电视机甫一面世时，大部分家庭都拥有了洗衣机和冰箱。婴儿潮时期出生的人们刺激了儿童玩具市场的发展，并促使父亲们修建采沙坑以鼓励蹒跚学步的孩子进行创造性的玩耍。随着人们过上更加健康和长寿的生活,养育孩子的规则也随着孩子经济和情感价值的变化而变化。事实上,更加健康的孩子确保了儿童保育规则从"性格"向"人格"过渡,也就是从特鲁比·金博士的理论过渡到斯波克博士(Dr. Spock)的理论。

在经历了经济危机、世界大战和住房短缺之后,新近成为父母的人们热切地希望拥有一幢郊区住房和一辆小车。可是,他们却对实现梦想而欠下的债务感到焦虑。由于地位日渐来自自置居所,拥有而非租用的房舍比例迅速增长至70%。冷战政治和自由企业精神结合在一起,推动了政府同意自置房舍,并向房客出售政府掌握的房舍。国家党政府增强了用于房屋建筑的国家贷款的供款能力。从1957年起短暂当权的工党增加了廉价的住房贷款和

图 8.2 《沙坑中的蹒跚学步者》,北帕默斯顿,1959年。对被安置在新小区的新房屋里面不足五岁的孩子来说,沙坑要比在未经开发的后院中开辟一个园子重要。

便利，以供父母们能够将他们孩子的家庭津贴用作住房押金。拥有财产的民主理想再度呈现为防范冷战的壁垒、一种在任何第三次世界大战中的国内防御手段，以及一个抑制社会反常的方法。

在郊区，巴芙洛娃蛋糕体现了女性的理想。它是一种松软的蛋白酥皮蛋糕，澳大利亚也同样声称它拥有民族食品的地位。纯粹、雪白而具有女性特质的巴芙洛娃蛋糕在烤制时具有危险，需要有铸铁炉才能成功地烤制出来。它和犹如羽毛般轻的奶油布丁一同体现着女性厨师的文化价值以及她们对厨房的支配。20 世纪 30 年代，巴芙洛娃蛋糕从大洋洲使用常用成分（就它的情况而言，主要成分是蛋和糖，并以奶油作为辅料）烘焙美味可口食物的传统中发展起来。一个早期出版的烹饪法来自"朗基欧拉母亲联盟"的《经过尝试和试验之食谱组成的烹饪大全》（*Cookery Book of Tried and Tested Recipes*）。它是朗基欧拉英国国教教区的妇女在 1933 年萧条所导致的低沉而最为严重的时期的贡献。相比之下，20 世纪 50 年代和 60 年代早期是蛋类和农产品非常丰富的年代，官方宣传道："一切食物加上奶油味道更好。"

另一方面，男人们的渴求开始体现在埃德蒙·希拉里爵士身上。1953 年 5 月，作为英国探险队的的一员，他和夏尔巴人坦京·诺盖一起征服了珠穆朗玛峰，并立即获得了爵士的头衔。这一切铸就了他作为最伟大的新西兰英雄的地位。他恰好在伊丽莎白女王加冕之前获得成功，这给人们留下了他既是为了女王也是为了新西兰而攀登世界最高峰的印象。埃德·希拉里总体体现了新西兰文化中颂扬的男性品质，他成了这个国家最受宠爱的偶像，并被绘上了 5 元的纸币。希拉里是一位帝国的英雄和开辟者，他是首位也是最优秀的一位；他说话简洁而具有人道主义精神；他是一位粗犷的绅士，喜欢冒险但却讲求实际，在攀登上珠穆朗玛峰之后，他也成了一名居家男人。他大步穿越于山水之间，征服了从最高峰到南极的一切地方。1958年1月，希拉里乘坐改装过的农用拖拉机向南极点进发，他击败了英联邦横跨南极探险队的英国领导人，比福克斯早16天抵达南极点，证明自己是一个民族主义者，而不是帝国主义者。更无礼的是，他用美国燃料而不是英国石油补充补给，并由美国人乘飞机返回南极点迎接富克斯，以利于美国媒体的报道。

希拉里对美国的热情拥抱比那些谴责美国电影、音乐和漫画"泛滥"、堕落和低劣的精英知识分子的态度更好地反映了人们对美国大众文化的反应。1956年，当猫王的唱片和摇滚音乐剧《昼夜摇滚》（*Rock Around the Clock*）登陆新西兰时，人们对爵士乐和摇摆乐的反应几乎没有早先有过的那种谴责。人们冷静地对待摇滚乐。比起青少年的音乐品味，父母们有更需要担心的事。（图8.3）

图8.3 《有关父母对核试验的焦虑及对青少年音乐可笑的宽容的评论》，《基督城星报》，1956年10月6日，第7版

比较起来,女王(在撰写此书之际,她因被印上20元的纸币而受到纪念)在1953年至1954年的夏天作为首位在位君主而访问新西兰和澳大利亚引起了极大的轰动。女王的游历增强了爱国主义,而1953年圣诞节女王的在场安慰了受到自然灾难震动的社会。圣诞前夜,在北岛的邓基卫(Tangiwai),来自火山高原的火山泥流冲走了一座铁路桥,导致151人遇难。不久后,从奥克兰开往惠灵顿的特快列车满载着因圣诞假期而来的旅行者,却坠入了下面涨了水的河流之中。年轻的女王如母亲般地守护着这个国家。为了展示这个国家儿童的健康状况,在公众的坚持之下,一车车学生到场欢迎她。

尽管最受人喜欢的是以儿童为中心的形象,而且或许就是因为这一点,焦虑加深了:青少年未曾遭受过战时约束之苦,而且,作为消费主义的后果,他们正在变得难以控制。20世纪50年代,青年文化引起了道德恐慌——一种对政府出资援建的郊区新私有房屋中青少年性行为的恐慌。为追踪报纸上猥亵的评论,"儿童及青少年道德过失特别委员会"于1954年碰头进行质询,以调查惠灵顿和奥克兰郊区青年的行为。包括一所知名男校的校长、"全国妇女委员会"代表和"天主教妇女同盟"代表在内的名人委员会指责职业妇女和"性生活过度的"女孩子在奶品冷饮点心铺以及河堤上的"卖弄风情"(hanky-panky)。难怪青少年的犯罪率在20年中都居高不下。委员会的担心是有道理的,20世纪50年代预示了一个新的时代,在这个新时代中,青少年将起来造反:"代沟正在出现。委员会成员和一些目击者为可口可乐、摩托车以及穿牛仔裤的女孩感到担心。"由于青年人思想和行事方式开始变得不同,新西兰文化中最优理念开始受到考验,国家党和工党则开始在郊区争夺年轻家庭父母的选票。

直到20世纪70年代，教育青年罪犯的弟弟妹妹——在婴儿潮时期出生的孩子——使得公共资源捉襟见肘。小学搭起了（而且也忍受着）预制的教室，以应付学生人数的迅速增长；与此同时，随着更多的青少年留在学校之中，中学的入学人数在1945年至1959年间增长了一倍。高等教育在技术学院和大学中迅速增长。1961年，新西兰大学这一由省属学院组成的联合大学分裂成了不同的大学。1964年，两所新大学即马西大学和怀卡托大学成立；与此同时，坎特伯雷大学分阶段迁入了为工科和理科提供更多空间的城郊新校区。即便是在这个小社会中，一个青年革命、嬉皮士鲜花力量（hippie flower power）和抗议的时代也即将到来。由于全球性的影响，反叛"符合潮流"。

抗议运动

对母亲们来说，生活也正在发生变化。并非是避孕药丸（1962年引入）改变了妇女的地位和社会对她们的看法，从而解除了道德束缚：避孕药丸仅仅是突破了节育类型使用中的阶级壁垒，并使得避孕更为可靠。妇女较过去结婚更早，生育的孩子也更少，而且也更为长寿。这种人生历程的变化为已婚妇女留出了进入有偿工作的空间，而一旦她们的孩子开始上学，经济也需要她们。到1966年，几乎20%的已婚白人妇女进入了雇佣劳动大军的行列，这与1945年的不到8%形成了对比。她们可以从事的工作范围狭窄，常常是一些非全日制的工作，这样，她们也能够继续做家庭主妇。公共机构专门寻求吸引有技能的妇女成为固定的教师，以缓解向生育高峰期出生的人们提供教师的压力。整个20世纪50年代和60年代，医院护士相对短缺的局面都一直存在。

具有讽刺意味的是，在倡导专心家务的同时，政府又带头促进已婚妇女从事有偿劳动。从1960年起，公共机构开始实行同工同酬。私营部门则又滞后了12年，直至1972年《同工同酬法案》（Equal Pay Act）生效。在20世纪60年代晚期，蹒跚而行的强制仲裁制度——它为熟练男性工人确立了最高的工资率——为同工同酬的主张提供了助推机会。

1967年，在经历了半个世纪之后，酒吧女服务员最终被允许回到酒店吧台后面，并且，六点钟打烊的做法也结束了。许可证法的放宽让酒馆得以开放至晚上十点的就寝时间。但是，在1971年，奥克兰、惠灵顿和克赖斯特彻奇首先发生了新一波愤怒青年女权主义者发起的"酒馆解放"，她们要求在公共酒馆饮酒——而且是饮用比那些接受妇女的高级酒吧便宜的酒水——的权利。对饮酒平等权的要求与第一波女权运动中的节欲形成了鲜明的对比。

1970年，妇女解放运动突然登上舞台。妇女们抗议自己像被判刑一样地被束缚在家务之上，她们将家务视为约束性的。作为典型的嬉皮士反文化，妇女解放论者故意挑战既定制度和社会规范。1972年3月，来访的知名女权主义者杰曼·格里尔因在市政厅的公开演说中使用"胡说"一词而在奥克兰被逮捕。运用游行、戏剧和公开抗议的方式，妇女解放论者为法律改革——特别是关于非法流产和同工同酬的法律——而战斗。

20世纪晚期的女权运动是从国际公民权运动和反越战抗议中成长起来的，它特别利用了美国的影响。在婴儿潮时期出生且受过教育的都市青年是一些反法西斯主义者、反对性别歧视论者和社会主义者，他们为和平、环境以及包括性别角色在内的革命而参加运动。当青年女大学生发现性别歧视存在于和平与公民权运动中时，她们感到蒙受了屈辱。在这些运动中，青年男人在为解放被压迫者而战的同时，却希望他们的同龄人泡茶，并提供性安慰。对二等地位的此种切身经历让妇女解放论者下定决心要将各地妇女从性别歧视和父权制社会中解放出来。

反越战抗议揭示了政治中的阶级划分正在经历重组，因为生育高峰期出生的人们长大成人并加入进步的"新左派"中产阶级的行列，他们热衷于结束保守势力的统治。和平抗议者构成了一个更为广泛的运动——它寻求从冷战的束缚中解放出来——的组成部分。在世界各地，正在兴起的以各种问题为基础的抗议浪潮预示着一种新政治的到来，这种新政治拒绝保守的社会规范和偏见，并拥抱新的、更加具有流动性的认同。从局部看，越战标志着外交事务上的一致的结束，它分裂了这个国家。受工党反越战立场的吸引，有教养的青年专业人士汇聚到工党而非国家党中。

与此同时，无论是英国还是美国都正在准备从东南亚脱身。20世纪70年代，英国完成了它在苏伊士以东地区的撤离工作，而美国则退却到菲律宾和冲绳岛，并将一支残余的澳大利亚和新西兰军队留在了新加坡。在这种大国退却的背景之下，到1971年晚期，新西兰便从越南撤离了出来，不过留下了两个训练小组，随后上台的工党政府将它们召了回来。

在1974年诺曼·科克（Norman Kirk）英年早逝前，自1972年起，在世界上表达道德呼声成为他领导下的工党政府的特点。正如一首青年流行歌曲对他的亲切称呼一样，"大罗姆"（Big Norm）以前是一名火车司机，是一名自学成才的知识分子。他复兴了工党的传统，即独立的、有意识体现理想主义的"道义"外交政策。随着冷战进入最后阶段和越战的结束，他建立了与中国和苏联的关系。通过在世界舞台上阔步前进，他同样也解决了嬉皮士那代人让人讨厌的"文化盲从"问题，并将民族主义和国际主义结合起来。科克与把自己视为全球公民的青年革命拥护者非常投缘。他将国家

第八章　黄金时光（1950—1973 年）　245

的狭小和偏远当成一种机会，一个在小国和新西兰对其不构成威胁的超级大国间进行斡旋的机会，这在很大程度上正如彼得·弗雷泽在联合国的所为一样。

进步青年为科克政府在南太平洋推动无核化区域而感到高兴。在漫画《"太平洋共同防卫组织"三巨头会议》（图 8.4）中，诺曼·科克面对美国带到"太平洋共同防卫组织"桌前的军事装备，提出了建立无核区的主张，而澳大利亚外交部长则站在一边，佩戴着"伍默拉火箭俱乐部"的徽章。自 20 世纪 60 年代以来，新西兰公众一直反对在南太平洋进行核武器试验，尤其是法国在莫鲁罗亚环礁进行的试验，不管他们是否支持太平洋共同防卫组织。

从哲学的角度看，对核试验的反对与环保运动的兴起是结合在一起的。南岛国家世界遗产公园建立于生育高峰期出生人们的童年时期（峡湾［Fiordland］和库克山在 1953 年建立）。随着更多的家

图 8.4　艾里克·W. 希思：《"太平洋共同防卫组织"三巨头会议》，"先生们，我们不能全都支持无核区，有什么理由吗？"，1974 年 2 月 27 日

庭坐车旅行和旅行度假，当他们待在旅行车停车场或汽车旅馆时，他们对山水的民族情感增强了。交通的发展，例如从瓦纳卡通往韦斯特兰并经过哈斯特关的道路的竣工，助长了这种趋势。无需付费导游而"自由行走"于米佛步道是在1964年才出现的。

但是，这些景色优美的奇迹和度假地——生育高峰期出生的人们在这里学会了探险——受到了怎样的保护？许多将来的风景遗产保存了下来纯属幸运。当各个家庭对他们的国家有意识之后，对不考虑风景和保护价值的树木砍伐、矿藏开发以及无序发展的担忧增加了。20世纪60年代晚期和70年代早期的"拯救玛纳普里"（Save Manapouri）运动标志着公众态度从拓殖土地向保护自然资源的转变。从1960年起，历届政府都批准了与"科马尔科"（当时的一家英国-澳大利亚联合企业）的一项协议，从峡湾国家公园的玛纳普里湖向一座炼铝厂提供廉价的电力。最初的提议要求将湖面提高30米，而这将淹没湖里的大多数岛屿，并破坏邻近的蒂阿瑙湖。抗议运动提出了一些关键性的问题，即：保护还是发展、国内还是国外资金、跨国公司对主权的威胁、国家的角色、支持新西兰文化的价值标准等。在这种情况之下，公众压力解决了调查委员会不能解决的问题：1970年，由皇家森林和鸟类保护协会组织、得到265,000人签字的请愿便是一个明确的证明。

经济相互依存

然而，对环境的关注尚没有延伸到质疑第三轮草场革命的影响。到目前为止，尚没有成为牧场的山区被从空中施洒从瑙鲁开采的磷肥，而没有考虑其对每一个地区的影响。新西兰飞行员作为空中施肥的先驱征服了崎岖山区的最后边疆。使用放射性钴的研究同样揭露出土壤中钴的缺乏。用钴进行空中施撒将草场革命扩展到了北岛中部的浮石地区,并克服了绵羊的"丛林病"问题。一旦空中运输模式开始出现,新型技术就反映了新型的相互依存。随着飞机在山区农业中的使用,绵羊的数量在20世纪50年代几乎增长了40%。正如一位有远见的教师和作家H. C. D. 萨默塞特(H. C. D. Somerset)引用一位农场主——他对这种"新型拓荒"和"新型农业"对土地尚不可知的影响表示了担忧——的话说的那样:"就我们所知道,即便我们尽力施肥,我们对它的利用也可能正在超出其所能够承受的限度。"掌握科学的农场主正在转变为环保主义者。

飞机加速了全球化进程,而全球化则在全世界巩固了各种联系,并构筑起新的纽带。到1970年,空中旅行的成本降低到海上旅行成本的水平,结果,冒险家离家远行不再至少需要花费三个月的时间。20世纪60年代,当政府全部买下塔斯曼帝国航空有限公司下属"澳洲航空"的股权后,发动机震耳欲聋的喷气式飞机开始投入运营。战争期间,这家公司在联合王国、新西兰和澳大利亚的政府监管下开始使用英国飞艇。澳大利亚和新西兰都选择用国际范围内飞行的本民族运输机来处理安全和地理位置偏远的问题。1965年,新西兰航空公司作为国家航空公司出现,它使用的是美国道格拉斯飞机。1973年前,它将自己的抱负局限在塔斯曼航线和太平洋,并飞往洛杉矶、香港和新加坡。

在经济方面,这个国家继续忠于昔日的英联邦俱乐部,因为后者提供了外部稳定的最佳保障。第二次世界大战之后,英联邦经济网络组成了牢固的英镑区。由于血缘纽带,成为一个家庭并不总是让人感到舒服,但"信任却让其得到润滑"。尽管美国无疑是强大的,而且越来越如此,但与防务方面不同,它在贸易方面并不是朋友。即便澳大利亚和新西兰离开了英镑区,它们仍然必须克服美国的农业保护主义,而这是不可能的。

与英国作为世界强国的衰落相一致,英镑区不可避免地开始分崩离析。尽管一直到1967年新西兰都还保持着肉类和奶制品免税,但战时的大宗采购协定却在1954年就结束了。世界经济权力基地的此种变化迫使(新西兰)重新安排其与英国和其他国家间的关系。当人们的口味发生变化而不再喜欢黄油、奶酪以及冻绵羊和山羊肉时,这也产生了同样的结果。新西兰对国际环境变化的适应要比澳大利亚艰难得多,澳大利亚可以通过开采各种矿石来实现多元化。

朝鲜战争期间羊毛价格的突然增长最初掩盖了即将来临的困难,同时也导致输往英国出口产品比例的下跌,因为羊毛比乳脂更容易找到新的市场。高昂的羊毛价格也推动了牧场革命和通过空中施肥而实现的环境"过度扩展"。经济史学家认为,在1966年至1967年的交易季节期间,当羊毛价格迅速下跌而1952年建立的羊毛委员会又购买了80%以上被拍卖的羊毛时,战后羊毛销售的繁荣结束了。

在许多方面,1967年确实预示着繁荣岁月的结束。在面临又一场收支危机的情况下,国家党政府以削减预算这种传统的"收放"(stop-go)方式来进行回应。1967年,应教育委员会的要求,不仅"六点钟饮用"校园奶不再实行了,而且"十点钟饮用"校园奶也不再实行。对讨厌喝热牛奶的学童来说,那是一种解脱。更让人紧张的(对成人而言,更是如此)是帝国度量衡转变为十进制和十进制算术。可爱的英国体系,即英镑、英尺、英里以及杆(perches)都被宣布作废了,而盛行的则是公尺、公顷以及公里。更加具有象征意义的是,在1967年,英镑、先令和便士作废了,而十进制货币则盛行起来,这体现了美国上升到全球性的金融支配地位。

1966年,澳大利亚采取十进制货币的决定证明是脱离与英国联系的催化剂。而且，新元的概念颇受公众的欢迎。民主进程产生了一种独特的新西兰硬币。民粹主义的所有特点都汇聚于其中：库克船长的"努力"号横渡 50 分的硬币；民族的非正式象征鹬鸵栩栩如生地刻在 20 分的硬币之上，其背景则是蕨类植物；同时，凤尾竹则围绕在 1 分硬币的四周。四翅槐树装饰着 2 分的硬币，大蜥蜴装则饰着 5 分硬币，10 分硬币上的提基神像（tiki）则是对昔日先令上受人欢迎的毛利武士的一种让人满意的替代。除大蜥蜴之外，所有这些形象都有着市场营销的渊源：毛利主题、现役军人墓上银色蕨类植物、全黑队和运动衫以及黄油包装材料，而大蜥蜴则和古老的冈瓦纳古陆联系起来。所有这些符号都暗示了对环境的认同。

　　十进制货币同样也标志着（新西兰）致力于与澳大利亚建立更为密切的联系。新西兰元贬值了，但它却不是按照英式总量进行的

图 8.5　G. E. G. 明尼克：《遗失的硬币反面》，《新西兰先驱报》，1966 年 2 月 3 日

贬值，而是几乎贬值了20%。这使新西兰货币恢复了它与澳大利亚货币之间的平价地位，而这一地位曾在1948年丢失。与澳大利亚元之间的平价地位增强了竞争力，并使商业在环塔斯曼地区进行竞争成为可能。

英国从英联邦转向欧洲致使澳大利亚和新西兰更加团结。1961年出现了危急状况，当时，英国宣布了自己的决定：加入欧洲经济共同体（European Economic Community，EEC，现在的欧盟，EU），抛弃其作为食品产区的殖民家庭而加入以前的敌人的行列。要不是因为法国总统夏尔·戴高乐（Charles de Gaulle）否决了英国的加入，新西兰的出口经济将陷于混乱之中。显然，英国是在关照自己的利益。美国也十分期待英国加入欧洲经济共同体。随着进出口货价之间比率的下降，政府利用英国关于欧洲经济共同体谈判的破裂而带来的喘息空间，对它与澳大利亚之间的贸易关系进行了重新安排。决策者开始从更加自由的贸易、与亚洲（澳大利亚首先认识到这种前景）以及彼此之间更为密切的关系中看到了希望。

自从1956年开始，当西德·霍兰德为新西兰木材和新闻用纸出口进行谈判而获得了更大的准入权后，新西兰便研究了与澳大利亚之间开展更自由贸易的前景。纸浆和造纸工业是新西兰少数几个能够向澳大利亚扩大出口的行业之一。新西兰也成为霍顿汽车的重要市场。在1960年谈判之后，两国政府决心通过尽可能密切的合作以解决共同的问题。在英国期望进入欧洲经济共同体之际，他们同意合作应付丧失在英国的贸易特权这样一种前景。1960年，澳大利亚-新西兰贸易咨询委员会成立，跟着在1961年召开了部长会议，并成立了审查自由贸易区提议的官方联合常设委员会。英国极力阻止双方达成任何协议，这增加了它的前殖民地的烦恼。

战后，向森林地带的推进为环塔斯曼地区关系的加强做出了

第八章　黄金时光（1950—1973 年）　*251*

贡献。从 20 世纪 40 年代开始，两次战争期间在北岛中部种植的大片辐射松（Radiata）已经可以收获了。国有凯恩加鲁阿森林及它所促成的"姆鲁帕拉计划"旨在让出口经济多元化，并通过向澳大利亚和新西兰提供美国新闻用纸的替代品而节省数以百万计的美元。来自于伦敦和美国的贷款为该计划提供了资金。在国家的另一项企业性再运行中，政府与企业建立了合资企业——"弗莱彻"（Fletchers）——以便创建商标经过仔细斟酌"塔斯曼纸浆与造纸公司"（Tasman Pulp and Paper Company）。到 20 世纪 50 年代后期，公司位于凯瓦劳的制造厂进入鼎盛时期。一个新的城镇——姆鲁帕拉（Murupara）建立起来，以便为林业工人提供住处；同时，电力则来源于火山高原的地热资源。为了林业的腹地，一个新港口在陶兰加建立起来。塔斯曼成为该国唯一最大的出口产品生产工厂，到 1965 年，它贡献了 50% 的出口制成品，以及向澳大利亚出口产品的 45%。

环塔斯曼社会对新西兰松树种植场和木质纸浆兴趣的不断增长影响了 1965 年《新西兰-澳大利亚自由贸易协定》（New Zealand-Australia Free Trade Agreement，NAFTA）的签署，该协定仅仅部分支持自由贸易。从 1965—1966 年度到 1970—1971 年度的五年中，双向贸易增长了 50% 多。到这个十年的末期，澳大利亚从新西兰那里满足了对新闻纸和纸浆的全部进口需求；新西兰出口新闻纸的 95% 都输往澳大利亚。

澳大利亚提供了战后的一种绝缘式发展的模式，而制造商则对这种模式加以改造和利用，以便为转向——这种方向则是建立在 19 世纪 90 年代以来国家发展的共同模式基础上——进行辩护。1959 年，伍尔夫·费舍尔爵士（来自"费舍尔与派克白瓷公司"，Fisher & Paykel Whiteware）率领一个贸易使团前往澳大利亚。经济民族主义者比尔·萨奇（Bill Sutch）和其他官员也采纳了澳大利亚的发展模式，并将其作为减少进口的方式。萨奇看到了扩大狭窄的经济结构的必要以及降低其易波动性的必要，按照他的理解，农业和金融部门是与殖民依附连接在一起的。

因此，各种趋势汇聚在一起，说服了澳大利亚和新西兰通过对它们自己地区以及对彼此表现出兴趣，从而驾驭他们在世界上已发生变化的地位。因为太平洋共同防卫组织以及英国的撤退，两个邻国的行为更像他们占据了一个区域性的防御区。跨塔斯曼的空中旅行对大众文化产生了巨大的影响，增加了体育竞赛的频率，也增加了澳大利亚杂志的发行量和非正式的交往。

最后，事实证明，英国从帝国的撤退及转向欧洲是一种不可避免的结果。联合王国的战略利益再也不能够与作为经济共同体的英联邦相调和。英国庇护的结束产生了一个持久的、痛苦的"求生存的战斗"。许多年龄更长、境况更好的欧裔新西兰人认为1973年1月英国加入欧洲经济共同体是一种背叛。如果考虑到强制去殖民化并非按照太平洋岛民的速度，而是以他们自己确定的速度进行的，而且其前景也扑朔迷离，那个评判便是公正的。

第九章
最近的试验（1974—1996年）

20世纪的最后30年见证了殖民化与第一次世界大战以来最为剧烈的决裂。本章将对经济、防务和公共政策等方面的革命进行回顾。这些革命改变了这个小国与世界发生联系的方式，动摇了政治形势并促使其进入新的格局，而且还严重地扰乱了殖民社会。新西兰人发现他们自己因鱼缸换水而气喘吁吁，发现他们的生活方式遭到了连续的打击并发生了变化。突然之间——并非不可避免——政府推翻了曾经为其显著特征的那些制度。似乎在一夜之间，每个人都生活在了另一个国度之中。

在萧条和战争中成长起来的那一代人感受到了"非殖民化的创伤"，对他们来说，大不列颠认同与忠诚曾经是重要的。假如在生育高峰期出生的人们受过良好教育，同时又没有在公众机构供职的话，他们就不会受到这种创伤的折磨；而且，1973年，生育高峰后期出生的人们尚在学校之中。从启示论的角度来看，英国转向欧洲是与抛弃大洋洲殖民地的思想相重叠的。以弥漫着阳刚之气的体育和政治领域中同伴之谊的语言来说，不仅游戏规则，而且游戏本身都发生了变化。这个团队不再需要工人和农场主（程度更轻微一些），特别是养羊的农场主。世界经济结构已经从农业和制造业占主导地位转变为战后对服务行业的强调。技术的变化创造出新的职业，并使老式的、不需要技能的工作过时了。适合于工人阶级的传统工作消失了,这产生了男性就业水平低的新问题。在这样的背景下,殖民契约就没有地位了。

从20世纪80年代开始,新西兰用一系列崭新的试验——它们由受到反文化和学生激进主义影响的领导人设计——来面对世界经济结构的调整。这些新型的、朝气蓬勃的领导人接受了全球化。全球化可以定义为"整个世界经济中各种联系不断深化和变化的进程"以及资本主义经济关系的延伸。此处的重心是经济整合而非重新焕发活力的文化联系,那将在第十章得到讨论。

三件让人不安的事件标志着因英国的拥抱而带来的"黄金季节的终结",并预示着全球环境的变化将导致一系列极端的反应。对一个已经满足于向英国餐桌提供食品的民族来说,1973年英国加入欧洲经济共同体最具有象征意义。另一个事件就是固定汇率被普遍抛弃,在此之后,新西兰元和一篮子货币"挂起钩来"。当中东的石油生产国组成垄断集团并大幅度地提高价格时,第一次"石油危机"便造成了第三次剧烈的变化。尽管第一次石油危机(1979年出现了第二次)事实上并不持久,但它导致了收支平衡的剧烈动荡,造成了全国情绪的低落。

与此同时,警钟不断敲响:新西兰的经济表现和生活水平已经滑落到"经济合作与发展组织"(Organisation for Economic Cooperation and Development,OECD)平均水平之下。正如20世纪早期健康统计数据所遇到的情况一样,在一个全球性的排行榜中不光彩的位置是与自然的丰饶这样一种民族自我形象相冲突的。随着全球对新西兰初级产品需求的减少,到1980年,它从"经济合作与发展组织"的前5名滑落到第19名。尤其让人烦恼的是其实际平均收入相对于澳大利亚的下降。让经济灾难更为深重的是,失业率的不断上涨与高通胀(它在1976年飞升至18%)罕见的并存让经济学家和决策者困惑不已。像大部分国家一样,新西兰不得不调整其经济结构,并试图控制海外债务。这个国家痛苦地从英国的农场变身为太平洋地区及其他地区——特别是亚洲和澳大利亚——的出口商。

实际上,如果说这一进程到20世纪80年代尚没有被纳入到民族类型和神话之中的话,那它却已经固定了下来。输往英国、澳大利亚和其他地方的出口产品比例的潜在趋势表明,自"二战"以来,出口市场和产品多元化一直在稳步前进。(参见图9.1)20世纪下半叶期间,作为新西兰主要贸易伙伴的英国日渐衰退的这一潜在趋势十分惹人注目。1973年前后,变化的速度短暂地加快,但接着在20世纪70年代剩余的时间及20世纪80年代里便慢了下来,这表明一个长期的进程在发挥作用。

图 9.1 贸易伙伴:全部出口流向不同市场的比例,1860—1990年

有一种观点认为,随着自治领制度的终结以及对英国再次依附的终结,1973年成为民族生活关键时刻的标志。对这一变化的"误诊"——因短视而没有将这一变化视为国家所面临的核心问题——致使后来的政府沿着错误的道路走了下去。然而,用以支撑这种观点的经济证据,如图9.1所示,却并不支持这种诠释。

常识表明,1973年以及1984年(在第四届工党政府领导下立即进行全球化的年度)是新西兰历史中的主要转折点。这两年都是出现戏剧性变化的时刻。当时,全球和区域压力让国内政治陷入混乱之中。而且,这两年都暴露出了如何处置国土面积狭小和位置偏远的潜在困境。20 世纪 80 年代早期和 90 年代,新西兰和澳大利亚都经历了迅速而广泛的经济自由化,这与中欧不无相同之处。新西兰提供了更为极端的例子,因为它的改革更为迅速,而且范围也更广。此外,新西兰的改革通常发生在与"大政府"联系在一起的年代之后。因此,必须考察从管制转向放松管制的倾向,并留心:导致某种政策变化后果的并非是诊断,而是观念、领袖和制度的政治进程。

马尔登主义

在新西兰文化中,1975 年至 1984 年间国家党政府领导下的一揽子观念、领导人和制度被命名为"马尔登主义"(Muldoonism)。它源于在这些年间任总理和财政部长(他首先因指导向十进制货币的转变而出名)的罗伯特·马尔登(Robert Muldoon)。作为一名会计,他不信任自由市场;但他却相信这一传统:管理经济和社会,以便普通的人们能够获益于资本主义,"同时受到保护而免遭其过分行为之害"。

他是个矮个子,身高大约为 5 英尺 4 英寸,即 160 厘米。他以其冰冷的、犹如激光般的蓝眼睛对人们进行威胁,而且,当他还是个孩子的时候,他便学会了用犀利的言辞来为自己辩护。他是首位利用电视来为自己服务的政治家。在荧幕上的一次与众不同的抱怨中,他描绘了自己的哲学。他还在多本自传中为子孙记录了这一哲学。1981 年,他声称:"就我而言,我回想起了英国。"马尔登固守着 20 世纪 50 年代"新西兰生活方式"的观点。他由母亲和祖母养育成人,因而非常了解失去养家糊口的男人所带来的耻辱和艰辛,他毫不动摇地坚持这样一个看法:社保是一种权利。

马尔登的遗产是混杂的，而且遭到了后来各届政府的蔑视。他为年龄超过 60 岁的公民所提供的慷慨而昂贵、且不必摊付公积金的全国性退休金计划（最初为平均工资的 80%）显示了"政治的老化"：社保政策的优先权从青年人转向了老年人。它的主要受益人——马尔登的同龄人——被称为"享受福利的一代人"，因为在他们生活的每一阶段，福利制度都发生了变化，以适应他们的需求。这一超级计划能够为政府所承受，仅仅是因为高通胀促使所得税纳税人进入了更高的税档（当时的最高税率为 66%），并违反了各代人之间的福利合约。新的规则将适用于在婴儿潮出生的人们以及他们从 20 世纪 90 年代起背负学生贷款的子女。

对许多人来说，马尔登支持"分而治之"的政治，支持对世界的敌视和极权主义。总理最亲密的同事将他描绘为"真正的、好斗的、民粹主义煽动分子"。他的主要支持者即"罗布的乌合之众"代表着从退伍军人到毛利帮会成员在内的新西兰普通中产阶级。另一方面，为这种政治所鄙视的团体——包括受过教育的毛利人在内的各种抗议者、妇女运动、和平运动、民权运动及自然资源保护论者——都起而反对马尔登主义，并将其视为殖民主义体制的延续。（见第十章）

反之，马尔登（因其相貌和风格而被戏称为"猪佬"）则对反文化发起了进一步的进攻。他滥用行政权力，对经济和社会进行管制。如果利率因通胀而增长过快，他则对它进行下调。对农场主进行补贴的最低价格辅助计划造成了绵羊数量不合时宜的增长。伊朗革命之后的第二次石油危机产生了一个反常的短期生活制度"无车日"：其中，开车的人们指定一天——用贴纸在汽车挡风玻璃上显示出来——在这一天，他们不开车。不断上涨的失业率与压迫感、分裂感以及对未来的失望情绪交织在一起，并激起了成千上万年轻人的反应，他们动身前往澳大利亚，去寻找机会和更光明的前途。离开的人们发现，他们不得不向储备银行申请，以便将他们的存款带出国。1982年，根据有违常规的1948年《经济稳定法》(Economic Stabilisation Act)，一项全面的价格和工资冻结措施成了由各项管制措施的顶峰。

根据批评者的意见，传统的混合经济相应地退化为"指令性经济"。一系列旨在减少对进口能源之依赖的"好高骛远"的发展计划似乎证实了那种判断。这些发展计划包括甲醇和氨-尿素厂以及一个合成燃料厂，扩大国家炼油厂以及"新西兰钢铁厂"（建立于20世纪60年代），以及一项迅速得以实施的水电计划（克莱德大坝，1988年竣工）。近期的学术著作则对马尔登时期新西兰经济"高度计划"的特点提出了异议。除了"好高骛远"的发展计划，马尔登政府取消了食物补助金和价格控制，并在冻结前放松了金融管制。

在这种特别的背景之下，令人感到不一般的是，马尔登签署了《增进澳大利亚-新西兰经济关系贸易协定》(Australia-New Zealand Closer Economic Relations Trade Agreement, CER)，该协定在1983年生效。澳大利亚副总理道格·安东尼（Doug Anthony）回忆道，他最艰难的工作便是应付两国的总理，因为马尔登和澳大利亚的马尔科姆·弗雷泽（Malcolm Fraser）都不喜欢对方。图9.2从马尔登的角度暗示了其中的玄机。一名专栏作家杜撰的一个笑话——新西兰人大批出逃澳大利亚提高了两国的智力——大体表明了他对澳大利亚的态度。重要的是，马尔登和安东尼建立了友好关系。反过来，弗雷泽则与老练的新西兰副首相布赖恩·托尔博伊斯（Brian Talboys）关系不错。1978年，弗雷泽与托尔博伊斯一起发表了里程碑式的《纳伦声明》(Nareen Statement)，声明坚称：

第九章　最近的试验（1974—1996年）　259

澳大利亚和新西兰为"共同的起源和共有的观念和制度等深厚的关系"联系在一起，而这在逻辑上暗示，他们将共同面对新的全球环境，并鼓励彼此间更加密切的关系。从20世纪60年代起，两国的首相一直进行年度会晤，而且，在通讯改进的帮助之下，众多的联系都在《新西兰-澳大利亚自由贸易协定》（NAFTA）的基础上发展起来。但是，这一受到高度管制的贸易协定却陷入了细节的泥潭之中。继托尔博伊斯提出在国际以及在本地区相互支持的倡议

图9.2　罗伯特·马尔登与马尔科姆·弗雷泽

后，安东尼则提议建立"更加密切的经济关系"，以利用新的机会，特别是亚洲的新机会。这一提议使得从《新西兰-澳大利亚自由协定》通向《增进澳大利亚-新西兰经济关系协定》的进程准备就绪。

在20年后，《增进澳大利亚-新西兰经济关系协定》作为保守的马尔登政府具有积极意义的主要遗产而熠熠生辉。双向贸易扩大了500%。悄无声息地达成的这个协定被证明是一个巨大的成功，并得到了空前统一的劳动市场的助力。资本市场的情形也一样。澳大利亚成为新西兰最大的贸易伙伴，而新西兰则是澳大利亚的第五

大市场，而且重要的是，它还是澳大利亚商业的第一个出口市场。在经济方面，两国以前所未有的方式迅速一体化了。任何一次购物之行都展示了这一点；在两个国家里，无论是买服装、家具还是食品，都是通过澳大利亚的金融机构。到21世纪初，两个经济体一体化及团结的关系是如此密切，以至于新西兰和新南威尔士的经济前进步伐都彼此一致。

结果，《增进澳大利亚-新西兰经济关系协定》被誉为世界上最全面、有效和相互兼容的自由贸易协定。这和任何仅仅将马尔登时代与大政府联系在一起的分析都是相悖的。《增进澳大利亚-新西兰经济关系协定》通常不和马尔登主义——它是管制的同义词，是对民主与独裁的嘲讽性滥用——联系在一起的；但它却是和马尔登主义一脉相承的。

罗杰经济学

继马尔登主义之后，与经济自由化试验联系在一起的一揽子观念、领导人和制度最终以"罗杰经济学"（Rogernomics）之名而为人们所知。各项改革被冠以第四届工党政府（它在1984年7月的临时选举中重新执政）财政部长罗杰·道格拉斯（Roger Douglas）的名字。热衷于结束保守秩序统治的新一代决策者组成了"新西兰历史上大概最激进的政府"；它也是教养程度最高的一届政府，其中，律师占据了支配地位。多位部长才三十多岁，而且，领导阶层也才四十出头。新首相戴维·兰格（David Lange）是一位"复杂而有才华的人"，他喜欢印度和游乐场，以其睿智、俏皮话和人文精神而让公众欣喜。尽管兰格的工作中规中矩，但他的忠实追随者、在政府出资援建的私有房屋中长大成人的道格拉斯在意识形态方面却是热情而毫不妥协的。摆脱了马尔登，新政府活力四射，人们也对它寄托了极大的希望。

　　危机的氛围为兰格内阁发起一连串的经济改革创造了机会。宽泛地讲，信奉罗杰经济学的改革家们相信，"偷工减料建立起来的经济结构"需要被当作"紧急事项"来"大力调整"。更为迫切的是，在临时选举前后，新西兰维系着新元的费用高昂。持续危机的形象来自马尔登本人，他在电视上用含糊不清的讲话（似乎喝多了）来宣布选举；在选举后，他又不顾即将上台之政府的建议，拒绝新元贬值。这违背了宪法的传统。因此，货币危机产生了宪法危机，从而强化了这样一些信念：他轻率地将国家抛入经济混乱之中。

　　贬值危机及其对这个国家政治稳定声誉的威胁为即将采取的改革形式提供了理由，但却没有决定其形式。罗杰经济学革命的长期性理由包括：经济成就相对于"经济合作与发展组织"平均水平的下滑、大规模的收支逆差、猖獗的通货膨胀、昂贵的超级计划、过度的管制、"好高骛远"的项目，以及总体上对不断变化之现实的不适应。据说，政体已经为据悉正毒害着资本主义的所有问题——诸如进口和资本控制、强大的工会、庞大的国营部门以及进行再分配的福利国家——所感染。新自由派的改革家指出，由于马尔登的不妥协，新西兰仍然没有适应英国对帝国的抛弃；并且，新西兰必须立即赶上世界其余地区。解救方法在于自由市场。

　　罗杰经济学曾被比作"闪电战"，因为改革进行得如此迅速和广泛，并不乏十字军式的热诚。兰格的内阁为危机感和他们"大胆"的政策方向所团结起来，他们吟唱着这样一个座右铭："我们将做正确的事。"20年之后，那届内阁中的部长坚持认为他们做了"正确的事情"。这引起了哲学方面的问题，因为，假定你知道什么是正确的事暗示了对正确性的确信：存在着正确的道路和错误的道路；不赞同你的人是错误的，以当代的宣传标语来说就是"别无选择"。然而，正如澳大利亚的例子表明的那样，选择总是存在的。

为寻求变化，内阁、财政部和储备银行中核心层的改革家推翻了国家发展的澳大利亚模式——而这一模式是他们的先辈为应对90年前相似的全球力量而创造出来的——并代之以英国和美国新自由主义的正统观念。改革的速度和力度在很大程度上依赖于财政部和储备银行的顾问们已经做出的思考。在经过"长期的离经叛道"后，改革家们决心让国家恢复到这种正统观念上来，并举出了从旨在保护黄油的1908年《人造黄油法案》(*Margarin Act*)到马尔登对《经济稳定法》(*Economic Stalibisation Act*)的荒唐措施。而且，改革家们有意让革命不可逆转。这种对历史的拒绝成为"历史的终结"在地方上的表现的标志。自由市场的思想忍受不了一组源自历史的"国家试验"的竞争。相反，一组新的试验将以真正的开拓精神来取代它们的位置，并且，劳动者的乐园将退出历史舞台，作为昔日的妥协，防止市场沉浮的社会保护遭到了遗弃。开拓性的传统所需要的不亚于此。

尽管工党成员和公众都知道变化是必要的，但拟议中的变化方式却引起了负责有关国会事务的工党与内阁的思想斗争。一些人认为，"变化成了目的而非手段"。对道格拉斯来说，他并不希望去咨询其核心圈子之外的人士，因为他相信那种咨询将阻碍他目标的实现。他在财政部的顾问也具有同样的思想倾向，因为政府就"提议中的经济改革是否代表着前进的恰当道路"缺乏一致。

综合性的改革方案接受了全球化。信徒们可以将罗杰经济学作为又一个"新西兰试验"甚至是"伟大的试验"而加以兜售，因为向自由主义的转向是如此激烈和突然。由于新西兰面积狭小而与世隔绝，它便为结构性改革提供了理想的试验现场。此外，20世纪晚期，能够通过各项改革的议会仅有一院，这让试验条件更为有利。

连续性并非仅仅停留在言辞之上；大洋洲的民主社会试验室再次创造出了进步的自由"国家试验"大厦来控制全球性力量。只是新类型的国家试验急切而毫无顾忌地接受了全球化，并抛弃了老式的试验。与它们相联系（无论多么短暂）的传统偶像和集体记忆则被纳入不正常的、过时而毫无价值的范畴。

市场的偶像并非工人，而是消费者。他们被给予了大量可供选择的诱人商品，包括：中国制造的服装、日本生产的汽车。工人成为可供交换的商品。金融资本超过了工业资本，权力转移到能够获得国际融资的人们和机构手中。债务应该赋予权力而不是带来羞耻的观念表明了价值观念的变化。结构调整与全球联系的变化直接相关。失业以及经济结构由工业向服务和信息技术的转变同样有助于解决昔日的妥协。自此之后，新自由主义者努力让经济暴露在外部的冲击之中，以便使它更加具有适应能力和活力。

因此，从1984年起，新西兰经历了"理论驱动的革命"，它源于新古典经济学和新右派哲学，其中包括（但不限于）弥尔顿·弗里德曼（Milton Friedman）和芝加哥学派的货币主义、公共抉择和代理理论以及新制度经济学。颇具策略地安置在内阁、财政部和储备银行的一小群个体精英引入了这些变化，而这些变化则得到了由200家最大公司首席执行官参与的商业圆桌会议的支持。在这个圈子内，道格拉斯先与财政部一起工作，之后才将各种思想传达给他的财政部副部长、律师理查德·普瑞贝尔和戴维·凯吉尔，接着才向兰格和他的副手杰弗里·帕默传达。然后，这个团体再说服内阁。核心集团的领袖们及他们的朋友们都曾是美国的毕业生。他们为自己奇特国家的狭小和狭隘而局促不安，他们回到国内，渴望将新西兰拉进到全球村中。

然而，当地的情况使得新西兰人经历的变化较其他地方更加迅捷与广泛,也更接近于理论上的纯洁性。现在公认的观点是,新西兰改革的顺序是错误的,劳动力市场的改革被抛在了最后;理想的举措顺序无法实现。最初的经济改革引入了金融自由化。继澳大利亚之后,新西兰实行汇率浮动,解除了对银行业的管制,并废除了对兑换与价格的控制。它拆除了贸易壁垒,取消进口许可,而农民则突然面临农业补贴的取消。它以通货膨胀为对象,让储备银行负责将通胀率维持在零到百分之二之间,而这成为1989年《储备银行法案》(*Reserve Bank Act*)的要求(从1996年起,上限为3%)。接着实行了税收改革,以便扩大课税基础:在两年之中(在1986年),工党对所有国内开支(除金融服务外)征收10%的货物与服务税。之后,在1989年,又将其提高至12.5%。边际所得税税率降低了:到1988年,最高税率从66%下滑到33%。政府对国家退休金也征收附加税。

　　公共部门的改革使得熟悉的机构也无法辨认。政府服务部门被强加了商业道德。运用体现削减成本和竞争风气的语言损害了核心公用事业的价值和质量。政策从分发功能和资助人转向了供应者。因此,部门的数量增长了一倍。新西兰成为唯一一个拥有两个国防部的国家:一个考虑战略,一个作战。只是到了最后时刻,政策建议的主要任务才被补充进《公共部门法案》(*The State Sector Act*),这一法案认为调整后公共部门的职能是管理。

　　劳工部和政府服务委员会因为调整了自己的结构,所以更为成功。劳动力市场改革是唯一一个利益群体受到了咨询的事例。尽管根据旧的仲裁体系进行工资调整所产生的连锁效应在1984年就结束了,按照1987年的《劳工关系法案》,劳工法庭和自愿仲裁委员会取代了具有历史意义的强制仲裁制度。资本和劳动力不再处于国家发展的中心位置。

就效率而言，政府贸易部门的改革最为成功。从1987年起，立法要求国有企业像商业一样运行，并追求营利。1986年10月通过的《国有企业法案》确定了九家国有公司，其中包括三家从解体的邮政部分裂出来的公司："新西兰邮政"、"邮政银行"（以前的"邮政储蓄银行"）以及"电信"。反对调整的公共部门工会怀疑它将导致政府资产的出售。他们得到保证：改革代表的是"对私有化的回答"，而不是"通向私有化的道路"；没有人会失去工作。

对工会来说，欺骗构成了罗杰经济学的变革手段，因为，通过一个又一个隐晦的词语和进程，公司化的确迅速地导致了私有化。公共资产的出售从电信、邮政银行和国家保险蔓延到了"好高骛远"的项目。政府抵押、乡村银行、国有森林的砍伐权、新西兰航空以及铁路全都被出售了。"弗莱彻挑战公司"（Fletcher Challenge）获得了"好高骛远"的项目，商业圆桌会议成员被任命为国有企业的董事长。在这种意义上，尽管推行了罗杰经济学，企业型国家的传统还是保留了下来。"新西兰银行"的命运是和丑闻联系在一起的。该银行必须得到拯救，其情形类似于一个19世纪90年代的故事。在这个旗舰银行为商业银行家部分私有化之后，纳税人挽救了它，并将它出售给了澳大利亚国家银行。

社会成本是高昂的。改革非但没有大幅度削减短期成本，反而使那些受到影响的人承受了最大限度的成本。交易成本是巨大的。职业公共服务消失了。内阁忽视了多重调整对小社群的影响：小城镇丧失了它们的邮局（共计432家）——自19世纪以来，它们缓解了地理上的偏远，成为标志性的机构。更为重要的是，重组计划的每一个步骤都产生了一波冗员。邮局的前雇员以及北岛中部森林产业中的工人——通常是毛利人——受到了尤其沉重的打击。一个受影响社区的案例研究是位于汉密尔顿和奥克兰之间的煤城亨特利。1987年，根据《国有企业法案》对国有煤矿进行了公司化改造，这使亨特利遭受了沉重打击。矿工及其家人几乎没有时间为失业做好准备。在亨特利橄榄球赛场公开宣布员工人数将从国有煤矿的1728人缩减到煤矿公司（CoalCorp）的892人仅19天后，就有超过一半的员工（484人）被解雇。事实证明，惠灵顿为解决重新部署和裁员问题而制订的政策并不适合这些社区，因为重组对这些社区的影响最大。

到20世纪80年代后期，尽管公众对罗杰经济学进行了抵制，但从1990年起，国家党政府捡起了改革政策，并寻求甚至更多的变化。1991年《雇佣合同法》(*Employment Contract Act*)彻底地解除了对劳动力市场的管制，并采用个人雇佣合同。对工会运动来说，周期恢复到了19世纪。具有讽刺意味的是，诸如杰姆·博尔格（Jim Bolger）——1990年起的国家党总理，以前和马尔登时代联系在一起——这样的个人将市场改革延伸到了社会政策之中。

1991年，这一进程要求剧烈地削减社会福利。作为首任女财政部长，鲁思·理查森（Ruth Richardson）是新右派"新上任官员"的代表。她着手把家庭福利的责任从国家转移到个人，而这些个人则生活在一个将自力更生等同于个人责任和有偿工作的体制中。决策者将他们的信念寄寓在这样的信条上：经济增长将"产生出工作，并减少福利依赖性"。因此，历届政府都接受了走向全球化的正统主义和新自由主义的途径。

连续性

20世纪下半叶，由于流水线式的威斯敏斯特制度（Westminster System）使权力得以集中在"庞大的"和"无法容忍的"内阁，马尔登主义和罗杰经济学之间因此而存在着惊人的连续性。马尔登主义和罗杰经济学都阐明了强势人物的核心圈子——他们在一个小社会中支配了决策——运用和滥用行政权力的困境。如果说马尔登应付20世纪晚期后现代困境的努力是短期性的和即兴的，而罗杰经济学所遵循的途径是长期性的和一贯的，那么，这个国家微小的规模则使得钟摆的两个摆臂成为可能。

它们每一个都可以对制衡——存在于更大的民主国家中——的缺乏加以利用。新西兰一院制的政治制度是简单的：没有上院，便不存在议会对行政权力的制约；简单多数的投票制度保证了内阁对立法机关的控制。没有无声捍卫集体价值的成文宪法。在一种想象的危机中，传教士般的改革家们易于追求他们的信仰，而乡村文化则强化了缺少争论的状况。

在这样的形势下，第四届工党政府"改变了公共政策的进程和属性"。20世纪90年代的卫生改革提供了一个关于连续性的研究案例。统计数据表明，按照"经济合作与发展组织"的标准，改革前的卫生系统运行良好；然而，意识形态则判定消耗了大约70%卫生预算的公立医院是没有效率的。1988年，一个以艾伦·吉布斯（Alan Gibbs，一名商人、森林国有企业的领袖）为主席的医院工作组专注于结构调整，并将其作为解决所谓的公立医院系统不幸的万能药。吉布斯报告声称，通过容许专业人员发挥不适当的影响，护士长、医疗主管和行政官员的三头政治窒息了领导能力，并导致了医院的管理混乱。相反，护士、医生和行政人员应当向一名首席执行官负责，并且医院应当像商业一样竞争性经营。

博尔杰的国家党政府在吉布斯报告的基础上适时地引入了范围广泛、以市场为取向的卫生改革，从而改变了提供医疗服务的文化。没有任何一个拥有公共卫生系统的其他国家实施过这样不受限制的市场改革。卫生部门和公众都没有受到咨询，这是基于这样的一些假设：卫生专业人士将会理解这一进程；集体记忆和专门技能受到了嘲弄。在卫生领域强加一种管理模式摧毁了护士的医院职业道路，结果，许多最有经验的医务人员离去了。事情很快证明了这些理论的错误。

历史学家后来证实了公立医院医生所知道的事情，即提供医疗服务的市场途径存在"重大的局限"。卫生试验是不可持续的。从1993年起，"资金提供者应该与供应商相分离"的理论促使这个国家分裂为四个不同的卫生系统，它们每个都拥有自己的合同安排和医疗标准。将竞争模式强加于公共卫生系统造成了临床医生和管理人员的两极对立，1996年，这种做法因无法维持而被抛弃了。最大的教训在于学会了什么是不可为的。结构变化本身在十年中四度被证明是"卫生部门的障碍"。

因此，通过试验的政治策略，新西兰从世界上管制最多的国家之一转变为最为自由的经济体之一。旧的制度消失了。各种新的认同出现了，其中许多是非正式的，而且一些还是强制性的。因为与澳大利亚共有的历史性妥协是僵化的，很少有人为抛弃它而感到惋惜。变化的速度和模式是问题之所在，忽视对殖民契约的替代同样也是如此。与新西兰相比，澳大利亚仓促取消管制似乎有些轻率，但在那里，至少联邦政治制度确保了改革的途径更加具有选择性，并且也更为渐进式。

自由贸易的最大益处大概并非源自罗杰经济学，而是源自《增进澳大利亚-新西兰经济关系协定》，它为新西兰在国际上具有竞争力并发展出商业自信做好了准备。1988年，《增进澳大利亚-新西兰经济关系协定》从货物领域延伸至了服务行业，到1990年，残存的障碍提前五年被清除了，尽管诸如电视广播这样的文化敏感区域仍然例外。经济因接受全球化而变得更加具有活力，但其中的许多从社会方面来看，承诺中"缓慢惠及"整个国家的繁荣并没有实现。在1984年至1996年间，由于低收入家庭实际收入的下降，收入不平等的状况比"经济合作与发展组织"任何其他国家都增长得更迅速。赢家不可避免的是受过教育而富有的人们，他们的生活因选择和机会而富足。随着全球资本主义战胜了劳工，阶级语言本身也成了受害者。

然而，从20世纪90年代起，人均国民生产总值开始恢复，这促使财政部从长期趋势上推断，20世纪80年代的机构和政策改革是合理的。店主而非工人从开放的经济中获得了好处，因为农场主和工人不再是国家发展的中心和基础。从20世纪80年代起，咖啡馆文化诞生了。破旧的汽车从道路上消失了，被新款的进口车取代了。环塔斯曼零售连锁为重建的购物商场增添了光彩。食品、酒类和酒店行业变得更加具有国际性，对那些拥有购买力的人们来说，生活更加有趣，更加丰富多彩。

然而，从20世纪初期开始，在五彩斑斓的消费主义之下潜伏着明显的问题：技术进步对经济增长十分关键。技术革新并非这次试验的重心，在实践中，这次试验集中在抛弃过去和削减成本之上。出于这个原因，罗杰经济学不能向低收入及普通的人们兑现其信徒所承诺的东西。

另一方面，全球化需要有新的途径来解决处于"人们如何与场所和社群进行认同"中心的一些问题。尽管不断试验是痛苦的，新西兰人从总体上还是迅速地接受了这一进程，并将其作为适应自己国家面积狭小、远离世界其余地区而且资源贫瘠这一现状的方式。全球化促生了更为宽广的视野。许多选择存在于狭隘主义和全球主义之间，在防务政策方面最为明显。

无核化的新西兰

这个国家面貌的变化延伸到了外交政策领域。维护无核化的认同与冷战最后一个阶段发生于同一时间，并导致对美国依附的结束。对许多人来说，宣布国家无核化等同于一个独立宣言，即便说它也通过将新西兰比喻为大卫而让它与歌利亚式的美国相竞争，从而"阐明了权力在新西兰对外关系中的作用"。与经济改革相对照，到20世纪80年代中期，第四届工党政府拥有了反对核武器和核大国的授权；但它却没有对太平洋共同防卫组织进行破坏的授权。

十年前，柯克工党政府因承诺推动在南太平洋建立无核武器区而上台（第八章）。诺曼-柯克坚持原则，反对在法属波利尼西亚进行核弹试验。1973年6月，他派遣了一艘海军护卫舰前往莫鲁罗瓦环礁，船上有一名内阁部长、记者和一名国家辐射实验室物理学家，目的是见证和监测法国的大气层核试验。随后，第二艘护卫舰接替了第一艘护卫舰，这一举动引起了世界媒体的关注。1973年，澳大利亚和新西兰还将法国告上了国际法院。法国随即停止了大气层核试验，但从1975年起开始实施地下核武器计划，此后新西兰科学家发现，他们可以通过地震仪记录的地震数据来监测爆炸。

马尔登政府的工作重点突然从裁军转向支持澳新同盟。从1965年到1975年，没有一艘美国核动力巡洋舰或潜艇访问过新西兰。马尔登认为禁止核动力舰艇来访是愚蠢的，也是对太平洋共同防卫组织的威胁。他的挑衅行为激发了对和平与环保运动的广泛支持。

在通过裁军——为美国和苏联之间不断上升的冷战紧张局势所激起——以促进世界和平的运动背景之下，反核情绪触发了1984年7月的临时选举。在当地，美国海军的来访招致了抗议和公众的关注。1984年6月，工党议员理查德·普瑞博尔（Richard Prebble）提出了新西兰无核化法案（自1970年以来的系列法案之一），以便于不仅禁止装备核武器和核动力的船只，而且也禁止核反应堆和核废料。由于国家党政府拥有多一票的多数票，马尔登警告说，他将投票视为一个信心问题；他号召进行提前选举，借口便是：国家党议员玛里琳·沃林转而支持对方的无核化原则。在他大概率都无法制订出一个可信预算的情况下，他声称，沃林反对核武器的女性主义立场损害了他治理的能力。

新西兰与美国关系的关键时刻在1985年初来临。当时，新西兰拒绝了美国一艘老迈的驱逐舰"布坎南"号（Buchanan）的访问请求，理由便是它可能装备有核武器。就"新西兰怎样冒犯其主要盟国并被美国的联盟赶出来"的问题而言，仍然存在着争议。工党上台时决心要宣布新西兰无核化，但却围绕一个妥协政策——在最新的太平洋共同防卫组织中作为一个无核国家——进行游说，它提出了这个政策来进行重新谈判，以便能够容纳无核化的概念。这一妥协承认，公众支持无核政策，但也希望继续太平洋共同防卫组织的成员身分。在实践中，更新同盟的希望是不现实的。

在实践中，新西兰和美国的政策也是不可调和的。美国僵硬地坚持自己的原则：既不证实也不否认其舰只装备有核武器或核动力；而新西兰则声明，只要船只不是以核为动力并且没有装备核武器，它们便是受欢迎的。新西兰决心自己进行评估，而美国却继续顽固地坚持：新西兰不得引用美国的证据。

拒绝美国军舰"布坎南"号访问这一关键性决定之责任的细节仍存在争议，因为在1984年选举之后，多个进程在不同的阵线已经准备就绪，而且，不同倡议的形成并不协调。兰格秘密地与美国官员进行联络。他并没有保证要允许舰只访问,但却要求给予时间以便同他的政党进行讨论。反过来,官员们则听到了他们希望听到的东西。与此同时,在国防部长率领下的一群经过挑选的新西兰官员获得批准,去和负责太平洋区域的美国海军上将进行谈判,以确保:提议中的船只是一艘"破烂不堪的老式驱逐舰",没有人会在上面放置核武器。官员们引用证据表明:美国船只"布坎南"号既非核动力推进也没有装备有核武器,而且,他们还使用了保守的外交辞令来作为建议的措辞。然而,兰格却没有将准备好的文件送到内阁,而内阁对这一系列的事件也一无所知,因此缺乏消化演讲中微妙言辞的背景知识。

此外,得到政党忠实支持的和平抗议正在加强对船只来访的反对,并要求宣布新西兰无核化。令政府感到棘手的是,一个反核组织"反对核战舰联盟"将"布坎南"号列入了核动力驱逐舰黑名单,因为它能够发射核弹。更糟糕的是,《悉尼先驱晨报》泄露了"布坎南"号即将到访的消息。1985年1月,美国提出派遣"布坎南"号的请求后,兰格立即启程前往太平洋,按计划访问托克劳群岛。

兰格不在时,代总理杰弗里-帕尔默(Geoffrey Palmer)代行其职。据帕尔默的传记作者称,帕尔默认为:

> 必须从法律角度做出决定。在权衡证据后,政府能否得出"布坎南"号没有核武器的结论?

按照帕尔默的法律(而非政治)解释,官员们的报告中没有足够的证据让内阁确信该驱逐舰没有核武器。他认为,他无法在工党未来宣布新西兰为无核国家的立法中提出的测试条款范围内做出决定。尽管内阁希望避免这种僵局，但却无法以政治上可以接受的方式摆脱它。帕尔默的传记作者认为，"帕尔默有效地决定了此事"，并使新西兰成为无核国家。

从那以后，工党的一名前部长便一直声称，在核动力舰船问题上，兰格被"内部政治"制服了。所谓的"原子分离器"（atom splitter）包括工党领导层，特别是未来的总理海伦·克拉克（Helen Clark）和未来的司法部长（接着是党主席）玛格丽特·威尔逊（Margaret Wilson），两人都是和平运动的活跃分子和罗杰经济学的反对者。在这一批评中，克拉克和威尔逊通过收紧政党政策的措辞，消除外交官和美国为访问谈判留出空间的暧昧态度，来发挥影响。

在党的领导层中，威尔逊将无核政策视为"原则考验"。即便内阁准备转变立场以保存太平洋共同防卫组织同盟，工党还是反对"装备有核武器的船只和核动力船只"的访问。威尔逊相信，作为适合于南太平洋小国更为独立外交政策的部分，多数党员也希望新西兰从太平洋共同防卫组织中撤离出来。工党领导层将这一事件看作是，在面临作为全球性超级大国美国反对的情况下，民主进程和主权所遭受到的考验。1985年1月，作为党主席的威尔逊提醒帕尔默：

> 除非有明确证据表明该船既不是核动力的也没有核装备，它的来访将违反政策。他说，船只并非是核动力的，但是美国将不会打破其既不证实也不否认船上存在核武器的政策。那么我便确定该船能够运载核武器。

这便产生了问题。党的领导层因此重申了其"强烈支持"无核化的政策，并敦促政府拒绝该船入境。从太平洋回来后，兰格按照元老们要求的那样将问题提交给党团会议。于是，因为这个原因而做出了关键性决定的是工党党团会议，而既不是元老也不是兰格，尽管威尔逊和党的元老都展示了良好的领导能力。按照帕尔默自己的描述，他也是如此。如果我们将各个方面的证据拼凑在一起，便会明白，进程的失败为妇女政治创造了空间。

工党女成员将无核化政策的执行称为"民主的胜利"。这是与党的路线相一致的原则性观点，它为旨在挑战权力中心的女权主义反文化政治所更新。此种政治倡导的并非是孤立，而是全球公民的力量，他们积极从事国际和平运动和妇女运动，决心保留新西兰作为狭小而偏远国家的好处，并采取支持和平的坚定立场。

兰格随后声称是他自己继承了无核化的衣钵。是他在世界舞台上宣传了无核化的政策，是他让一个月之后在牛津大学学生俱乐部的辩论成为标题新闻，从而激起了民族主义。"核武器是没有道德理由的，"兰格在1985年3月告诉他在牛津大学的听众，"抵制核武器是为了维护人性之高于武器的邪恶本性；它是为了让人类恢复决策的力量；是为了让真正的道德力量享有至高无上的权威。"

图9.3说明了"布坎南"号事件对"太平洋共同防卫组织"的影响。请注意新西兰独木舟依靠桨提供能量与美国舰只利用太空时代技术之间的对照。新西兰的决定让美国大为吃惊，后者进行了激烈的报复：宣布太平洋共同防卫组织对新西兰"不再生效"，割断了各种联系，并冻结了高层接触。1986年8月，美国正式采取措施终止了其在同盟中的安全承诺，并将新西兰从"盟友"降格为"朋友"。漫画进一步阐明了这个小国与其盟友关系中的一个主题：新西兰的不在场，而不是在场，引起了评论。

图 9.3　艾里克·W. 希思:《太平洋共同防卫组织》,1985 年 2 月 5 日

除了原则的冲突,吵嚷突出了同盟伙伴在理解核威慑以及在对安全的态度上的差异。在美国看来,新西兰必须在太平洋共同防卫组织和它的无核化政策间进行选择。从新西兰的视角来看,核武器与南太平洋的防御不相干。澳大利亚则采取了明显不同的观点:太平洋共同防卫组织成员身份就意味着澳大利亚不应该置疑"既不证实也不否认"的政策。在这次分裂之后,澳大利亚首先努力保持与美国的关系,其次便是保持与新西兰的关系。澳大利亚外交官尤其担心:与美国的双边同盟将会是一个不如太平洋共同防卫组织有利的交易。

虽然新西兰试图限制已经造成的损失,但"现实政治"(Realpolitik)——美国的权力——却占上风。对美国而言,如果说决裂时刻发生于美国船只"布坎南"号遭到拒绝之际,那么在当地,

"决裂时刻则在美国采取反对新西兰的措施之际来临"。美国在同盟没有规定可以对一个成员进行除名的情况下却终止了其安全责任，这仅仅是增加了大众对兰格和工党政府的支持。

于是，无核化国家的观念开始成为集体认同中的一个特征，而抵制与想象中的国家利益相冲突的美国的要求则刺激了集体认同。具有讽刺意味的是，"美国船只'布坎南'号"事件与无核化政策的广为人知为推进引起分裂的经济改革创造了空间。第二个标志性的事件将法国卷了进来，并确保了公众对无核化政策的赞扬。1985年7月，三名法国特工人员炸毁了奥克兰港中"绿色和平组织"的旗舰"彩虹勇士"号（Rainbow Warrior），造成了一名摄影师死亡。按照经典"推理小说"的风格，在公众提供的一群侦探的帮助下，奥克兰警察揪出了其中的两名特工，随着法国的行动被公之于众，公众受到了震动。法国在承认其责任前试图进行掩盖；在它违反就拘捕肇事者而达成的协议后，进一步激起了愤怒。法国因素证实了古老的英-法偏见，并加剧了新西兰就太平洋无核化而与美国间的紧张关系。受武士成规养育的新西兰人是不会容忍受人欺负并在"国家恐怖主义"行动中受到轰炸，何况它不是由敌人实行的，而是由一个"强大的朋友"、一个新西兰人曾在两次世界大战中捍卫过的盟友所实行的。

美国船只"布坎南"号和"彩虹勇士"号事件一起确保了1987年《无核区、裁军与军备控制法案》（Nuclear-Free Zone, Disarmament and Arms Control Act）的通过，它宣布了新西兰的无核化。它也确保了20世纪70年代初期科克提议的南太平洋无核区计划的复活。1985年8月的《拉罗汤加条约》（Treaty of Ratotonga）建立了一个地区，它从赤道一直延伸到南极洲，从巴布亚新几内亚一直延伸至复活岛。核武器将不能在这个广阔的区域进行实验，尽管条约并没有影响援引国际法之"海洋自由"权力而通行的核动力舰船。这一系列的事件推动了对南太平洋的进一步关注，鼓励了新西兰与南太平洋之间的认同，并加强了对"一个狭小而偏远的国家为世界树立了道德榜样"这样一个观念的信心。正如我们所见，将该国想象为太平洋上之精神乐园的这两种新民族主义因素都拥有先例。"港口中的外国船是对团体政治的危险"这样一个形象也是如此。

1986 年 7 月，以其主席、一名退休外交官弗兰克·康纳（Frank Corner）之名命名的康纳委员会（Corner Committee）的报告反映了公众的看法。该委员会的其他成员包括一名左翼学者、一名女科学家和一名退役的毛利将军，他们得出的一致结论让兰格吃了一惊。表 9.1 总结了民意调查的结果。

一如表格揭示的那样，要求"与更大的国家结盟"的新西兰人和要求无核化的人一样多。大多数人都希望得到不可能得到的东西：既推行无核化，又继续留在太平洋共同防卫组织中。此外，

图 9.4　受到攻击后的"彩虹勇士"号停泊在奥克兰港中，1985 年 7 月

92%的人（与反对核武器的比例相同）认为，澳大利亚对新西兰的防务和安全是重要的。该委员会得出结论：加强与澳大利亚的联系是"为新西兰敞开的最有前途的选择"。与澳大利亚更为密切的关系不仅处于决策的"主流传统"，而且将专注于"新西兰自己的地区，南太平洋"，并让将来返回"太平洋共同防卫组织"的可能性敞开着。

表 9.1　新西兰人想要的是什么？

百分率（%）	表决	其他
92	不要核武器	
73	（常常是同样一些人）	支持无核化的新西兰
72	支持与大国结盟	
71	支持"太平洋共同防卫组织"	
80	更喜欢无核化的新西兰	在"太平洋共同防卫组织"内
44	留在太平洋共同防卫组织内	并禁止核舰只通行
37	留在太平洋共同防卫组织内	并允许核舰只通行
	如果留在太平洋共同防卫组织中的无核化	不可能
52	留在太平洋共同防卫组织中	并允许核舰只通行，无论它们是否运载有核武器，也无论其是否靠核推动
44	退出太平洋共同防卫组织	并禁止核舰只通行

资料来源：根据《防卫和安全：新西兰人想要的是什么》整理，惠灵顿：防卫调查委员会，1986年。

因此，尽管无核化思想激怒了澳大利亚，但它却让新西兰与邻国的关系更为密切。防务纠纷在证实了新西兰不同于澳大利亚认同的同时，还促进了《增进经济关系协定》的成功。在经过激烈的辩论之后，堪培拉做出相应决定：通过加强与新西兰的防务关系，澳大利亚将最佳地实现自己的利益。因此，在20世纪80年代的第二个五年中，澳大利亚和新西兰都决定加强彼此间的关系。尽管在核问题上有深刻分歧，澳大利亚和新西兰间的防务关系却日益密切，并以一个联合计划而达到高潮，建造一系列新的澳大利亚和新西兰护卫舰，以使两个邻国能够在南太平洋单独或协同行动。

但是，太平洋共同防卫组织危机留下了一个遗产，环塔斯曼关系中的紧张局面没有得到解决。防务是澳大利亚支持《增进经济关系协定》的主要目的；而且，在20世纪后期，防务作为其他方面良好关系中的棘手难题而重新浮现出来，而其原因就在于澳大利亚人对新西兰在防务中没有尽责的积怨。在1985年之后，新西兰竭力适应澳大利亚的战略利益模式，但它却没有能够满足邻国的愿望，这既是因为它缺乏资源，也是因为新西兰人拥有一个显著不同的战略态度。尽管两国有着休戚与共的亲缘关系和目标，但新西兰人对"什么构成了太平洋"却有着不同的看法，从历史的角度来看，他们也很少认为受到了来自于东南亚的现实或想象中的威胁。

总的来说，从20世纪70年代起，经济和防务政策方面的裂痕表明了新西兰与澳大利亚的关系发生了变化。20世纪，澳大利亚曾经被新西兰人忘记，但它却随着全球化而重新出现在他们的面前。与此同时，太平洋共同防卫组织问题是破坏各种环塔斯曼联系与协调的潜在因素。从20世纪80年代起，在对每个人可能都具有意义的、具有双重用途的战争与和平纪念传统中，共有的圣日"澳新军团日"获得了新的含义层面：澳新军团的葬礼传统，对战争中士兵们真实经历的发现，为容纳无核化国家的概念提供了空间，而且反之亦然。

无核化的新西兰不仅是女人们的国家，也是男人们的国家。在新西兰，20世纪四五十年代生于斯而长于斯的男男女女作为新的一代而进入权势部门。这代新人同样也构成了新的专业人士阶层，并立志于处理"文化盲从"问题。重要的是，他们的反文化信念可以为现存的神话所容纳。战后的这一代人生活在城市，受过教育，他们生来就是为了质疑各种道德标准和规范；他们热情地投入到青年革命之中，这使他们成为全球公民。同时，在进入成年的过程中，他们接受了一个"新西兰制造"的认同。

因此，政治权力的代际交替有助于解释从马尔登主义向罗杰经济学的转向。它也解决了新西兰无核化与对英美新自由主义正统的热情之间明显的悖论。无核化原则和罗杰经济学都是让这个国家成为世界榜样的改革运动，并且，改革也希望树立一个道德榜样。二者都沿着历史的道路前进，这一道路声称国家试验是认同的体现，是市场运作的体现。无核化试验得到了大多数人的支持，尽管太平洋共同防卫组织的终结所造成的遗憾使这种支持变得复杂化；并且，它在面积狭小和位置偏远的地理因素中寻求并找到了意义之所在。另一方面，经济试验却损害了工党政府的信誉。

新自由主义改革运动导致了工党的分裂，其原因在于：围绕公平的性质、特别是对那些最没有能力进行应对的人们以及没有财富或权力的人们的公平性质问题，出现了根本性的哲学争论。1989年，吉姆·安德顿（Jim Anderton）脱离了出去，组成了新工党（New Labour Party）。"横冲直闯"（crash through）或称"闪电战"的途径也损害了政治制度的合法性，因为它在根本上来讲是不民主的。

因此，为了对行政权力施加某种制约，新西兰人转向了选举改革。在1993年，通过公民投票，人民将选举方法由"简单多数制"改变为"混合式比例代表制"，他们期望这将确保公平，并通过更为一致性的决策，从而在体制中引入制衡原则。1996年，在比例代表制基础上选出的议会中，由詹姆斯·博尔格领导的联合政府获得了权力。人们希望，这将不仅制约执政者，而且，更加具有代表性的议会将更好地为多重认同和不断扩大的公民权利进行辩护。

第十章

条约的复苏（1973—1999年）

自殖民化、新西兰战争和第一次世界大战以来，公民权的扩大成为新西兰历史上最大之断裂的第二部分内容。正是新西兰特性内涵的断裂迫使人们去适应谁属于新西兰的新观念。这个国家重塑了自己的政治制度，以表明：它的人民和文化已经更加多样化，和世界的联系也更加密切了；这同时也是为了适应二元文化的概念。

条约获得生机

就内部来看，《怀唐伊条约》重新回到公共生活之中导致了这些变化。条约的精神（wairua）使得它在世界上独树一帜，并决定了它在历史中的地位；反过来，这又对20世纪晚期国家神话的缔造产生了影响。毛利人对条约的叙述逐渐渗透到公众的意识之中。1877年，法庭宣布该条约"纯属无效"，此后，毛利人便始终如一地要求王室遵守条约。在100年之后，条约的精神不单在毛利人社会而且在团体政治中都激起了一些处于不断变动之中的假设。自1840年开始，这些假设便已经确立起来，它们是一些关于土地对毛利人的重要性及有关前进道路决策的假设。

"拉塔纳运动"要求将2月6日确立为国庆节，在其游说之下，工党政府在1960年宣布"怀唐伊日"为感恩和纪念的日子。1974年，它成为公共假日，并在短时间里被称为"新西兰日"，到1976年，

238 它的名称又恢复为"怀唐伊日"。科克政府希望，怀唐伊周年纪念日将成为一个与众不同的国庆日，它加以纪念的是两个民族间的和平协定而非战争或革命。然而，马尔登则重新采取"怀唐伊日"这一名称，因为，他不喜欢隐藏在创造"新西兰日"这一行为之后的动机，为多元文化的未来进行准备。马尔登拒绝用同一性的各种优点来换取相异所带来的效力，并且拒绝用多元主义来代替"所有人适用同一部法律"的同化政策或者融合政策。相反，一些毛利人则反对将"怀唐伊日"加以粉饰。

从20世纪60年代起，人口的恢复与城市化激起了有关毛利人在现代社会中的地位问题的争论。文化接触的恢复和高通婚率（毛利人一半的婚姻是与欧裔新西兰人缔结的）使土著人的不利更为明显。在国际上，平等享有公民权的权力受到了强调。受过教育并生活在城市中的毛利青年一直关注着美国民权运动以及联合国对人权的倡导，他们要求一份更加公平的资源，要求他们"大地子民"（tangata whenua）的地位得到承认。由于他们在反文化价值观念中接受教育，他们要求新西兰非殖民化。

同时，毛利青年对他们更为保守的长辈失去了耐心。但是，毛利领导阶层也正在改变立场。1963年，为了平衡拉塔纳运动对毛利人四个席位（为工党把持）的影响，国家党政府从部族名人中任命了毛利人理事会。该理事会向政府提供了强烈地体现保守毛利人观点的建议。到20世纪60年代后期，毛利人对保留残余的最后一点部族土地的关注与青年抗议运动一起兴起，并为移居城市的活动所放大。

在奥克兰，青年活跃分子参加了诸如1968年"毛利人权组织"和"毛利学生联合会"等进步运动，接受了"土著权力和阶级斗争携手并进"的马克思主义信念。谋求自治权（mana motuhake）的激进分子和大学生加入了"战士之子"（Nga Tamatoa）中的"青年斗士"，他们仿效美国"黑人权利运动"，身着黑衣；从1971年起（联合国消除种族歧视年），他们在"怀唐伊节"那天发起抗议活动，并宣布这一天为哀悼日。他们引起了人们对毛利语言之消亡以及条约之骗局的关注，并号召抵制每年一度的庆祝。由于各种条约叙述间的冲突，每年2月6日，紧张局势都会爆发。

20世纪60年代，国家党政府被城市化的政治后果搞糊涂了，它固执地坚持着殖民者曾关注的问题：部族的土地没有得到有效的利用，这妨碍了经济的发展。于是，土地争夺重新出现。更确切地说，当时的假设就是，既然毛利人已经城市化了，各个部族就不再需要它们祖先的土地了，因为土地已经丧失了它在文化中的极端重要性。与此相反，正如大学生激进主义分子在1966年所主张的那样，毛利人的土地是供给毛利人使用的。作为同化毛利人之驱动力的组成部分，政府"欧化"部族土地的这种误入歧途的举动激起了抗议，而没有如愿以偿地促进种族和谐。政府反对根据个人化的制度管理毛利人土地的复杂程序，该制度为集体所有土地建立、由毛利人土地法院监督。然而，对于毛利人理事会来说，拟议的立法改革是错误的；他们希望制订一项土地开发政策，并开展青年培训计划，以便毛利人能够占有毛利人的土地。1967年的《毛利事务法案》修正案在扩大"不用则失"（use it or lose it）这一意见的影响方面并没有取得新进展。（参见第五章）然而，它却遭到毛利人普遍的谴责。殖民者的叙述并没有发生变化，但有关毛利人土地的含义和地位的思想以及有关抗议新语言之出现的思想却发生了变化。反对立法运动的参加者常常引用《怀唐伊条约》。臆想中的平等并没有允许毛利人作为部族或集体而从事现代经济或与政府打交道，而这正是他们祖先签订条约时所期盼的。毛利民族不仅厌倦了"被遗弃在白种人支配的经济边缘地带的感受",也厌倦了受人忽视和施舍的状况。

结果,1975年,毛利人、"战士之子"、积极分子和长老一起出发进行"毛利人土地游行",以引起白种人和政府对这些问题的注意,并对抗"最后的土地侵占"。这些侵占行为以1967年法案和其他一些凭惊人速度通过的法案、公共建设工程及地方政府项目为代表,它们都允许占用部族土地。抗议者的口号附和了"毛利王运动"的号召:"不许再侵占毛利人一英亩土地"。在毛利妇女福利联盟基金会主席、80岁的魏娜·库珀（Whina Cooper）的率领下,抗议者们从极北之地步行到惠灵顿。在最后一天,他们冒着雨声势浩大而无声地游行至议会,以表达他们的心声,即:他们对丧失祖先土地——这些土地对生活在城市中的民族并非不重要而是越发重要——的怨恨,政府应当最终承认《怀唐伊条约》规定的地产权利。

求助于条约则要求毛利人去教育白种人,因为后者要么不了解条约的历史,要么将该文件作为历史遗产而加以拒斥,要么则想当然地认为英文版本中的信条得到了维护。1975年,作为对土地游行的回应,科克政府通过了《怀唐伊条约法案》。作为"2月6日是国庆日"这样一个概念的自然结果,毛利事务部部长马蒂乌·拉塔（Matiu Rata）——他曾强烈地反对1967年的各项措施——提议成立特种法庭,并授权该法庭去处理对近代条约的各种不满。特种法庭被证明是一个里程碑:尽管它仅仅能够提出建议,但却成为了"遵守"和"确认""《怀唐伊条约》原则"的标志,虽然这些原则被留到了将来去诠释。

然而,胜于土地游行的是,1977年至1978年奥克兰"营垒角抗议"（Bastion Point protest）通过电视这一媒介而唤起了公众的意

第十章 条约的复苏（1973—1999 年）

识。到这时，大约有 130 万公顷的土地仍留在各个部族的手中。"营垒角"最初的名称是奥拉基（Orakei），它是 1840 年出售奥克兰的纳提瓦图瓦人（Ngati Whatua）的家园。1977 年的抗议虽然因触犯法律而首先引起公众的注意，但它却采取了 10 项法庭诉讼。1869 年，"土著土地法庭"将一块 280 公顷的奥拉基土地授予三个"哈普"；1873 年，它又以纳提瓦图瓦人 13 名成员的名义而出具地契证书，从而剥夺了部族中其他人的继承权。自此之后，争端便一直处于酝酿之中。当时，地契有一个附件，即土地应当是不可剥夺的。然而，在 1886 年，政府以俄国海军引起的恐慌为借口，引用《公共工程法案》而占用土地以用作防务之目的。1898 年，托管人被宣布为"所有者"，有权对余下的土地进行转让；不过，1907 年的斯托特-纳塔委员会（Stout-Ngata Commission）却宣布这次割占为非法之举。1914 年至 1928 年之间，政府无视一个宣布了 15.6 公顷"不可让渡"土地的法律判决，而购买了除围绕毛利会堂的 1 公顷土地外的整块剩下的土地。1951 年，政府通过强制手段而获得了除公墓之外的最后一块土地，它将居民搬迁到附近政府出资修建的房屋中。在工人前来毁掉纳提瓦图瓦人祖先的会堂时，纳提瓦图瓦人自己点燃了会堂，以防被政府毁坏。并在实践"贫民窟拆迁"的过程中焚毁了毛利会堂，从而为现代奥克兰清除了这个污点。

对纳提瓦图瓦人来说，他们眼看着祖居被焚毁，并在政府提供的住房中贫穷地长大。马尔登政府决定把拥有港口风光的"营垒角"残留土地出售给开发商，这成为对他们的最后伤害。在后来成为议员的乔·霍克领导之下，该部族对王室所有权提出了挑战。"营垒角"是马尔登主义在社会方面的象征，因为，在经过 506 天的占领之后，马尔登派遣了警察和军队前去驱赶抗议者。当电视观众看到"骚乱法案"的公布以及 222 人被捕时，他们感到了震惊。

通过这一漫长的争端，公众了解到了这个被缓慢剥夺和完全不公平的研究个案：当地人被强迫驱赶到政府出资修建的房舍中，而政府却提议将他们最后的遗产出售给特权者。

与此同时，地方和全球性的种族主义和反种族主义抗议这两种政见渗透进了橄榄球这一全国性运动之中。1921年，第一个访问新西兰的斯普林博克橄榄球队就在罗托鲁阿冒犯了特阿拉瓦人。他们接受了该部族的正式欢迎，接着却背弃了毛利人，因为他们对不得不与"土著"队进行比赛、而旁边还有一名新西兰毛利人在跳哈卡舞感到厌烦。这次冒犯行为为随后的抗议奠定了基调，尤其是鉴于"新西兰橄榄球联盟"向种族隔离的投降，它同意从1928年起不再向南非派遣毛利球员。起初，抗议相对低调。"没有毛利人的全黑队"和斯普林博克队不顾毛利议员和毛利妇女福利联盟的反对，分别于1949年和1956年在南非和新西兰举行了橄榄球巡回赛。然而，从20世纪60年代开始，"没有毛利人，就不举行巡回赛"的抗议成为民族生活的特征。南非因为种族隔离而被驱逐出奥林匹克比赛；1973年，在早些时间的澳大利亚巡回赛中发生了暴力事件后，科克命令橄榄球联盟取消斯普林博克前往新西兰的比赛之旅。

然而，马尔登在自己耍把戏的同时也让南非耍他自己的花样；为了赢得1981年的选举，他没有采取任何行动来阻止斯普林博克队在新西兰的比赛之旅，事后还立即安排了一次王室之旅。他求助于法律与秩序，为国家党政府获得多一票的多数票。巡回赛不仅损害了橄榄球的利益，而且还引起了自19世纪60年代以来持续时间空前的抗议，抗议如同一场内战。

1981年斯普林博克队之旅将抗议者们集合起来，抗议者包括条约积极分子、帮会成员、大学生、妇女、教会、同性恋法律改革家、城市中产。他们的议事日程也多种多样。橄榄球巡回赛抗议在许多方面都象征着大众对这个赤裸裸体现马尔登主义的事例的反抗。一旦走上了街头，有威望的市民们为警察对他们抗议的反应而感到震惊。和平示威者遭遇到的是环绕橄榄球场的一道道带刺铁丝网以及"红队"的暴力。"红队"是一支戴着头盔、佩着警棍的精英防暴队，它的文化"对许多新西兰人来说是陌生的，犹如种族隔离一样"。城市中受过教育的人们首次和防暴警察面对面地接触，并发现对峙和威胁感是让人恐惧的、戏剧性的和影响深远的。此种经历让在生育高峰期出生的年轻人具有了政治性，而早期的越战和民权抗议则引发了更为年长的人们来参加游行。成千上万的人们聚集到抵制巡回赛的运动之中。在抗议者通过侵入赛场而阻止了7月在汉密尔顿举行的首场比赛后，该运动得到了世界范围内的报道。对南非的纳尔逊·曼德拉来说，该运动给人的感觉就犹如太阳出来了一般。

巡回赛期间，暴力升级了。9月，一名马克思主义家庭的后裔打断了奥克兰的比赛，他从一架轻型飞机上抛撒传单并投掷烟雾弹，而这刚好跃过了赛场的球门柱。所有的家庭都因冲突而产生了分歧，整个国家变成了争夺场

图10.1 "怀唐伊特种法庭"庭长爱德华·泰哈库雷·杜里法官，1981—2003年

所。巡回赛为国家党赢得了微弱的胜利，却展现了新西兰社会深刻的裂痕，并打碎了它作为一个拥有和谐种族关系并且是和平国家的形象。抗议者们不仅听到了毛利积极分子谴责南非的种族隔离，叫喊着"释放纳尔逊·曼德拉"，而且听到了他们对国内不公正的谴责：处于危险之中的是关于新西兰及其形象、认同和前景的各种相互竞争的观念。

与此同时，毛利事务部确立了一个"高大形象"计划（Tu tangata programme）。毛利妇女福利联盟中资深的妇女则提出了"母语幼稚园"（kohanga reo）的思想，"母语幼稚园"被组织成为促进和挽救毛利语言的幼儿园。从1982年起，"母语幼稚园"如雨后春笋般地发展起来，其速度超过了匆忙草拟政策和规章的官员。

同时，在爱德华·T. 杜里（Edward T. Durie）的领导下，1975年曾作为议案而提出的"怀唐伊特种法庭"变得活跃起来。杜里是首位被任命为毛利土地法庭法官的毛利人后裔。杜里法官着手纠正条约造成的不公正，并帮助白种人理解《怀唐伊条约》的含义和重要性。杜里本人就是新西兰二元文化的象征。1983年，他和特种法庭在莫图努伊合成燃料厂问题上做出了一个有利于塔拉纳基特阿提阿瓦（Te Ati Awa）部落的判决，从而首先吸引了公众的关注。该厂是一个"好高骛远"的项目，它要求有一条排污渠来向塔斯曼海排放污水。特阿提阿瓦部落担心排污渠将污染他们的鱼礁，特种法庭则表示了赞同。

这个判决直接挑战了马尔登主义，并赢得了环保运动的支持。土著权利和环保政治的结盟导致了排污渠提议的搁浅。自1877年以来，条约首次被"赋予了生命力"，变为一个1975年的《怀唐伊条约》下的宪法文件；而马尔登主义则成了杂音。

随着过去围绕土地的各种主张和争端在政治层面得到处理，这必然导致各种结果的不均衡和不公正。因此，1985年，根据《怀唐伊条约》修正案，兰格政府通过将"怀唐伊特种法庭"的司法权限回溯到1840年，从而为历史上成百上千有关殖民政府违反条约的索赔要求开辟了道路。毛利事务部部长寇罗·韦特雷引入该法案，目的是处理围绕著名的冤案而日趋紧张的局势。从此刻起，"伊维"和"哈普"便从因土地诉求而进行的抗议转向诉讼，而且，通过扩充的特种法庭开解一代代人对官方错误的愤怒和绝望。这种能量的转移平息了极端主义，并培植了对长期谋求平等的期待。对一些人来说，条约的主张暗示了一条实现这一政治目标的途径，即通过自决和为部族建立经济基地而促进该民族的进步。此种变化要求全国通过适当的法律程序来重新审视土著权利。

1986年，"怀唐伊特种法庭"宣布毛利语为条约第二款中的宝藏，政府应该保证对其加以保护。结果，毛利语和英语一同获得了官方语言的地位，挽救毛利语言、避免其消亡的努力加速进行。以毛利语进行教学的毛利语专门学校延续了学前语言之家的功能，在那里，学生可以进行到高等教育。2004年，在政府支持下的旨在吸引毛利裔青年的毛利语电视最终得以开播。

重要的是，毛利领袖对公民权基础的质疑以及条约主张得到正式的倾听都导致了新西兰历史的重写，并将毛利人包括其中。20世纪50年代，辛克莱和其他一些人便已经开始了这一进程，但在20世纪80年代，这个进程被极大地拓宽了。探讨普通人生活的社会史的兴起对这一发展起到了支持作用。汇集到特种法庭面前的证据对殖民者关于"我们的"毛利人的叙述——这些叙述往往因健忘而被曲解——提出了挑战，并推翻了这样的假设，即政府是在得到完全的同意并经过公平的购买过程而体面地取消当地人的财产所有权的。此外，为了对殖民政治家运用行政权力进行制约，罗杰经济学向毛利社会提出了挑战。由于改革议程的速度及其不民主的性质引起了恐慌，部族对肢解和出售公共财产的抵制得到了广泛的支持。

1986年的《国有企业法》(State-Owned Enterprises [SOE] Act)引发了法庭上防止国有资产私有化的唇枪舌战。该法案为公有财产转归私人所有做好了准备，却使各个部族无法实现条约主张，并且也没有包括任何矫正土地流失的赔偿解决方案。1987年，毛利理事会在著名的"新西兰毛利人理事会诉总检察长案（所谓的"土地案"，1987）中对国有企业法案提出了挑战。理由是该法案的第九条宣布："本法的任何规定都不允许王国政府以不符合《威坦哲条约》原则的方式行事。"因此，任何土地转让都将违反该法案。通过这一裁决，国家上诉法院的知名法官提升了条约的法律地位，因为他们宣布，"在没有建立任何制度来考虑……这种转让是否不符合《威坦哲条约》原则的情况下"，任何向国有企业转让资产的行为都是违法的。

"土地案"是界定"条约原则"的转折点，因为政治家们并没有界定这些原则。相反，法庭和法院的任务是重新解释kawanatanga和tino rangatiratanga的条约概念以及该文件对现代新西兰的意义。上诉法院阐述了七项条约原则，其中第一项原则是"伙伴关系"，这是英国圣公会和1987年之前威坦哲法庭报告中提出的理念。但"土地案"具有里程碑意义，因为所有五位法官一致同意，条约在毛利人和王国政府之间建立了伙伴关系。上诉法院认为，条约的原则高于《国有企业法》中的其他一切规定。虽然条约的原则没有"授权对政府政策进行不合理的限制"，但王国政府也有责任"积极保护"毛利人使用其土地和水域，"纠正过去的违规行为"，并与保留其rangatiratanga的毛利人协商。毛利人"放弃了政府的权利,以换取对其土地和珍贵财产的占有和控制权的保证,只要他们想保留这些土地和财产"。因此,新西兰法官效仿威坦哲法庭的做法,接受了毛利人关于条约是"活的、会呼吸的、重要的东西"的说法。他们认为伙伴关系的目的是促进所有新西兰人的福祉,但以维护毛利人的完整性为特殊条件。对于怀唐伊特种法庭(现在得到了法院的加强)来说,关键问题围绕着王国政府在土地争夺中违法条约的行为。反过来说,毛利人失去土地也就失去了他们的法力和在国家中的地位。如果国家要履行条约,就必须改变帕凯哈人与毛利人的关系。20世纪90年代的主要条约解决方案详细阐述了国家面临的问题。北岛的泰努伊和南岛的恩盖-塔胡是两个最大的定居点,它们涉及对截然不同的剥夺历史的补偿。

1986年8月提出的恩盖塔胡(Ngai Tahu)诉求反映了长期以来的不满,1944年达成的政治解决方案没有解决这些不满,该解决方案只涉及1848年坎普的单笔大规模购买。最初,该要求强调了奥塔哥定居点与威灵顿定居点不同,没有为毛利人提供"十分地"。随着诉求的推进,它涉及了《国有企业法》。随后,在法庭辩论期间,该诉求演变成了对自19世纪40年代以来恩盖塔胡人所有冤情的广泛回顾。特别是,国家忽视了提供足够的保留地,无视哈普人保留大量地块(如坎特伯雷平原)的愿望。政府代理人坚持要获得"整个地区的所有权",而条约只授权购买"毛利人自由希望出售"的土地。这导致了传统所有权的"消灭",并剥夺了购买契约中保证的进入食物采集地的权利。从一开始,mahinga kai 就因为渔业而变得重要。由于被排除在最喜欢的食物采集地之外,恩盖塔胡人陷入了贫困、无地和边缘化的境地。

相比之下,怀卡托伊维1987年土地诉求的理由是,泰努伊人(Tainui)在怀卡托的土地则是在19世纪60年代的战争之后被征用的。整个社群因少数人的行为而遭受痛苦，政府攫取了其中最好的土地，而不管土地的主人是"忠诚"的毛利人还是"反叛者"（1995年的解决方案否认了这一名称）。此种不公正的行为不仅给予毛利王运动以持续的活力，而且还阻碍了泰努伊人对民族生活的参与。不同的部族经历却产生了财产被剥夺、贫穷和生存机会减少等相似的结果，与之相伴的则是威望的丧失。在博尔格领导下的政府条约谈判部长道格拉斯·格雷厄姆（爵士）的指导下这些最初的重要主张致使王室出面进行道歉，并根据条约而在1995年和1997年分别向泰努伊人和恩盖塔胡人支付了1.7亿新元，并于1998年通过立法最终解决。

作为恩盖塔胡条约解决方案的一部分，重要的地点都恢复了它们的毛利名称。库克山回到了部落手中，并被重新命名为奥拉基-库克山（Aoraki-Mt Cook）。但在恩盖塔胡人权利得到恢复和承认的同一天，他们将这座山交给了国家。该部族对其新的资金基地进行了迅速的开发，它成为南岛经济发展的引擎，并活跃于地产开发和全球的商务领域。

尽管土著土地权利在很大程度上被取消了，但传统的捕鱼权却仍然没有得到清楚的界定。1986年，作为罗杰经济学改革的一部分，工党政府试图将捕鱼权私有化，其做法就是创建各种可以通过配额管理制度而进行交易的地产权利。政府从环保的角度来为自己的做法进行辩解，认为这是对过度捕捞做出的反应，但毛利人则认为这是资源被再度出售。事实上，配额制度将条约许诺给毛利人的渔业产权转让给了大公司。许多个体渔民没有被包括在内，特别是在北岛。毛利领导人警告说，这违反了条约的第二款。然而，1987年，农业和渔业部开始分配捕鱼配额。向怀唐伊特种法庭提出索赔要求的毛利人行动起来，以阻止这一进程；并且，一个泛毛利的禁令在高等法院得到批准。

从 1986 年起，法院受加拿大和美国判决的影响，恢复了关于习惯权利的普通法理论，宣布土著人对土地的所有权可能已被取消，但对鱼类的所有权并未取消。在 Te Weehi 案中，Tee Weehi 为自己被控拥有尺寸过小的 paua 而辩护，他成功地辩称自己是按照习惯方式为家人捕获贝类的。威廉姆森法官驳回了普伦德加斯特对毛利人习惯法的否定，认为如果法律承认习惯捕鱼权，则这种权利继续存在。不久之后，配额管理制度本身也被认为与 1983 年《渔业法》第 88（2）条相抵触：本法的任何规定都不得影响毛利人的捕鱼权。当高等法院同意配额管理制度违反了人们的捕鱼权时，政府不得不进行谈判。

从 1989 年起，毛利人通过毛利渔业委员会再次成为捕鱼业的重要参与者。作为帝国的工具，土著权利这一习惯法概念促进了毛利人影响力的恢复，并有利于他们对资源的控制。在委员会主席、恩盖塔胡人精明的政治谈判家泰佩恩·奥瑞根（Tipene O'Regan）抓住一个千载难逢的机会。向伊维发放捕鱼配额之际，广大的部落居民仍在适应"条约第二款在当前是可以实施的"这样一种观念。1992 年，他说服政府向改革后的毛利渔业委员会支付 1500 万新元，以购买新西兰最大渔业公司海王工厂（Sealord Prodnets）的半数股权。这以"海王交易"而为人们所知，而这些购买的份额可以用来解决捕鱼权要求。到 1998 年，怀唐伊条约渔业委员会（Treaty of Waitangi Fisheries Commission）被建立起来，以管理这宗配额，并决定一个价值日升的资源（到 1998 年，其价值为 5 亿新元）的分配模式。21 世纪初，有关"分配应该在海岸线（有利于恩盖塔胡人）还是在人口（有利于北方部落）的基础上进行"的问题，依然处于争论之中，这一如分配应该限于伊维呢，还是应该包括城镇中的毛利群体一样。

"妇女选择的权利"

妇女解放运动同样也谋求"立足之地"。1975年,即条约进入立法之年,成为"国际妇女年"的标志。随着女孩子越来越多地受到教育,已婚和单身妇女进入雇佣劳动大军的行列,到20世纪70年代,"第二波"女权运动从正在发生变化的家庭关系以及发生了变化的妇女地位中发展起来。女权运动的时刻到来了,目的是将妇女从父权制中解放出来,并以"女士"来称呼成年妇女。家庭结构和婚姻的性质也在发生变化;1975年见证了"无过失"离婚的到来。经济需要受过教育的人们去填充扩大了的第三产业中的职位空缺,而在家庭中却继续依靠无偿劳动。由于负担家计之人的薪水再也维持不了自置居所及抚养孩子的费用,各个家庭也需要母亲们出去工作。

(新西兰)妇女解放的目标与澳大利亚和国际上的目标相似:同工同酬(在1972年的立法中赢得);从"家庭主妇"的角色中解放出来;免除"性角色"并免受性别歧视;对女性身体和生活的自主。母性和专心于家务不在被想象为是让人振奋的,而是被想象为囚牢。因此,为了声张自我,女权主义者着手改变社会,以便将妇女们从家和家庭的束缚中解放出来。20世纪70年代,对安全、合法流产权利的要求是最惹争议的问题,因为,它促使女权运动发生分裂,并受到诸如"胎儿保护协会"这样一些拥有政治影响力的游说团体的强烈反对。在1977年《避孕、绝育和流产法案》通过之后,妇女流产变得困难起来。于是,新西兰和悉尼的女权主义团体彼此合作,将妇女们空运到悉尼的诊所。这一限制性的法律表明了马尔登时代社会的保守性。到20世纪80年代,尽管医生们对法律进行了更为自由的诠释，女权主义运动却没有能够让流产从《刑事法案》中撤销。

在另一方面，从 1990 年起，随着独立接生员的再度出现，对分娩的管理让女权主义者获得了一次成功。对"分娩是一个正常的生理过程"这一观念的复归是通过接生员、中产阶级妇女组织和工党政府的共识而实现的，它由有利于接生员而不利于医生的"政治机会结构"的变化所产生。与 20 世纪 30 年代相比，在经过 1988 年西尔维亚·卡特赖特夫人（Dame Silvia Cartwright）所主持的宫颈癌调查之后，医疗行业的权力和影响受到了挑战。卡特赖特夫人后来成为了新西兰高等法院的首位女法官和第二位女总督。卡特赖特调查承认了病人的权利，并加剧了公众对医疗权威的质疑。助产士的时代随着 1990 年的《护士修正法案》（Nurses Amendment Act）而到来，助产士由此而重新获得了作为独立从业人员的自主权，并赢得了获取与产科医生相同报酬的权利。

罗杰经济学有助于助产士的再度出现。国营部门的改革重新将临盆的妇女定义为"顾客"，这进一步加强了病人权利以及女权主义者提出的"妇女重新控制生育"要求的分量。女权主义和经济理性主义的议程都有利于接生员的再度出现。一如当时的卫生部长海伦·克拉克在 1990 年观察到的那样，"即便是财政部也能够从自主权的增加中看到价值"。助产士与医生形成了竞争，人们期望有接生员料理的分娩会降低费用。竞争加剧了，但由于妇女们选择了医生和接生员的公共照料，费用当然也迅速地上涨。结果便造成了"主要产科医护人员"计划从 1996 年起开始实施，它迫使产妇选择一名助产士或医生，而支付的费用也划定了上限。该计划实施的目的是为省钱，而不是为了提供选择。到该世纪末，多数产妇的分娩都由接生员处理，并在医院呆上一小段时间。1999 年，一份分娩

图 10.2　海伦·克拉克总理在库克山国家公园的霍奇斯德特峰，
2003 年 7 月 5 日。山的分水岭上密布着向南滚动的云层。

服务评价报道了在助产士照料下的母亲中出现了最高水平的顾客满意度。

到 20 世纪后期，几乎半数年龄在 16 至 64 岁的女性都在从事有薪工作。现在，独立的工作生活成了妇女生活史的一个特征。已婚妇女重新回到雇佣大军中的比例越来越高，她们甚至就不曾离开过；而且，到 1990 年，大多数已婚妇女都在为家庭挣钱。尽管同工同酬和平等拥有财富仍然是遥不可及的事，但联合国的一份报告却得出结论说，新西兰是世界上性别平等排位最前的国家之一。

因此，一个历史问题出现了：20 世纪末，一个其"第一波"女权主义者曾将母性和对家庭的挚爱吹捧为"殖民伴侣"的国家为什么会任命女性领袖？新西兰并非得到了一位而是两位女总理：詹妮·希普利（Jenny Shipley）和海伦·克拉克。1997年，詹妮·希普利将吉姆·博尔杰从国家党联合政府领袖的位置上扳倒，成为总理；海伦·克拉克则是在工党赢得1999年的选举后成为首位当选女总理。更为重要的是，公众并不认为妇女治国是稀奇事。

主要的连续性体现在自由女权主义之上，其中，妇女在体制内运作，她们通过改变法律来影响政策，并受到各种民主政治制度的鼓励，虽然这些鼓励是彼此矛盾的；同时，它也体现在母职人物（姨姑之流）之上。20世纪末叶，绿党拥有了一位女性协同领导人，珍妮特·菲茨西蒙斯（Jeanette Fitzsimons，从1995年至2009年）；同时，首席大法官和检查总长都是女性。为了1990年的150周年纪念，新西兰挑选了一名女总督，凯瑟琳·蒂泽德夫人；在2001年，这位受人欢迎的奥克兰人为法官西尔维亚·卡特赖特夫人所接替，她以王者的风范为这一职位增添了光辉。

直到20世纪70年代，进入议会的妇女都是通过家族网络而得以如此，正如艾丽娅卡·拉塔纳一样，她在1949年丈夫去世后成为第一位毛利女议员。在20世纪80年代初，在马尔登主义的刺激之下，重要的变化接着发生。在女议员的数量从四位增长至八位之际，克拉克投身于政治之中。在1993年妇女取得选举权100周年之际，妇女构成了议员的21%，而在1996年的首届混合式比例代表制议会中，妇女议员则增长至30%。

同时，历史恢复了妇女的"女性史"。澳大利亚哥特式的性别关系史是在罪犯心态作为基本经历的阴影之下展开的，与此不同，新西兰妇女史则是被描绘为"站在阳光之下"。妇女史家将凯特·谢泼德和殖民时期的妇女参政论者复原为自20世纪初以来就不那么引人注目的女英雄、战后生育高峰期出生的人们——她们寻求逃脱强加给她们的母亲和祖母的家庭束缚——摇摆不定的榜样。谢泼德被作为从政妇女的偶像和象征女性公民身份的母职人物（mother figure）而为人们所缅怀,她成为除女王之外首位出现在新西兰纸币上的妇女。

到20世纪90年代,正如国徽上西兰狄娅（Zealandia）和毛利武士站在一起一样,母亲的固定形象和毛利武士的固定形象也一道出现在大学的讲座和研究生论文中;同时,妇女们开始在澳新军团的传说中找到了一席之地。在殖民历史的阴影中,努力在政治中获得成功的妇女仍旧需要有一个坚强的母亲形象,无论这个形象是"伟大的新西兰母亲",还是专断的阿姨。与此同时,迅速将毛利人接纳进去的通史,接纳妇女的进程却更为缓慢。

电影和绘画的多样性

1986年,在公路片《破碎的宫殿》（Smash Palace）中,便不再使用白人男子担任主角了。在简·坎皮恩（Jane Campion）导演的《钢琴》（The Piano,1993）及彼得·杰克逊（Peter Jackson）导演的《天堂造物》（Heavenly Creature）中,男人为强悍而怪诞的妇女所取代。其中,《天堂造物》对1954年克赖斯特彻奇臭名昭著的帕克-休姆（Parker-Hulmer）谋杀案进行了重新创作。该片刻画了女学生朱丽叶·休姆居住的房屋、后来的坎特伯雷大学教工俱乐部。《母亲未曾告诉我们的战争故事》（War Stories our Mother Never Told Us,1995）是盖伦·普雷斯顿（Gaylene Preston）导演的一部战争纪录片,它为年轻的一代人生动地讲述了谈论"二战"的"七位老女人"的故事。普雷斯顿去拜见他自己的母亲,他的母亲则透露说,她结婚是因为已经有孕在身,接着在战争期间又红杏出墙,但是,她却为了儿子的缘故而恢复了婚姻。

新西兰影片也是哥特式的。它常常以风景为主角,就好像环境也是电影中的角色似的；因此，李·塔马霍瑞（Lee Tamahori）的《战士奇兵》（Once Were Warriors）便以一个古典的新西兰场景为开端，而这一场景事实上却是肮脏的城市景观中的一块广告牌。这部影片体现了新西兰文化接纳妇女和毛利人的演进过程。该片以艾伦·达夫（Alan Duff）这位白人父亲和毛利母亲之子的恐怖小说为基础，它震撼了观众，但却通过对城镇中毛利人和家庭暴力的形象描绘而与国民心态形成了共鸣。该电影是对广播放松管制的结果。塔马霍瑞是一位以其一流的广告而闻名的电视广告制作人，他进军好莱坞，并拍摄了詹姆斯·邦德电影。

如果说文化多元论是这些影片的标志，那么告别了文化盲从的自信和新生的创造力也是它们的标志。全球化为当地的产品和当地的故事提供了资金，而此前它们却为狭小的国内市场所窒息；全球化同样也在世界范围内为人们普遍感兴趣的故事提供了观众。电影产生了具有创造性的居民阶层，他们在新西兰制作影片，却拥有国际资金；电影业产生了一个全新的文化经济。

从20世纪70年代起，表达毛利人和太平洋认同的艺术出现过繁荣。从拉尔夫·哈特雷（Ralph Hotere）把艺术和诗歌相结合以抗议核试验，到朱莉娅·莫里森（Julia Morison）的后现代绘画，再到将新西兰在太平洋中的位置用雕塑形式表现出来的迈克尔·杜佛瑞（Michel Tuffery），新西兰艺术以其多样化、享誉世界而又立足于本地显得卓尔不群。谢恩·科顿（Shane Cotton）对毛利历史和先知运动加以利用，尤安·麦克劳德（Euan Macleod）的绘画人物行走于抽象的风景之中，而比尔·哈蒙德则将群岛描绘为一块鸟类群集的土地，并捕捉住了遥远的意韵。

到1990年150周年纪念之际，新西兰已经正式成为了二元文化的国家，而1840年则被当作条约签署日而非有组织的白人移民的开始。《怀唐伊条约》的精神从惠灵顿的国家档案馆向外辐射。在这里,条约的文档被放置在特别指定的宪法室中永久性陈列,以供人们瞻仰。政府和法庭都做出了显著的努力,以便为不正当获取的土地提供赔偿,倾听和满足毛利人的愿望,确保将来的公平。历史学家对国家认同的出现、怀唐伊和澳新军团、生为白种人及毛利人等进行了反思。一些人询问是否存在着新西兰文化这样的东西,尽管新西兰人认为他们的生活方式已经为自己挣得了这一称号。

新西兰是仍然属于殖民地性质呢,还是属于后殖民性质?新西兰文化真的意味着白种人文化再象征性地加上毛利因素,而增添的目的是提供独特性,很大程度上就像10分硬币上的"提基",或者飘扬在"新西兰航空"上的银蕨标志?抑或这个整体就如新西兰语言一样是属于二元文化性质的?国家制度给予了少数民族公平的对待吗?种族胜过性别而成为让人关注的问题,因为它在过去一贯如此。这个国家的历史围绕着殖民者-本土人之间的关系而展开,而150周年的纪念模式也是如此。1990年,毛利女制片人梅拉塔·米塔制作了官方电影《独木舟的威力》(*Mana Waka*)。这是一部纪念片,它重新发现了一个被人遗忘的建造计划的片断,该建造计划是特普娅在1940年为百年纪念而发起的,目的是制作将第一批人们运载到奥特亚罗瓦的三艘古代独木舟的雕刻复制品。50年之后,米塔实现了特普娅重建对毛利传统的自豪感这一梦想。

"白人新西兰"的缓慢消亡

新西兰经过了更长的时间才成为多元文化的国家。在承认因迁徙而产生的文化差异之前,新西兰首先必须变得更加多样化。多元文化的思想在法律和政策领域的传播在20世纪80年代才蹒跚起步,它实际上源自从20世纪90年代开始的实行联邦制的加拿大杜撰了"多元文化的"一词来缓和它与魁北克省之间的历史性紧张关系。实际上，魁北克与英属加拿大之间的关系遵循着一个二元文化的模式。然而，与毛利社会不同，魁北克由它自己的议会进行统治。一些公众人物警告说，《怀唐伊条约》为二元文化制造了困难。他们告诫说，在政治家们能够将新西兰想象为像美国一样的熔炉，抑或是多元文化的澳大利亚的同类之前，他们应该解决条约造成的不满，并给予本土民族以适当的承认。因此，在新西兰能够畅想多元文化之前，它必须首先采取国家发展的二元模式。

1998年，新的国家博物馆"蒂帕帕"（意为"我们的地盘"）在惠灵顿码头开馆，它提供了一个专注于毛利人和欧洲人之间互动的历史。由于《怀唐伊条约》在文化上已经获得了宪法地位（虽然说并非是以成文法的形式），"蒂帕帕"特别展示了条约的两种文本。最初的人们被承认为"唐加塔环努瓦"，即大地子民。在这个博物馆中，条约构筑了记忆政治。激起愤怒的并非是条约的复原和有意识地主张毛利人对国家认同的至关重要，而是博物馆内一幅科林·麦卡宏（Colin McCahon）创作的抽象风景绘画和20世纪50年代的一个冰箱放在了一起。有关大众文化在文化中的地位的辩论被展示为了"全国性的"，这让人们感到不快。

一些事情仍然是一成不变的。正如在过去一样，来到这个遥远而与世隔绝的群岛的移民们寻求过上更美好的生活，这一希望常常由这样一种努力所体现出来：寻找一个养活家人的安全、卫生的地方。移民的渴望强化了"新西兰是养育子女的好地方"这样一种观念，而且，这一观念已经嵌入了民族神话之中。不过，背景已经从英国苗圃这一殖民观念转变为清洁而绿色的新西兰这一国际概念——它将为养育灵活而有技能的全球性公民提供理想的环境。澳大利亚和新西兰继续作为单一的劳动力市场而运行，一如它们从19

世纪起就开始做的那样。人口统计学家认同，尽管对两国来说，环塔斯曼的移民是国际人口流动的重要部分，但它代表的"不过是一个单一劳动力市场内另一种形式的地区间移民而已"。

自相矛盾的是，正当新西兰与澳大利亚一体化的程度越来越深之际，他们的人口却越来越多样化。新西兰日益发展的太平洋认同很大程度上是由历史造成的，但却越来越受到它在战后对太平洋岛屿作为劳动力来源和发展援助场所的密切关注的影响。在整个20世纪五六十年代，太平洋岛民为制造业提供了廉价劳动力，而且移民当局也倾向于对那些超过工作签证容许期限而"逾期停留"的人不予干涉。从20世纪70年代起，得助于库克群岛、纽埃岛和萨摩亚修建的简易机场，新西兰的太平洋岛民数量极大地增长，他们在1996年超过了20万人。然而，从20世纪70年代开始，对太平洋岛民劳动力的需求越来越少。历届政府展开了对"逾期滞留者"的打击，其中臭名远扬的是，在马尔登政府统治之下，警察对被怀疑持有过期签证的岛民展开了黎明袭击。

萨摩亚裔新西兰人同样也遇到了困难。在特殊情况下，枢密院似乎批准：在萨摩亚作为托管地而为新西兰管理时，出生于那里的西萨摩亚人可以拥有新西兰公民资格。1982年，马尔登警告了萨摩亚人大量涌入新西兰的危险。他的政府当时认为，他们在授予所有已经置身新西兰的萨摩亚人公民资格方面已属慷慨。萨摩亚人对1982年《西萨摩亚人公民资格法案》（*Citizenship Western Samoa Act*）却有着不同的看法。按照西萨摩亚人的理解，在1948年引入新西兰公民资格时，他们便自动成为新西兰公民。库克岛居民也是这样认为，因为从1901年至1965年，从法律上讲，库克群岛是新西兰的一部分。枢密院支持那种看法。

1986年后，家庭团聚政策的变化使延展家庭的成员与新西兰的亲人团聚成为可能，结果，到 20 世纪 90 年代，大多数获得了居留权的太平洋岛民并非作为工人而是作为家庭成员获得了此种权利，但他们并没有自动成为新西兰人。到该世纪末，太平洋岛屿的新西兰人不再属于移民了。他们是拥有多重认同的新西兰人。他们同样也是跨国公民，他们的家人散布于整个太平洋，生活在新西兰（主要是奥克兰）、澳大利亚（悉尼）和美国（尤其是洛杉矶）。在萨摩亚人中，跨国流散者超过了萨摩亚的人口。生活在新西兰的库克群岛居民两倍于生活在库克群岛的居民，大多数纽埃岛居民已经离开这个珊瑚岛而前往新西兰。学者们越来越将太平洋岛屿延展家庭网络描绘为"跨国公司"，它们的多元文化遗产和亲缘关系遍布于整个太平洋。

岛民们沿着祖先的道路前行，同时却创造了一个横跨太平洋的居民群体，其中最大的部分成为新西兰的常住民和公民。他们通过流动性而获得了新层面的认同，同时，他们的搬迁也改变了新西兰人对自身的看法。从即兴舞蹈到加雷思·法尔（Gareth Farr）的经典击鼓作品，这些国家博物馆开馆时表演的新西兰音乐与太平洋的韵律和声音形成了共鸣。有关太平洋的主题点缀着时装店、室内装潢以及家庭的园地。

从外部看来，随着全球化将旧时的偏见抛到一边，白人新西兰的政策也迅速屈服于多元主义。继澳大利亚之后，新西兰的政策从排除亚洲人的移民限制转变为积极鼓励亚洲商业移民和招收国际学生。在 20 世纪 80 年代，随着人口与文化潮流、经济、旅游以及意识向亚洲的急剧转向，从 1986 年起，移民政策抛弃了种族标准，并以技能和资金等基准点代替了种族壁垒。罗杰经济学、经济一体化以及与世界联系的变化确定了新的规则：向来自亚洲的商业移民及"大洋洲-亚洲"的前景敞开国门。

随着经典英裔移民时期的结束，到20世纪70年代，整个移民净增人数开始出现断层。并且，这个国家被暴露在各种新的全球压力之中，这些全球压力将新西兰人吸引到海外，尤其是澳大利亚；在这一时期，这些压力也将新来者从亚洲吸引到了新西兰。图4.2表明了重要的移民数量波动的开始，并反映了经济条件和政府政策的变化。20世纪70年代人口的外流是由马尔登主义和塔斯曼对岸机会更多造成的，而20世纪90年代人口的回流则是由全球环境的变化以及接受带来技术和资金的亚洲移民等当务之急所造成的。到1999年，40%的新来者是亚洲人，主要来自亚洲北部，同时，1999年和30年前一样，大多数永远或长期移居国外的人（57%）都前往澳大利亚。

在1996年根据"混合比例代表制"进行首次选举之后，温斯顿·彼得斯（Winston Peters）这位毛利血统的民粹派政治家所领导的"新西兰第一党"表达了对亚洲移民的担忧。在脆弱的国家党-新西兰第一党联合政府中，彼得斯扮演着权力掮客的作用。种族主义的言论以来自亚洲且最为引人注目的移民为目标。与此同时，政治和媒体中开始听到少数民族的声音。首位亚裔血统的议员黄徐毓芳（Pansy Wong）来自克赖斯特彻奇，她在1996年以国家党籍议员的身份而进入议会。1986年至1998年间，162,000人迁徙到了新西兰，构成了整个净增非新西兰人的一半以上（52%）。但这绝非彼得斯所称的"亚洲人的入侵"。20世纪90年代的峰值并没有成为一种趋势。到该世纪末叶，主要的新来者仍然是来自澳大利亚、英国和南非的白人。

拥有全球兴趣及符合市场需求之技能的人们日渐过上了跨国生活。如果说中国人是跨国公民的话，那么越来越多具有创业精神并受过教育的毛利人和白种人也是如此。200年来，悉尼一直是一个毛利人的城镇，同时也是一个迷人的国际大都会。对于那些寻求新生活、更为美好前景以及真我之自由的人们来说，新西兰继续充当着家的延伸的角色。短暂的殖民社会的后裔们表现得好像他们仍然在追随他们的移民先辈一样。在新西兰的各个海岸，奥克兰是发展最为迅速的移民和经济活动新中心，是新西兰城市中建筑分布密度小而最具有大洋洲特色的中心，毛利人和太平洋岛民最大的家园，是商业的中心。到20世纪末，有三成的新西兰人都居住在奥克兰地区。

跨国社会和文化全球化体现在体育方面，并被媒体炒作成为了壮丽的景观。以最受欢迎的埃德蒙·希拉里爵士所代表的民族英雄们是一些爱好野外活动、富于冒险的开拓性男人，他们大步行进于山水之间，并如一些历史学家所坚持的那样，对山水进行着殖民。他们是一些在陆地上活动的男人，也是在海上活动的男人。渐渐地，也包括了女水手和桨手，她们在奥林匹克比赛中划出了成绩。由能够购买世界上最优秀水手的富有企业家所争夺的帆船比赛奖品——"美洲杯"——也落入新西兰囊中，一旦澳大利亚获得了这一奖杯，情况就尤其如此。含蓄地讲，作为库克船长和波利尼西亚航海家的后裔，这个国家的水手生来就是伟大的航海家。彼得·布莱克（Peter Blake）爵士是1995年"美洲杯"获胜船只的队长（并在亚马逊河上遭到谋杀），他具体体现了王室认可的帝国类型。当他的跨国继承者们失去该奖杯，而且更为糟糕的是他们移居到瑞士，一些人便将新西兰桨手在世界体育中的雇佣军地位解读为背叛。

体育的商业化促使橄榄球这一全民运动适应了电视播放，从而改善了它的形象。太平洋岛屿上的人口与毛利人口——从比例上来讲，它们比正在老龄化的白种人要年轻得多——的迅速增长、对市场的崇拜以及团体运动费用更为便宜的现实,导致了橄榄球和"全黑队"变为深色。由于越来越多的白人青年担心会遭到太平洋岛屿早熟青少年的痛打,他们纷纷退出了这项运动。全国篮网球队在"全黑队"和"银蕨队"(Silver Ferns)的基础上增加了一种选择,它为太平洋岛民和毛利人提供了一个受人欢迎的"发迹"机会。体育英雄约拿·罗姆(Jonah Lomu)这位汤加裔新西兰人便是一个例子。这位巨人般的边线球员成为一个全球品牌。在20世纪90年代的克赖斯特彻奇,由来自新西兰、澳大利亚和南非12只地方队组成的橄榄球联盟的资格赛"超级十二队"产生了一组新的地方英雄。他们被称为"十字军战士",而他们来自奥塔戈的对手则采用了"高地人"的名称,这一点也不奇怪,因为殖民道路交错地反映在橄榄球场。按照这些多样性的方式,全球性的力量强化了当地的认同。

奶粉、黄油、奶酪、木材及木材制品仍然是主要的出口商品。通过奶制品委员会和两家最大的奶制品合营企业合并而创建的跨国奶制品公司"恒天然"成为这个国家主要的出口商。尽管羊毛业已经衰落了,殖民者的奶制品和肉类产品仍然在为经济做出巨大的贡献,优质的新西兰牛奶继续支撑着这个国家的全球性品牌。牛奶与健康和塑身相联系的一些帝国痕迹仍然存在。但是,通过国内的全球性消费主义,塑造更佳身体的帝国食品和药品同样也变成了后殖民和女性化的事物,一如起泡的卡布奇诺中的附加设计。

2003年,机械设备出口首次超过了鱼类出口。这个国家主要的贸易伙伴首先是澳大利亚,其次是美国,位列第三的是日本。2000年,在太平洋沿岸地区的这三个贸易巨头之后,英国、韩国、中国、中国香港和德国分别位列第四到第八位。到2003年,中国超过了英国,并且,与中国的自由贸易协定谈判也在进行之中。在贸易方面，太平洋沿岸地区处于上升之中。新西兰商界和决策者发现，在发展与中国这个世界上最大的强国的关系方面，他们越来越需要与最好的朋友澳大利亚进行合作。

1999年，亚太经合组织（Asia-Pacific Economic Cooperation, APEC）经济论坛在地区局势不稳定的情况下迎来了"决定性时刻"。当时，首位女总理珍妮·希普利（Jenny Shipley）在奥克兰主持召开了APEC年度经济领导人会议。亚太经合组织成立十年后，其成员经济体已增至21个，环绕整个环太平洋地区。在奥克兰，亚太经合组织的焦点不是贸易自由化，而是东帝汶的政治问题，东帝汶人民投票要求从印度尼西亚独立。作为亚太经合组织的主席国，新西兰得以促成一项协议，组织一支联合国维和部队，由澳大利亚指挥官挑选新西兰副手。

在20世纪90年代后期，新西兰国防军与澳大利亚平等地承担了布干维尔岛和东帝汶的维和任务。新西兰军队在布干维尔岛组织的停战监督员让澳大利亚军官感到不快，这些澳大利亚军官将新西兰的掮客行为解读成对"他们的"太平洋的干预。可是，友好的竞争是有益的。毛利士兵在当地人中进行调解，在这个过程中，他们传播了这个国家种族关系和谐的名声。联合国是如此需要新西兰的武士维和人员，以至于政府都承受不了履行被请求中的使命。种族关系和谐的神话可能仅仅部分正确，但凡是在新西兰军队恪尽职守的地方，人们都相信这一神话。在国内，澳新军团的传说再次复兴。神话可能阻止但同样也能有助于找到共同之处。

第十一章

摇摇欲坠的基础：剧变（2000—2011年）

2010年和2011年，"澳新军团"精神再次复兴，一连串的灾难强化了传说中的友谊、团结和家庭的纽带。仿佛天启四骑士正在寻求复仇。维多利亚州发生了致命的丛林火灾；9月4日，基督城发生了7.1级地震，但奇迹般地无人丧生；11月，南岛西海岸派克河矿发生爆炸，造成29名矿工死亡；随后，澳大利亚东部各州发生了大规模洪灾，为2010年画上了一个灰暗的句号。2011年2月22日，克赖斯特彻奇发生了一场更加严重的地震，虽然里氏震级只有6.3级，但其地面加速度和破坏力却远比其他地震严重得多，震得土地、建筑和人们四分五裂，约200人丧生，10,000所房屋被毁。澳大利亚人和新西兰人守望相助，加深了对彼此的了解，而专业搜救队、警察、消防员和医务人员则从一个灾区奔赴另一个灾区。

在绵延的地质年代中，对于站在这块摇摇欲坠的土地上的人们来说，短暂的新西兰历史似乎微不足道。在坎特伯雷平原的沉积物下面，两条迄今为止尚不为人知的断层在也许沉寂了一万年之后突然爆发了。克赖斯特彻奇及其腹地的人们发现，他们生活在一个重要的地质时刻，经历了两次大地震——第二次地震是第一次地震的余震——以及大量余震。在坎特伯雷，土地必须被重新勘测，因为9月地震后地面位移了1米至5米，而2月在城南港口山下发生的地震将山丘推高了40厘米；而在易受土壤液化影响的东郊，地面下沉。

第十一章 摇摇欲坠的基础：剧变（2000—2011年）

图 11.1　地震前的基督堂大教堂，克赖斯特彻奇，2006年

对当地人来说，"坚如磐石"已经没有任何意义了，因为建在港口山岩石露头和山脊上的山地房屋倒塌了，悬崖峭壁上的岩崩滚落了，石头建筑也倒塌了。基督城的历史建筑变成了废墟，其中包括城市的中心——基督堂大教堂。（图 11.1 和图 11.2）。自然景观也毁于一旦。矗立在雅芳河和希斯科特河河口的沙格岩，在2011年的地震中变成了一个让人联想起破烟囱的土丘。当地人将这块岩石重新命名为"沙砾堆"。坎特伯雷人的生活从此改变。他们的历史永远改变了，他们的未来也永远改变了。

　　新西兰人从这些创伤经历中认识了自己。随着幸存者展现出他们的坚韧和善良，新西兰人民，尤其是基督城人民，发现了自己的内在力量。在此过程中，他们重新发现了团结和社区精神。一种通过新的社交媒体在网上组织起来的新政治正在形成：坎特伯雷社区

图11.2　地震之后：基督堂大教堂，基督城，2011年2月22日之后，前排是彼得·贝克院长

地震恢复网络（CanCern）和大学生志愿军等团体通过博客、论坛、推特和脸书等方式团结起来，提供帮助。由农民组成的"法米军"拖着水罐车和推土机开进小镇，清理街道和花园里的淤泥。

令人痛心的是，从死者的名字中可以看出这个社区与全球的联系：来自日本、中国、韩国和菲律宾的留学生在他们的语言学校倒塌时丧生。搜救队从亚太地区和世界各地赶来，在救援和恢复工作中，来自澳大利亚、英国、美国、墨西哥、日本和中国的世界各国军队提供了帮助，而来访的新加坡军队则与新西兰军队的同事们一起在封锁的"红区"巡逻。

从西至东

自英国离开苏伊士运河以东以来，中国和印度在21世纪重新

成为全球霸主。到2000年,中国作为下一个全球巨头出现在地平线上。澳大利亚和新西兰比以往任何时候都更加一体化。这一次,全球化刺激了印度洋-太平洋地区的地区主义。在欧洲崛起称霸半个世纪之后,世界见证了西方和东方从发达国家到北亚和南亚发展中大国的根本性再平衡。

短短五年间,贸易关系的排名榜就发生了变化,在偏远的小国新西兰更是如此。中国在2000年排名第六大贸易伙伴,到2003年就超过了英国(排名第四)。这仅仅是中国超常增长对贸易统计影响的开始。到2008年,这个"世界上增长最快的主要经济体"已成为新西兰的第三大贸易伙伴。2009年,中国成为新西兰仅次于澳大利亚的第二大双向贸易伙伴,美国和日本紧随其后。2008年新西兰与中国签署自由贸易协定后,中国的地位一跃超过美国。新西兰成为第一个与中国谈判自由贸易协定的发达国家,这是新中两国关系的一个历史性时刻。成为第一个国家的重要性再次在国家叙事中引起共鸣。中国领导人称赞海伦·克拉克总理"目光远大",并强调新西兰对华关系的"四个第一"中有三个是在她的领导下实现的:新西兰是第一个同意中国成为世界贸易组织(WTO)成员的国家;第一个承认中国是市场经济国家;第一开启自由贸易谈判;也是第一个与中国达成自由贸易协定的国家。2010年,新西兰还与香港签署了更紧密的经济伙伴关系协定。

自1983年与澳大利亚签署《增进澳大利亚-新西兰经济关系协定》以来,与中国的协定是新西兰签署的最大的贸易协定,而亚太地区的一系列自由贸易协定则表明了这个小国对改善生态福祉的重视。新西兰于2001年与新加坡签署了协议,2005年与泰国签署了协议,2005年与智利、新加坡和文莱签署了协议(跨太平洋战略经济伙伴关系)。此外,新西兰还与马来西亚签署了一项协定,并与东盟签署了新西兰与澳大利亚的多边自由贸易协定，该协定于2010年生效。接下来是与俄罗斯和韩国的双边谈判，以及将跨太平洋伙伴关系扩大到包括澳大利亚和美国在内的九个国家的努力。未来与印度的贸易协定可能会证明对新西兰与南亚重新建立联系具有特别重要的意义，就像在帝国时代一样。

这种新的关系重新调整了国家的方向，将其注意力从熟悉的欧洲转问亚洲，并为新西兰人重新定义"亚洲"。21世纪初，新西兰的亚洲弧线从阿富汗（维和人员驻扎地）延伸到南亚和东南亚，再到东帝汶；横跨中国海，到达北亚和东亚的主要贸易伙伴和移民来源地，从中国到韩国和日本。

与此同时，为应对这些权力结构的变化，人口结构也改变了新西兰的面貌。在2006年的人口普查中，被归类为"亚裔"的人口比例首次超过太平洋岛民，取代他们成为第三大群体。被归为"亚裔"的总人数不多（40多万）——最大的两个群体是华裔（14.8万）和印度裔（10.5万）——但混血儿的人数显著增加。亚裔群体更加积极地参与新西兰社会的整体事务。反过来，移民也重塑了新西兰文化。在食品、时装、家居用品、汽车以及为新西兰铁路公司订购的火车（铁路私有化失败后由政府回购）中，亚洲装饰品层出不穷。标有"中国制造"字样的商品蓬勃发展，以至于当专栏作家乔·贝内特（Joe Bennett）在当地的仓储商店花8.59美元买了五包"中国制造"的内裤时，他开始了寻找《内裤从哪里来》的旅程。

在印度尼西亚以南。澳大拉西亚随着亚洲的崛起而重新崛起。与2000年相比，2010年更加明显的是，澳大利亚是新西兰关系最密切的国家。塔斯曼岛邻国比历史上任何时候都更加融合。新西兰有时作为澳大利亚的一个州行事，有时则扮演独立主权国家的角色，并在政治上享有这一地位。塔斯曼政治和经济关系中已经出现了松散联邦制的迹象。跨塔斯曼政策转让、学习和创新的历史使新西兰能够通过澳大利亚政府理事会（COAG）的部长理事会等途径，与澳大利亚联邦建立正式的影响力联系。越来越多的政治家和官员在澳大利亚联邦模式内开展工作，以促进国家利益。

有意识地发展联系和加强一体化在两国关系的不同领域都取得了成果，尤其是自2003年两国关系处于转折点以来。尽管2001年的一项社会福利协议限制了新西兰人在澳大利亚享受福利的资格，而且双方还就战略政策达成了意见分歧协议，但塔斯曼关系却日益密切。商界和政府都在努力推进单一经济市场（SEM）和互利合作的议程。两国财政部长迈克尔·卡伦（Michael Cullen）和彼得·科斯特洛（Peter Costello）于2004年宣布了单一经济市场的目标，此后，由政界、商界和学术界领袖组成的澳大利亚-新西兰领导论坛每年举行一次会议。

因此，塔斯曼关系日益密切，尤其是在商业和商法方面。一体化程度参差不齐，但随着2010年两院通过《跨塔斯马尼亚诉讼法》，跨塔斯马尼亚司法区得以建立，一体化进程有所加快。保持良好关系需要政治努力。这种努力为飞越塔斯曼海峡的旅客带来了近乎国内出行一般的体验，具体表现为机场的护照合并排队以及加快海关手续办理速度的智能关口技术（SmartGate）。在选举周期的推动下，达成一致的时光很快就过去了。2010年6月，陆克文从澳大利亚总理职位上卸任，正是在这一天，两国部长签署了两国政府修订的《商法协调谅解备忘录》。2010年和2011年的自然灾难创造了新的关系，也巩固了旧的关系。

与全球超级大国关系的转变为未来提出了更广泛的问题。1900年，在与当时的全球超级大国英国调整关系的背景下，新西兰选择脱离澳大利亚联邦。当时，新西兰的经济状况比澳大利亚殖民地要好，而到2010年，新西兰的经济状况更糟。这种命运的逆转解释了为什么在2010年的一项民意调查中，四分之一的受访者赞成重新考虑成为澳大利亚一个州的问题，而41%的受访者认为这个想法值得讨论。尽管如此，新西兰人仍然坚持自己的自治权和独立权，除非再次出现全球权力再分配或世界末日，否则他们不太可能牺牲自己的自治权和独立权。

区域关系的另一个驱动因素是人口不断流动的历史，这也解释了为什么新西兰人希望根据《跨塔斯曼旅行安排》免费进入澳大利亚。人口流动方向的重大变化发生在20世纪60年代，随着新西兰人向澳大利亚移民，人口流动方向从东西向为主转变为以西向为主。在实际收入和就业差距不断扩大的推动下，塔斯曼海峡两岸的移民人数在20世纪70年代末（"马尔登主义"）、80年代末（"罗杰经济学"）、90年代末至2001年以及2000年代末激增。如此高比例的新西兰人居住在澳大利亚，对两国都有影响。到2006年，相较于每100个在新西兰的新西兰人，就有15个在新西兰出生的人生活在澳大利亚。对更多人来说，澳大利亚是家乡的延伸。几乎所有毛利人都在塔斯曼岛对岸有自己的家族。

在贸易和移民流动的基础上，建立了一个新的战略区。随着中国的崛起，美国再次转向太平洋地区。2001年9月11日，随着美国遭受恐怖袭击，世界发生了变化；无足轻重、被视为安全、不构成对任何国家的威胁，也成为其优势。对于新西兰来说，最可能成为恐怖主义分子的是一种破坏生物安全的病原体。对于一个偏远的小国来说，"安全"比"防御"更有意义，这决定了它的战略观和威胁感。自克拉克领导的工党政府没有加入历史上"伟大而强大的朋友"（美国和英国）入侵伊拉克的行动以来，2003年的伊拉克战争说明了情况发生了多大的变化，尽管工程师参与了伊拉克的重建工作。克拉克政府拒绝出兵是因为入侵伊拉克没有得到联合国的支持。

在伊拉克冲突的阴影下，新西兰于2003年向所罗门群岛派遣了部队，与澳大利亚部队并肩作战。2001年，新西兰与布干维尔签署了和平协议，随后又承诺在东帝汶和所罗门群岛执行维和任务。2010年，一份关于国防政策的政府文件表达了以亚太地区和平与安全为重点的全球视野，并指出新西兰属于"一个随着亚洲大国的发展而不断变化的地区"。白皮书列出的国家安全利益包括："安全可靠的新西兰"；"以规则为基础的国际秩序"；发展强有力的国际联系，以及"以开放的贸易路线为基础的健全的全球经济"；而澳大利亚在安全方面仍然最为重要。

尽管在伊拉克冲突问题上的分歧加剧了紧张局势，但美新关系仍在逐渐解冻。2006年在华盛顿特区举行的首届美国-新西兰伙伴关系论坛标志着双方试图改善关系。维基解密公布的电报显示，2009年新西兰与美国恢复了全面的情报合作，这令公众大吃一惊。新西兰的无核身份仍然反映了一个共同的目标，尽管人们开始质疑这一政策在冷战后面临能源和燃料资源供应日益减少的世界中的相关性。在意识形态的转变中，美国总统邀请新西兰总理约翰·基参加2010年在华盛顿特区举行的核安全峰会。无核新西兰与奥巴马的全球核裁军运动不谋而合。在美国国务卿希拉里·克林顿签署的《威灵顿宣言》(Welling-ton Declaration)，体现了这些发展。这个宣言是她于2010年首次出访新西兰时签署的，将新西兰在包括南太平洋的地区范围内称为"战略伙伴"，也是在这一范围内，美国最终确立了南太平洋无核区，这在20世纪80年代引发了不少反对。

钱、道德与市场

幸运的是,从美国到中国的权力转移帮助新西兰度过了2008年的全球金融危机,这是自经济大萧条以来最严重的经济事件。新西兰在东亚和澳大利亚的市场受到的影响要小得多,俄罗斯和南美洲也是如此。新西兰受益于中国和印度对地区增长的影响,更直接地受益于澳大利亚的强劲复苏。值得庆幸的是,新西兰与澳大利亚紧密结合在一起。虽然新西兰向亚洲供应初级产品,但澳大利亚仍然是新西兰食品和制造业出口的最大市场。这场危机"范围广泛",源于银行业,对住房市场的打击"尤为严重"。一系列金融公司像多米诺骨牌一样倒下:蓝筹股、财务公司、Bridgecorp、退休储蓄蒸发殆尽。与澳大利亚不同,新西兰在2008年进入衰退的时间较晚,在2009年跌入低谷。失败一直延续到2010年,当时南岛最富有的慈善家被危机击倒。但新西兰和其他国家一样,凯恩斯主义式的财政刺激措施帮助缓解了经济。这一次,新西兰得到了澳大利亚银行体系的保护。亚洲经济体的地位也有所不同,与美国和欧洲脱钩。

事实证明,工党政府应对人口老龄化的举措是及时的。尽管强制性养老金在政治上并不讨人喜欢,但海伦-克拉克领导的工党政府还是在2000年建立了新西兰养老金基金(因其创建者、财政部长迈克尔·卡伦的名字而被俗称为库伦基金)。在2007年推出的KiwiSaver计划的鼓励下,储蓄额有所增加。2010年,消费税升至15%:与负债累累的欧洲国家相比,新西兰为解决预算赤字问题做出了更为适度的努力。

在海伦·克拉克担任总理期间,为追求人权和建立一个更加多元、和平的社会,新西兰不断进行社会和自由主义改革。2002年,克拉克就萨摩亚在新西兰殖民统治下受到的待遇向萨摩亚道歉,并就新西兰白人政策下华人在新西兰出生受到的歧视向华人社区道歉。随着社会态度的日益宽容，人们对亲密关系和性行为的多样性有了更大的接受度。20世纪80年代第四届工党政府进行的同性恋法律改革使16岁以上男性之间的性行为合法化，改变了同性恋男子（和女性）在社会中的地位。随后，1993年《人权法》修正案宣布基于性的歧视为非法。

新世纪关于性和道德的新一轮辩论涉及卖淫和婚姻的替代方式。2003年《卖淫法改革法案》规定，在公共场所因金钱提供性服务是合法的。它取消了维多利亚时代的双重道德标准，即性工作者被定罪，但嫖客不被定罪。法律改革还通过扩大教会和国家监督的结合模式，重新构建了婚姻观念。2004年《民事结合法》允许同性或异性之间在国家登记的民事结合享有与婚姻同等的地位，从而引发了关于多样性与社会衰败的争论。

一些人将这些改革与"禁烟"和"反体罚"立法一起视为社会工程。自2004年12月起，客运车辆和客运站、酒店和餐馆室内、校园和托儿所以及工作场所均禁止吸烟。2007年，绿党议员苏·布拉德福德（Sue Bradford）提出了《反体罚法》取消了《犯罪法》中关于父母可以使用"合理武力"制止儿童行为的法定辩护理由。这两项措施都反映了国际趋势。《反殴打法》回应了联合国儿童权利委员会的批评，即新西兰是唯一一个立法允许父母使用合理武力管教儿童的国家。然而，反对者（其中包括福音命运小教会的成员）谴责这一措施是"保姆式国家"的延续，并试图通过全民公决推翻法律改革。

在价值观发生全球性变化的同时，一些关键时刻和事件继续刷新着国家神话。在"100%纯净的新西兰"这一口号中，包含了一系列关于土地和国家的神话观念，如新西兰是养育子女的好地方、购买商品和专业知识的好地方、世外桃源和社会实验室等。受后殖民主义学术影响，历史学家努力"重构"新西兰历史，质疑"民族"和"国家认同"的组织概念,但广告商对此却不屑一顾:传说仍然是国家间营销活动的素材。

在每一种文化中,人们都沿着祖先走过的道路行走。有时,地面会移动,使老路变得岌岌可危,这一点在新西兰体现得最为明显,或者说体验得最为深刻。新西兰人的偶像詹姆斯·库克船长和埃德蒙·希拉里爵士有着"共同的发现和探索故事"。希拉里于2008年去世,享年88岁,新西兰为他举行了国葬。英国皇室也为他送行。但是,随着人们的视线转向亚洲,希拉里开始不仅仅作为"更好的英国"英雄而被人们记住,他还通过在尼泊尔的慈善工作以及在20世纪80年代作为兰格政府驻印度大使而成为与南亚关系的先驱。

随着足球(新西兰的足球)进入国人的视野,新的英雄出现了。瑞安·内尔森担任队长的全白队在2010年世界杯上取得不败的战绩。在与世界冠军(意大利队)的平局中,这支"比赛中的弱旅""像巨人一样"防守。与此同时,全黑队仍然在体育界享有至高无上的声望,并有望通过举办2011年橄榄球世界杯实现繁荣。

女性偶像在20世纪末被重新发现,在一个假定性别平等的时代,库克和希拉里作为行动者和杰出人物的特质也适用于女性。这个曾经的殖民地选择了那些取得伟大成就和世界第一的普通人作为自己的英雄和女英雄。希拉里的名言广为流传:"在某些方面,我相信我是普通新西兰人的缩影。我能力一般,但我有很强的决心,我喜欢成功。"海伦·克拉克继承了这一传统,她离开总理职位,出任在纽约的联合国开发计划署署长。当新西兰人的聪明才智和默默无闻的成就等品质被重新诠释以适应新的环境时,殖民时代的陈规陋习并不意味着殖民主义的继续存在。

导演彼得·杰克逊和他的编剧弗兰·沃尔什在新西兰拍摄托尔

金的《指环王》三部曲，为英国作为历史参照点以及美化新西兰的神话和观念提供了一些可能性。这三部电影分别于2001年、2002年和2003年12月上映，动用了数千名演员；在乡村文化中，几乎每个人都与电影有着某种程度的联系。在拍摄过程中，这个国家变成了"中土世界"，其多变的地貌经过数字特效增强。环境再次扮演了角色；由已故艺术家科林·麦卡宏（Colin McCahon）确定的"属于这片土地的美好事物"最终属于了这片土地上的人民，并实现了市场营销的成功。新西兰能成为"中土世界"，证实了固有神话的力量。

它还反映并强化了一种新的环保意识。新西兰在2004年切尔西花展上的获奖作品也是如此。这个风景如画的原生态花园，再现了失落的粉色和白色梯田的地热景观，作为历史参考，赢得了展示新西兰的赞誉。特阿拉瓦人提供了蕨类植物和雕刻，继续扮演着国家商标中"本土"元素提供者的角色。2010年上海世博会新西兰馆同样将景观和花园理念与国家身份联系在一起。作为与中国建立新关系的象征，该馆位于中国国家馆附近的黄金地段，其倾斜的屋顶花园顶端种植了草皮，穿过灌木丛，一直延伸到地面上的一棵雕刻的波胡图卡瓦树。

变化的气候

新西兰是一个古老的奶牛场，因此非常适合出口食品。但这种成功也带来了一个问题，因为这个国家的农业市场是世界上最受保护的。2001年，新西兰乳品局和两个最大的乳品合作社合并成立了一家新公司恒天然，由约96%的奶农拥有。新西兰大胆走向世界，恒天然也是如此。在与中国的最初合作中，这危及了其牛奶供应链的安全。因此，中国邀请新西兰帮助在中国乳业引入食品安全标准,并鼓励合资企业开发应对气候变化的农业技术。

在当地,乳业的发展加剧了河流和溪流管理以及水资源分配方面的冲突。保护国家"清洁和绿色"自我形象的呼声高涨。马纳瓦图河的污染是全国性问题的表征。作为"世外桃源"的新西兰似乎已经达到了环境的极限。人们不再认为低密度、小规模的人口和丰富的淡水资源所带来的环境优势是理所当然的。坎特伯雷省提供了一个案例。在坎特伯雷,水的使用在环境上是不可持续的,水质也在下降。自20世纪90年代以来,土地使用方式发生了巨大变化,干旱的平原因奶牛场灌溉而变绿,而该省的辫状河流和地下水却在减少。环保和娱乐团体与农业和商业游说团体之间不可避免地爆发了冲突。作为报复,政府通过了《2010年坎特伯雷环境(临时专员和改进水资源管理)法案》,解雇了负责水资源政策的地区委员会——坎特伯雷环境委员会(ECan)——的民选成员,取而代之的是任命的专员。公众对这一剥夺人民权力的行为爆发了强烈抗议,担心他们失去了发展的制动器,基督城的纯自流水供应将面临危险。但专员们及时实施了由ECan制定的水资源管理战略。该战略旨在将水资源管理从1991年《资源管理法》(新自由主义改革时代的产物)中规定的以用户为基础、由个人申请许可的制度转变为以水资源管理区为基础的可持续管理综合方法。2010年,专员们行使其新的权力,对胡鲁努伊河(Hurunui)和瓦奥河(Waiau)这两条分配过多的河流实施暂停令,在下一次大选之前停止水利许可。

全球环境问题将气候变化提上了国家议程。在经济上,新西兰的农业经济在可持续性、更恶劣的天气和远离市场等方面受到气候变化的威胁最大。新西兰在发达国家中独树一帜,据估计,49%的温室气体排放来自农业,而65%的能源来自可再生资源。与工业相比,农业的排放量必须减少。为了保护"清洁绿色品牌"并履行

《京都议定书》规定的义务，约翰-基领导的国民政府承诺领导减少农业排放的研究工作，并在当地推出了一项排放交易计划，对碳进行定价，该计划于2010年在渔业、工业和林业领域启动。由于农民对该计划提出强烈质疑，农业的加入被推迟到2015年。但一些农民开始植树造林，砍伐森林的情况出现逆转。在墨西哥坎昆举行的联合国气候变化大会上，新西兰任命了一名外交官担任《京都议定书》主席，这也显示了新西兰的领导力。面对气候变化，新西兰人感到相对安全，因为气温升高可能低于全球平均水平，冬季更暖和，夏季更炎热。天气变暖既可能产生积极影响，也可能产生消极影响。积雪和冰川会退缩。但我们希望，因为新西兰群岛地处南太平洋之中，气温升高将有所缓解。

海平面上升是新西兰人及其岛屿邻国面临的最明显的危险。科学家们早在20世纪50年代就认识到，"南极大陆内部控制着南半球的气候"。虽然大地震或海洋环流模式可能会压倒海平面上升的影响，但从长远来看，海平面上升和潮汐增高预计会加剧对海滩和海岸的侵蚀，破坏海岸防御系统，威胁滨海的郊区。

21世纪初，海岸本身在政治和情感上都摇摇欲坠。海滩再次成为跨文化碰撞的地区。随着全球经济聚焦于鱼类和能源资源，争夺土地的斗争转移到了前滩和海床，并将海滩作为房地产进行开发。由于马尔堡峡湾的毛利人想要从事海洋养殖业，而当地政府拒绝合作，因此爆发了一场关于海滨的骚乱。2003年，上诉法院裁定，马尔堡的毛利人有权在毛利人土地法庭上检验他们对前滩和海床的所有权要求，理由是习惯所有权在被法律明确废除之前一直存在（如澳大利亚的马博案）。克拉克工党政府对这一裁决破坏了官方所认为的对前滩和海床的拥有感到震惊，于是起草了《前滩和海床法》（受到毛利人的广泛谴责），规定官方代表所有新西兰人拥有所有权。虽然政府坚持议会至高无上的地位，但该国的最高法官支持毛利人的观点，这与20世纪80年代以来的条约判例是一致的，这一条约判例谈到了"伙伴关系"。

出乎意料的是，这场辩论不仅在海岸的使用权和所有权问题上无法达成协议，而且对海滩的看法也发生了争执，认为海滩既是毛利人身份的核心，也是欧裔新西兰人身份的核心。每个社区都声称海岸是他们的血统和与生俱来的权利的一部分。这种冲突激起了毛利人主权运动和海岸联盟等团体的积极反应，他们拒绝相信政府和毛利人对公众自由进入的保证。

新西兰人比以往任何时候都更需要找到共同点。2004年1月，反对党领袖唐·布拉什（Don Brash）博士在奥鲁瓦扶轮社（Orewa Rotary Club）发表演讲，引起了不同的反响。他重复了威廉·霍布森（William Hobson）的名言："我们是一个多民族的国家。"实际上，他提出了对条约第3条的解读，这表明对20世纪80年代以来占主导地位的第2条的解释有所偏离。20世纪90年代以来的条约解决方案都明确约定毛利人将参与塑造国家的未来。相反，布拉什谴责毛利人的"特权"。

相反，统计数据表明，需要采取具体措施来实现平等。例如，为确保比例代表制发挥作用，议会中必须有7个毛利人席位。到2002年选举时，混合多数党选举制度已使20名毛利人后裔进入议会，他们占120个席位总数的15%，与毛利人的比例大致相当。其中包括毛利人选区的代表，在混合多数党制下，选区从4个增加到7个，与毛利人名册上登记的选民人数成比例。

在关于前滩和海床的争论中，出现了一股新的政治力量：毛利人党。该党成立于2004年，其基本目标是争取废除该法案，并重新获得部落在法庭上提出申诉的权利。在曾因该问题离开工党政府的前工党议员塔里亚纳·图里亚（Tariana Turia）的领导下，毛利党与杰出的毛利教育家皮塔·夏普尔斯博士（Dr Pita Sharples）合作，对11月通过的《法案》和布拉什的政治吹哨人行为做出了回应。因此，2008年11月当选的国家联合政府承诺废除《前滩和海床法》，并将其作为与毛利党达成的信任和供应协议的一部分。在前外汇交易商约翰·基的领导下，国家党似乎转向了与毛利人建立伙伴关系，这也为新总理赢得了做交易者的美誉。同样，与非工党政府达成的信任与供应协议也标志着毛利政治的新方向。

2011年3月，《海洋和沿海地区法》（Takutai Moana）取代了《前滩和海床法》，将前滩和海床重新定义为一个公共空间：海洋和沿海地区。虽然有些人认为王室所有权与将海岸作为永久不得出售的公共空间（不为任何人所有）的概念没有什么区别，但毛利党认为他们已经消除了王室所有权的错误，在他们看来，这相当于另一次没收。

就这样，海岸成了争论的热点，而争论的焦点其实是共同的。21世纪初，海滩再次成为一个交流场所，一个充满新的开始、不确定性和危险的地方，在这里可能会发生非同寻常的事情。将前滩重新命名为"共同的海洋和沿海地区"并将其重新开垦的努力凸显了其危险性；"海滩"这个词的含义太意味深长，与相互竞争的身份认同太不可分割。

一系列条约与协定显示了为缓和定居者与土著人之间的关系所做的工作。有两个例子涉及其祖先没有签署《怀唐伊条约》的人。首先，威坦哲法庭的中北岛调查收集了生活在北岛火山高原的部落的诉求。七个部落成立了中北岛森林伊维团体，他们与政府达成了《怀唐伊条约》中最大的和解协议："Treelords"协议（与关于海洋渔业的"Sealords"协议押韵而得名）。图穆-特-黑胡酋长（爵士继承了其先辈的领导精神，于 2007 年向政府提出了利用该地区国有林地解决历史条约索赔的建议，从而启动了这项协议。在政府调解人的协助下，他与副总理兼负责《怀唐伊条约》谈判的部长迈克尔·卡伦就相关条款进行了谈判。2008 年签署的"Treelords"解决方案价值超过 4 亿美元，包括皇家林地、林业租金和汽车租金。在排放交易计划下，该集体获得了大量的碳信用额度。该协议将该地区的大部分国有森林转让给了七个印第安部落，包括大萧条时期种植的战后纸浆和造纸工业基地——卡因阿罗阿森林，使该集体成为全国最大的单一林业所有者。正如在签署仪式上宣布的那样，该协议是"一个非凡的范例，表明了当我们专注于对未来的清晰愿景，建立信任和善意的氛围，并保持成功的决心时，所能取得的成就"。

相比之下，2010 年，由于约翰·基总理拒绝归还 212,672 公顷的蒂乌雷维拉国家公园（Te Urewera National Park）的所有权，与恩盖·图霍（Ngai Tuhoe）——北岛中部伊维集体中的一个部落——达成的一项重要条约解决方案陷入僵局。原则上达成的协议包括共同治理和公园管理，以及 1.2 亿至 1.7 亿美元的经济补偿。但在图霍人看来，公园的共同治理和共同管理是不够的。恩盖-图霍寻求的是"不受限制的所有权"，作为回报，该部落将保证公园的公共使用权和保护价值。对峙的核心是恩盖-图霍部落长期以来的不满，"他们对在自己的领土内行使权力的根本脱节"：因为公园就是他们的家园，是从 1896 年的乌雷维拉地区原住民保留地划分出来的（第六章）。历史学家朱迪斯·宾尼（Judith Binney）认为，这块飞地在法律上的存在（和被否定）"只是其历史的一个方面。Rohe Potae o Te Urewera 存在于当地人的心中。这是一个想象中的社区。图霍族在民族历史上第二次寻求民族国家内部自治。

这个国家仍在适应国家领导的政府与毛利党之间的协议，尚未吸收这些思想，其发展程度也不如加拿大或美国。以前的条约解决方案只归还了一小块领地；部落将重要的遗址赠送给了国家，如恩盖塔胡归还了奥拉基-库克山。这种未能达成和解的情况表明，国家公园与前海岸一样，已经获得了象征国家遗产和身份的地位。

从宪法角度看，对图霍部落的回绝泄露了人们对该部落反抗定居者国家的历史的担忧。公众对这段历史知之甚少，他们只知道图霍人和他们的先知鲁亚（Rua）是可疑的反叛者。在21世纪反恐战争的背景下，出现了将图霍族的活动重新塑造为"恐怖主义"的机会。2007年，媒体报道了武装警察在乌雷维拉进行突袭，以揭露和逮捕一个被指控的恐怖主义网络，这唤起了图霍族对1916年警察突袭逮捕鲁亚的痛苦回忆。只不过这次被捕的是资深活动家塔梅·伊蒂。在这起案件中，缺少的是国家层面的信任，在这种信任下，新西兰历史上的核心问题——土地的所有和控制权问题——能够以创新的方式得到解决。关于如何解决所有权、控制权和相互竞争的身份等问题，奥克兰的营垒角（抗议活动的旧扯）已经有了一个成功的模式。自1991年起，营垒角不再是皇家土地，而是归属于Ngati Whatua，由该部落和奥克兰市议会管理，并确保公众可以进入。这为在全国最大城市的中心找到共有地开创了先例。

2010年，由于地方政府为创建奥克兰超级城市而进行结构调整，奥克兰的宪法依据有所松动。为了降低成本，使这座全国面积最大的城市更加宜居，奥克兰市议会和三个区议会合并为一个新的奥克兰市议会。地方政府的这一尝试也引发了关于惠灵顿和奥克兰之间权力平衡的问题，以及奥克兰是更易于管理还是需要更多国家资源的问题。中央政府和地方政府在将奥克兰建设成为世界级城市的目标上达成了一致，但他们在增长战略以及公路或铁路交通投资方面存在分歧。奥克兰委员会主张修建一条铁路环线，为紧凑、密集的城市提供服务，而由国家领导的政府则以成本为由反对修建铁路，转而支持修建公路。

这场城市辩论提出了景观、环境、历史以及经济等问题。奥克兰诞生于19世纪，是一个"新城市前沿"城市，与大洋洲和北美的城市一样，具有低密度、郊区扩张的特点。奥克兰之所以能在大城市中脱颖而出，并不是因为它在"二战"后的发展和分散速度，而是因为奥克兰人在20世纪50年代决定按照美国的模式修建高速公路，从而加快了驾驶汽车的速度。因此，奥克兰的公共交通出行比例从20世纪50年代的58%急剧下降到2000年的2%，造成交通堵塞，并引发了又一轮关于汽车还是铁路的争论。

奥克兰的未来事关重大，因为每三个人中就有一个生活在奥克兰地区。战后"黄金天气"结束时，全国有300万居民；到21世纪初，全国有400万居民。到2010年，440万人口中有140万人居住在奥克兰。人口集中在北岛的北半部仍然是一个全国性的特点。奥克兰吸引了最多的移民，种族多样性也在迅速增加。南奥克兰的马努考就是这种多样性的反映，也是文化融合和全球化进程产生最严重后果的地区。豪维克的梅多兰购物中心展示了与亚洲的联系（图11.3）。

就整个新西兰而言，英国仍然是最常见的移民来源地，大约四分之一的人（23%）出生在海外。但在马努考，海外出生的移民比例为41%，他们最常见的出生地是萨摩亚；而在奥克兰市，40%的人出生在海外，新移民最有可能来自中国。三分之二的亚洲人口和三分之二的太平洋人口居住在奥克兰地区，是总人口比例的两倍。在条约签订之后，双文化主义是否会让位于多元文化主义？

全球力量迫使新西兰社会重新定位。从西方到东方的转变在世

图 11.3　2011 年 4 月 9 日，南奥克兰豪维克的梅多兰购物中心

历史上具有重大意义，它为新西兰"是什么"和"在哪里"的问题提供了新的答案，也为新西兰的土著拼贴画"奥特亚罗瓦"这个名字是否更适合重新塑造的社会提供了新的答案。新西兰仍然是君主立宪制国家：伊丽莎白女王是新西兰及其他领地的女王，也是亨利八世赐予的信仰捍卫者。威廉王子在 2011 年婚礼前从英国飞往克赖斯特彻奇，安慰地震灾区和派克河矿工悲痛欲绝的家人，以及昆士兰州洪灾的灾民，这令许多人感到欣慰（图 11.4）。当他在地震悼念仪式后向公众致意时，"天佑吾王！"的歌声响彻哈格利公园。但随着最高法院的成立，与英国的残存联系被切断了，最高法院于 2004 年 7 月首次开庭，最终取代了向枢密院上诉的权利。2010 年，威廉王子为最高法院的新大楼揭幕；一些人认为这很古朴，另一些人则认为这不合时宜。

图 11.4　2011 年 3 月 18 日，威廉王子在访问克赖斯特彻奇受地震影响的海滨郊区萨姆纳时向当地人问好。

　　宪法审查也是基的政府与毛利党达成协议的一部分。这将会带来什么结果，我们拭目以待，尤其是考虑到王室对原住民权利的重要性。从新西兰如何与其他历史相联系的大局来看，任何审查都必须兼顾澳大利亚和澳大拉西亚的理念，以及现代人对《怀唐伊条约》的理解。在撰写本报告时，新西兰是否应该成为一个共和国，以及新的国家象征——新国旗和国歌——是否焕然一新等问题都被搁置一旁。2010 年 9 月和 2011 年 2 月的地震震动了国家经济和人心，自然灾害后的重建和恢复工作刻不容缓。威廉王子代表祖母保证："勇气和低调的决心一直是新西兰人的标志。"

　　新西兰与其帝国的缔造者分列地球的两端，由于欧洲人定居新西兰的时间太晚，新西兰很早就与全球经济战略联系在一起。当移民社会建立起来的时候，全球消费主义已经开始发展。历届政府采取的应对措施是建立一座自由主义"国家实验"的大厦,通过殖民民主和一揽子计划,有效地将定居者的领地组成一个出口导向型经济体,以管理因全球变化而产生的社会后果。20世纪初的澳大拉西亚殖民以"白种人"的种族团结为核心,旨在建立一个新的、经过改良的社会,将亚洲人拒之门外,并假定土著人是一个濒临灭绝的种族。它还通过优先考虑男性养家糊口者的政策,确保妇女保持依赖性。

20世纪晚期,新西兰与澳大利亚一样,放弃了这种国家发展模式。在这种由晚期定居形成的国家发展模式的影响下,英美新自由主义模式在世界范围内成为正统。放松管制的经济成为共识。1950年后,尤其是从20世纪60年代末开始,新西兰必须适应大规模的国际结构调整,从一种由帝国主导的全球化——新西兰在其中享有殖民地和大英帝国领地的地位——转变为一个由美国监管的、经济上和文化上日益一体化的世界。这些变化是革命性的,不仅仅是在新西兰,因此到20世纪末,美国、扩大后的欧洲和日本之间的关系决定了世界秩序。

在新千年里,权力和关系向亚洲(尤其是中国)的转移更加令人震惊。在这个小国,由此产生的裂痕非同寻常。放松管制的金融业蒙上了一层耻辱的阴影。新的口号是创新和可持续。

事实证明,新西兰人在短时间内通过拥抱全球化成功地驾驭了全球化。早在20世纪70年代,欧洲人(甚至澳大利亚人)就对新西兰缺乏咖啡、葡萄酒和夜生活感到绝望。奇异果人在饮食、着装、住房和交流方式上迅速适应了全球化。时装设计师就是一个例子:从纽约、伦敦到悉尼和惠灵顿,时装店的货架上都挂着World、Trelise Cooper和Karen Walker等品牌。设计师们创造性地将水世界作为其独特品牌的一部分。从海莉-威斯滕拉(Hayley Westenra

和海螺乐队（Flight of the Conchords）等表演者到科学家和医学家，该国的年轻人经常带着他们的技能和才华飞往海外。

　　新西兰人的家谱和历史使他们成为流动性强、适应性强的民族，也是世界上最伟大的旅行者。当灾难和不幸降临到他们的头上时，他们会表现得最出色，变幻莫测的地形使他们变得坚强而灵活。他们的生活不是由政治动荡（因为他们建立了稳定的民主制度）决定的，而是由地质动荡和自然力量决定的。在这种情况下，"坚强"（kia kaha）成为国家的座右铭。这些"摇摇晃晃的岛屿"横跨太平洋板块和澳大利亚板块：北岛位于澳大利亚板块，南岛位于太平洋板块，被一个大断层和库克海峡分割开来。他们的人民确实生活在边缘地带。晚期定居的历史和短时间内的快速发展，确保了新西兰将是一个殖民地实验。政治体制蕴含着革命性变革的能力，即使是无意的变革。这可能会让人兴奋不已。

毛利词语总汇

Aotearoa,（音）奥特亚罗瓦	新西兰（长白云）
atua,（音）阿图阿	神，神灵，超自然存在物
haka,（音）哈卡	伴以歌曲的造型舞蹈
hapu,（音）哈普	宗族，大家庭，血缘团体
hoko	买，卖
iwi,（音）伊维	部落，民族
kai,（音）卡伊	食物
kainga,（音）凯恩加	家，村子
katoa	所有的，整个的
kawanatanga	统治权，统治，管理
ki（prep.）	（介词），到，朝，向
Kingitanga,（音）金吉唐加	毛利王运动
kohanga reo,	母语幼稚园
kumara,（音）库马拉	甘薯
kupapa,	（1）"友军"，站在政府一方作战的军队；（2）独立的，中立的（一些毛利人用该词语来描述他们的中立地位）
mahinga kai,	在北岛，这意味着"耕作"，"园地"；在南岛，它拥有更为广泛的含义，指：采集食物的

		各种地方（如纳塔胡人在他们的主张中声称的那样）
286	mana,（音）玛纳	影响力，威望，权力，精神力
	mana motuhake	自决权
	mana whenua	一个地区部族的权威（一个20世纪后期的表达法）
	marae	庭院；会堂前的空地
	Maui,（音）毛伊	波利尼西亚祖神中的恶神，据说是他将新西兰从大海深处拉了起来
	mere	棍棒
	moko	纹身，标记
	Nu Tireni, Nu Tirani（also Niu, Nui）	新西兰（欧洲人叫法的音译）
	pa,（音）帕	栅栏；寨子
	Paikea,（音）派凯亚	传说中骑在鲸鱼背上或者是游泳（更为常见的故事）而来到新西兰的酋长
	Pakeha	欧裔新西兰人
	ponga	树蕨
	pounamu	绿玉；新西兰玉
	Rakiura,（音）雷奇欧拉	斯图尔特岛
	rangatira,（音）兰格蒂勒	酋长，出身显贵的人
	tahi	一起，整体
	tangata	男人（19世纪的定义），人民，人类

tangata whenua,（音）唐加塔环努瓦	大地子民，本土民族，初民
taonga	财富，财产，东西
tapu	受到宗教限制的，神圣的
taua	远征；袭击
Te Ika a Maui	北岛（毛伊之鱼）
Te Wai Pounamu	南岛（绿玉之河或渊）
tikanga	习俗，行事的正确方式
ti-kouka	巨朱蕉
tupuna	祖宗；祖父、祖母
utu	报复，回报，互惠；通过补偿、打击或回答来进行回应
wairua	神灵
waka	独木舟
whakapapa,（音）法卡帕帕	家谱，世系
whenua	土地

大事年表

2000 年前	太平洋上的老鼠随同返回的波利尼西亚航行者来到此地。
1250—1300 年	第一批波利尼西亚定居者的证据。
1642 年	艾贝尔·塔斯曼造访，但没有登陆。
1769—1770 年	詹姆斯·库克上尉为期 6 个月的首次访问；1773—1774 年第二次访问；1777 年第三次访问。
1769 年	让-弗朗索瓦·德·绪维尔来访。
1772 年	马里翁·杜弗雷纳来访。
1793 年	毛利人和新南威尔士关系的建立；唐特卡斯托寻找拉贝鲁兹。
1808 年	福沃海峡的猎捕海豹潮。
1814 年	英国国教会传教士从悉尼来到此地。
1815—1840 年	"火枪"或"土地"战争，及相关的移民。
1820 年	洪吉希加访问伦敦并觐见英王乔治四世。
1827 年	海滨捕鲸站的开始。
1830—1832 年	特·罗帕拉哈的南袭。
1833 年	詹姆斯·巴斯比被任命为岛屿湾的英国公使。
1834 年	环塔斯曼的毛利运输船只挂上新西兰旗帜。
1835 年	新西兰部落联盟宣布独立；塔拉纳基族毛利人入侵查塔姆群岛。

1837 年	"新西兰协会"成立（1838 年改称"新西兰公司"）。
1838 年	天主教传教士的到来。
1839 年	新南威尔士的边界被扩展到包括新西兰的地区。
1840 年	惠灵顿殖民地；新西兰作为新南威尔士殖民地之部分被合并入帝国之中；威廉·霍布森副总督到来；《怀唐伊条约》签署；阿卡罗亚（Akaroa）法国殖民地；来自澳大利亚的移民建立了奥克兰。
1841 年	直辖殖民地；总督威廉·霍布森；首都奥克兰；旺阿努伊和新普利茅斯殖民地。
1842 年	纳尔逊殖民地。
1843 年	罗伯特·菲茨罗伊；怀劳骚乱。
1844 年	王室优先认购权被放弃。
1845 年	总督乔治·格雷。
1845—1846 年	北方战争；1846 年，特·罗帕拉哈被捕。
1846—1847 年	惠灵顿地区和旺阿努伊的冲突。
1848 年	奥塔戈殖民地（达尼丁）；坎特伯雷街区的购置（坎普之举）。
1850 年	坎特伯雷殖民地（克赖斯特彻奇和利特尔顿港）。
1852 年	宪法法案。
1853 年	地方议会的最初选举；财产权基础上的男性选举权。
1854 年	部分选举的全体会议。
1855 年	总督托马斯·戈尔·布朗；8.2 级的地震抬升

289

	了惠灵顿的地势。
1856 年	负责的行政官员；亨利·斯维尔、威廉·福克斯、爱德华·斯塔福德等三位总理。
1858 年	首位毛利王波塔陶·特·韦罗韦罗；毛利王运动的开启。
1860 年	新西兰战争爆发；科西马拉玛会议；欧洲人的人口超过估计中的毛利人数量。
1861 年	奥塔戈发现黄金；总理威廉·福克斯；总督乔治·格雷爵士。
1862 年	总理阿尔弗雷德·多梅特。
1863 年	怀卡托战争；《新西兰殖民法案》；总理弗雷德里克·惠特克。
1864 年	西海岸发现黄金；总理弗雷德里克·魏尔德。
1865 年	政府从奥克兰搬迁至惠灵顿；总理爱德华·斯塔福德；征用怀卡托毛利王运动区土地；塔拉纳基土地被征用；"土著土地法庭"建立；华人矿工被从维多利亚邀请至奥塔戈。
1867 年	议会中的第一批毛利议员；男性毛利人选举权；"土著"学校。
1868 年	提托科瓦努战争；特·库提逃出查塔姆群岛。
1869 年	总理威廉·弗克斯；第一所大学学院（奥塔戈）。
1870 年	无记名投票。
1872 年	特·库提避难于国王乡；新西兰战争的结束；总理爱德华·斯塔福德、乔治·沃特豪斯。
1873 年	总理威廉·弗克斯，朱利叶斯·沃格尔；免费前往新西兰。

1875 年	总理丹尼尔·珀林。
1876 年	州政府的终结；总理朱利叶斯·沃格尔爵士，总理哈里·爱金逊；新西兰-澳大利亚电报线。
1877 年	总理乔治·格雷爵士；普兰德盖斯特判决对条约不予承认；世俗化免费的小学义务教育；第一位女毕业生凯特·艾吉。
1879 年	全体男性获得选举权；总理约翰·霍尔。
1879（？1885）—1895 年	"长期萧条"。
1881 年	《温泉区法案》；袭击帕里哈卡；特·维提和托胡遭到监禁；毛利王塔维奥达成和平。
1882 年	运往英国的第一船冷冻货物；总理弗雷德里克·惠特克。
1883 年	总理哈里·爱金逊。
1884 年	总理罗伯特·斯托特、哈里·爱金逊、罗伯特·斯托特爵士；已婚妇女财产法案。
1885 年	妇女基督教节欲联盟。
1886 年	塔拉威拉火山爆发。
1887 年	总理哈里·爱金逊爵士。
1888 年	进口关税的引入；反华移民限制。
1889 年	一人多选区投票制的取消。
1890 年	大洋洲联邦会议；大洋洲海员罢工。
1891 年	自由党总理约翰·巴兰斯；大洋洲联邦大会。
1892 年	"统一运动"，帕帕瓦伊，韦拉拉帕。
1893 年	总理理查德·塞登；妇女选举权获得通过。
1894 年	强制性仲裁与和解；提供给殖民者的政府贷

		款；首位毛利毕业生阿皮拉纳·纳塔。
	1895 年	统一运动对"土著土地法院"的抵制。
	1896 年	布伦纳矿难；"全会妇女理事会"；毛利人口的最低谷；华人人头税增长至 100 英镑。
	1898 年	老年抚恤金。
	1901 年	库克群岛与纽埃岛合并；旅游与卫生疗养部；公共卫生部。
	1902 年	理查德·塞登首相。
	1905 年	国有妇产（圣海伦斯）医院。
	1906 年	自由党首相威廉·霍尔-琼斯、约瑟夫·沃德爵士。
	1907 年	取得"自治领"的地位。
	1908 年	人口达到 100 万，华人公民权遭到拒绝；主要干线的竣工；布莱克波矿工罢工；"大白舰"来访。
	1909 年	《土著土地法案》取消了对出售土地的限制；强制性军事训练。
292	1911 年	自置居所率达到 50%；皇家海军舰艇"新西兰"号下水。
	1912 年	怀希罢工；自由党首相托马斯·麦肯齐；改革党首相威廉·梅西。
	1913 年	赤色联邦分子号召的总罢工。
	1914 年	新西兰士兵夺取德属萨摩亚。
	1915 年	澳新军团加利波利登陆；国家党首相威廉·梅西。
	1916 年	工党的成立；实施征兵制。

1917年	"六点钟打烊"。
1918—1919年	流感大流行；拉塔纳运动。
1919年	妇女可以进入议会；改革派首相威廉·梅西。
1920年	《卫生法案》；"土著信托局"；加入国联；托管西萨摩亚。
1922年	肉类生产商委员会。
1923年	奶制品出口管制委员会。
1925年	改革派首相弗朗西斯·狄龙·贝尔爵士、J.G.（戈登.）科茨。
1926年	英国和自治领平等地位方案。
1928年	联合政府首相约瑟夫·沃德。
1929年	阿瑟斯关国家公园。
1929—1933年	纳塔毛利人土地开发计划。
1930年	联合政府总理乔治·福布斯。
1931年	根据《威斯敏斯特法令》独立；纳皮尔地震；联合政府首相乔治·福布斯。
1932年	渥太华帝国优惠制。
1933年	首位女议员伊丽莎白·麦科姆斯。
1934年	储备银行；第一次公开纪念《怀唐伊条约》
1935年	工党首相迈克尔·约瑟夫·萨维奇；最低的人口出生率。
1936年	确保奶农产品的价格；恢复强制性仲裁；国民党成立。
1937年	全国学生牛奶和住房计划。
1938年	发放进口许可证;《社会保障法》。
1939年	公立医院免费医疗。

1939—1940 年	惠灵顿百年展览。
1940 年	《怀唐伊条约》百年纪念；首相彼得·弗雷泽。
1941 年	日本攻击珍珠港。
1942 年	新加坡海军基地失陷；驻美国的第一个官方代表机构；美国军队的到来。
1943 年	驻堪培拉高级专员公署。
1944 年	与澳大利亚签署《堪培拉协定》；对华人征收的人头税被取消。
1945 年	以"新西兰"的身份加入联合国；《毛利社会与经济发展法案》；普遍的家庭津贴。
1946 年	萨摩亚成为托管领土。
1947 年	采纳《威斯敏斯特法令》；"南太平洋委员会"。
1948 年	新西兰公民权得到界定。
1949 年	第一位毛利女议员艾丽娅卡·拉塔纳；国家党首相西德尼·霍兰德。
1950 年	立法委员会被取消；向朝鲜派遣军队；科伦坡计划。
1951 年	码头纠纷；《太平洋共同防卫组织协定》；"毛利妇女福利同盟"。
1952 年	人口达到 200 万。
1953 年	埃德蒙·希拉里和丹京·诺盖登上珠穆朗玛峰；邓基卫铁路灾难；王室之旅。
1954 年	"东南亚条约组织"（SEATO）成立。
1956 年	军队前往马来亚。
1957 年	国家党首相基思·霍利约克；工党首相沃尔特·纳什。

1959 年	《南极洲条约》；奥克兰港桥开放。
1960 年	公用事业的同工同酬；国家党首相基思·霍利约克。
1961 年	加入"国际货币基金组织"；废除死刑。
1962 年	西萨摩亚独立；新西兰毛利理事会；军队前往马来西亚。
1964 年	库克海峡电力网。
1965 年	与澳大利亚签订《新西兰-澳大利亚自由贸易协定》（NAFTA）；向越南派遣军队；越战抗议；库克群岛自治。
1967 年	羊毛价格危机；十进制货币；旅店打烊时间推迟。
1968 年	波利尼西亚妇女风暴（*Wahine* storm）。
1969 年	毛利学校的终结。
1970 年	"拯救玛纳普里"请愿运动；妇女解放运动的到来。
1971 年	"战士之子"怀唐伊日抗议。
1972 年	国家党首相约翰·马歇尔；《同工同酬法案》；工党首相诺曼·科曼。
1973 年	英国加入"欧洲经济共同体"；抗议法国核试验；人口达到300万。
1974 年	克赖斯特彻奇英联邦球赛；选举权门槛降低至18岁；工党首相比尔·罗林。
1975 年	毛利人土地游行；怀唐伊特种法庭；国家党首相罗伯特·马尔登。
1977 年	超级国家计划；营垒角抗议。

1979 年	埃瑞玻斯山飞机坠毁事件。
1981 年	斯普林博克队橄榄球赛之旅及招致的抗议。
1982 年	与澳大利亚签署《增进澳大利亚-新西兰经济关系协定》；首家"母语幼稚园"建立。
1982—1984 年	工资、物价和租金的冻结。
1983 年	《增进澳大利亚-新西兰经济关系协定》开始实施。
1984 年	怀唐伊日游行和抗议；工党首相戴维·兰格；新西兰元贬值 20%。
1985 年	拒绝美国船只"布坎南"号来访；法国特工炸沉"彩虹勇士"号；《拉罗汤加条约》在南太平洋创建了无核区；新西兰元实行浮动制；怀唐伊特种法庭获得听取自 1840 年以来的冤情的权力。
1986 年	《宪法法案》；实施"货物与服务税"（GST）；高等法院中毛利理事会的挑战；"白人新西兰"移民政策的终结。
1987 年	股市的破产；毛利语成为官方语言；新西兰立法宣布无核化。
1988 年	《国营部门法案》；失业人数超过 10 万；"社会政策皇家委员会"。
1989 年	工党分裂；新工党成立，杰弗里·帕尔默任总理；"明日学校"教育改革；地方政府改革；《毛利渔业法案》。
1990 年	新西兰 150 周年纪念；第一女总督凯瑟琳·蒂泽德夫人；首相迈克·莫尔；国家党首相

杰姆·博尔格；奥克兰英联邦球赛；根据《增进澳大利亚-新西兰经济关系协定》消除其余的障碍；森林砍伐权被出售；福利津贴被削减。

1991 年	联盟党；《雇佣合同法》；失业人数超过 20 万；军队参加海湾战争。
1992 年	"海王"渔业协议；卫生和国家住房改革。
1993 年	就混合式比例代表制（MMP）选举制度举行全民投票；国家党政府在没有赢得多数选票的情况下获选。
1994 年	军队前往波斯尼亚维和。
1995 年	赢得"美洲杯"；毛利人的抗议活动以及对旺阿努伊莫图亚花园的占领。《怀卡托反征服索偿清偿法案》；法国核试验的恢复与新西兰的抗议。
1996 年	怀唐伊特征法庭建议解决塔拉纳基土地要求；第一次混合式比例代表制选举；国家党／新西兰第一党联合政府。
1997 年	纳塔胡人的清偿证书；第一位女首相珍妮·希普利；在克赖斯特彻奇附近的伯纳姆签署的《布干维尔和平协定》。
1998 年	国家党少数政府；新的新西兰蒂帕帕博物馆。
1999 年	军队前往东帝汶维和；在奥克兰召开的"亚太经合组织"会议；工党与联盟党、绿党联合组成的政府；首位当选女总理海伦·克拉克。

2000 年	新西兰养老基金设立。
2001 年	政府拯救"新西兰航空"。
2002 年	与进步党（联盟党的残余）结盟的工党政府。
2003 年	前滩和海床判决。
2004 年	向枢密院申诉的终结；首届澳大利亚-新西兰领导论坛；毛利党成立；《前滩和海床法》。

资料来源

第一章　横渡汪洋大海的独木船

古生物学家为 Trevor Worthy and Richard Holdaway；被引用的学者是 O'Regan, 'Ngai Tahu and the Crown', 2-3。'Ancestral genetic trail' from Howe, *The Quest for Origins*, 82；特阿拉瓦独木舟引自 Evans, *The Discovery of Aotearoa*, 47。Peter H. Buck（Te Rangi Hiroa）在 *Vikings of the Sunrise*, New York: Frederick A. Stokes Co., 1938, 268 页中提供了库佩的故事。Ben Finney 在 Sutton 编辑的 *The Origins of the First New Zealanders* 第二章中驳斥了 Andrew Sharp 的观点；Greg（Matahi）Brightwell and Francis Cowan 所编 Evans 对这次航行的纪录也对此进行了批驳。

有关宗谱（whakapapa）的引用源自 Tau, 'Ngai Tabu and the Canterbury Landscape—a Broad Context', 41；"诸神"和"英雄"引自 Christine Tremewan, *Traditional Stories from Southern New Zealand*, xvi；"原典意象"引自 Tau, 50；"卷起我们的传说"源自 O'Regan, 1-2。裴吉阿（Paikea）的故事由 Ranginui Walker, *He Tipua: The Life and Times of Sir Apirana Ngata*, Auckland: Viking, 2001, 17-34 讲述，引自第 21 页。"以色列迷失的部落"引自 Sorrenson, *Maori Origins and Migrations*, 16；"高加索家族"位于 Howe, *Quest for Origins*, 46，引用 Smith, 1898 to 1919。史密斯改编的故事讲述于 1940 年，由 Ernest Beaglehole and Pearl Beaglehole, 'The Maori', in *Making New Zealand: Pictorial Surveys of a Century*, ed. E. H. McCormick, Wellington: Department of Internal Affairs, 1940, vol. 1, 第 1、2—3 页讲述。

"自然的神圣性"引自 Simon Schama, *Landscape and Memory*, London: HarperCollins, 1995, 18。Waitangi Tribunal, *Manukau Report*, Wellington: Government Printer, 1985, 38-39；Waitangi Tribunal, *Ngai Tabu Report*, Wellington: GP Publications, 1991, vol. 2, 201, vol. 3, 879-883。Timothy

Flannery, *The Future Eaters*；"最理想的猎食者"引自 Anderson, 'A Fragile Plenty', 20；Diamond, *Guns, Germs and Steel*；"猎人-园丁"引自 Belich, *Making Peoples*, 47。

猎食者的理论引自 Worthy and Holdaway, *The Lost World of the Moa*, 536；考古学上的批评引自 Anderson, 'A Fragile Plenty', 28 以及 'Origins, Settlement and Society of Pre-European South Poly-nesia', 27。"节日大餐"和"附加价值"引自 Leach, 'In the Begi-nning', 23。

第二章　海滩跨越者（1769—1839年）

塔斯曼的观点引自 Salmond, *Two Worlds*, 72, 82。库克作为自由贸易的英雄引自 Smith, *Imagining the Pacific*, 230。"捣弄机械的人"引自 E. L. Jones, *The European Miracle: Environments, Economies, and Geopolitics in the History of Europe and Asia*, 2nd edn, Cambridge: Cambridge University Press, 1992, 65。"人文主义神话"引自 Obeyesekere, *The Apotheosis of Captain Cook*。库克（Cook）引自 Beaglehole, *The Life of Captain James Cook*, 698, 696-714。全球村的内容引自 Smith；'terrible hard biscuits' in Chris Healy, *From the Ruins of Colonialism: History as Social Memory*, Melbourne: Cambridge University Press, 1997。

正如 Witi lhimaera 一样，Sinclair, Beaglehole, Salmond and Belich 等人都对 Horeta Te Taniwha 的故事加以引用；Salmond 在 *Two Worlds*, 第88页中给出了这个版本。杜弗雷纳（Du Fresne）的故事在 Salmond, *Two Worlds*, 第387页中得到了讲述。"一连串的失策"引自 Owens, 'New Zealand before Annexation', 30。Governor King in King Papers, 2 January, 1806, in *Historical Records of New Zealand*, ed. R. McNab, Wellington: Government Printer, 1908, vol. 1, 267；同时参见 Salmond, *Between Worlds*, 351-352, 356, 516。"捕鲸人作为交往的中介"引自 Belich, *Making Peoples*, 137。"奸诈"的岛民引自 Salmond, *Between Worlds*, 387；及 Moon, *Te Ara Ki Te Tiriti*, 49。

对同时代的人来说，马斯登（Marsden）以"笞刑牧师"而闻名，论述马斯登和毛利人的作品，见 Salmond, *Between Worlds*, 429-431；Cloher, *Hongi Hika*, 69-91。"袖珍帕拉马塔（Pocket Parramatta）引自 Fergus Clunie,

'Kerikeri: A Pocket Parramatta', *Historic Places* no. 85（May 2002）: 24。"土地战争"引自 Ballara, *Taua*, 17；作为"现代灾难"的战争引自 Head, 'The Pursuit of Modernity in Maori Society', 102。

1846年维雷姆·维提（Wiremu Whiti）向船长埃弗拉德·霍姆爵士（Captain Sir Everard Home）和卡皮提（Kapit）讲述"惊恐而四处逃离的妇女的故事"引自 Anderson, *The Welcome of Strangers*, 82。巴斯比"维护安宁"以及他的软弱引自 Hill, *Policing the Colonial Frontier*, vol. I, 58, 60。种族等级结构引自 Bayly, *Imperial Meridian*, 149，"独立性", 151，"生而自由的英国人", 207。巴斯比1835年10月10日写给伯克（Bourke）的信引自 Raeside, *Sovereign Chief*, 115。"致命影响"一词引自 Alan Moorehead, *The Fatal Impact: An Account of the Invasion of the South Pacific 1767–1840*, London: Hamish Hamilton, 1966。在 Sinclair and Dalziel, *A History of New Zealand*, 第70页中，帝国主义和人文主义齐头并进。对"势所必然"的论述参见 Adams, *Fatal Necessity*。De Thierry 在 Vaggioli, *History of New Zealand and Its Inhabitants*, 第63页中，德·蒂里受到了批评，引自 Raeside, *Sovereign Chief*, 183。

"无政府状态的罪恶"引自 Owens, 'New Zealand before Annexation', 41；英国人的至高无上引自 Porter, ed., *The Oxford History of the British Empire*, vol. 3, 208。对爱德华·吉本·韦克菲尔德的论述见 Temple, *A Sort of Conscience*。霍布森的训示引自 Hill, *Policing the Colonial Frontier*, 89。与"瓦里珀蒂"（Warri Podi）和"普尼"（Pooni）的会议引自 William Mein Smith, Journal of a voyage on board the barque *Cuba* from London to NZ, 5 and 6 January 1840, copy in private possession（original in Alexander Turnbull Library, Wellington）。

第三章　索要土地（1840—1860年）

Tareha 引自 Orange, *An Illustrated History of the Treaty of Wai-tangi*, 16-17；制宪神话引自 McHugh, 'Australasian Narratives of Constitutional Foundation', 114。Nopera Panakareao 在 W. 舒特兰特（W. Shortland）1845年1月18日写给斯坦利爵士（Lord Stanley）的信中被加以引用，引自 Ward, *An Unsettled History*, 16；第2款引自: Ward, 14；毛利文本引自 *Facsimile of the*

Treaty of Waitangi, Wellington: Government Printer, 1976；同时见 Orange, *The Treaty of Waitangi*, 257。威廉斯（Williams）引自 Fitzgerald, ed., *Letters from the Bay of Islands*, 247。

该语言学者为 Head, 'The Pursuit of Modernity in Maori Society', 106；革新（innovation）引自 107。合并（'Amalgamate'）引自 Ward and Hayward, 'Tino Rangatiratanga', 379；朋友与敌人的对立，引自 Head, 110–111。

"文明开化"（Civilisation）引自 Pawson, 'Confronting Nature', 63；约翰·洛克（John Locke）引自 Denoon and Mein Smith, *A History of Australia, New Zealand and the Pacific*, 120。各个阶级的混合引自 Temple, *A Sort of Conscience*, 127。"自然的丰饶"，引自 Fairburn, *The Ideal Society and Its Enemies*；韦克菲尔德（Wakefield），引自 J. B. Condliffe, *New Zealand in the Making*, London: George Allen & Unwin, 1930, 17 及 Edward Gibbon Wakefield, John Ward and Edward Jerningham Wakefield, *The British Colonization of New Zealand*, London: John W. Parker for the NZ Association, 1837, 28–29。

殖民地的母亲，引自 Dalziel, 'Men, Women and Wakefield'，同时引自 1851 年 5 月 6 日韦克菲尔德写给戈德利的信（Godley），由：Temple，419 中加以引用；"品行与礼仪"（morals and manners），引自 Temple, 132；对 1839 年 7 月 29 日新西兰公司彩券的描述，引自 *the Spectator*, 3 August 1839。1842 年 4 月 4 日，W. M. 史密斯（W. M. Smith）作为测绘队长（Surveyor General）在惠灵顿的最后报告，作为新西兰公司惠灵顿的总代理 1842 年 8 月 27 日写给秘书的信的附件，CO 208/100, no. 128；1840 年 1 月 9 日的日志。

殖民者的数量，引自 W. D. Borrie, *The European Peopling of Australasia*, Canberra: Demography, RSSS, ANU, 1994, 95。"南部新西兰"，引自 Tremewan, *French Akaroa*；"被遗忘的四九年人"（forgotten forty-niners），引自 Amodeo, *Forgotten Forty-Niners*；"普通的劳动人民"引自 Amodeo, *The Summer Ships*, 44。"殖民地资产阶级"，引自 McAloon, *No Idle Rich*, 23。

作为统治者的总督，引自 Francis, *Governors and Settlers*, 213；对野人的绥靖，引自 McAloon, *Nelson*, 35。霍恩·赫克（Hone Heke），引自 F. R. Kawharu, 'Heke Pokai', in *The Dictionary of NZ Biography* [DNZB], vol. 1, 1769–1869, ed. W. H. Oliver, 186–187。"体现公正"（A show of justice），引自 Ward, *A Show of Justice*。戈尔·布朗（Gore Browne），引自 Claudia Orange, 'The Covenant of Kohimarama: A Ratification of the Treaty of Waitangi', *New*

Zealand Journal of History [NZJH], 14, no. 1（1980）: 65。

第四章　更为偏远的澳大拉西亚（1861—1890 年）

"回归的反叛者"，引自 Ballara, 'Introduction', in *Te Kingi-tanga*, 12。亨利·休维尔（Henry Sewell）在谈及"土著土地防诈骗条例"（the Native Lands Frauds Prevention Bill）时概括了"土著土地法庭"的目标，见 *NZ Parliamentary Debates* [NZPD], vol. 9, 29 August 1870, 361。"自由而令人振奋的生活"，引自 Cowan, *The New Zealand Wars*, vol. I: 1845–1846, 266。对土著居民所有权命运的论述，见 Parsonson, 'The Fate of Maori Land Rights', 185。

特·维提（Te Whiti）步行前往囚禁之地，引自 Scott, *Ask That Mountain*, 117。毛利人的数量，载于 Pool, *Te Iwi Maori*；移民统计数据，引自 Borrie. *The European Peopling of Australasia*。"最没有组织的社会"引自 Fairburn, *Ideal Society*, 191；田园牧歌式的"谬误"，引自 236。"性别比例失调"，引自 Macdonald, 'Too Many Men and Too Few Women'。

在"循序渐进的殖民化"上花费的数百万，引自 James Belich, 'Presenting a Past', in *Catching the Knowledge Wave*, conference pape, Auckland, 2001。拉赛尔的购置，引自 Stone, *Makers of Fortune*, 177。毛利男子的投票，引自 Atkinson, *Adventures in Democracy*, 50。"进步成果"中的份额，引自 Stuart Macintyre, *A Concise History of Australia*。Melbourne: Cambridge University Press, 1999, 115。赋予毛利儿童的选择，引自 James H. Pope, *Health for the Maori: A Manual for Use in Native Schools*, Wellington: Government Printer, 1894。"性别化的规定"（Gendered script）引自 Daley, *Girls & Women, Men & Boys*. 1884 年，麦克米伦·布朗为 Gardner, *Colonial Cap and Gown*, 71 引用；女毕业生的百分比，110。

查尔斯·弗林德斯·赫斯特豪斯（Charles Flinders Hursthouse）所写的小册子，*The Australasian Republic*, Christchurch, 1860s, Archives NZ, Christchurch。大洋洲的定义，引自 Morris, *Austral English*, cited in Denoon, 'Re-Membering Australasia', 293；1891 年，拉赛尔，引自 Mein Smith, 'New Zealand Federation Commissioners in Australia', 312, 313；"不同的国家类型"，引自 Russell, 载于 *Official Record of the Proceedings and Debates of the Australasian Federation Conference*, Melbourne, 1890, <http://setis.library.usyd.edu.au/fed>。引用源自 Jebb,

Studies in Colonial Nationalism, 327；"肢解"（dismemberment）引自 Denoon, 'Re-Membering Australasia', 297。

萧条的定义，引自 Hawke, *The Making of New Zealand*, 82-83；借贷"狂潮"（borrowing 'frenzy'）引自 Simkin, *The Instability of a Dependent Economy*, 151。新工联主义的发展，引自 Nolan, 'Maritime Strike 1890, Australasia'。

第五章 应对全球化（1891—1913 年）

"国家试验"引自 Reeves, *State Experiments in Australia and New Zealand*；"澳大利亚殖民地"，引自 Kelly, *The End of Certainty*；"国内防卫"，引自 Castles, *Australian Public Policy and Economic Vulnerability*。作为"毛利兰"（Maoriland）的新西兰，引自 Keith Sinclair, *A Destiny Apart*, Wellington: Allen & Unwin/Port Nicholson Press, 1986。贝利奇（Belich）在《重铸乐园》（*Paradise Reforged*）中对他的论点进行了阐述。

"自然资源之恩惠"，引自 Ville, *The Rural Entrepreneurs*, 7；毛利人土地的流失，载于 Ward, *National Overview*, vol. 2, 246-247；Brooking, *Lands for the People?* 134, 140。作为"奖赏"的贷款，引自 Reeves, *State Experiments*, vol. 1, 330。"新城镇边疆"，引自 Lionel Frost, *The New Urban Frontier: Urbanisation and City-building in Australasia and the American West*, Kensington, NSW: NSW University Press, 1991；同时参见 David Hamer, *New Towns in the New World: Images and Perceptions of the Nineteenth-century Urban Frontier*, New York: Columbia University Press, 1990。

"男人的国度"，引自 Jock Phillips, *A Man's Country?* WCTU of New Zealand, 'Sixteen Reasons for Supporting Woman's Suffrage', Christchurch, November 1891；Anna P. Stout, 'The New Woman', in *Women and the Vote*, Dunedin: Hocken Library, 1986, 20。

"自由、成功而心满意足的人们"，引自 Stuart Macintyre, 'Neither Capital nor Labour', 载于 *Foundations of Arbitration*, eds. Macintyre and Mitchell, 186；Ballance quoted by Hamer, *The New Zealand Liberals*, 53。"举足轻重"，引自 Martin, *Holding the Balance*。"生活工资"在 Holt, *Compulsory Arbitration in New Zealand*, 105 中被引用。对赤色联邦分子的论述，见 Olssen, *The Red Feds*, 以及 Olssen and Richardson 载于 Eric Fry, ed. *Common Cause* 中的章节。

"毛利人攫取土地",引自 Brooking, *Lands for the People?* 134;"突然爆发",引自 142。改革党支持者,引自: *NZ Herald*, 15 May 1906;毛利人所有的土地,引自 *Appendices to the Journals of the House of Representatives* [AJHR], 1911, G-6, 7-4。1909 年"土著土地法案",引自 Ward, *National Overview*, vol. 2, 380;同时见 T. J. Hearn, *Taupo-Kaingaroa Twentieth Century Overview: Land Alienation and Land Administration 1900—1993*, Wellington: Crown Forestry Rental Trust, 2004。"毛利人血统"(Maori blood),载于 Lange, *May the People Live*, 56,青年毛利党,122-123。特里盖尔(Tregear),引自: Howe, *Quest for Origins*, 169-170, 168。

作为与澳大利亚不同的新西兰人,载于 Sinclair, 'Why New Zealanders Are Not Australians'。F. L. W. 武德(F. L. W. Wood)在'Why Did New Zealand Not Join the Australian Commonwealth in 1900-1901?', NZJH2, no. 2 (1968): 115-129;不同的意见是来自 Adrian Chan, 'New Zealand, the Australian Commonwealth and "Plain Nonsense"', NZJH3, no. 2 (1969): 190-195。贝利奇在《重铸乐园》第 30—31 页、52 页中暗示"塔斯曼世界终结了"。巴顿(Barton)在: *Report of the Royal Commission on Federation, Together with Minutes of Proceedings and Evidence, and Appendices*, AJHR, 1901, A-4, 479, W. curzon-Siggers, 109 中进行了汇报。霍尔(Hall)载于 *Record of the Proceedings and Debates of the Australasian Federation Conference*, 1890, 175。

华人作为"典型性的异族",引自 Manying Ip, ed., *Unfolding History, Evolving Identity*, xi;作为非主流的观点,载于 Charles A. Price, *The Great White Walls are Built: Restrictive Immigration to North America and Australasia, 1836-1888*, Canberra: ANU Press, 1974, 254。理想社会作为"真正的敌人",载于 Moloughney and Stenhouse, '"Drug-Besotten, Sin-Begotten Fiends of Filth"', 64。

塞登对"布尔战争"的论述,引自 S. E. [Elizabeth] Hawdon, *New Zealanders and the Boer War or: Soldiers from the Land of the Moa. By a New Zealander*. Christchurch: Gordon and Gotch, c. 1902—3, 5;"兄弟般的关系",引自 260。对"博学的第十一队"(Learned Eleventh)的论述,见: Ellen Ellis in Crawford and McGibbon, eds, *One Flag, One Queen, One Tongue*, 140;

对新西兰利益的论述，McGibbon，ibid.，10。作为"男性白人之国度"的殖民地，引自 McGibbon, *The Path to Gallipoli*, 165。"最好的移民"，引自 *AJHR*, 1925, H-31, 3。"母亲暴动"（mother's mutiny）一词，出自 Belich, *Paradise Reforged*, 181；卫生目标的职责（duty of health aim）出自 Plunket Society, *Annual Reports*；"卫生教育的使命"，见'Vesta', *Argus*, Melbourne, 19 September 1917。"宽大的臀部"，引自 Philippa Mein Smith, *Mothers and King Baby: Infant Survival and Welfare in an Imperial World: Australia 1880—1950*, Basingstoke: Macmillan, 1997, 95。爱国童子军，出自 M. Esplin, 'Cossgrove, David. Cossgrove, Selina', in *DNZB*, vol. 3, 117。

第六章 "肉身如青草"（1914—1929年）

Making New Zealand: Pictorial Surveys of a Century, ed. E. H. McCormick, Wellington, Department of Internal Affairs, 1940, vol. 1, no. II, 2；"生态帝国主义"一词出自 Alfred Crosby, *Ecological Imperialism: The Biological Expansion of Europe, 900-1900*, Cambridge: Cambridge University Press, 1986。大战争的引用，出自 McGibbon, *New Zealand Battlefields and Memorials of the Western Front*, 1。伤亡人数，出自 McGibbon, *Path to Gallipoli*, 257；Harper, *Massacre at Passchendaele*, 114-115, Harper ed. *Letters from the Battlefield*, 12；Pugsley, *The Anzac Experience*, 69。

Lieutenant-Colonel Dr Percival Fenwick, *Gallipoli Diary 24 April to 27 June, 1915*, Auckland: Auckland Museum, 1915, 14。芬威克（Fenwick）写道："一条命令传来，将这个海湾命名为安扎克湾……或许某一天，它将以血腥海滩海湾而为人所知"。H. S. 特里梅万上尉（Capt. H. S. Tremewan）（见 6.3.2）1915 年 9 月拍摄的照片标明了加利波利"安扎克湾"。Kevin Fewster, Vecihi Basarin, and Hatice Hurmuz Basarin, *Gallipoli: The Turkish Story*, 2nd edn, Crows Nest NSW, Allen & Unwin, 2003。"悲伤的表达"，出自 <http://www.nzhistory.net.nz/Gallery/Anzac/Anzacday.htm>；"最重要的事业"，出自 *The Press*, Christchurch, 11 December 1914；*New Zealand's Roll of Honour 1915*, *Auckland Weekly News*, Illustrated List。

"整洁的服饰"出自 C. E. W. Bean, *The Story of ANZAC*, 129, 为 McGibbon, *Path to Gallipoli*, 255；O. Burton, *The Silent Division: New Zealanders at the*

Front, 1914—1919, Sydney: Angus & Robertson, 1935 所引用;"挖掘兵和朋友"（digger and cobber）源于 H. S. B. R, 'War Friends', *New Zealand at the Front: Written and Illustrated by Men of the New Zealand Division*, London: Cassell and Co., 1917;"整个澳新军团"（Anzacs together），出自 K. S. Inglis, assisted by Jan Brazier, *Sacred Places: War Memorials in the Australian Landscape*, Melbourne: Melbourne University Press, 1998, 84。作为"中心"的查纳克拜尔（Chunuk Bair）出自 Shadbolt, *Voices of Gallipoli*, 9;新西兰晚些时候的角色,出自 Pugsley, *Gallipoli*, 358;"无畏的丹"（Daredevil Dan）由 Shadbolt, 49 所引用; Buck quoted by Wira Gardiner。*Te Mura O Te Ahi: The Story of the Maori Battalion*, Auckland: Reed, 2002, 19; Wilson cited in Harper, *Massacre at Passchendaele*, 10。1916 年 9 月 20 日，法国欧内斯特·哈斯顿上尉（Capt. Ernest Harston）写给特里梅万夫人（Mrs Tremewan）的信，私人收藏; obituary in *Wanganui Chronicle*, 31 October 1916, 7。Volumnia quoted by W. H. Triggs, 'New Zealand Mothers and the War, in *Countess of Liverpool's Gift Book of Art and Literature*, Christchurch: Whitcombe & Tombs, 1915, 73。

特·普娥娅（Te Puea）由 King, *Te Puea*, 78, 及 Baker, *King and Country Call*, 213 所引用。Megan Hutching, ' "Mothers of the World": Women, Peace and Arbitration in Early Twentieth-Century New Zealand', *NZJH*, 27, no. 2（1993）: 173-185。"针织指南"，引自 Coney, *Standing in the Sunshine*, 312。*NZ Herald*, 27 April 1925, II, cited in Worthy, 'A Debt of Honour', 195。纪念碑的类型,出自 Jock Phillips and Ken Inglis, 'War Memorials in Australia and New Zealand', *Australian Historical Studies*, 24, No. 96（1991）: 187; 奥玛鲁（Oamaru）的纪念橡树,出自 Eric Pawson, 'Trees as Sites of Commemoration: The North Otago Oaks', NZHA Conference, Dunedin. 2003。

特鲁比·金（Truby King），出自 *Argus*, 2 December 1919, 7。"现代"妇女出自 Linda Bryder, *A Voice for Mothers*, 80-81; 特鲁比·金,引自 Mein Smith, *Maternity in Dispute*, 2。古纳博士（Dr Gunn）为克赖斯特彻奇的芭芭拉·史密斯（Barbara Smith）（在玛纳瓦图长大）所铭记;"催肥人畜", 出自 Tennant, *Children's Health, the Nation's Wealth*; 对健康营的描述出自 *Wanganui Chronicle*, 17 November 1922。

Tom Brooking, Robin Hodge, and Vaughan Wood, 'The Grasslands Revolution Reconsidered', in *Environmental Histories of New Zealand*, ed.

Eric Pawson and Tom Brooking, 169–182, South Melbourne & Oxford: Oxford University Press, 2002。"帝国牛奶场"出自 *NZ Dairy Produce Exporter*, 25 July 1925, 30–31；这些影片在 *NZ Dairy Produce Exporter*, 29 May 1926 中得到了详细的描述，引用出自第 21 页；用以发展的黄油，ibid., 43–44；"居家的费用"（housekeeping purse）出自'Interview with Lady (Viscountess) Burnham', *NZ Dairy Produce Exporter*, 29 August 1925, 28–29。

"最大限度地提高收入"，出自 Fleming, 'Agricultural Support Policies in a Small Open Economy', 351。King, *The Penguin History of New Zealand*, 313。对闲置土地的偏见，出自 Ward, *An Unsettled History*, 159；拉塔纳（Ratana），出自 John Henderson, *Ratana: The Man, the Church, the Political Movement*, Wellington: A. H. & A. W. Reed/Polynesian Society, 1972, 88。尼皮亚（Nepia）在 Spiro Zavos and Gordon Bray, *Two Mighty Tribes: The Story of the All Blacks Vs. The Wallabies*, Auckland & Camberwell, Vic: Penguin, 2003 中得到了描述。

第七章　缔造新西兰（1930—1949 年）

"不劳无酬"，出自 McClure, *A Civilised Community*, 49；萧条神话，出自 Simpson, *The Sugarbag Years*；Ruth Park quoted in Nolan, *Breadwinning*, 173；"不公平的税收，ibid.；萨维奇（Savage），出自 *Evening Post*, 16 June 1938, quoted in Gustafson, *From the Cradle to the Grave*, 216, election manifesto, 165。对养家糊口者的工资的论述，H. T. Armstrong interviewed by Mrs E. Freeman, 23 April 1936, LI 3/3/564-I, Archives NZ。

"劳工福利国家"，出自 Castles, *The Working Class and Welfare*，工资保障（wage security），87；社会保障目标，Walter Nash cited by McClure, *A Civilised Community*, 80。无痛分娩出自 1937 年 9 月 6 日"妇女儿童保护协会"分娩服务调查委员会证据，HI 3/7, Archives NZ；*AJHR*, 1938, H-31A, 107。

政府开支，出自 McIntyre, *New Zealand Prepares for War*, 259；"忠诚地反对"出自 McKinnon, *Independence and Foreign Policy*；萨维奇对战争的态度，出自 McIntyre, *New Zealand Prepares for War*, 237；broadcast, Radio NZ Sound Archives, D 409, quoted in Wood, *The New Zealand People at War*, II。空军至上

（Air first），出自 Fraser to Halsey, August 1943, cited in Wood, 260。战时死亡人数，出自：Crawford, ed. *Kia Kaha*, 3。弗雷泽（Fraser）的答复在 Wood, 194 及 McIntyre, *New Zealand Prepares for War*, 241 中得到了引用。

"真正的解决"（Real settlement），出自 Department of Tourist and Publicity, *New Zealand Centennial 1840–1940*, Wellington: Government Printer, 1938；展览在 *Evening Post Centennial Number*, 7 November 1939 中得到了概要介绍。1940 年 2 月 6 日荣誉爵士艾皮拉纳·纳塔（Hon. Sir Apirana Ngata）在怀唐伊纪念会上所作的发言，IA 1, 62/25/6, Archives NZ；also Walker, *He Tipua*, 352。毛利营，出自 Gardiner, *Te Mura O Te Ahi*, 31。

太平洋中的新西兰，出自 F. L. W. Wood, *Understanding New Zealand*, New York: Coward-McCann Inc., 1944。澳大利亚与新西兰之间的合作，出自 Kay, ed. *The Australian-New Zealand Agreement 1944*, 146；"领土完整"，引自 Wood, *The New Zealand People at War*, 376。弗雷泽对机会均等的论述，出自 AJHR, 1939, E-1, 2-3。好移民剪影，出自：McKinnon, *Immigrants and Citizens*, citing AJHR, 1946, 1-17, 99。达夫（Duff）的引用，出自 Oliver Duff, *New Zealand Now*, Wellington: Department of Internal Affairs, 1941, 14。立法（及知识）的停滞，出自 J. B. Condliffe, *The Eye of the Earth: A Pacific Survey*, ed. Peter G. Condliffe and Michio Yamaoka, Tokyo: International Academic Printed, 2004, 102；"分娩综合征"（mother-complex）出自 J. B. Condliffe, *New Zealand in the Making: A Survey of Economic and Social Development*, London: Allen & Unwin, 1930, 431。武德（Wood）对"分娩综合征"的论述，出自 *Understanding New Zealand*, 194；戏剧性的外交政策，ibid., 195；"双重依附"，出自 McIntyre in Rice, ed. *Oxford History of New Zealand*, ch. 20。

第八章　黄金时光（1950—1973 年）

Bruce Mason, *The End of the Golden Weather*, revised edn, Wellington: Victoria University Press, 1970, 12-13。这个短语从这时起便进入了新西兰的词汇之中。如，见它在 Gould, 'The end of the golden weather: 1967—1975', in *The Rake's Progress*? McCahon quoted in Docking, *Two Hundred Years of New Zealand Painting*, 184 中的运用。2004 年 4 月，韦斯顿夫人

（Mrs Weston）通过其孙女卡罗尔·尚德（Carol Shand）与作者的私人通信。

对麦金托什（McIntosh）的引用，出自 Alister McIntosh, 'Origins of the Department of External Affairs and the Formulation of an Independent Foreign Policy', in *New Zealand in World Affairs*, I, Wellington: Price Milburn/New Zealand Institute of International Affairs, 1977, 21；1951 年争论由 Green, *British Capital, Antipodean Labour*, 153 做出了解释；麦金托什知道，是不公正促使乔克·巴恩斯（Jock Barnes）成为工会领袖的。1932 年，在他向一家悉尼报纸通报了 1932 年的骚乱之后，他被解聘了；1951 年 6 月麦金托什给贝伦森（Berendsen）的信，引自 McGibbon, ed., *Undiplomatic Dialogue*, 264–265。

Firth, *Nuclear Playground*；寻铀热潮（uranium rush）与"为和平而拥有核武器"（atoms for peace）出自 Rebecca Priestley, Nuclear New Zealand: The Big Picture, PhD thesis, University ot Canterbury, in progress；移民统计数据，出自 McKinnon, *Immigrants and Citizens*, 39。"自由结社"（Free association），出自 Campbell, *Worlds Apart*, 284；"无声的迁徙"，出自 *The Silent Migration: Ngati Poneke Young Maori Club 1937–1948*。Stories of migration told to Patricia Grace, Irihapeti Ramsden and Jonathan Dennis, Wellington: Huia Publishers, 2001。"工业劳动力储备"，出自 *Labour and Employment Gazette*, 2, no. 2（February 1952）: 16, cited by Woods, 'Dissolving the Frontiers', 119；学徒计划（apprenticeship scheme），出自 Megan C. Woods, Integrating the Nation: Gendering Maori Urbanisation and Integration, 1942–1969, PhD thesis, University of Canterbury, 2002, 77–78, 195–196。一体化的定义，出自 Hunn Report, AJHR, 1961, G-10, 15–16；"毛利妇女福利联盟"引自 Brookes, 'Nostalgia for "Innocent Homely Pleasures"', 212。

朗基欧拉蛋白饼配方（Rangiora pavlova recipe），出自 Jane Teal, 'Recipes for the Renovations: Laurina Stevens and the Pavlova Cake', *History Now*, 9, no. 4（2004）: 13-16；海报上的奶油广告，'Everything tastes better with cream'（1960s）, Archives NZ, Christchurch。作者的曾祖母和姑爷便是邓基卫（Tangiwai）的死难者。"性生活过度"的女孩，出自 *Report of the Special Committee on Moral Delinquency in Children and Adolescents*, Wellington: Government Printer 1954；有关"穿牛仔裤的姑娘"的引用，出自 Coney, *Standing in the Sunshine*, 174–175。

Farmer quoted in H. C. D. Somerset, *Littledene: Patterns of Change*, enlarged edn, Wellington: NZ Council for Educational Research, 1974, 126, 220；"为信任所润滑"，出自 Singleton and Robertson, *Economic Relations between Britain and Australasia*, II。羊毛拍卖，出自 Easton, *In Stormy Seas*, 73, and Gould, *The Rake's Progress?* 113–114；应变经济政策（stop-go），出自 Gould, 113。"为生存而斗争"，出自 John Marshall, *Memoirs: Volume Two: 1960 to 1988*, Auckland: William Collins, 1989，61；参见 Stuart Ward, *Australia and the British Embrace: The Demise of the Imperial Ideal*, Melbourne: Melbourne University Press, 2001。

第九章　最近的试验（1974—1996 年）

引用出自 Cain and Hopkins, *British Imperialism*, 658；全球化定义，出自 Richard Le Heron, in *Changing Places*, 22。财政部真实收入的下降，*New Zealand Economic Growth: An Analysis of Performance and Policy*, Wellington: The Treasury, April 2004；"误诊"，出自 Belich, *Paradise Reforged*, 460；"大政府"，出自 Bassett, *The State in New Zealand*, 324。

马尔登为 Gustafson, *His Way*, 6 所引用；马尔登著述，出自 *My Way*, 及 *The Rise and Fall of a Young Turk*。"政治老龄化"与"享受福利的一代"，出自 Thompson, *Selfish Generations?* Templeton, *All Honourable Men*, 224 对马尔登进行了描述；"指令经济"（command economy），出自 Bassett, 17。以弗雷泽乡村地产命名的纳伦声明（Nareen statement），出自 Pamela Andre, Stephen Payton and John Mills, eds, *The Negotiation of the Australia New Zealand Closer Economic Relations Trade Agreement 1983*, Canberra & Wellington: Australian Department of Foreign Affairs and Trade and New Zealand Ministry of Foreign Affairs and Trade, 2003, 1–4，引用，2；Anthony in ibid., 5–7。

Michael Cullen, 'Reflecting on the Fourth Labour Government', Conference on the First Term of the Fourth Labour Government, Wellington: Stout Research Centre, Victoria University of Wellington, 30 April–1 May 2004；Geoffrey Palmer and John Henderson, ibid.，对兰格进行了描述。"偷工减料建立起来的经济结构"，出自 Bassett, 23；"闪击战"，出自 Easton, ed. *The Making of Rogernomics* 171。"正确的事情"系"关于第四届工党政府的第一个任期的会议"期间 Michael Bassett and Roger Douglas 的引用；"长

期的离经叛道"（long period of deviancy）和人造黄油的例子，出自 Palmer and David Caygill, ibid.；作为"目的而非手段"的变化，出自 Cullen, ibid.。"理论驱动的革命"，出自 Goldfinch, *Remaking New Zealand and Australian Economic Policy*, 37。由于改革所产生的大量工作，当时有三位财政部长。对改革代表着"答案"的确信来自于服务业联合工会（Combined Service Unions）前领袖罗恩·伯吉斯（Ron Burgess）, Conference on the First Term of the Fourth Labour Government, discussion, session 5。

"产生工作"（Deliver jobs），出自 Davey, *Another New Zealand Experiment*, 9；"极大的"集中，引用的是 Palmer, Conference on the First Term of the Fourth Labour Government；发生了变化的进程，出自 Gauld, *Revolving Doors*, 39；"重要的局限"，出自 Barnett and Barnett, 'Back to the Future？'；"障碍"，引自 Gauld, 214。

有关独立和"权力的角色"的引用，McKinnon, *Independence and Foreign Policy*, 278；在"关于第四届工党政府的第一个任期的会议"上，梅文·诺里斯（Merwyn Norrish）解释了事件的过程。前部长是迈克尔·巴塞特（Michael Bassett）；引用出自 Michael Bassett, 'The Atom Splitters', *National Business Review*, 8 August 2003, 36。"对原则的考验"，出自 Margaret Wilson, *Labour in Government, 1984-1987*, Wellington: Allen & Unwin/Port Nicholson Press, 1989, 55；引用出自 ibid., 64；"为了民主的胜利"，出自 Helen Clark, 'A Politician's View', in *Nuclear Free Nation: A Case-study of Aotearoa/New Zealand*, Hong Kong: International Affairs, Christian Conference of Asia, C. 1985, 18。戴维·兰格（David Lange），引自'"Nuclear Weapons are Morally Indefensible": Argument for the affirmative during the Oxford Union debate of 1 March', in Ministry of Foreign Affairs, *A Selection of Recent Foreign Policy Statements by the New Zealand Prime Minister and Minister of Foreign Affairs, Rt Hon. David Lange*, Information Bulletin no. II, March 1985, 15, 16, 21。演讲由兰格的演讲稿撰写人、他后来的妻子玛格丽特·波普（Margaret Pope）撰写。

"太平洋共同防卫组织"的不起作用，出自 McIntyre in Rice, ed. *Oxford History of New Zealand*, 535；对条约的违背，出自 McMillan, *Neither Confirm Nor Deny*, 88；"国家恐怖主义"，出自 *The Times*, Leader, 9 July 1986；对"海洋自由"的论述，见 McMillan, 168 的条约摘录。引用，出自 *Defense and Security: What New Zealanders Want*, Wellington: Defence

Committee of Enquiry, 1986, 73, 67, 73。'Crash through' from Goldfinch, *Remaking New Zealand and Australian Economic Policy*, 215。

第十章 条约的复苏（1973—1999 年）

Temm, *The Waitangi Tribunal*, 45；<NZHistory. net. nz>, *Waitangi Day: A History*, Ministry for Culture and Heritage, 2004；毛利人们"厌倦了"，出自 Ward, *National Overview*, vol. I, 137；Walker in Rice, ed. *Oxford History of New Zealand*, 513 对"不要再有一英亩"进行了引用。"履行"的目标，出自 Treaty of Waitangi Act 1975；营垒角抗议，出自 Walker, *Ka Whahai Tonu Matou*, 216；同时出自：Waitangi Tribunal, *Report of the Waitangi Tribunal on the Orakei Claim*。

Richards, *Dancing on Our Bones*, 223 对红队文化（Red Squad culture）进行了描述；Nelson Mandela quoted in ibid.，特・阿提・阿瓦（或特・阿提阿瓦）和"好高骛远"，出自 *Evening Post*, 6 April 1983, 6。条约"复活"，出自 Temm, *The Waitangi Tribunal*, 40，为换取对财产的保障而让渡的权力，出自 96 页，引用的是凯西法官（Justice Casey），条约作为"鲜活的事物"，出自 97 页。Tipene O'Regan in Kawharu, ed. *Waitangi*, 242-243；Tau, 'Ngai Tahu-from "Better Be Dead and Out of the Way"' 对纳塔胡的命运进行了概述。

副标题，出自 Hayley M. Brown, 'A Woman's Right to Choose': Second Wave Feminist Advocacy of Abortion Law Reform in New Zealand and New South Wales from the 1970s, MA thesis, University of Canterbury, 2004；"立足之地"，引自 Macdonald, ed. *The Vote, the Pill and the Demon Drink*, 206。"政治计划结构"（political opportunity structure）一词出自理论家查尔斯・蒂里（Charles Tilly）。引用，出自 Helen Clark, 'Opening Address', in *New Zealand College of Midwives Conference Proceedings*, 2-3, Dunedin: New Zealand College of Midwives, 1990。

Gaylene Preston quoted in Shepard, *Reframing Women*, 172；人口数据的引用，出自：Bell, 'Comparing Population Mobility in Australia and New Zealand', 190-191。"澳洲-亚洲"一词出自 Denis McLean, *The Prickly Pair*: *Making Nationalism in Australia and New Zealand*, Dunedin: University of Otago Press, 2003, 307。根据"混合式比例代表制"（MMP），人们投两票：一票

投给政党，一票投给代表当地选民的议员选举人。政党获票百分比决定选举到议会中的政党名单上议员的数量。"亚洲人的入侵"，出自 Bedford, Ho and Lidgard 'International Migration in New Zealand', 55。

第十一章　摇摇欲坠的基础：剧变（2000—2011 年）

"世界增长最快的经济体"，引自 New Zealand Ministry of Foreign Affairs and Trade [MFAT], *New Zealand-China Free Trade Agreement*, 12 <http://www.mfat.govt.nz/downloads/trade-agreement/china/chinafta-booklet.pdf> ；中国总理的话，引自 in April 2008 <http:www.nzherald.co.nz>. 四个"第一"也出现在 MFAT, *New Zealand-China Free Trade Agreement*, II ；有关贸易协定，见 <http://www.mfat.govt.nz/Trade-and-Economic-Relations/ Trade-Relationships-and-Agreements/index.php>.

人口数据引自 Bedford and Ho, *Asians in New Zealand*. Joe Bennett, *Where Underpants Come From*, London: Simon & Schuster, 2009. UMR Poll, March 2010 ；塔斯曼迁徙见 Mein Smith et al., *Remaking the Tasman World*, 57–62. *Australian Social Trends September* 2010: *New Zealanders in Australia*, Australian Bureau of Statistics, catalogue no. 4102.0, 2 <http://www.abs.gov.au/socialtrends> ; Hamer, *Maori in Australia*.

"变化的地区"引自 from Ayson, 'New Zealand, Australia and the Asia-Pacific Strategic Balance', 7 ; *Defence White Paper* 2010, New Zealand Ministry of Defence, Chapter I: Executive Summary <http://www.defence. govt.nz>。《威灵顿宣言》见 Stephen Jacobi, 'Forum will Bolster Links with US', *The Press*, 22 December 2010, A23. Crisis quotation from Alan Bollard, 'The Recovery, the Aftershock, and the Economic Future', speech to Deloitte Tax Conference, I9 November 2010, I.

The New Oxford History of New Zealand, ed. Byrnes, 'reframed' New Zealand history; 'common narrative of discovery' from Katie Pickles, 'Colonisation, Empirc and Gender', in ibid., 236. 'World takes notice of All Whites' <http://www.stuff.co.nz/sport/fifa-world-cup/all-whites/383470I>。埃德蒙·希拉里爵士语录见 <http:www.stuff.co.nz/2106I7> ；麦克卡洪的话引自 Docking, *Two Hundred Years of New Zealand Painting*, I84.

"恒天然"在中国，见 Fran Sullivan, 'So Long, Sanlu', *NZ Herald*, 2 May 2009 <http://www.nzherald.co.nz>；坎特伯雷水辩论引自 Canterbury Mayoral Forum, *Canterbury Water Management Strategy: Strategic Framework-November 2009. With updated targets, provisional July 2010*, 排放贸易计划引自 Nick Smith, speech to Australia New Zealand Climate Change and Business Conference, Sydney, II August 2010 <http:www.beehive.govt.nz>. 南极洲在气候变化中扮演的角色见 Frank Corner, Report to Department of External Affairs, I6 Septem-ber 1953, EA ACC W 2619, CTAE 1955, Archives NZ, courtesy of Stephen Hicks.

Address by Don Brash, leader of the National Party, to the Orewa Rotary Club, 27 January 2004；政治上的毛利代表，见 Mason Durie, *Ngā Tai Matatū*, 219-220. 'Common marine and coastal area' from Marine and Coastal Area (Takutai Moana) Act, 2011, No. 3, sec-tion 4 (I) (c). Deed of Settlement of the Historical Claims of the Central North Island Forests Iwi Collective to Central North Island Forest Land <http://www.ots.govt.nz>；'Govt Signs $400 million-plus 'Treelords'Deal', *The National Business Review*, 25 June 2008 <http:/www.nbr.co.nz>；'Dr Tumu te Heuheu's Speech at CNI Signing', *NZ Herald*, 25 June 2008. Tuhoe's grievance from Tamati Kruger to Hon. Chris Finlayson, 12 August 2009 <http:/www.ngaituhoe. iwi.nz/LinkClick.aspx?fileticket= IrIMJvAιLfk%3d&tabid=64>. Judith Binney, *Encircled Lands: Te Urewera, 1820-1921*, Wellington: Bridget Williams Books, 2009, 604. 作为潜在榜样的巴斯顿角，David Williams, 'Be Bold and Talk about Benefits of Settlements', *NZ Herald*, 17 June 2010.

公共交通的比例见 Andrew Coleman, 'Transport Infras-tructure, Lock-Out and Urban Form: Highway Development in Auck-land and the United States', *Policy Quarterly* 6, issue 4 (2010): 23-27. QuickStats About New Zealand, Manukau City, Auckland City <http: //www.stats.govt.nz>. Prince William at the Earthquake Memorial Service, Christchurch, 18 March 2011.

阅读指南

参考文献

Kirkpatrick, Russell. *Bateman Contemporary Atlas New Zealand: The Shapes of Our Nation*. Auckland: David Bateman, 1999.

McGibbon, Ian, ed., with Paul Goldstone. *The Oxford Companion to New Zealand Military History*. Auckland: Oxford University Press, 2000.

McKinnon, Malcolm, ed., with Barry Bradley and Russell Kirkpatrick. *New Zealand Historical Atlas*. Auckland: David Bateman/Historical Branch, Department of Internal Affairs, 1997.

Ministry for Culture and Heritage. <NZhistory. net. nz>, New Zealand history website.

—. <www. dnzb. govt. nz>, Dictionary of New Zealand Biography website. Oliver, W. H., and Claudia Orange, eds. *The Dictionary of New Zealand Biography*. 5 vols. Wellington: Department of Internal Affairs, 1990-2000.

Ward, Alan. *National Overview*. Wellington: Waitangi Tribunal, 1997. Rangahaua Whanui Series, 3 vols.

通史性读物

Belich, James. *Making Peoples: A History of New Zealanders, from Polynesian Settlement to the End of the Nineteenth Century*. Auckland: Allen Lane, 1996.

—. *Paradise Reforged: A History of the New Zealanders from the 1880s to the Year 2000*. Auckland: Allen Lane, 2001.

Coney, Sandra. *Standing in the Sunshine: A History of New Zealand*

Women Since They Won the Vote. Auckland: Viking, 1993.

Denoon, Donald, and Philippa Mein Smith, with Marivic Wyndham. *A History of Australia, New Zealand and the Pacific,* The Blackwell History of the World, ed. R. I. Moore. Oxford & Malden, Mass. : Blackwell Publishers, 2000.

Docking, Gil. *Two Hundred Years of New Zealand Painting.* With additions by Michael Dunn covering 1970–1990. Revised edn. Auckland: David Bateman, 1990.

Hawke, G. R. *The Making of New Zealand: An Economic History.* Cambridge: Cambridge University Press, 1985.

King, Michael. *The Penguin History of New Zealand.* Auckland: Penguin, 2003.

Rice, Geoffrey W., ed. *The Oxford History of New Zealand.* 2nd edn. Auckland: Oxford University Press, 1992.

Sinclair, Keith, and Raewyn Dalziel. *A History of New Zealand.* Revised edn. Auckland: Penguin, 2000.

Ward, Alan. *An Unsettled History: Treaty Claims in New Zealand Today.* Wellington: Bridget Williams Books, 1999.

第一章　横渡汪洋大海的独木船

Anderson, Atholl. *Prodigious Birds: Moas and Moa-Hunting in Prehistoric New Zealand.* Cambridge: Cambridge University Press, 1989.

—. *The Welcome of Strangers: An Ethnohistory of Southern Maori A. D. 1650–1850.* Dunedin: University of Otago Press/Dunedin City Council, 1998.

—. 'A Fragile Plenty: Pre-European Maori and the New Zealand Environment'. In *Environmental Histories of New Zealand,* ed. Eric Pawson and Tom Brooking, 19–34. South Melbourne: Oxford University Press, 2002.

Ballara, Angela. *Iwi: The Dynamics of Maori Tribal Organisation fromc. 1769 to c. 1945.* Wellington: Victoria University Press, 1998.

Coates, Glen. *The Rise and Fall of the Southern Alps.* Christchurch: Canterbury University Press, 2002.

Dacker, Bill. *Te Mamae Me Te Aroha: The Pain and the Love.* Dunedin: University of Otago Press with Dunedin City Council, 1994.

Davidson, Janet. *The Prehistory of New Zealand.* 2nd edn. Auckland: Longman Paul, 1992.

Diamond, Jared. *Guns, Germs and Steel: The Fates of Human Societies.* London: Jonathan Cape, 1997.

Evans, Jeff. *The Discovery of Aotearoa.* Auckland: Reed, 1998.

Flannery, Timothy F. *The Future Eaters: An Ecological History of the Australasian Lands and People.* Melbourne: Reed, 1994.

Howe, K. R. *The Quest for Origins.* Auckland: Penguin, 2003.

King, Michael. *Nga Iwi O Te Motu: 1000 Years of Maori History.* Revised edn. Auckland: Reed, 2001.

Leach, Helen. 'In the Beginning'. In *Te Whenua, Te Iwi: The Land and the People*, ed. Jock Phillips, 18–26. Wellington: Allen & Unwin/Port Nicholson Press, 1987.

O'Regan, Tipene. 'Ngai Tahu and the Crown: Partnership Promised'. In *Rural Canterbury: Celebrating Its History,* ed. Garth Cant and Russell Kirkpatrick, 1–19. Wellington: Daphne Brasell Associates/Lincoln University Press, 2001.

Orbell, Margaret. *Hawaiki: A New Approach to Maori Tradition.* Christchurch: Canterbury University Press, 1991.

——. *The Illustrated Encyclopedia of Maori Myth and Legend.* Christchurch: Canterbury University Press, 1995.

Sorrenson, M. P. K. *Maori Origins and Migrations: The Genesis of Some Pakeha Myths and Legends.* Auckland: Auckland University Press, 1979.

Sutton, Douglas, ed. *The Origins of the First New Zealanders.* Auckland: Auckland University Press, 1994.

Tau, Te Maire. 'Ngai Tahu and the Canterbury Landscape–a Broad Context'. In *Southern Capital: Christchurch,* ed. John Cookson and Graeme. Dunstall, 41–59. Christchurch: Canterbury University Press, 2000.

——. *Nga Pikituroa O Ngai Tahu: The Oral Traditions of Ngai Tahu.* Dunedin: University of Otago Press, 2003.

Tremewan, Christine, trans. and ed. *Traditional Stories from Southern New Zealand: He Korero no Te Wai Pounamu.* Christchurch: Macmillan Brown Centre for Pacific Studies, University of Canterbury, 2002.

Wanhalla, Angela. 'Maori Women in Waka Traditions'. In *Shifting Centres: Women and Migration in New Zealand History,* ed. Lyndon Fraser and Katie Pickles, 15–27. Dunedin: University of Otago Press, 2002.

Worthy, Trevor H., and Richard N. Holdaway. *The Lost World of the Moa: Prehistoric Life of New Zealand.* Christchurch: Canterbury University Press, 2002.

第二章 海滩跨越者（1769—1839 年）

Adams, Peter. *Fatal Necessity: British Intervention in New Zealand 1830–1847.* Auckland: Auckland University Press, 1977.

Anderson, Atholl. *The Welcome of Strangers: An Ethnohistory of Southern Maori A. D. 1650–1850.* Dunedin: University of Otago Press/ Dunedin City Council, 1998.

Ballara, Angela. *Taua: 'Musket Wars', 'Land Wars' or Tikanga? Warfare in Maori Society in the Early Nineteenth Century.* Auckland: Penguin, 2003.

Bayly, C. A. *Imperial Meridian: The British Empire and the World 1780– 1830,* Studies in Modern History, ed. John Morrill and David Cannadine. London and New York: Longman, 1989.

Beaglehole, J. C. *The Life of Captain James Cook.* London: Adam & Charles Black, 1974.

Cloher, Dorothy Urlich. *Hongi Hika: Warrior Chief.* Auckland: Viking, 2003.

Crosby, R. D. *The Musket Wars: A History of Inter-Iwi Conflict 1806– 1845.* 2nd edn. Auckland: Reed, 2001.

Dunmore, John. 'French Navigators in New Zealand *1769–1840*'. In *New Zealand and the French: Two Centuries of Contact,* ed. John Dunmore, 8–19. Waikanae: The Heritage Press, 1997.

Head, Lyndsay. 'The Pursuit of Modernity in Maori Society: The

Conceptual Bases of Citizenship in the Early Colonial Period'. In *Histories, Power and Loss: Uses of the Past—a New Zealand Commentary*, ed. Andrew Sharp and Paul McHugh, 97-121. Wellington: Bridget Williams Books, 2001.

Hill, Richard S. *Policing the Colonial Frontier: The Theory and Practice of Coercive Social and Racial Control in New Zealand, 1767-1867*, Part I. Vol. I. Wellington: Historical Publications Branch, Department of Internal Affairs, 1986.

King, Michael. *Moriori: A People Rediscovered*. Auckland: Viking, 1989.

Moon, Paul. *Te Ara Ki Te Tiriti: The Path to the Treaty of Waitangi*. Auckland: David Ling Publishing, 2002.

Obeyesekere, Gananath. *The Apotheosis of Captain Cook: European Mythmaking in the Pacific*. Princeton: Princeton University Press, 1992.

Orange, Claudia. 'The Maori and the Crown'. In *The Oxford Illustrated History of New Zealand*, ed. Keith Sinclair. Auckland: Oxford University Press, 1990.

Owens, J. M. R. 'New Zealand before Annexation'. In *The Oxford History of New Zealand*, ed. Geoffrey W. Rice. Auckland: Oxford University Press, 1992.

Porter, Andrew, ed. *The Oxford History of the British Empire. The Nineteenth Century*. Edited by Wm. Roger Louis. Vol. 3. Oxford: Oxford University Press, 1999.

Raeside, J. D. *Sovereign Chief, a Biography of Baron De Thierry*. Christchurch: Caxton Press, 1977.

Salmond, Anne. *Two Worlds: First Meetings between Maori and Europeans 1642-1772*. Auckland: Viking, 1991.

——. *Between Worlds: Early Exchanges between Maori and Europeans 1773-1815*. Auckland: Viking, 1997.

——. *The Trial of the Cannibal Dog: Captain Cook in the South Seas*. Auckland: Allen Lane/Penguin Books, 2003.

Smith, Bernard. *Imagining the Pacific: In the Wake of the Cook Voyages*. Melbourne: MUP/Miegunyah Press, 1992.

Temple, Philip. *A Sort of Conscience: The Wakefields*. Auckland: Auckland

University Press, 2002.

Vaggioli, Dom Felice. *History of New Zealand and Its Inhabitants*. Translated by John Crockett. Dunedin: University of Otago Press, 2000 (first published 1896).

第三章 索要土地（1840—1860 年）

Amodeo, Colin. *The Summer Ships*. Christchurch: Caxton Press, 2000.

—, with Ron Chapman. *Forgotten Forty-Niners*. Christchurch: Caxton Press, 2003.

Byrnes, Giselle. *Boundary Markers: Land Surveying and the Colonisation of New Zealand*. Wellington: Bridget Williams Books, 2001.

Dalziel, Raewyn. 'Men, Women and Wakefield'. In *Edward Gibbon Wakefield and the Colonial Dream: A Reconsideration*, 77–86. Wellington: GP Publications/Friends of the Turnbull Library, 1997.

Fairburn, Miles. *The Ideal Society and Its Enemies: The Foundations of Modern New Zealand Society 1850–1900*. Auckland: Auckland University Press, 1989.

Fitzgerald, Caroline, ed. *Letters from the Bay of Islands: The Story of Marianne Williams*. Auckland: Penguin, 2004.

Francis, Mark. *Governors and Settlers: Images of Authority in the British Colonies, 1820–1860*. London: Macmillan, 1992.

Hamer, David, and Roberta Nicholls, eds. *The Making of Wellington 1800–1914*. Wellington: Victoria University Press, 1990.

Head, Lyndsay. 'The Pursuit of Modernity in Maori Society'. In *Histories, Power and Loss,* ed. Andrew Sharp and Paul G. McHugh, 97–121. Wellington: Bridget Williams Books, 2001.

McAloon, Jim. *Nelson: A Regional History*. Whatamango Bay: Cape Catley/Nelson City Council, 1997.

—. *No Idle Rich: The Wealthy in Canterbury and Otago 1840–1914*. Dunedin: University of Otago Press, 2002.

McClintock, A. H. *Crown Colony Government in New Zealand*. Wellington: Government Printer, 1958.

McHugh, P. G. 'Australasian Narratives of Constitutional Foundation'. In *Quicksands: Foundational Histories in Australia and Aotearoa New Zealand*, ed. Klaus Neumann, Nicholas Thomas and Hilary Ericksen, 98-114. Sydney: UNSW Press, 1999.

Olssen, Erik. 'Wakefield and the Scottish Enlightenment, with Particular Reference to Adam Smith and His *Wealth of Nations*'. In *Edward Gibbon Wakefield and the Colonial Dream: A Reconsideration*, 47-66. Wellington: GP Publications/Friends of the Turnbull Library, 1997.

Orange, Claudia. *The Treaty of Waitangi*. Wellington: Allen& Unwin/Port Nicholson Press, 1987.

—. *An Illustrated History of the Treaty of Waitangi*. Wellington: Allen & Unwin, 1990. Revised edn 2004.

Parsonson, Ann. 'The Challenge to Mana Maori'. In *The Oxford History of New Zealand*, ed. G. W. Rice, 167-198. Auckland: Oxford University Press, 1992.

Pawson, Eric. 'Confronting Nature'. In *Southern Capital Christchurch*, ed. John Cookson and Graeme Dunstall, 60-84. Christchurch: Canterbury University Press, 2000.

Sharp, Andrew. *Justice and the Maori*. 2nd edn. Auckland: Oxford University Press, 1997.

Sharp, Andrew, and Paul G. McHugh, eds. *Histories, Power and Loss*. Wellington: Bridget Williams Books, 2001.

Sorrenson, M. P. K. 'The Settlement of New Zealand from 1835'. In *Indigenous Peoples' Rights in Australia, Canada, & New Zealand*, ed. Paul Havemann, 162-179. Auckland: Oxford University Press, 1999.

Stone, R. C. J. *From Tamaki-Makau-Rau to Auckland*. Auckland: Auckland University Press, 2001.

Temple, Philip. *A Sort of Conscience: The Wakefields*. Auckland: Auckland University Press, 2002.

Tremewan, Peter. *French Akaroa: An Attempt to Colonise Southern New Zealand*. Christchurch: University of Canterbury Press, 1990.

Ward, Alan. *A Show of Justice: Racial 'Amalgamation' in Nineteenth Century New Zealand.* 2nd edn. Auckland: Auckland University Press, 1995.

—, and Janine Hayward. 'Tino Rangatiratanga: Maori in the Political and Administrative System'. In *Indigenous Peoples' Rights in Australia, Canada, & New Zealand,* ed. Paul Havemann, 378-399. Auckland: Oxford University Press, 1999.

第四章　更为偏远的澳大拉西亚（1861—1890 年）

Atkinson, Neill. *Adventures in Democracy: A History of the Vote in New Zealand.* Dunedin: University of Otago Press, 2003.

Ballara, Angela. 'Introduction: The King Movement's First Hundred Years'. In *Te Kingitanga: The People of the Maori King Movement,* ed. Dictionary of New Zealand Biography, 1-32. Wellington: Auckland University Press with Bridget Williams Books/DNZB, 1996.

Belich, James. *The New Zealand Wars and the Victorian Interpretation of Racial Conflict.* Auckland: Penguin, 1988 (first published 1986).

—. *'I Shall Not Die': Titokowaru's War New Zealand, 1868-1869.* Wellington: Allen & Unwin/Port Nicholson Press, 1989.

—. *The New Zealand Wars.* Video. Auckland: TVNZ/Landmark Productions, 1998.

Binney, Judith. *Redemption Songs: A Life of Te Kooti Arikirangi Te Turuki.* Auckland: Auckland University Press/Bridget Williams Books, 1995.

Borrie, W. D. *The European Peopling of Australasia.* Canberra: Demography, RSSS, ANU, 1994.

Breward, Ian. *A History of the Churches in Australasia.* Oxford: Oxford University Press, 2001.

Cain, P. J., and A. G. Hopkins. *British Imperialism, 1688-2000.* 2nd edn. Harlow: Longman, 2002.

Cowan, James. *The New Zealand Wars: A History of the Maori Campaigns and the Pioneering Period.* Vol.I: 1845-1864. Wellington: Government Printer, 1922 (reprinted 1983).

—. *The New Zealand Wars*. Vol. II: The Hauhau Wars, 1864–1872. Wellington: Government Printer, 1922 (reprinted 1983).

Cox, Lindsay. *Kotahitanga: The Search for Maori Political Unity*. Auckland: Oxford University Press, 1993.

Daley, Caroline. *Girls & Women, Men & Boys: Gender in Taradale 1886–1930*. Auckland: Auckland University Press, 1999.

Dalziel, Raewyn. *Julius Vogel: Business Politician*. Auckland: Auckland University Press/Oxford University Press, 1986.

Denoon, Donald. 'Re-Membering Australasia: A Repressed Memory'. *Australian Historical Studies* 34, no. 122 (October 2003): 290–304.

Dow, Derek A. 'Springs of Charity? The Development of the New Zealand Hospital System, 1876–1910'. In *A Healthy Country: Essays on the Social History of Medicine in New Zealand*, ed. Linda Bryder, 44–64. Wellington: Bridget Williams Books, 1991.

Durie, Mason. *Whaiora: Maori Health Development*. 2nd edn. Auckland: Oxford University Press, 1998.

Elsmore, Bronwyn. *Mana from Heaven: A Century of Maori Prophets in New Zealand*. Auckland: Reed, 1999.

Evans, Julie, Patricia Grimshaw, David Philips, and Shurlee Swain. *Equal Subjects, Unequal Rights: Indigenous Peoples in British Settler Colonies, 1830–1910*, Studies in Imperialism, ed. John M. MacKenzie. Manchester & New York: Manchester University Press, 2003.

Fairburn, Miles. *The Ideal Society and Its Enemies*. Auckland: Auckland University Press, 1989.

Fraser, Lyndon, ed. *A Distant Shore: Irish Migration and New Zealand Settlement*. Dunedin: University of Otago Press, 2000.

—. ' "No One but Black Strangers to Spake to God Help Me" : Irish Women's Migration to the West Coast, 1864–1915'. In *Shifting Centres: Women and Migration in New Zealand History*, ed. Lyndon Fraser and Katie Pickles, 45–62. Dunedin: University of Otago Press, 2002.

Gardner, W. J. *Colonial Cap and Gown: Studies in the Mid-Victorian Universities of Australasia*. Christchurch: University of Canterbury, 1979.

Hill, Richard S. *The Colonial Frontier Tamed: New Zealand Policing in Transition, 1867–1886*. 2 vols. Wellington: Historical Branch/GP Books, 1989.

Ip, Manying. *Dragons on the Long White Cloud: The Making of Chinese New Zealanders*. Auckland: Tandem Press, 1996.

Jebb, Richard. *Studies in Colonial Nationalism*. London: Edward Arnold, 1905.

Lovell-Smith, Margaret. *Easily the Best: The Life of Helen Connon (1857–1903)*. Christchurch: Canterbury University Press, 2004.

Macdonald, Charlotte. *A Woman of Good Character: Single Women as Immigrant Settlers in Nineteenth-Century New Zealand*. Wellington: BWB/Historical Branch, 1990.

—. 'Too Many Men and Too Few Women: Gender's "Fatal Impact" in Nineteenth-Century Colonies'. In *The Gendered Kiwi*, ed. Caroline Daley and Deborah Montgomerie, 17–35. Auckland: Auckland University Press, 1999.

May, P. R. *The West Coast Gold Rushes*. Christchurch: Pegasus Press, 1962.

—. 'Gold on the Coast (1) and (2)'. *New Zealand's Heritage* 3, no. 31& 32 (1971).

Mein Smith, Philippa. 'New Zealand Federation Commissioners in Australia: One Past, Two Historiographies'. *Australian Historical Studies* 34, no. 122 (October 2003): 305–325.

Morrell, W. P. *The Provincial System in New Zealand 1852–1876*, 2nd edn. Christchurch: Whitcombe and Tombs Ltd, 1964.

Munro, Jessie. *The Story of Suzanne Aubert*. Auckland: Auckland University Press/Bridget Williams Books, 1996.

Ng, James. *Windows on a Chinese Past*. 4 vols. Dunedin: Otago Heritage Books, 1993.

Nolan, Melanie. 'Maritime Strike 1890, Australasia'. In *St James Encyclopedia of Labor History Worldwide*, ed. Neie Schlager. Chicago: Gale Group, 2003.

Olssen, Erik. *A History of Otago*. Dunedin: McIndoe, 1984.

—. 'Families and the Gendering of European New Zealand in the Colonial Period, 1840–80'. In *The Gendered Kiwi: Pakeha Men and Women, 1840–1990,* ed. Caroline Daley and Deborah Montgomerie, 37–62. Auckland: Auckland University Press, 1999.

Parsonson, Ann. 'The Challenge to Mana Maori'. In *the Oxford History of New Zealand*, ed. Geoffrey W. Rice. Auckland: Oxford University Press, 1992.

—. 'The Fate of Maori Land Rights in Early Colonial New Zealand: The Limits of the Treaty of Waitangi and the Doctrine of Aboriginal Title'. In *Law, History, Colonialism: The Reach of Empire,* ed. Diane Kirkby and Catharine Coleborne, 173–189. Manchester: Manchester University Press, 2001.

Pool, Ian. *Te Iwi Maori: A New Zealand Population Past, Present and Projected*. Auckland: Auckland University Press, 1991.

Richardson, Len E. *Coal, Class and Community: The United Mineworkers of New Zealand 1880–1960*. Auckland: Auckland University Press, 1995.

Riseborough, Hazel. *Days of Darkness: Taranaki 1878–1884*. Revised edn. Auckland: Penguin, 2002.

Scott, Dick. *Ask That Mountain: The Story of Parihaka*. Auckland: Heinemann/Southern Cross, 1975.

Simkin, C. G. F. *The Instability of a Dependent Economy: Economic Fluctuations in New Zealand 1840–1914*. Oxford: Oxford University Press, 1951.

Simon, Judith, and Linda Tuhiwai Smith, eds. *A Civilising Mission? Perceptions and Representations of the Native Schools System*. Auckland: Auckland University Press, 2001.

Simpson, Tony. *The Immigrants: The Great Migration from Britain to New Zealand, 1830–1890*. Auckland: Godwit Publishing, 1997.

Sinclair, Keith. *A Destiny Apart: New Zealand's Search for National Identity*. Wellington: Allen & Unwin/Port Nicholson Press, 1986.

Star, Paul, and Lynne Lochhead. 'Children of the Burnt Bush: New

Zealanders and the Indigenous Remnant, 1880–1930'. In *Environmental Histories of New Zealand*, ed. Eric Pawson and Tom Brooking, 119–135. Melbourne: Oxford University Press, 2002.

Stone, R. C. J. *Makers of Fortune: A Colonial Business Community and Its Fall*. Auckland: Auckland University Press/Oxford University Press, 1973.

Tennant, Margaret. *Paupers and Providers: Charitable Aid in New Zealand*. Wellington: Allen & Unwin/Historical Branch, 1989.

Thomson, David. *A World without Welfare: New Zealand's Colonial Experiment*. Auckland: Auckland University Press/BWB, 1998.

Wevers, Lydia. *Country of Writing: Travel Writing and New Zealand 1809–1900*. Auckland: Auckland University Press, 2002.

第五章 应付全球化（1891—1913年）

Brooking, Tom. *Lands for the People?* Dunedin: University of Otago Press, 1996.

—, and Roberto Rabel. 'Neither British nor Polynesian: A Brief History of New Zealand's Other Immigrants'. In *Immigration and National Identity in New Zealand*, ed. Stuart W. Greif, 23–49. Palmerston North: Dunmore Press, 1995.

Castles, Francis G. *The Working Class and Welfare: Reflections on the Political Development of the Welfare State in Australia and New Zealand, 1890–1980*. Wellington: Allen & Unwin/Port Nicholson Press, 1985.

—. *Australian Public Policy and Economic Vulnerability: A Comparative and Historical Perspective*. Sydney: Allen & Unwin, 1988.

Crawford, John, and Ian McGibbon, eds. *One Flag, One Queen, One Tongue: New Zealand, the British Empire and the South African War 1899–1902*. Auckland: Auckland University Press, 2003.

Curnow, Jenifer, Ngapare Hopa, and Jane McRae, eds. *Rere Atu, Taku Manu! Discovering History, Language and Politics in the Maori-Language Newspapers*. Auckland: Auckland University Press, 2002.

Daley, Caroline, and Melanie Nolan, eds. *Suffrage and Beyond: International Feminist Perspectives*. Auckland: Auckland University Press,

1994.

Dalziel, Raewyn. 'The Colonial Helpmeet: Women's Role and the Vote in Nineteenth-Century New Zealand'. In *Women in History: Essays on European Women in New Zealand,* ed. Barbara Brookes, Charlotte Macdonald and Margaret Tennant, 55-68. Wellington: Allen & Unwin/Port Nicholson Press, 1986.

Fry, Eric, ed. *Common Cause: Essays in Australian and New Zealand Labour History.* Wellington: Allen & Unwin/Port Nicholson Press, 1986.

Greasley, David, and Les Oxley. 'Globalization and Real Wages in New Zealand 1873-1913'. *Explorations in Economic History* 41, no. 1 (January 2004): 26-47.

Grimshaw, Patricia. *Women's Suffrage in New Zealand.* Auckland: Auckland University Press, 1987.

Hamer, David. *The New Zealand Liberals: The Years of Power, 1891-1912.* Auckland: Auckland University Press, 1988.

Holt, James. *Compulsory Arbitration in New Zealand: The First Forty Years.* Auckland: Auckland University Press, 1986.

Ip, Manying. *Dragons on the Long White Cloud: The Making of Chinese New Zealanders.* Auckland: Tandem Press, 1996.

—, ed. *Unfolding History, Evolving Identity: The Chinese in New Zealand.* Auckland: Auckland University Press, 2003.

Kelly, Paul. *The End of Certainty: The Story of the 1980s.* Sydney: Allen & Unwin, 1992.

Lange, Raeburn. *May the People Live: A History of Maori Health Development 1900-1920.* Auckland: Auckland University Press, 1999.

McGibbon, Ian. 'Australia-New Zealand Defence Relations to 1939'. In *Tasman Relations,* ed. Keith Sinclair, 164-182. Auckland: Auckland University Press, 1987.

—. *The Path to Gallipoli: Defending New Zealand 1840-1915.* Wellington: GP Books, 1991.

Macintyre, Stuart, and Richard Mitchell, eds. *Foundations of Arbitration: The Origins and Effects of State Compulsory Arbitration 1890-1914,*

Australian Studies in Labour Relations. Melbourne: Oxford University Press, 1989.

　　Martin, John E. *Holding the Balance: A History of New Zealand's Department of Labour 1891-1995*. Christchurch: Canterbury University Press, 1996.

　　Meaney, Neville. *The Search for Security in the Pacific, 1901-1914*. Sydney: Sydney University Press, 1976.

　　Mein Smith, Philippa. 'New Zealand'. In *The Centenary Companion to Australian Federation*, ed. Helen Irving, 400-405. Melbourne: Cambridge University Press, 1999.

　　Moloughney, Brian, and John Stenhouse. '"Drug-Besotten, Sin-Begotten Fiends of Filth": New Zealanders and the Oriental Other, 1850-1920'. *New Zealand Journal of History 33*, no. I (1999): 43-64.

　　Nolan, Melanie. *Breadwinning: New Zealand Women and the State*. Christchurch: Canterbury University Press, 2000.

　　O'Connor, P. S. 'Keeping New Zealand White, 1908-1920'. *New Zealand Journal of History* 2, no. I (1968): 41-65. Olssen, Erik. *The Red Feds: Revolutionary Industrial Unionism and the New Zealand Federation of Labour 1908-1914*. Auckland: Oxford University Press, 1988.

　　—. *Building the New World: Work, Politics and Society in Caversham 1880s—1920s*. Auckland: Auckland University Press, 1995.

　　Orbell, Margaret, ed. *He Reta Ki Te Maunga: Letters to the Mountain: Maori Letters to the Editor 1898-1905*. Auckland: Reed, 2002.

　　Phillips, Jock. *A Man's Country? The Image of the Pakeha Male, a History*. Revised edn. Auckland: Penguin, 1996.

　　Reeves, William Pember. *State Experiments in Australia and New Zealand*. 2 vols. London: George Allen & Unwin, 1902.

　　Ross, Angus. *New Zealand Aspirations in the Pacific in the Nineteenth Century*. Oxford: Clarendon Press, 1964.

　　Sinclair, Keith. *William Pember Reeves: New Zealand Fabian*. Oxford: Clarendon Press, 1965.

　　—. 'Why New Zealanders Are Not Australians: New Zealand and the

Australian Federal Movement, 1881–1901'. In *Tasman Relations: New Zealand and Australia, 1788–1988,* ed. Keith Sinclair, 90–103. Auckland: Auckland University Press, 1987.

  Ville, Simon. *The Rural Entrepreneurs: A History of the Stock and Station Agent Industry in Australia and New Zealand.* Cambridge: Cambridge University Press, 2000.

第六章 "肉身如青草"（1914—1929 年）

  Baker, Paul. *King and Country Call: New Zealanders, Conscription and the Great War.* Auckland: Auckland University Press, 1998.

  Boyd, Mary. 'The Record in Western Samoa to 1945'. In *New Zealand's Record in the Pacific Islands in the Twentieth Century*, ed. Angus Ross, 115–188. London & New York: Longman Paul, 1969.

  Bryder, Linda. *A Voice for Mothers: The Plunket Society and Infant Welfare, 1907–2000.* Auckland: Auckland University Press, 2003.

  Daley, Caroline. *Leisure & Pleasure: Reshaping & Revealing the New Zealand Body 1900–1960.* Auckland: Auckland University Press, 2003.

  Ferguson, Gael. *Building the New Zealand Dream.* Palmerston North: Dunmore Press/Historical Branch, 1994.

  Fleming, G. A. 'Agricultural Support Policies in a Small Open Economy: New Zealand in the 1920s'. *Economic History Review 52*, no. 2 (1999): 334–354.

  Harper, Glyn. *Massacre at Passchendaele: The New Zealand Story.* Auckland: HarperCollins, 2000.

  —, ed. *Letters from the Battlefield: New Zealand Soldiers Write Home 1914–1918.* Auckland: HarperCollins, 2001.

  King, Michael. *Te Puea: A Biography.* Auckland: Hodder and Stoughton, 1977.

  McGibbon, Ian. *The Path to Gallipoli: Defending New Zealand 1840–1915.* Wellington: GP Books/Historical Branch, 1991.

  —. *New Zealand Battlefields and Memorials of the Western Front.*

Auckland: Oxford University Press/History Group, Ministry for Culture and Heritage, 2001.

Mein Smith, Philippa. *Maternity in Dispute: New Zealand 1920-1939*. Wellington: Historical Branch, Department of Internal Affairs, 1986.

Pugsley, Christopher. *Gallipoli: The New Zealand Story*. Auckland: Sceptre, 1990.

—. *Te Hokowhitu a Tu: The Maori Pioneer Battalion in the First World War*. Auckland: Reed, 1995.

—. *The Anzac Experience: New Zealand, Australia and Empire in the First World War*. Auckland: Reed, 2004.

Rice, Geoffrey. *Black November: The 1918 Influenza Epidemic in New Zealand*. Wellington: Allen and Unwin/Historical Branch, 1988.

Shadbolt, Maurice. *Voices of Gallipoli*. Auckland: Hodder and Stoughton, 1988.

Tennant, Margaret. *Children's Health: The Nation's Wealth: A History of Children's Health Camps*. Wellington: Bridget Williams Books/Historical Branch, 1994.

Walker, Ranginui. *He Tipua: The Life and Times of Sir Apirana Ngata*. Auckland: Viking, 2001.

Worthy, Scott. 'A Debt of Honour: New Zealanders' First Anzac Days'. *New Zealand Journal of History 36*, no. 2 (2002): 185-200.

第七章 缔造新西兰（1930—1949年）

Bassett, Michael, and Michael King, *Tomorrow Comes the Song: A Life of Peter Fraser*. Auckland: Penguin, 2000.

Clark, Margaret, ed. *Peter Fraser: Master Politician*. Palmerston North: Dunmore Press, 1998.

Crawford, John, ed. *Kia Kaha: New Zealand in the Second World War*. Auckland: Oxford University Press, 2002.

Easton, Brian. *The Nationbuilders*. Auckland: Auckland University Press, 2001.

Gardiner, Wira. *Te Mura O Te Ahi: The Story of the Maori Battalion*. Auckland: Reed, 2002.

Gustafson, Barry. *From the Cradle to the Grave: A Biography of Michael Joseph Savage*. Auckland: Reed Methuen, 1986.

Hanson, Elizabeth. *The Politics of Social Security*. Auckland: Auckland University Press/Oxford University Press, 1980.

Hilliard, Chris. 'Stories of Becoming: The Centennial Surveys and the Colonization of New Zealand'. *New Zealand Journal of History 33*, no. 1 (1999): 3-19.

Hutching, Megan, ed. *'A Unique Sort of Battle': New Zealanders Remember Crete*. Auckland: HarperCollins/History Group, Ministry for Culture and Heritage, 2001.

Kay, Robin, ed. *The Australian-New Zealand Agreement 1944*. Vol. I, Documents on New Zealand External Relations. Wellington: Historical Publications Branch, Department of Internal Affairs, 1972.

McClure, Margaret. *A Civilised Community: A History of Social Security in New Zealand 1898-1998*. Auckland: Auckland University Press/Historical Branch, 1998.

McGibbon, Ian. *New Zealand and the Second World War: The People, the Battles and the Legacy*. Auckland: Hodder Moa Beckett, 2004.

McIntyre, W. D. *The Rise and Fall of the Singapore Naval Base, 1919-1942* Cambridge Commonwealth Series. London and Basingstoke: Macmillan, 1979.

—. *New Zealand Prepares for War: Defence Policy 1919-1939*. Christchurch: University of Canterbury Press, 1988.

McKinnon, Malcolm. *Independence and Foreign Policy: New Zealand in the World since 1935*. Auckland: Auckland University Press/Historical Branch, 1993.

—. *Immigrants and Citizens: New Zealanders and Asian Immigration in Historical Context*. Wellington: Institute of Policy Studies, Victoria University of Wellington, 1996.

Montgomerie, Deborah. *The Women's War: New Zealand Women 1939-1945*. Auckland: Auckland University Press, 2001.

Nolan, Melanie. *Breadwinning: New Zealand Women and the State.* Christchurch: Canterbury University Press, 2000.

Simpson, Tony. *The Sugarbag Years.* 2nd edn. Auckland: Penguin, 1990.

Taylor, Nancy M. *The New Zealand People at War: The Home Front.* 2 vols. Official History of New Zealand in the Second World War *1939–1945.* Wellington: Government Printer, 1986.

Wood, F. L. W. *The New Zealand People at War: Political and External Affairs*, Official History of New Zealand in the Second World War *1939–1945.* Wellington: War History Branch, Department of Internal Affairs, 1958.

第八章 黄金时光（1950—1973 年）

Brookes, Barbara. 'Nostalgia for "Innocent Homely Pleasures": The 1964 New Zealand Controversy over *Washday at the Pa*'. In *At Home in New Zealand*, ed. Barbara Brookes, 210–225. Wellington: Bridget Williams Books, 2000.

Burnett, Alan, and Robin Burnett. *The Australia and New Zealand Nexus.* Canberra: Australian Institute of International Affairs/NZ Institute of International Affairs, 1978.

Campbell, I. C. *Worlds Apart: A History of the Pacific Islands.* 4th edn. Christchurch: Canterbury University Press, 2003.

Easton, Brian. *In Stormy Seas: The Post-War New Zealand Economy.* Dunedin: University of Otago Press, 1997.

—. *The Nationbuilders.* Auckland: Auckland University Press, 2001.

Firth, Stewart. *Nuclear Playground.* Sydney, 1987.

—. 'A Nuclear Pacific'. In *The Cambridge History of the Pacific Islanders,* ed. Donald Denoon, Stewart Firth, Jocelyn Linnekin, Malama Meleisea and Karen Nero, 324–358. Cambridge: Cambridge University Press, 1997.

Gould, J. D. *The Rake's Progress? The New Zealand Economy since 1945.* Auckland: Hodder and Stoughton, 1982.

Green, Anna. *British Capital, Antipodean Labour: Working the New*

Zealand Waterfront, 1915-1951. Dunedin: University of Otago Press, 2001.

Guest, Morris, and John Singleton. 'The Murupara Project and Industrial Development in New Zealand 1945-1965'. *Australian Economic History Review* 39, no. I (1999): 52-71.

Gustafson, Barry. *The First Fifty Years: A History of the New Zealand National Party*. Auckland: Reed Methuen, 1986.

Haines, Nicolas, ed. *The Tasman: Frontier and Freeway?* Canberra: Centre for Continuing Education ANU, 1972.

Ip, Manying. 'Redefining Chinese Female Migration: From Exclusion to Transnationalism'. In *Shifting Centres: Women and Migration in New Zealand History*, ed. Lyndon Fraser and Katie Pickles, 149-165. Dunedin: University of Otago Press, 2002.

McGibbon, Ian. 'Forward Defence: The Southeast Asian Commitment'. In *New Zealand in World Affairs Volume II 1957-1972*, ed. Malcolm McKinnon, 9-39. Wellington: NZIIA/Historical Branch, 1991.

—, ed. *Undiplomatic Dialogue: Letters between Carl Berendsen and Alister Mcintosh 1943-1952*. Auckland: Auckland University Press/MFAT/Historical Branch, 1993.

McIntyre, W. David. *Background to the Anzus Pact: Policy-Making, Strategy and Diplomacy, 1945-1955*. Macmillan's Cambridge Commonwealth Series, ed. D. A. Low. Houndmills, Basingstoke/Christchurch: St Martin's Press/Canterbury University Press, 1995.

McKinnon, Malcolm. *Independence and Foreign Policy: New Zealand in the World since* 1935. Auckland: Auckland University Press, 1993.

—. *Immigrants and Citizens: New Zealanders and Asian Immigration in Historical Context*. Wellington: Institute of Policy Studies, Victoria University of Wellington, 1996.

Martin, John E., ed. *People, Politics and Power Stations: Electric Power Generation in New Zealand 1880-1998*. Wellington: Electricity Corporation/Historical Branch/Bridget Williams Books, 1998.

Nolan, Melanie. *Breadwinning: New Zealand Women and the State*. Christchurch: Canterbury University Press, 2000.

Phillips, Jock. *Royal Summer: The Visit of Queen Elizabeth and Prince Philip to New Zealand, 1953-1954*. Wellington: Historical Branch/Daphne Brasell Associates, 1993.

Pickles, Katie. 'Workers and Workplaces-Industry and Modernity'. In *Southern Capital Christchurch: Towards a City Biography 1850-2000*, ed. John Cookson and Graeme Dunstall, 138-161. Christchurch: Canterbury University Press, 2000.

Rolfe, Mark. 'Faraway Fordism: The Americanization of Australia and New Zealand During the 1950s and 1960s'. *New Zealand Journal of History* 33, no. 1 (1999): 65-91.

Singleton, John, and Paul L. Robertson. *Economic Relations between Britain and Australasia 1945-1970*, Cambridge Imperial and Post-Colonial Studies, ed. A. G. Hopkins. Houndmills, Basingstoke: Palgrave, 2002.

Stocker, Mark. 'Muldoon's Money: The 1967 New Zealand Decimal Coinage Designs'. *History Now* 7, no. 2 (2001): 5-10.

Walker, Ranginui. *He Tipua: The Life and Times of Sir Apirana Ngata*. Auckland: Viking, 2001.

Wood, F. W. 'New Zealand Foreign Policy 1945-1951'. In *New Zealand in World Affairs*, I, 89-113. Wellington: Price Milburn/New Zealand Institute of International Affairs, 1977.

Woods, Megan. 'Dissolving the Frontiers: Single Maori Women's Migrations, 1942-1969'. In *Shifting Centres: Women and Migration in New Zealand History*, ed. Lyndon Fraser and Katie Pickles, 117-134. Dunedin: University of Otago Press, 2002.

第九章 最近的试验（1974—1996年）

Barnett, Ross, and Pauline Barnett. 'Back to the Future? Reflections on Past Reforms and Future Prospects for Health Services in New Zealand'. *GeoJournal* 59, no. 2 (2004): 137-147.

Bassett, Michael. *The State in New Zealand 1840-1984: Socialism without Doctrines?* Auckland: Auckland University Press, 1998.

Cain, P. J., and A. G. Hopkins. *British Imperialism, 1688–2000*. 2nd edn. Harlow: Longman, 2002.

Castles, Frank, Rolf Gerritsen, and Jack Vowles, eds. *The Great Experiment: Labour Parties and Public Policy Transformation in Australia and New Zealand*. Auckland: Auckland University Press, 1996.

Dalziel, Paul, and Ralph Lattimore, eds. *The New Zealand Macroeconomy: A Briefing on the Reforms*. Auckland: Oxford University Press, 1999.

Davey, Judith A. *Another New Zealand Experiment: A Code of Social and Family Responsibility*. Wellington: Institute of Policy Studies, 2000.

Easton, Brian, ed. *The Making of Rogernomics*. Auckland: Auckland University Press, 1989.

—. *In Stormy Seas: The Post-War New Zealand Economy*. Dunedin: University of Otago Press, 1997.

—. *The Commercialisation of New Zealand*. Auckland: Auckland University Press, 1997.

Gauld, Robin. *Revolving Doors: New Zealand's Health Reforms*. Wellington: Institute of Policy Studies/Health Services Research Centre, Victoria University of Wellington, 2001.

Gibbs, Alan, and Hospital and Related Services Taskforce. *Unshackling the Hospitals: Report of the Hospital and Related Services Taskforce*. Wellington: The Taskforce, 1988.

Goldfinch, Shaun. *Remaking New Zealand and Australian Economic Policy*. Wellington: Victoria University Press, 2000.

Gustafson, Barry. *His Way: A Biography of Robert Muldoon*. Auckland: Auckland University Press, 2000.

Hazledine, Tim. *Taking New Zealand Seriously: The Economics of Decency*. Auckland: HarperCollins, 1998.

James, Colin. *The Quiet Revolution*. Wellington: Allen & Unwin, 1986.

Le Heron, Richard, and Eric Pawson, eds. *Changing Places: New Zealand in the Nineties*. Auckland: Longman Paul, 1996.

McKendry, C. G., and D. Muthumala. *Health Expenditure Trends in New Zealand: Update to* 1993. Wellington: Ministry of Health, 1994.

McKinnon, Malcolm. *Independence and Foreign Policy: New Zealand in the World since* 1935. Auckland: Auckland University Press, 1993.

McMillan, Stuart. *Neither Confirm Nor Deny: The Nuclear Ships Dispute between New Zealand and the United States.* Wellington: Allen & Unwin/Port Nicholson Press, 1987.

Muldoon, R. D. *The Rise and Fall of a Young Turk.* Wellington: A. H. & A. W. Reed, 1974.

——. *My Way.* Wellington: Reed, 1981.

Templeton, Hugh. *All Honourable Men: Inside the Muldoon Cabinet 1975-1984.* Auckland: Auckland University Press, 1995.

Thompson, David. *Selfish Generations? How Welfare States Grow Old.* Revised edn. Cambridge, England: White Horse Press, 1996.

第十章 条约的复苏（1973—1999 年）

Bedford, Richard D. 'International Migration, Identity and Development in Oceania: Towards a Theoretical Synthesis'. In *International Migration at Century's End: Trends and Issues.* Liege: IUSSP, 1997.

Bedford, Richard, Elsie Ho, and Jacqueline Lidgard. 'International Migration in New Zealand: Context, Components and Policy Issues'. In *Populations of New Zealand and Australia at the Millennium. A Joint Special Issue of the Journal of Population Research and the New Zealand Population Review*, ed. Gordon A. Carmichael, with A. Dharmalingam, 39-65. Canberra and Wellington: Australian Population Association/Population Association of New Zealand, 2002.

Bell, Martin. 'Comparing Population Mobility in Australia and New Zealand'. In *Populations of New Zealand and Australia at the Millennium,* ed. Gordon A. Carmichael, with A. Dharmalingam, 169-193. Canberra and Wellington: Australian Population Association/Population Association of New Zealand, 2002.

Coates, Ken S., and P. G. McHugh. *Living Relationships: Kokiri Ngatahi: The Treaty of Waitangi in the New Millennium.* Wellington: Victoria

University Press, 1998.

Dann, Christine. *Up from Under: Women and Liberation in New Zealand 1970-1985*. Wellington: Allen & Unwin/Port Nicholson Press, 1985.

Denoon, Donald, with Stewart Firth, Jocelyn Linnekin, Malama Meleisea, and Karen Nero, eds. *The Cambridge History of the Pacific Islanders*. Cambridge, New York and Melbourne: Cambridge University Press, 1997.

Durie, Mason H. *Te Mana Te Kawanatanga: The Politics of Maori Self-Determination*. Auckland: Oxford University Press, 1998.

Evison, Harry C., ed. *The Treaty of Waitangi and the Ngai Tahu Claim*, Ka Roimata Whenua Series: No. 2. Christchurch: Ngai Tahu Maori Trust Board, 1988.

Greif, Stuart W., ed. *Immigration and National Identity in New Zealand: One People, Two Peoples, Many Peoples?* Palmerston North: Dunmore Press, 1995.

Havemann, Paul, ed. *Indigenous People's Rights in Australia, Canada, and New Zealand*. Auckland: Oxford University Press, 1999.

Kawharu, I. H., ed. *Waitangi: Maori and Pakeha Perspectives of the Treaty of Waitangi*. Auckland: Oxford University Press, 1989.

King, Michael. *Being Pakeha Now: Reflections and Recollections of a White Native*. Auckland: Penguin, 1999.

Macdonald, Charlotte, ed. *The Vote, the Pill and the Demon Drink: A History of Feminist Writing in New Zealand 1869-1993*. Wellington: Bridget Williams Books, 1993.

Mein Smith, Philippa. 'Midwifery Re-Innovation in New Zealand'. In *Innovations in Health and Medicine: Diffusion and Resistance in the Twentieth Century*, ed. Jennifer Stanton, 169-187. London & New York: Routledge, 2002.

Nolan, Melanie. 'Unstitching the New Zealand State: Its Role in Domesticity and Its Decline'. *International Review of Social History* 45 (2000): 252-276.

Parsonson, Ann. 'Ngai Tahu- the Whale That Awoke: From Claim to Settlement (1960-1998)'. In *Southern Capital Christchurch: Towards a City*

Biography 1850-2000, ed. John Cookson and Graeme Dunstall, 248-276. Christchurch: Canterbury University Press, 2000.

　　Richards, Trevor. *Dancing on Our Bones: New Zealand, South Africa, Rugby and Racism.* Wellington: Bridget Williams Books, 1999.

　　Shepard, Deborah. *Reframing Women: A History of New Zealand Film.* Auckland: HarperCollins, 2000.

　　Tau, Te Maire. 'Ngai Tahu-from "Better Be Dead and Out of the Way" to "to Be Seen to Belong" ' . In *Southern Capital Christchurch: Towards a City Biography 1850-2000,* ed. John Cookson and Graeme Dunstall, 222-247. Christchurch: Canterbury University Press, 2000.

　　Temm, Paul. *The Waitangi Tribunal: The Conscience of the Nation.* Auckland: Random Century, 1990.

　　Walker, Ranginui. *Ka Whahai Tonu Matou: Struggle without End.* Auckland: Penguin Books, 1990. Revised edn 2004.

第十一章　摇摇欲坠的基础：剧变（2000—2011年）

　　Ayson, Robert. 'New Zealand, Australia and the Asia-Pacific Strategic Balance: From Trade Agreements to Defence White Papers' . *New Zealand International Review* 36, no. I (2011): 2-8.

　　Bedford, Richard, and Elsie Ho. *Asians in New Zealand: Implications of a Changing Demography.* Wellington: Asia New Zealand Foundation, 2008.

　　Durie, Mason. *Ngā Tai Matatū: Tides of Māori Endurance.* South Melbourne: Oxford, 2005.

　　Hamer, Paul. *Maori in Australia: Nga Maoriite Ao Moemoea.* Wellington: Te Puni Kokiri, 2007.

　　New Zealand Ministry of Foreign Affairs and Trade. *New Zealand-China Free Trade Agreement.* Wellington: Ministry of Foreign Affairs and Trade, 2008.

索　引

（索引页码为原书页码，即本书边码）

abortion　人工流产　158, 250
accent, New Zealand　新西兰口音　85
aerial top dressing　空中施肥　205
agriculture　农业　见 farming
air force　空军　166, 167
Air New Zealand　新西兰航空　205, 222
air travel　空中航行　205, 209
All Blacks　全黑队　127, 182, 260, 272
All Whites　全白队　272
amalgamation　合并　55, 69, 76, 91
America's Cup　美洲杯　259
Anderton, Jim　吉姆·安德顿　236
Anglo-Japanese alliance　英日同盟　124
Antarctica　南极洲　187—188, 198
Anthony, Doug　道格·安东尼　215
Anzac Day　澳新军团日　128, 131, 133, 235
Anzacs　澳新军团　130, 168
　　legends of　～的传说　128—129, 130, 132, 138, 170, 261
　　spirit of　～的精神　262, 269
ANZUS alliance　太平洋共同防卫组织　186—187, 203, 227, 228—229, 231—232, 234, 236
Aoraki　奥拉基　见 Mt Cook
Aotearoa　奥特亚罗瓦　9, 153, 281
arbitration　仲裁　99, 110—113, 157, 161, 221
Arcadianism　田园主义　56, 61—62, 87, 103, 272, 274
architecture　建筑　62, 106, 146
Arrowtown　箭镇　85
arts　艺术　158, 179, 184, 193, 254
Asia　亚洲　272
　　exclusion of　对～的排斥　121, 123, 171, 283
　　migrants from　从～的移民　258—259, 266, 280, 281
　　trade with　与～的贸易　265—266, 270
Asia-Pacific Economic Cooperation (APEC)　亚太经合组织　261
Aubert, Suzanne　苏珊娜·奥伯特　91
Auckland　奥克兰　51, 63, 89, 98, 259, 279—281
Australasia　澳大拉西亚　16, 30, 96—

97, 101, 102—103, 111, 119, 120, 235, 267, 282 同见 state development

Australia 澳大利亚

    contrasts with 与～的对比 58, 108, 117, 120, 211, 225, 256, 268

    cooperation with 与～的合作 175—176, 261

    defence differences from 与～防卫的区别 169—170, 171, 232, 235

    integration with 与～的融合 217, 267—268, 270

    migrants from 来自～的移民 191, 192, 256

    migration to 向～的移民 214, 215, 256, 258, 259, 268

    ties with 与～的联系 97, 119, 130, 132, 207—209, 234—235, 262, 267—268

    'white' "白人"～ 100, 120 同见 Australasia

Australia New Zealand Closer Economic Relations Trade Agreement (CER) 《增进澳大利亚-新西兰经济关系贸易协定》 121, 215—217, 225, 266

Australia New Zealand Agreement 《澳大利亚-新西兰协定》 175—176

Australia New Zealand Leadership Forum 澳大利亚-新西兰领导论坛 267

Australian and New Zealand Army Corps 澳大利亚和新西兰军队 见 Anzacs

baby boomers "婴儿潮"时期出生的人 183—184, 191, 196, 200, 201, 204, 210, 214, 242

Baden-Powell, Sir Robert 罗伯特·巴登-鲍威尔爵士 127

Ballance, John 约翰·巴兰斯 80, 100, 105, 111

Bank of New Zealand 新西兰银行 222

banking 银行业 89, 160

Banks, Joseph 约瑟夫·班克斯 26

Barton, Edmund 埃德蒙·巴顿 120

Bastion Point 营垒角 240—241, 279

Battle of the Somme 索姆河战役 134, 138

Baxter, Archibald 阿奇巴德·巴克斯特 138

Beaglehole, J. C. J. C. 比戈霍尔 26—27

Beeby, C. E. C. E. 毕比 177

Bell, Muriel 穆里尔·贝尔 174

Bennett, Agnes 阿格尼丝·贝内特 139, 173

Bennett, Rev. Frederick 弗雷德里克·贝内特牧师 153

Bennett, Joe 乔·贝内特 267

Biculturalism 双文化主义 4, 27, 55, 237, 244, 254, 255, 281

birth control 生育控制 125, 200
Blake, Sir Peter 彼得·布莱克爵士 259
Bledisloe, Lord 布莱迪斯洛勋爵 171
Boer War 布尔战争 124
Bolger, Jim 杰姆·博尔格 223, 236
Boswijk, Eelco 伊科尔·博斯维克 191
Bradford, Sue 苏·布拉德福德 271
Brash, Don 唐·布拉什 276, 277
Britain 英国 41, 44, 168, 189, 265
    dependence on 对~的依赖 103, 129, 147, 151, 163, 181, 184, 212
    differences from 与~的不同 130, 166, 168
    independence from 从~独立 224, 282
    as market ~作为市场 102, 119, 147—150, 159, 206, 207, 212, 265
    migrants from 来自~的移民 82, 83, 178—179, 191, 256
    relationship with 与~的联系 101, 117, 119, 124, 131, 171, 184, 185, 186—187, 202, 206, 209, 218, 268
Bryce, John 约翰·布莱斯 79, 80
Buck, Sir Peter 彼得·布克爵士 见 Te Rangi Hiroa
Busby, James 詹姆斯·巴斯比 41, 42—43, 44, 47, 54
Business Roundtable 商业圆桌会议 220, 222
Buzzy Bee 嗡嗡小蜜蜂 177

Cameron, Lieutenant-General D. A, D. A. 卡梅伦中将 74
Campion, Jane 简·坎皮恩 253
Canberra Pact 《堪培拉协定》见 Australia New Zealand Agreement
Canterbury 坎特伯雷 64—65, 69, 88, 157, 274—275
    同见 Christchurch
Canterbury Association 坎特伯雷协会 63
capital city 首都 51
Carroll, Sir James 詹姆斯·卡罗尔爵士 115—16, 134, 153
Cartwright, Dame Silvia 西尔维娅·卡特赖特夫人 250, 252
Caygill, David 戴维·凯吉尔 220
centennial 百年纪念 128, 171—172, 179
Central North Island Forests Iwi Collective 中北部岛森林伊维团体 278
CER. 见 Australia New Zealand Closer Economic Relations Trade Agreement
Chamberlain, Joseph 约瑟夫·张伯伦 122
Chapple, W. A. W. A. 查普尔 126
Chatham Islands 查塔姆群岛 7, 16, 20, 38—39

索引 *389*

Chelsea Flower Show 切尔西花展 273
childbirth 生育
　management of ～的管理 145, 250
　policy ～政策 163—164
children 儿童
　'anti-smacking' legislation ～《反体罚法》 271
　health ～健康 142—144, 162
　rearing 抚育～ 196
　同见 infant mortality; Plunket Society
China 中国 261, 265—266, 273, 274, 283
　migrants from 来自～的移民 85—86, 122—123, 146, 192, 266, 281
Chinese, New Zealand-born 新西兰出生的华人 271
Chisholm, Caroline 卡罗琳·奇泽姆 64
Choie Sew Hoy 徐肇开 86
Christchurch 克赖斯特彻奇 63—64, 158, 188, 194, 262—265, 281
Chunuk Bair 查纳克拜尔 133, 134
citizenship 公民权 178, 179, 237, 245, 257
civil unions 公民联盟 271
Clark, Helen 海伦·克拉克 229, 250, 252, 265, 272
climate change 气候变化 275
Closer Economic Relations 更为密切的经济关系 见 Australia New Zealand Closer Economic Relations Trade Agreement
Coalition Against Nuclear Warships 反对核战舰联盟 229
coalmining strikes 矿工罢工 112
Coates, J. G. J. G. 科茨 152, 154—155, 159—160
Cold War 冷战 185—186, 187, 188—189, 196, 202, 206, 227
Colombo Plan 科伦坡计划 186
Colonial Office 殖民局 41, 44, 46, 65
colonisation 殖民 22, 26, 43, 45, 55—65, 88
Commonwealth 英联邦 205
Condliffe, J. B. J. B. 康德利夫 179, 180
Connon, Helen 海伦·康农 94
conscientious objectors 依良心拒服兵役者 138
conscription 征兵 137—138, 153, 168
constitution 宪法
　violation of 违反～ 218, 224
　written 成文～ 224
consumerism 消费主义 147, 148, 158, 184, 199—200, 220, 226, 260, 283
Cook, Captain James 詹姆斯·库克船长 10, 24—28, 29, 48, 81, 272
Cook Islands 库克群岛 121, 189, 192, 193
　migrants from 从～的移民 257

Cooper, Dame Whina 魏娜·库珀夫人 239
Corner Committee 康纳委员会 234
Coromandel 科罗曼德尔 82
Cossgrove, David 戴维·科斯格罗夫 127
Cotton, Shane 谢恩·科顿 254
Council of Australian Governments, 澳大利亚政府理事会 267
Cullen, Michael 迈克尔·卡伦 267, 270, 278
currency 货币 207, 211, 213
 devaluation ～贬值 217—218, 224
customary rights 习惯权利 见 fisheries

Dairy Board 奶制品委员会 148, 150, 151, 161, 260
dairying 乳制品业 104, 107, 148—150, 154, 161, 162, 260, 273—274
de Surville, Jean-François 让-弗朗索瓦·德·叙维尔 29
de Thierry, Charles 夏尔·德·蒂埃里 43, 44
Deakin, Alfred 阿尔弗雷德·迪金 121, 125
decimal system 十进制系统 206
Declaration of Independence 《独立宣言》 42, 52, 54
Defence, Ministry of 国防部 221
defence policy 国防政策 119, 129, 166, 176, 184—187, 202—203, 226
 同见 ANZUS alliance
democracy 民主 68, 85, 91, 92, 104, 111, 123, 177, 217, 284
depressions 经济危机
 1885—1895, 1885—1895 年经济危机 98—99, 119
 1930s 20 世纪 30 年代经济危机 155, 156—160, 163
Destiny Church 命运教会 271
Diggers 掘地派 132, 140
Domett, Alfred 阿尔弗雷德·多梅特 66
Dominion status 自治领地位 124, 129, 212
Douglas, Sir Roger 罗杰·道格拉斯爵士 217, 219, 220
drama 戏剧 133, 183
du Fresne, Marion 马里翁·杜弗雷纳 29—30
Duff, Alan 艾伦·达夫 253
Duff, Oliver 奥利弗·达夫 180
Dunedin 达尼丁 63, 85
Durie, Edward 爱德华·杜里 244
Dutch community 荷兰社群 191

earthquakes 地震 89, 156, 262—265, 283
Easter Island 复活岛 7
Economic Stabilisation Act 《经济稳定法》 214, 219
economy 经济
 global 全球～ 102, 210—211

restructuring ～重组 212, 214—215, 217, 220
structure of ～结构 102—103, 111, 119, 151, 162, 209, 225, 283
Edger, Kate 凯特·艾吉 92—94
education 教育 91—94, 200
    Maori culture in ～中的毛利文化 177
    open-air schools 露天学校 143
    policy ～政策 92, 177
    school milk 学校牛奶 143, 162, 206
electoral system 选举系统 151, 224, 277
    reform ～改革 236
electricity 电力 146, 190
Elizabeth II, Queen 女王伊丽莎白二世 198—199, 281
emissions trading scheme 排放贸易计划 275
entrepreneurial state 企业型国家 88, 90, 99, 101, 103, 222
environment 环境
    and agriculture 环境与农业 204—205, 274—275
    attitudes to 对～的态度 15, 16, 207, 273
    movement ～运动 204, 244
Environment Canterbury (ECan) 坎特伯雷环境委员会 274
equal opportunity 机会平等 177, 178, 184

European Economic Community 欧洲经济共同体 202, 207, 208, 209, 211
executive power 行政权力
    abuse of 滥用 184, 214, 223—224
    controlling 控制～ 236
    exports 出口～ 102—103, 128, 144, 156, 206, 260
    diversifying 分化～ 211, 212
External Affairs, Department of 对外事务部 175

farming, 103, 147 同可见 dairying; sheep farming
Farr, Gareth 加雷思·法尔 258
fashion designers 服装设计师 284
fauna 动物群 2, 3, 16, 80
federation 联邦 96—97, 117—119
Federation of Labour 劳工联邦 112—113, 188
femininity, concepts of 女性概念 63, 175, 197
feminism 女性主义 252
    colonial 殖民～ 108, 125
    second wave 第二波～ 201—202, 249—250
    同见 women, suffrage
Fenwick, Percival 珀西瓦尔·芬威克 130
fertility 生育率 94, 125, 164, 196, 200
films 电影 77, 147, 148—150,

253—254, 255, 273
Fisher, Sir Woolf　伍尔夫·费舍尔爵士　209
fisheries, customary rights to　渔业的习惯权利　247—249
FitzRoy, Governor Robert　罗伯特·菲茨罗伊总督　66
Fitzsimons, Jeanette　珍妮特·菲茨西蒙斯　252
Fletcher, James　詹姆斯·弗莱彻　165
Fletcher Challenge　弗莱彻挑战　222
flora　植物群　2, 4, 16, 19, 80
Fonterra　恒天然　274
football　足球　272
Forbes, George　乔治·福布斯　157
foreshore and seabed debate　前滩与海床辩论　275—276, 277
forestry　森林　208—209
Foveaux, Joseph　约瑟夫·福沃　31
Fox, William　威廉·福克斯　95
France　法国　28—30, 41, 44, 63, 232—233
　　nuclear testing by　～的核试验　189, 203, 227
Fraser, Janet　珍妮特·弗雷泽　164, 173
Fraser, Malcolm　马尔科姆·弗雷泽　215
Fraser, Peter　彼得·弗雷泽　138, 167, 168, 172, 176, 177, 184, 203
free trade　自由贸易　102, 208, 265—266
　　同见 Australia New Zealand Closer Economic Relations Trade Agreement

Gallaher, David　戴维·加拉赫　135
Gallipoli　加里波利　130—131
geology　地理学　83, 156, 284
　　同见 earthquakes
Gibbs, Alan　艾伦·吉布斯　224
Gibbs Report　吉布斯报告　224
globalisation　全球化　27, 55, 100—104, 111, 205, 211, 219, 223, 226, 253, 258, 265, 283, 284
Godley, J. R　J. R. 葛德利　64
gold rushes　淘金热　82—86, 87, 91, 110
Golden Bay　黄金湾　82
goldmining strikes　黄金矿工罢工　112
Gondwana　冈瓦纳　1, 3, 4, 207
Gore Browne, Governor Thomas　托马斯·戈尔·布朗总督　69, 70—71, 73
government　政府
　　borrowing　～借贷　88, 151, 211
　　establishment of　～的建立　68—69
　　structure of　～的结构　90, 184, 219, 223, 281
Graham, Sir Douglas　道格拉斯·格雷厄姆爵士　247
Greer, Germaine　杰曼·格里尔　201
Grey, Earl　格雷伯爵　68
Grey, Sir George　乔治·格雷爵士

67, 68, 69, 72, 73—74
Gunn, Elizabeth 伊丽莎白·冈恩 139, 143

Hall, Sir John 约翰·霍尔爵士 108, 121
Hammond, Bill 比尔·哈蒙德 254
Hartley, Charles and Dinah 查尔斯·哈特利和黛娜·哈特利 66
Hauhau 豪豪 见 Pai Marire
Hawaii 夏威夷 7, 19, 28
Hawaiki 哈瓦基 6, 7, 10, 12, 13, 115
Hawke, Joe 乔·霍克 241
health 健康
  camps ～营 143
  in image of New Zealand 在新西兰的形象中的～ 95, 144, 148, 162, 199, 256
  Maori 毛利～ 116—117, 126, 142, 152, 166, 195
  policy ～政策 142—145, 163—165, 224—225
  spas ～水疗 95
Health, Department of 卫生部 142, 143
Hillary, Sir Edmund 埃德蒙·希拉里爵士 198, 259, 272
Hobson, Captain William 威廉·霍布森船长 44, 45, 46, 47—49, 51, 54, 61, 276
Holland, Sidney 西德尼·霍兰德 184, 185, 208

home ownership 房屋所有权 106—107, 158, 165, 196
homosexual law reform 同性恋法律改革 271
Hone Heke 霍恩·赫克 48, 66—67
Hongi Hika 洪吉希加 33, 34—35, 36, 37
hospitals 医院 87, 94
  maternity 妇产～ 126, 145
Hotere, Ralph 拉尔夫·哈特雷 254
housing 房屋 195
  同见 state houses
Hulme, Juliet 朱丽叶·休姆 253
Hunn Report 胡恩报告 195
Hursthouse, Charles 查尔斯·赫斯特豪斯 96
Huru 胡鲁 30
hydroelectric power 水力发电 164, 190, 204, 215

identity, New Zealand 新西兰认同 97—98, 101, 119, 129, 134, 156, 187, 232, 242, 254, 255, 256, 257, 272, 279
  versus Australian ～对澳大利亚认同 132
immigration 移民
  nineteenth century 19世纪～ 57, 65, 81, 82—83, 85, 88—89
  policy ～政策 86, 87, 88—89, 101, 121—122, 146, 178—179, 190—192, 257, 258

Immigration Restriction Act 《移民限制法案》122
imperialism 帝国主义 24, 26, 42, 43, 97, 101, 102
import controls 控制进口 162—163
incomes 收入 98, 211
　inequalities in ～不平等 112, 225
independence, constitutional 宪法独立 179
India 印度 266
　migrants from 来自～的移民 122, 146, 192, 266
Indigenous Australians, views of 土著澳大利亚人的观点 14, 30, 109
industrial disputes 劳资纠纷 99, 112, 188—189
infant mortality 婴儿死亡率 81, 126, 145
infant welfare movement 婴儿福利运动 见 Plunket Society
inflation 通货膨胀 211, 214, 218
　managing 管理～ 221
influenza pandemic 流感大流行 142, 152
internet 网络 264
Iraq War 伊拉克战争 269
Iti, Tame 塔梅·伊蒂 279

Jackson, Peter 彼得·杰克逊 253, 273
Japan 日本 122, 124, 125

Kawiti 卡维迪 67

Kendall, Thomas 托马斯·肯德尔 35, 43
Kerikeri 凯里凯里 33
Kermadec Islands 克马德克群岛 121
Key, John 约翰·基 269, 277, 278
King, Sir Frederic Truby 弗雷德里克·特鲁比·金爵士 126—127, 140, 141, 142
King, Governor Philip 菲利普·金总督 30—31
King movement 国王运动 见 Kingitanga
Kingi, Wiremu 威瑞姆·金吉 69, 73
Kingitanga 毛利王运动 69, 70, 71, 73—74, 75, 80, 115, 116, 138, 152, 153, 239, 247
Kingston, Charles 查尔斯·金斯顿 110
Kirk, Norman 诺曼·科克 202—203, 227, 237, 241
kiwi 新西兰人 5
knitting 纺织 139
kohanga reo 母语幼稚园 243, 245
Korean War 朝鲜战争 186, 188, 206
Kotahitanga 毛利议会 115
kumara 甘薯,"库马拉" 12, 13, 19
kupapa 友军,"库帕帕" 76, 77, 80, 82, 138
Kupe 库珀 10, 13, 14

索引 395

Kyoto Protocol 《京都议定书》 275

La Pérouse, Galaup de 加罗·德·拉贝鲁兹 28
Labour governments 工党政府
　first 第一届～ 156, 160—167, 175—9, 182
　fourth 第四届～ 212, 217—223, 227, 228—235, 236, 244, 247, 250, 271, 272
　Labour-led (Clark) 工党领袖（克拉克） 252, 269, 270—271, 276
　second 第二届～ 196, 237
　third 第三届～ 202—203, 227, 240
labour market reforms 劳动市场改革 220, 221, 223
Labour Party 劳工党 138, 151, 202, 219, 229—230
land 土地
　addressing grievances ～申诉 154—155, 172, 178, 246
　confiscation ～兼并 66, 75, 78—79, 81, 113, 139, 155, 240, 247, 277
　leasing ～租约 79, 95, 105, 114, 153
　Maori reserves 毛利保留～ 60, 114, 153, 247
　protests ～抗议 239—241, 244, 276
　purchase ～买卖 39, 41, 45, 75—76, 80, 81, 104—105, 113

land (*cont.*) 土地
　speculation ～测量 89—90
　state advances ～上的国家推进 105, 155, 161
　in systematic colonisation 系统化殖民中的～ 57, 58, 61, 65
　view of ～观点 56, 104, 204
　同见 environment; Treaty of Waitangi
Lands and Survey, Department of 土地勘测部 113
Lange, David 戴维·兰格 217, 220, 228—229, 230, 231
Langlois, Jean François 让·弗朗索瓦·朗格洛瓦 63
Lapita people 拉皮塔人 7
Lead Maternity Carer scheme "主要产科医护人员"计划 251
League of Nations 国联 162, 166
Legislative Council, abolition of 废除立法委员会 184
Liberal government 自由党政府 100—102, 103—105, 113—114, 122, 153, 156
Liberalism 自由主义 100, 110
life expectancy 预期寿命 183, 195
liquor laws 酒类法 101, 201
literature 文学 158
Liverpool, Lady 利物浦夫人 139
Lomu, Jonah 约拿·罗姆 260
Lord, Simeon 西米恩·洛德 31
lunatic asylums 精神病院 87

Macleod, Euan 尤安·麦克劳德 254

Macmillan Brown, Helen 海伦·麦
　克米伦·布朗
　见 Connon, Helen
Macmillan Brown, John 约翰·麦
　克米伦·布朗 92
Macquarie, Lachlan 拉克兰·麦格
　里 33
Malayan Emergency 马来亚紧急事
　件 187
Malone, Colonel W. G. W. G. 马隆
　上校 133, 134
Mandela, Nelson 纳尔逊·曼德拉
　242
Maori 毛利人 1, 5—6, 18—21,
　193—195
　in Australia 在澳大利亚的～
　　30—31, 259, 268
　and Christianity ～与基督教
　　33—34, 40—41, 44, 71
　concepts of ～的概念 13—14,
　　18, 24, 57, 95, 109, 116, 117, 134,
　　150
　depopulation ～的人口下降 39—
　　40, 72, 80—81
　early contact with Europeans
　　～与欧洲人的早期接触 24,
　　27—28, 29, 31
　education ～教育 91—92, 195
　land loss ～土地丧失 105, 113—
　　114, 116, 152, 195, 240
　language ～语言 21, 35, 239,
　　243, 244
　in New Zealand identity 新西兰
　　身份中的～ 101, 117
　parliaments ～议会 115
　as peacekeepers 作为和平维护
　　者的～ 261
　poverty ～贫困 81, 155, 165, 247
　sovereignty ～主权 42, 44, 52—
　　53, 72
　status of ～的地位 134, 161,
　　165—166, 172, 178, 180, 192,
　　238, 245, 246
　trading activities ～贸易活动 31,
　　35, 36, 37
　urbanisation ～城市化 183, 193—
　　195, 238
　views of Treaty of Waitangi ～对
　　《怀唐伊条约》的观点 47—
　　48, 49, 50, 51, 55, 67, 71, 153,
　　237, 239
　in workforce 劳动力中的～ 192,
　　194—195, 222
　in world wars 世界大战中的～ 134,
　　138—139, 152, 153, 172—173, 194
　youth 青年～ 238—239
Maori Affairs, Department of 毛利
　事务部 178
Maori Council 毛利人理事会 238,
　239, 245
Maori Fisheries Commission 毛利
　渔业委员会 248
Maori Land March 毛利人土地游
　行 239
Maori Organisation on Human Rights
　毛利人权组织 238

Maori Party 毛利党 277, 279, 282

Maori seats 毛利议员席位 91, 238, 276

Maori Social and Economic Advancement Act 《毛利社会与经济发展法案》 178

Maori Students' Association 毛利学生联合会 238

Maori War Effort Organisation 毛利战时努力组织 172—173

Maori Women's Welfare League 毛利妇女福利同盟 194, 195, 241, 243

Maritime Strike 海员罢工 99

Marsden, Samuel 塞缪尔·马斯登 33, 48

masculinity, concepts of 男性概念 63, 87, 110, 113, 130, 148, 158, 170, 198

Mason, Bruce 布鲁斯·梅森 183

Massey, William Ferguson (Bill) 梅西·威廉·福格森（比尔） 113, 129, 151

Maui 毛伊 6, 12, 13

McCahon, Colin 科林·麦卡宏 184, 255, 273

McCombs, Elizabeth 伊丽莎白·麦科姆斯 110, 159

McIntosh, Alister 阿利斯特·麦金托什 185

McLean, Allan 艾伦·麦克莱恩 104

McMillan, David 戴维·麦克米伦 164

Meat Producers' Board 肉类生产商委员会 151

Mein Smith, Captain William 威廉·梅因·史密斯船长 46, 58—59, 61

Middle Earth 中土 273

midwifery 助产 250—251

Miss New Zealand 新西兰小姐 146

missionaries 传教士 14, 32—34, 40, 43—44, 47

Mita, Merata 梅拉塔·米塔 255

moa 恐鸟 5, 16, 17, 19

Moriori 莫里奥里人 20—21, 38

Morison, Julia 朱莉娅·莫里森 254

motherhood 母性 57, 94, 140—141, 249, 251, 253

maternal health 产妇保健 144—145, 163—164

in World War I 第一次世界大战中的~ 137, 139, 140

同见 childbirth

Mt Cook 库克山/库克峰 4, 28, 247, 279

Muldoon, Sir Robert 罗伯特·马尔登爵士 213—215, 217, 218, 219, 227, 238, 242

Muldoonism 马尔登主义 213—217, 223, 241, 242, 244, 250, 252, 258, 268

Mulgan, John 约翰·马尔根 158

multiculturalism 多元文化主义 238, 255, 281

Murupara 姆鲁帕拉 208

musket wars 火枪战争 35—39
　effects of ～的影响 36, 39—41
　European input to 欧洲对～的投入 38—39

Nahiti 纳西提 57
naming 命名 9, 12, 13, 24, 28
Nanto-Bordelaise Company 南托-波尔多莱斯公司 63
Napier 纳皮尔 156
Nareen Statement 《纳伦声明》 215
Nash, Walter 沃尔特·纳什 168
National Council of Women 全国妇女委员会 109, 146
National governments 国家党政府 1950s—1960s, 184, 188, 196, 199, 206, 238, 239, 241
　Muldoon (third) 马尔登（第三任期） 213, 215, 227—228, 241, 242, 256—257
　National-led (Bolger/Shipley) 国家党领袖（博尔格希普利） 223, 224—225, 236, 247, 252, 258
　National-led (Key) 国家党领袖（基） 274, 275, 277, 279, 280, 282
national parks 国家公园 96, 154, 204, 278—279
National Party 国家党 182
nationalism 民族主义 97, 102
　colonial 殖民～ 97, 101, 117, 123, 129

cultural 文化～ 179
nationhood 民族性 179—182
Native Land Acts 《土著土地法案》 75, 76, 116
Native Land Court 土著土地法庭 75—76, 78, 80, 81, 90, 95, 96, 105, 115, 116, 153, 240
Native Trust Office 土著信托局 153
navigators, Polynesian 波利尼西亚航海者 5, 6—7, 9—10
Neill, Grace 格蕾丝·尼尔 126
Nelson 纳尔逊 64, 65—66
Nene, Tamati Waka 塔玛蒂·瓦卡·奈奈 48, 55, 67
neoliberalism 新自由主义 218—219, 220, 223, 274
Nepia, George 乔治·尼皮亚 154
New Plymouth 新普利茅斯 65
New Zealand Australia Free Trade Agreement (NAFTA) 《新西兰-澳大利亚自由贸易协定》 209, 215
New Zealand Company 新西兰公司 39, 45—46, 56, 58—59, 65, 66, 82, 90, 117, 171
New Zealand Co-operative Dairy Company 新西兰合作乳业公司 150
New Zealand Division 新西兰师 134—135, 138
New Zealand First Party 新西兰第一党 236, 258
New Zealand Rugby Football Union 新西兰橄榄球联盟 241

索引　*399*

New Zealand Settlements Act　新西兰殖民法案　75, 78

New Zealand wars　新西兰战争　69, 72—80, 82

　　effects of　～的影响　77—78, 88, 97

Nga Tamatoa　"战士之子"　238, 239

Ngai Tahu land claim　恩盖·塔胡土地诉求　246—247, 279

Ngata, Sir Apirana　阿皮拉纳·纳塔爵士　115—116, 134, 153—155, 165, 172

Niue　纽埃岛　121, 192, 193

Nordmeyer, Arnold　阿诺德·诺德迈尔　164

nuclear power　原子能　190

nuclear weapons　核武器　189

　　New Zealand stance on　新西兰的立场　184, 190, 203—204, 226—236, 269

　　testing　对～的测试　189, 227, 233

nurses　护士　139

Oamaru　奥马鲁　140

oil shocks　石油危机　211, 214

Orakau, battle of　奥拉考之战　74

Organisation for Economic Cooperation and Development (OECD)　经济合作与发展组织

　　international comparisons　～国际对比　211, 218, 224, 225

Otago　奥塔戈　65, 82—83, 85, 86, 87

Ottawa Agreements　《渥太华协议》　159

Pacific Island New Zealanders　太平洋岛屿上的新西兰人　256—258

Pacific Islands　太平洋岛屿

　　dependencies　依赖关系　121, 142, 175—176, 192—193

　　in defence strategies　～在国防战略中的作用　166, 168

　　migrants from　来自～的移民　192—193, 281

　　nuclear testing in　～中的核测试　189, 227

Pacific Ocean　太平洋　7, 22

pacifism　和平主义　138—139

Pai Marire　善与和平/"派·马里雷"　74—75, 77

Paikea　裴吉阿　13

peace movement　和平运动　189, 227, 229, 230

peacekeeping　维护和平　261, 269

Pember Reeves, William　威廉·彭伯·里夫斯　100, 102, 105, 110, 113

Peters, Winston　温斯顿·彼得斯　258—259

Pike River Mine　派克河矿　262, 281

pioneers　先驱

　　heritage of　～遗产　132, 172, 219

　　legend of　～的传说　62

Plunket Society　普朗凯特协会　126—

127, 141, 143, 162
police force　警察部队　87
Pomare, Sir Maui　毛伊·波马尔爵士　116, 134
Pomare, Miria　米利娅·波马尔　139
Pompallier, Bishop J. B. F　J. B. F. 庞帕里耶主教　44, 49
population　人口
 male-female ratio　男女比例　61, 87, 107
 'native born' Europeans　"土生土长的"欧洲人～　101
 urban　城市～　107, 108, 280—281
potatoes　马铃薯　35, 36

race relations　种族关系　66—67, 70, 72, 254
 policy　～政策　85—86, 177, 194, 195
 views of　～观点　27, 97, 193, 242, 261
radio　广播　179, 245
railway　铁路　80, 89, 114, 158, 222, 266, 280
Rainbow Warrior, bombing of,　轰炸"彩虹勇士"号　232—233
Ratana movement　拉塔纳运动　152, 165, 237, 238
rationing　配给　174
rats　老鼠　5, 10, 16—17
Read, Gabriel　加布里埃尔·里德　82

'recolonisation'　"再殖民化"　101—102, 123
redundancies　裁员　222—223
Reeves, Maud　莫德·里夫斯　110
Reform government　改革政府　114, 129—130, 153—155
Reform Party　改革党　113, 114, 151
refrigeration　冷冻技术　99, 102, 103
relief camps　救济营　158
religion　宗教　91
reo Maori, te.　见 Maori, language
republicanism　共和主义　282
Reserve Bank　储备银行　160, 162, 165, 214, 218, 219, 220, 221
Resource Management Act　《资源管理法》　274
Richardson, Ruth　露丝·理查森　223
roads　道路　89, 158, 204
Rogernomics　罗杰经济学　217—223, 225, 226, 229, 236, 245, 247, 250, 268
Ross, Hilda　希尔达·罗斯　184
Rotorua　罗托鲁阿　95, 116

Samoa　萨摩亚　121, 129, 142, 176, 192, 193, 271
 migrants from　来自～的移民　257
Savage, Michael Joseph　迈克尔·约瑟夫·萨维奇　138, 161, 165, 166—167
sea level rise　海平面上升　275
sectarianism　宗派主义　44, 91

索引 *401*

Seddon, Richard 理查德·塞登 85, 115, 119,121, 126
sesquicentennial 150周年纪念 50
settlement 定居
　patterns ～模式 17—18, 20
　time of ～的时间 6, 7—9, 15, 17, 35
settler capitalism 殖民资本主义 55, 56, 63, 103
Shanghai Expo 上海世博会 273
Sharples, Pita 皮塔·夏普尔斯 277
sheep farming 牧羊业 104, 205, 214
Sheppard, Kate 凯特·谢泼德 108, 252
Shipley, Jenny 珍妮·希普利 252, 261
Shotover Big Beach Gold Mining Company 沙特欧瓦河大滩金矿开采公司 86
Silver Ferns 银蕨队 260
Sinclair, Keith 基思·辛克莱 193
Singapore 新加坡 168—169
Single Economic Market 单一经济市场 267
Smith, S. Percy S. 珀西·史密斯 14
smoking law reform 吸烟法改革 271
social security 社会保障 162
　for Maori 对于毛利人来说的～ 165
Social Security Act 《社会保障法》 163

Society for the Protection of the Unborn Child 保护未出生婴儿协会 250
Somerset, H. C. D. H. C. D. 萨默塞特 205
South Africa 南非 见 Boer War
St Helens Hospitals 圣海伦斯医院 126
state development 国家发展
　Australasian model of 澳大拉西亚模式的～ 99, 100—101, 102, 156, 161, 162, 163, 184, 209, 210, 218, 283
　entrepreneurial model of 企业家模式的～ 88, 90
　neoliberal model of 新自由模式的～ 221, 226, 283
state houses 政府援建的房屋 165, 178
state-owned enterprises 国有企业 221, 245
Stephen, Sir James 詹姆斯·斯蒂芬爵士 42

telegraph 电报 73, 89
television 电视 196, 213, 225, 240, 241, 245, 260
Terra Australis "极光出现之地" 22, 23, 24
'Think Big' projects "好高骛远"的项目 214—215, 218, 222, 244
Thomas, Captain Joseph 约瑟夫·托马斯上尉 64
Thompson, Henry 亨利·汤普森 65

Tokelau 托克劳群岛 192, 193
tourism 旅游 95
Tourist and Health Resorts, Department of 旅游和疗养胜地部 95
Trade Union Congress 工会联盟 188
traditions 传统 6, 10, 255
 oral 口头~ 9, 10—13, 18
 waka 瓦卡~ 10, 12, 18, 22
Treasury 国库 218, 219, 220, 226
Treaty of Waitangi 《怀唐伊条约》 39, 45, 46, 47—55, 63, 113, 237, 240, 255, 282

Vaggioli, Dom Felice 多姆·菲利斯·瓦基欧里 44
Vietnam War 越南战争 138, 187, 202
 protests 对~的抗议 201, 202
Vogel, Julius 尤利乌斯·福格尔 85, 88
voting rights 选举权 68—69, 85, 90—91
 同见 women, suffrage

wages 工资 111—112, 157, 161, 201
 family 家庭~ 111—112, 162, 163
Waikato 怀卡托 72, 73—74
Wairau dispute 怀劳争端 65—66, 72
Waitangi, Treaty of 《怀唐伊条约》 见 Treaty of Waitangi

Waitangi Day 怀唐伊日 237—238
Waitangi Tribunal 怀唐伊特种法庭 15, 40, 52, 240, 244, 246
 settlements ~的决定 246—247, 276, 278—9, 281
Waitara 怀塔拉 70, 71, 72, 73, 75
Wakefield, Captain Arthur 亚瑟·韦克菲尔德上尉 66
Wakefield, Edward Gibbon 爱德华·吉本·韦克菲尔德 45, 56—58, 60
Wakefield, Colonel William 威廉·韦克菲尔德上校 45, 57, 58, 59—61, 65
Walsh, F. P. F. P. 沃尔什 188
Wanganui 旺阿努伊 65
Ward, Sir Joseph 约瑟夫·沃德爵士 100, 125, 152
water disputes 关于水的争端 274—275
waterfront dispute 码头争端 188—189
welfare 福利 94—95, 213
 cuts in spending ~开支的减少 157
 domestic purposes benefit ~国内的好处 249
Wellington 惠灵顿 51, 59—60, 61, 89, 280
West Coast 西海岸 83
Western Samoa 西萨摩亚 见 Samoa
Weston, Agnes Louisa 阿格尼斯·路易莎·韦斯顿 184
whakapapa 法卡帕帕 11, 12

William, Prince 威廉王子 281, 282, 283
Williams, Henry 亨利·威廉姆斯 47, 52, 54
Wilson, Margaret 玛格丽特·威尔逊 229—230
Wilson, Sergeant W. K. W. K. 威尔逊中士 135
women 女性 94, 158, 252—253
　　education ～教育 92—94, 125
　　Maori 毛利～ 12, 19, 21, 29, 50, 108, 195, 252
　　in parliament 议会中的～ 146, 159, 184, 223, 251—252
　　role of ～角色 12, 61, 88, 107—108, 139, 163, 173—174, 202
　　suffrage ～选举权 101, 110
　　in workforce 劳动力中的～ 183, 200—201, 235, 249, 251
　　in world wars 世界大战中的～ 139—140, 173—174
　　同见 motherhood
Women's Christian Temperance Union 基督教妇女禁酒联合会 108
Women's International League for Peace and Freedom 国际妇女和平与自由联盟 139
Women's Liberation Movement 妇女解放运动 201
Wong, Pansy 黄徐毓芳 258
Wood, Oliver 奥利弗·伍德 181
Wool Commission 羊毛委员会 206
World War I 第一次世界大战 128—140, 167
　　effects of ～影响 129, 130, 133, 140—141
　　memorials ～纪念 140
World War II 第二次世界大战 130, 133, 163, 166—175, 253
　　effects of ～影响 167, 185, 194

Young Maori Party 青年毛利党 115, 116
Young Nick's Head 杨格尼克角 27
youth revolution 青年革命 199—200, 203, 236

区域国别史丛书

第一辑

中亚史（全六卷）	蓝琪 主编
印度洋史	〔澳〕肯尼斯·麦克弗森 著
越南通史	〔越〕陈仲金 著
日本史	〔美〕约翰·惠特尼·霍尔 著
丹麦史	〔丹〕克努特·J. V. 耶斯佩森 著
法国史（全三卷）	〔法〕乔治·杜比 主编
俄国史（全五卷）	〔俄〕瓦·奥·克柳切夫斯基 著
巴西史	〔美〕E. 布拉德福德·伯恩斯 著
加拿大史	〔加〕查尔斯·G. D. 罗伯茨 著
美国史（全两册）	〔美〕埃里克·方纳 著

第二辑

德意志史（全四卷）	〔德〕赫伯特·格隆德曼等 著
葡萄牙史	〔瑞士〕戴维·伯明翰 著
奥地利史	〔美〕史蒂芬·贝莱尔 著
新西兰史	〔新西兰〕菲利帕·梅因·史密斯 著
阿拉伯简史	〔美〕希提 著
意大利简史	〔意〕路易吉·萨尔瓦托雷利 著
加勒比海地区史	〔澳〕B. W. 希格曼 著
芬兰史	〔英〕大卫·科尔比 著
英国史（全两册）	〔美〕克莱顿·罗伯茨、戴维·罗伯茨、道格拉斯·R. 比松 著
玻利维亚史	〔美〕赫伯特·S. 克莱恩 著

图书在版编目（CIP）数据

新西兰史 /（新西兰）菲利帕·梅因·史密斯著；付有强译.--北京：商务印书馆，2025.--（区域国别史丛书）.--ISBN 978-7-100-24615-6

I．K612

中国国家版本馆CIP数据核字第2024HV5652号

权利保留，侵权必究。

区域国别史丛书
新西兰史
〔新西兰〕菲利帕·梅因·史密斯　著
付有强　译

商　务　印　书　馆　出　版
（北京王府井大街36号　邮政编码100710）
商　务　印　书　馆　发　行
北京市艺辉印刷有限公司印刷
ISBN 978–7–100–24615–6

2025年5月第1版　　　开本 880×1240　1/32
2025年5月北京第1次印刷　印张 13 1/8　插页 2
定价：69.00元